文化与诗学

现当代文学话语的方法与文本

2020 年第 2 辑（总第 31 辑）

主　　编：王一川　赵　勇

执行主编：钱　翰

编　　委：曹卫东　陈太胜　陈雪虎　程正民
　　　　　方维规　彼得·芬沃思（Peter Fenves）
　　　　　郭英德　季广茂　李春青　罗　钢
　　　　　吕　黎　钱　翰　陶东风　王一川
　　　　　塞缪尔·韦伯（Samuel Weber）
　　　　　姚爱斌　张永清　张政文　赵　勇（按音序排名）

华东师范大学出版社
全国百佳图书出版单位
·上海·

图书在版编目（CIP）数据

文化与诗学.现当代文学话语的方法与文本／王一川，赵勇主编.—上海：华东师范大学出版社，2022
ISBN 978-7-5760-2756-3

Ⅰ.①文… Ⅱ.①王…②赵… Ⅲ.①社会科学—文集②文学语言—研究 Ⅳ.①C53②I045

中国版本图书馆CIP数据核字（2022）第052077号

文化与诗学·2020年第2辑（总第31辑）

主　　编	王一川　赵　勇
执行主编	钱　翰
责任编辑	任红瑚
责任校对	杨　坤
封面设计	淡晓库
出版发行	华东师范大学出版社
社　　址	上海市中山北路3663号　邮编　200062
网　　址	www.ecnupress.com.cn
电　　话	021-60821666　行政传真　021-62572105
客服电话	021-62865537
邮购电话	021-62869887　地址　上海市中山北路3663号华东师范大学校内先锋路口
网　　店	http://hdsdcbs.tmall.com/
印 刷 者	北京密兴印刷有限公司
开　　本	700×1000　16开
插　　页	1
印　　张	21
字　　数	280千字
版　　次	2022年5月第一版
印　　次	2022年5月第一次
书　　号	ISBN 978-7-5760-2756-3
定　　价	65.00元

出 版 人　王　焰

（如发现本版图书有印订质量问题，请寄回本社市场部调换或电话021-62865537联系）

目 录

现当代文学话语：回顾与观察

黄药眠工农题材的小说创作一瞥
　　——以新发现的《工人之家》和《章红嫂》为中心……………林分份 002
重建中国文学思想的话语体系
　　——《管锥编》"中国本位学术"论………………沈喜阳　胡晓明 019
《关不住了》："纪元"的迷思与翻译中"异质性"建构的悬置
　　……………………………………………………………………刘　聪 047
军装、血书和匿名信
　　——围绕小说《喀什噶尔》和《芳华》的新物质与语言研究
　　……………………………………………………………………高竞闻 071
论萧乾《平绥琐记》的悖论式书写………………………………于阿丽 092
网络玄幻小说的叙事闭环与心理现实
　　——从"拉仇恨"到"打脸"的叙事模式说起…………………耿弘明 111

古代文体与思想再探讨

西周长篇祭祀铭文结构与功能的文体学研究……………………邓志敏 134

牛郎织女传说的日本受容……………………………白春香　卫懿嘉　152

作为观念的"词境"在晚清的传衍与深化……………………陈水云　168

朱熹对二程"生生"观念的重新诠释
　　——以朱熹对二程几则语录的归属判断为中心……………毕梦曦　190

西方文学文本的解析

《作为道德问题的黄祸》
　　——20世纪初的反调………………………………………张　芸　212

图像对于罗兰·巴尔特意味着什么？……………………………钱　翰　230

认知视野下"视点"理论的发生
　　——从亨利·詹姆斯到帕西·卢伯克………………………黄　灿　248

从《背德者》与《忒修斯》分析纪德的道德观………俞　楠　车　琳　267

书　评

勘误、索义与构建统一于"人学"的中国现代美学
　　——《朱光潜年谱长编》述评………………………………章亮亮　284

可见之光
　　——评莫罗·卡波内《图像的肉身——在绘画与电影之间》
　　………………………………………………………………张一玚　305

形象、品味与正向意义：
　　解读赫伯迪格《隐在亮光之中：流行文化中的形象与物》的
　　三个关键词…………………………………………………席志武　319

编后记……………………………………………………………………330

现当代文学话语：回顾与观察

黄药眠工农题材的小说创作一瞥

——以新发现的《工人之家》和《章红嫂》为中心 [1]

林分份 [2]

[摘要] 论文将新发现的《工人之家》和《章红嫂》视为黄药眠工农题材小说创作的代表作。《工人之家》在创作理念、题材选择、情节模式等方面，与当时蒋光慈式的"革命文学"若合符节，但在书写重大事件、表现革命动力等方面，则与蒋氏革命小说有所区别。《章红嫂》既挖掘出了农村劳动妇女对抗命运时的"勇气""决心"和"爱"等"灵魂的光辉"，又写出了抗战时期侨乡社会变与不变的"气氛和情调"，堪称现代中国"乡土文学"的代表作之一。此外，这两部工农题材的小说烙上了黄药眠不同时期文艺主张的印记，展现了批判现实主义的总体倾向，也凸显了其作为劳动阶级的文学和特定阶段以内的社会推进器的价值和意义。

[关键词] 黄药眠　工农题材　革命文学　乡土文学

在现代文学史上，文学需注重书写工农题材、表现群众生活，是1920年代以来中国无产阶级革命文学理论的重要部分，也是无产阶级作家从事文学创作的主要宗旨。作为后期创造社及四十年代华南文坛的重要理论家和创

---

[1] 本文系国家社会科学基金项目"'五四'新文学家的身份塑造研究"（15BZW165）阶段性成果。
[2] 林分份，文学博士，北京师范大学文学院副教授，从事中国现代文学研究，目前主要关注"五四"思想文化史、周氏兄弟研究、现代小说诗学研究等。

作家，黄药眠在文学理论和文学批评方面，也一直强调工农题材，但在文学创作尤其小说创作方面，此前无论是作者的作品集和自传，或者是研究者编订的作家年表，都鲜有出现以普通工人、农民为表现对象的小说篇章及相关信息[1]。那么，是黄药眠在小说创作中回避了这一重要题材，还是他其实有这一类的作品，却一直未被发掘和注意？

带着这样的疑问，笔者根据黄药眠的创作历程和活动轨迹，翻阅了二、三十年代上海以及三、四十年代华南、西南地区出版的相关文献，发现了一批此前未被披露的小说，其中涉及工农题材的代表性作品有两篇：一篇题为《工人之家》，发表于1930年7月15日上海出版的《展开》杂志第一、第二期合刊，署"黄药眠"；另一篇题为《章红嫂》，发表于1943年10月15日桂林出版的《新建设》第四卷第十期，也署"黄药眠"。本文的任务即以这两篇作品为中心，结合其他小说篇章展开考察，由此一窥黄药眠工农题材小说创作的特色和价值，以期对黄药眠文学创作的研究以及三、四十年代的文学史研究有所补益。

一

《工人之家》虽于1930年7月发表，但它是黄药眠1929年底前往苏联青年共产国际东方部任职之前，在上海期间（约1927年夏秋至1929年秋冬）所创作的短篇小说之一。除此之外，他那段时期还有《一个妇人的日记》《痛心！》《毒焰》《A教授的家庭》等中、短篇小说问世。就题材内容而言，这些作品分别涉及罢工工人的家庭生活、女革命者的沉沦和牺牲、"革命"感召下同性恋人的忏悔、帝国主义的横行霸道以及上层知识阶级的虚伪品性

---

[1] 作品集和自传参见黄药眠：《暗影》（香港：中国出版社，1946年）、《再见》（香港：群力书店，1949年）、《淡紫色之夜》（江西人民出版社，1986年）以及《黄药眠自选集》（花城出版社，1986年）、《动荡：我所经历的半个世纪》（上海文艺出版社，1987年）；作家年表参见黄大地编：《黄药眠著译年表》（收陈雪虎、黄大地选编：《黄药眠美学文艺学论集》，北京师范大学出版社，2002年）。

等，从总体上看，它们属于当时的"革命文学"，且大都带有作者文艺主张的印记。

1927年夏秋之际，黄药眠从家乡广东梅县来到了上海，在创造社出版部担任助理编辑，不久之后，创造社、太阳社即掀起"革命文学"的洪流。在《关于革命文学》一文中，蒋光慈从内容、宗旨等方面为"革命文学"确立了最初的标准：

> 革命文学是以被压迫者的群众做出发点的文学！
> 革命文学的第一个条件，是具有反抗一切旧势力的精神！
> 革命文学是反个人主义的文学！
> 革命文学是要认识现代的生活，而指示出一条改造社会的新路径！[1]

对此，彼时作为创造社"小伙计"的黄药眠，接连发表了两篇理论文章给予响应。在《非个人主义的文学》中，他指出，伟大的时代已经到来，作家应该一洗从前个人主义文学颓废的、伤感的、怯懦的、叹息的缺陷，自觉"同被压迫的民众紧抱在一起"，由此创造出表现民众"心里的热情""勇敢的力量""牺牲的精神"的刚强、悲壮、朴素的文学[2]。而在《文艺家应该为谁而战？》中，他则号召，在阶级对立的新时代，文艺家须同工人农人的利害结合在一起，"站在无产阶级的地位上来表现出无产者的疾苦，提醒他们阶级的意识，站在无产阶级的观点来批评人生，来促进社会的变革，更要真的参加到实际行动中来，成为被压迫者队中的斗士！"[3]不难看出，就强调"表现民众""反抗压迫""反个人主义"以及"改造社会"等新时代文学的目标、精神和任务而言，黄药眠关于无产阶级文学的创作理念与蒋光慈的"革命文学"理论其实一致。

---

[1] 蒋光慈：《关于革命文学》，《太阳月刊》二月号，1928年2月1日。
[2] 黄药眠：《非个人主义的文学》，《流沙》第1期，1928年3月15日。
[3] 黄药眠：《文艺家应该为谁而战？》，《流沙》第5期，1928年5月15日。

而在文学创作实践方面，这一时期的黄药眠也收获颇丰。除了前述几篇中、短篇小说问世之外，他还出版了诗集《黄花岗上》，此外还留下了一部待刊的短篇小说集。在《工人之家》末尾的"附注"中，《展开》杂志的编辑余慕陶写道："半年前，黄君曾交下一本短篇小说集给我，嘱我陆续投到各杂志发表。此刻，我把来排在本志，想来不会有什么不好罢——慕陶。"[1]据此可知，黄药眠在上海期间创作的短篇小说数量颇为可观。然而，除了《工人之家》外，这批小说都涉及哪些题材，以及后来是否都一一发表，由于相关资料所限，暂时不得而知。因此，《工人之家》是目前所见黄药眠小说中书写工人题材的唯一篇章。

正如篇名所示，《工人之家》书写了上海罢工工人的家庭生活：工人阿琛参加了罢工，其妻则由于怀孕七个月被辞退工作，家里一时断了收入，温饱难以为继；于是阿琛的妻借了高利贷买进一头猪，本指望喂养半年后将它卖出，每月带来五元入息，但阿琛因参加纠察队的斗争而被警察打死了，她只能孤苦伶仃地面对她所养的猪。依照当时的"革命文学"理论，革命小说应当是"以群众为主体的小说"，创作家所要表现的"只有群众，只有群众的运动！"[2]这样看来，《工人之家》算得上是一篇书写工人群众罢工运动的革命小说。此外，作品篇幅不长，故事趋于简单，却也具备了革命小说"浪漫主义倾向"的情节模式[3]——当小说结尾写到阿琛被警察打死后，阿琛的妻突然觉悟了："我希望把这件事传布到全世界去，我相信全世界的工人都会因此而震怒起来，……那些打死人的人他们终于会没有好死！"

然而值得注意的是，与一般的革命小说相比，《工人之家》书写的重点既非罢工的火热场面，亦非工人与资本家、工贼斗争的曲折过程，而主要是工人夫妻的日常生活和个人感受。此外，小说的主角虽然是阿琛和他的妻，

---

[1] 慕陶：《〈工人之家〉附注》，《展开》第1期、第2期合刊，1930年7月15日。
[2] 钱杏邨：《关于"评短裤党"——读王任叔〈评短裤党〉以后》，《太阳月刊》二月号，1928年2月1日。
[3] 参见李松睿、吴晓东：《〈太阳社小说选〉前言》，《太阳社小说选》，人民文学出版社，2011年。

但他们的思想觉悟和夫妻情谊，也有别于同一时期革命小说中诸多相濡以沫、同仇敌忾的工人夫妇。比如，蒋光慈《短裤党》（1927年）中的工人李金贵和邢翠英，他们既是生活中恩爱有加的夫妻，又是武装起义中并肩战斗的同志；段可情《查票员》（1928年）中的电车工人朱老三因坚持罢工而导致生活没有来源，他的妻子却能体谅丈夫，支持他继续罢工；刘一梦《失业之后》（1928年）的纱厂工人朱阿顺因罢工被开除了，他老婆淑真也没有丝毫怨言……尤其是李金贵、邢翠英夫妇，他们有着共同的斗争目标、坚定的革命信仰和视死如归的牺牲精神，当邢翠英得知李金贵因攻打警察署被打死之后，她拿起菜刀单枪匹马地冲到警察署，最终寡不敌众，壮烈牺牲。

相较而言，《工人之家》的主角虽然也是一对工人夫妇，但他们的思想觉悟和革命动力却颇可訾议。在罢工期间，阿琛"每天除了出去开会和采探消息外，总是老是在家里坐着"，"躺在家里也发着黄金般的梦"，或者干脆去街边小酒店买醉；碰到街上坐人力车的漂亮女郎，他一面看一面心想："——他妈的，这样漂亮干什么，去给人奋吗？阿拉有钱，起码亦要奋她一打呀！"这样的觉悟水平和兽性欲念，实与当时上海街头的无赖、混混无异。而阿琛的妻，作为失业工人的她却无法理解丈夫罢工的意义："请厂主加薪这自然是对的，但罢工是不好的，小工人怎么敌得过那些大人们啊！阿琛的妻在脑子里轮子般这样想着。"另外，由于丈夫迟迟不能复工，整天坐吃山空，阿琛的妻一面"对于她所养的猪格外表示出留心服侍的样子，藉此来轻蔑她的丈夫"，一面觉得"这个猪似乎比阿琛还要重要十倍，因为阿琛不能赚钱，而这只猪反而可以使她每个月有五元的入息呀！"最终，当得知丈夫在与工贼的斗争中被警察打死之后，阿琛的妻"把她的猪当成她最亲爱的儿子，因为现在她除了猪以外实在再也没有一个可以安慰她的人，再也没有一个她可以依靠的人了！"

换句话说，在阿琛和他的妻那里，如果说还有革命的动力，也只是为了获得生存资料或者实现兽性欲望的动力，他们的思想觉悟，实与蒋光慈式革命小说中的觉悟工人相去甚远。另外，正如后来的研究者指出，对于蒋氏革命小说而言，由于"他表现了当时革命的主要动力和革命的重大事件，而这恰是当时广大青年最关心的问题，急于知道的问题，因而他的这些作品就受到青年们的广泛欢迎"[1]。两相比较，虽然同为革命小说，但无论是表现革命的重大事件，或者是表现革命的主要动力，黄药眠的《工人之家》与蒋氏革命小说确有参差。

然而，彼时蒋氏革命小说的倾向是强调写工人阶级的群像，较少刻画具有鲜明个性的人物形象，此诚如当时的批评者指出，像《短裤党》这类革命小说的主要缺点即是"没有特别侧重的人物"和"缺少个性的描写"[2]。而《工人之家》把笔墨集中于刻画阿琛和他的妻，不仅能在罢工革命的氛围中触及人物思想、阶级觉悟中的某些本质真实，而且相较于多数革命小说而言，其表现手法也更有可圈可点之处。当写到阿琛和工友跑出去参加纠察队斗争的时候，作品并没有去正面描写斗争的场面和过程，而是调转笔头，集中刻画了阿琛的妻的思绪和感受：

> 今天晚上她朦朦胧胧地把她自己的历史若断若续地背过了一遍，她恍惚觉得自己是一个死尸完全无主地在黑暗的海里浮沉，时而又好像一阵海风打过来，全身都在颤抖着。她忽而又好像瞥见了阿琛的影子，他异常凄楚的在无边的黑海中渐小渐小地沉没了下去，她警惕了一下，双手紧紧地捏着。忽而她又好像看见了自己的猪给人用一条丝绳悬在半空，啊，什么！她拼命的想冲上前去，……但忽然好像顿然惊寤般她又发现自己还是在屋子里坐着，她不敢相信她自己，她在四周看了一下。她听见隔壁潘叔婆的烂钟已经敲了十一下了，但阿琛还没有回来，外面的雨下得格外大，她呆坐了一忽，微微地感觉到两腿有些麻木起来，她尽力的想举起腿来运动运动，但呀，什么，她发现她自己的房子已浸满了半寸来深的水了。

---

[1] 丁易：《中国现代文学史略》，作家出版社，1955年，第261页。
[2] 王任叔：《评短裤党——〈短裤党〉，是泰东新出版蒋光赤著的一本小说》，《生路》第1卷第1期，1928年1月15日。

小说借助暴雨之夜家中被水淹的外部环境，在对人物的过往经历、现实处境及未来结局的切换中，以似睡非睡、似梦非梦的意识流动，呈现阿琛的妻惴惴不安、孤苦无依的状态。这一段基于人物心理和感觉的细节描写，在展现作者践行"站在无产阶级的地位上来表现出无产者的疾苦"的创作宗旨的同时，其表现手法也比当时多数革命小说对于人物悲惨处境的直白揭示，显得更为高明。

二

按照黄药眠的说法，其第二阶段的小说创作始于1938年春在武汉写就的《陈国瑞先生的一群》[1]。此后自1939年至1941年初，他在桂林国际新闻社任记者，同时任作协桂林分会的理事兼秘书，并在理论上大力倡导文艺的"中国化和大众化"。在《中国化和大众化》一文中，黄药眠指出，要实现文艺上的"中国化和大众化"，文艺作品需注重写"真正的中国人物"，写"中国土生的农民"[2]。就实际来看，他不仅如此主张，而且在小说创作中积极实践，由此塑造了一系列"真正的中国人物"，比如《陈国瑞先生的一群》中的国民党党部官员，《县长》中的地方军阀和基层官僚，《古老师和他的太太》中的大学教员，《暗影》《重逢》中的大学生，《一个老人》中的乡村族长，《李宝三》中的归来"番客"[3]，《小城夜话》中的土匪和商人，《克复》中的游击队员和汉奸，《尼庵》中的斋妇，《野店》中的盲人乞丐，《章红嫂》中的农村劳动妇女等。

在这些小说中，《章红嫂》是唯一一篇以侨乡劳动妇女为主角的作品。章红嫂原名阿昭，姓李，七岁时父母双亡由祖母养大。她长大后嫁给了章屋

---

[1] 黄药眠：《〈淡紫色之夜〉后记》，《淡紫色之夜》，江西人民出版社，1986年，第189页。
[2] 黄药眠：《中国化和大众化》，香港《大公报·文艺副刊》，1939年12月10日。
[3] 在广东韩江一带，往南洋谋生俗话说是"过番"，南洋回来的华侨俗话叫作"番客"。

的章红,成了大家口中的章红嫂。然而半年之内,公公婆婆先后都死了,三年之后丈夫染上了鸦片烟瘾和赌瘾,且最后失了业,章红嫂也成了章屋族人眼中的"衰家猫"。在生活难以为继之际,儿子章英的出生给了章红嫂希望,她靠着做挑脚工将他养大成人,还借钱给他娶了媳妇。然而抗日战争爆发后,儿子被抽壮丁拉上了战场,从此没了消息,不久之后,章红嫂逐渐精神失常,以至于疯癫,一天晚上她跳入江中,结束了凄苦的一生。

  章红嫂的悲剧,折射出侨乡当地的社会风气和族群氛围。下南洋是侨乡人民特有的社会风气和生活形态之一,章红嫂本家"一个堂兄达荣很小的时候就到南洋去,七八年没有消息",而章屋的"骥叔公因为近来他的儿子在南洋发了一点财,只一点点……所以他说起话来,章家人大家都是钦此钦遵",就连沦为鸦片烟鬼、赌鬼的章红哥,吵架时都要怪罪于章红嫂:"唔,如果不是娶到你这个衰家猫,我早就过南洋去发了大财回来呀……"此种下南洋求发达的风气可谓深入人心,乃至作者本人在1927年经历"四一二"大屠杀之后,也曾动过"上海去不成,那就只好到南洋去谋生"的想法[1]。然而,下南洋的人就一定能发大财吗?《章红嫂》及作者的其他小说表明并非如此。且不说骥叔公的儿子只发了一点财,就算章红嫂的堂兄达荣,到南洋十几年后,仍然惦记着祖母留下的两亩薄田,他先是写信让章红嫂代管,接着让儿子小苍回到家乡经营小饭馆,并分走了其中一亩,可见未必就在那边发了大财。另外,《一个老人》中傅叔公的二儿子下了南洋,未及发财就病死在异乡;而《李宝三》中只上过三年小学的小货郎李宝三,去南洋八年,干过多种行当,后来向人借了两千多荷盾跑回来,而且很快把钱赌输、挥霍一空,沦为小偷和乞丐,最终潦倒至死。很显然,并非每个下南洋的人都具备发大财所必需的体魄、能力或运气。而现实则是,像李宝三、章红哥这样不务正业的赌鬼,在侨乡不乏其人,以至于《野店》中的盲人乞丐,口中都唱着专门讽谏赌鬼的山歌:"阿哥赌博想风光,不知越赌心越慌,一心赢钱

---

[1] 黄药眠:《动荡:我所经历的半个世纪》,上海文艺出版社,1987年,第74页。

打扮妹,不知雪上又加霜。"[1]

如果说,章红哥沉迷于抽鸦片、赌博是章红嫂不幸命运的开始,那么李、章两个世家的弱势、没落和冷漠的邻里关系,则是导致章红嫂悲剧的决定性因素。当章英被乡长宣布抽中兵役时,小说描写了章红嫂去找李家堂侄帮忙的情形:

> 章红嫂没有人商量,只得跑到小苍店里去找寻小苍。
> "照理,独子不应该抽兵役呀……"小苍沉吟着说。但当章红嫂要他去见乡长,他又不敢去了,他说:"总之多一事不如少一事,……"他允许借给章红嫂一百块钱。

除了借钱给章红嫂准备交缓役金外,侄儿小苍没能为她提供更多的帮助。而章家呢,当章红嫂四处借来的缓役金被偷之后,无论是狠心偷钱的章红哥,还是其他章屋族人,全都难以指望:

> 章屋的许多妇人们都跑过来问,但谁知道这个钱是谁偷去了呢?……现在这个章屋已有三个鸦片烟鬼,两个不务正业的赌棍,有人说,当章红嫂去洗澡的时候,章红哥曾回来过一次,但谁又敢把它说出来呢?
> 现在这个章屋已经是没落中的世家,老辈是已经死光了,超叔公的儿子,早就把身家用得精光,后一辈的人,大多数是做生意,经营小贩或是在机关里做小吏,又有谁敢去同乡长说话呢?即使有些亲戚,能够做到,但谁又肯为这个章红嫂,一个挑担脚的妇人,去奔走,去向上级机关据理力争呢!

综上来看,正是李家亲戚的弱势,以及章屋世家的没落、怕事与冷漠,使得章红嫂哭告无门,儿子被拉上了战场。而"儿子是章红嫂的宝贝,章红

---

[1] 黄药眠:《野店》,《青年知识周刊》创刊号,1941年8月6日。

嫂的心肝,这是她半生劳动的成果,痛苦的结晶,是她对于丈夫的反抗,对于社会的不平的控诉,是她的希望和灵魂!"现在儿子相当于没了,章红嫂的希望和灵魂也趋于溃灭,从未生病的她,竟因此病了半个月不得起来。而压垮章红嫂的最后一根稻草,则是章红哥因抽鸦片、赌博向陈家所借的四百元还不上,陈家为此将阿英嫂抢回去抵了债,使得章红嫂失去了最后的依靠,从此步入发狂、发疯的境地。

章红嫂本是一个普通的农村妇女,她爱祖母,也一度按照祖母传授给她的规矩孝敬公婆,服从丈夫,但在丈夫无法依靠的情况下,她"放下了针线,拿起了扁担",起早贪黑操劳二十多年,不仅将儿子抚养成人,还给他娶了媳妇。此时,章红嫂的人生达到了巅峰,也赢得了章屋族人前所未有的尊重。而赢得尊重的过程,正是章红嫂一次次反抗不幸命运的过程:在嫁给章红之后,她不甘于丈夫的冷落和章屋族人的蔑视,毅然生下了儿子;儿子两岁时,她毅然打破章屋女人不外出干活的世家规矩,"她到码头上去挑行李,到货行去挑货,到矿坑去挑矿,她也挑盐,她也挑石炭";为了让儿子避免成为章红那样的赌鬼和鸦片烟鬼,她变卖了祖母留给她的金手镯,咬着牙根供儿子读到初中毕业;她甚至两次大举借债,就为了给儿子成家以及为他缴纳缓役金……总之,她做了她所能做的一切,直至筋疲力尽。这样的章红嫂,无疑是一位伟大的母亲,而她所奉献的母爱,也正如黄药眠当时在散文《还乡记》中对母爱的评价:"只有母爱,它是出乎利害观念的,它是怎样愚忠,怎样固执,然而也就在这个固执和愚忠中,看出它的无穷和伟大。"[1]而他母亲给予他的爱,直到晚年仍然让他念念不忘:"母亲对于儿女的爱,是固执的,是无条件的,是永远抱着牺牲自己的精神的。"[2]

不惟如此,在黄药眠看来,无论自己的母亲,或者章红嫂,或者其他底层劳动女性,她们的身上都承载了历尽重重灾难的中国劳动人民最为宝贵的共同品质。1948年,在为解放区作家邵子南的短篇小说集《李勇大摆地雷

---

[1] 黄药眠:《还乡记》,《野草》第4卷第4期、第5期合刊,1942年9月1日。
[2] 黄药眠:《动荡:我所经历的半个世纪》,上海文艺出版社,1987年,第471页。

阵》所撰写的评论文章中，黄药眠指出：

> 是的，中国的劳动人民一向都在穷困的泥淖中打滚，千重万重的剥削和苦难在他们的头上，但是，正为冬天的积雪冻不死春天的根苗，所以在本质上，农民们的心是纯洁和莹彻的，它比一般城市小市民有着更多的勇气，更多的决心，更多的舍己为人的精神，有更多的恨，也有更多的爱，如果我们把他表面上的愚昧拨开来，那我们就可以发现他的宝贵的灵魂的光辉。[1]

这里所肯定的农民们"更多的勇气""更多的决心""更多的爱"和"舍己为人的精神"，与二十年前黄药眠倡导"非个人主义的文学"时，强调作家要着重表现的民众"心里的热情""勇敢的力量"和"牺牲的精神"，其内涵大体一致。在该文中，黄药眠尤其称赞小说《牛老娘娘拉毛驴》"深深地刻画出一个辛勤劳动了几十年的农妇，和她的性格，它充满着健康的人情味，使人感动。"将这一句话用来评价他所塑造的章红嫂，也正恰切。

此外，早在1936年，茅盾的《关于乡土文学》一文就强调，决定"乡土文学"价值的，并非在于其"特殊的风土人情的描写"，而是在于作者必须"具有一定的世界观与人生观"，并将那片土地上的人"普遍性的与我们共同的对于运命的挣扎"展示给我们[2]。实际上，小说《章红嫂》不仅写出了农村劳动妇女章红嫂"对于运命的挣扎"，也挖掘出其直面生活磨难的宝贵的"勇气""决心"和"爱"等"灵魂的光辉"。在这个意义上，黄药眠的《章红嫂》，足以与鲁迅的《祝福》、许钦文的《鼻涕阿二》、柔石的《为奴隶的母亲》等表现中国农村妇女悲剧命运的经典小说一起，进入现代中国"乡土文学"代表作的序列。

---

[1] 黄药眠：《从泥土里生长出来的》，香港《小说》第1卷第5期，1948年11月1日。
[2] 蒲（茅盾）：《关于乡土文学》，《文学》第6卷第2号，1936年2月1日。

三

黄药眠后来承认,自己的小说"从写作的总的倾向来看,是属于批判现实主义的"[1]。这种批判现实主义的倾向,一部分源于他对时代和社会症候的敏感,往往在小说中借人物的遭遇来思考"所以会发生这种事的时代背景"[2],但更多则源于他所接受的注重阶级斗争学说、凸显经济剥削本质的无产阶级文学理论的批判意识。当年在翻译美国作家辛克莱所著长篇小说《工人杰麦》的时候,对于杰麦被密探逮捕并遭受严刑拷打的一幕,黄药眠愤怒地质问:"我们中华上国岂不是到现在都还施用着惨无人道的酷刑么?读者们请你注意,这究竟是什么人的罪恶?"[3]在《工人之家》中,作者则通过阿琛的妻的思绪,揭示导致工人家庭温饱难以为继的原因:"本来工人们的要求是很小很小的,大家都以为这件小小的要求东家一定可以答应,就是东家不答应政府当局也总可以帮忙,但是谁曾料想到东家硬不答应,政府不但不帮忙反而拿去了三个工人呢!"不言而喻,其根本原因正是资本家的蛮横剥削,以及政府对于资本家的帮凶。而即使是以同性恋爱为题材的中篇小说《痛心!》,作者也借由主人公 y 的忏悔写道:"其实就我这个坏性格,怪脾气而论,又何尝不是这万恶社会制度下所反映出来的一种变态!"[4]

此一批判现实主义的特征,在黄药眠后来的小说创作中得到了延续和深化。1941年12月太平洋战争爆发后,黄药眠由香港回到广东梅县避居,到1943年4、5月间再离开梅县,经韶关曲江转往桂林、重庆、成都、昆明等地,直至1946年重回香港。在此期间,他以故乡梅县及周边地区的人民生活为创作题材,陆续发表了《一个老人》(1942年10月)、《章红嫂》(1943年10月)、《克复》1943年12月)、《热情的书》1944年1月)、《李宝三》(1944

---

[1] 黄药眠:《〈淡紫色之夜〉后记》,《淡紫色之夜》,江西人民出版社,1986年,第188页。
[2] 黄药眠:《小城夜话》,《文学创作》第3卷第2期,1944年6月15日。
[3] 黄药眠:《〈工人杰麦〉译后》,《工人杰麦》,启智书局,1929年,第503页。
[4] 黄药眠:《痛心!》,乐群书店,1928年,第91页。

年 3 月)、《小城夜话》(1944 年 6 月)等小说。这些作品，正如作者后来所说，主要"是写我们家乡的所听所闻，但当时立意也只求写出一些气氛和情调……"[1]

所谓"气氛和情调"，依据黄药眠后来的说法，有一部分是指家乡的变化，如"商人的势力更大了，侨乡的色彩更浓了"[2]。这里"侨乡的色彩"大抵即作者在《李宝三》中提到的情形："广东韩江上游，赴南洋谋生的人极多，他们一去八九年一二十年不等，因此他们回到家里也就带回来了不少南洋殖民地的风情。"[3] 具体则包括毛毡、皮衣、反领西装的流行，以及新建的洋房子等。而所谓"商人的势力"，即经济或金钱的势力。在《章红嫂》中，前来催收壮丁的乡长，对穷苦的章红嫂义正辞严，一定要抽她的独子章英去当兵，而对隔邻富有的陈大爷家，不仅只字不提征兵之事，而且态度极其恭敬：

> 章红嫂一直送着乡长出去，她看见隔邻陈大爷的两个儿子都站在那里。大儿子二十六七岁，生得肥肥白白的，二儿子二十一二岁穿着西装。
>
> 乡长一看见他们急忙鞠了一躬，"陈先生……"
> "怎么样？乡长，你去催收壮丁吗？……"
> "啊，是的，是的，尊翁在家吗？……"
> "他出去啦，喂，乡长，这章姓有不少的壮丁呢，不妨多抽几个呀！……"
> "是的，是的……"乡长一心和这两位公子周旋，他已经忘记后面跟着的章红嫂了。

事实上，让章红嫂失去儿子的主要原因，与其说是因抗战而起的征兵制

---

[1] 黄药眠：《〈再见〉作者自序》，香港：群力书店，1949 年。
[2] 黄药眠：《〈淡紫色之夜〉后记》，《淡紫色之夜》，江西人民出版社，1986 年，第 188 页。
[3] 黄药眠：《李宝三》，《文艺杂志》第 3 卷第 3 期，1944 年 3 月 10 日。

度，不如说是农村催收壮丁过程中贫富的差距、金钱的势力所导致的实际不公。无独有偶，在《小城夜话》中，土匪头子陈子犹之前是个教师，恋人密斯曹在两年前抛弃他并嫁给了富商，使他受到最大打击的正是金钱的势力，而他弃教从匪之后积累的巨额财富，又帮他找回了自信和尊严。由此看来，在抗战时期的侨乡及其周边的社会中，金钱的势力已然发挥着前所未有的效用。

所谓家乡的"气氛和情调"，另一部分是指家乡没有变化的内容，尤其是作者从小就熟悉的"风俗习惯""语言"和"人物"[1]。而这些内容，正是黄药眠《中国化和大众化》一文论及的核心要素，"中国化的问题也就是大众化的问题，假如作家留心最大多数中国人的生活，把他们的生活态度、习惯、姿势和语言，加以选择和淘炼，如实地写了出来，他这个作品一定是中国化的，同时也是大众化的"，而"能真正写出工人和农民说的话"的根本办法，是"纯熟的运用土生的中国语气"，或者"更多的应用地方土语"[2]。

换句话说，提倡在创作中使用"土生的中国语气"或"地方土语"来表现地方的风俗习惯和工人、农民的生活状态（态度、姿势、言语等），正是黄药眠有关文艺"中国化和大众化"的核心主张。而实际上，这既是黄药眠的理论主张，也是其小说创作的一贯特色。就目前来看，最早在创造社时期，尤其在《工人之家》《一个妇人的日记》[3]等涉及革命题材的小说中，黄药眠就已经开始尝试应用地方土语，例如：

> "——他妈的，这样漂亮干什么，去给人奢吗？阿拉有钱，起码亦要奢她一打呀！"他一面看着她心里就一面这样想着。（《工人之家》）
> ……然而结果呢，一个穷人家的女儿总不会嫁给一个胖肥胖白的穿长衫和穿洋服的先生，因为他们都说她是卑鄙，粗俗和无耻！（《工人之家》）

---

[1] 黄药眠：《〈淡紫色之夜〉后记》，《淡紫色之夜》，江西人民出版社，1986年，第188页。
[2] 黄药眠：《中国化和大众化》，香港《大公报·文艺副刊》，1939年12月10日。
[3] 黄药眠：《一个妇人的日记》，世界文艺书社，1929年。

>……阿琛因为整天没有事做常常出去喝酒,从前是他自己常常骂人坐食山崩的,现在反而是他自己坐食山崩了!(《工人之家》)
>
>晚上来了许多人客,有穿长衫的,有穿军服的……(《一个妇人的日记》)
>
>我的声尾微微有点战栗。(《一个妇人的日记》)[1]

这里的"阿拉"(我)、"胖肥胖白"(白白胖胖)、"坐食山崩"(坐吃山空)、"人客"(客人)、"声尾"(说话的尾音)都是吴语区或粤语区的方言词汇。这些方言土语的应用,不仅表明了故事发生的地域和环境,而且一定程度上显示了人物的个性、特点和态度。

在四十年代书写地方题材的小说中,由于梅县及周边地区的风土人情,尤其侨乡人物的生活态度、习惯、姿势和语言等,都是黄药眠所熟知的,故而他对"土生的中国语气"和"地方土语"的运用更加得心应手。此种情形,在以侨乡劳动妇女为主角的《章红嫂》中,最具代表性:

>所以章家的人都说章红嫂入门的时辰不利,命中带来了煞星,他们都骂她,说她是衰家猫。
>
>有时大风大雨不得出门,或是夜里回来,她还是利用余暇来做些针术。
>
>他用不着再做火头了,他可以开始学习一些买卖了。
>
>"好好的一家人现在又弄得七零八落,真是命水不好……"

这里的"衰家猫"(带来厄运的人)、"针术"(针线活)、"火头"(伙夫、厨子)、"命水"(命格、气运)都是当地人民对人物及日常生活内容的特定称呼,属于典型的方言词汇,它们的使用,使小说透露出浓厚的"土"味。

此外,《章红嫂》在表现人物的语气、动作、状态方面,或者在对环境、风俗习惯的描写方面,也都使用了大量的方言土语:

---

[1] 引文中的着重号皆为引者所加,下同。

他说:"我们章家是老世家,谁不知道?女人家也出去挑担,这是羞祖羞宗的事情……"

"唉,我自从跑到章家,没好吃没好穿,做生做死还要受气,一走过人家的房门,大家都吐着一撮口水……"

一会她忽然张开眼睛,她茫然地向周围看了一看,她的面色黄到像金纸一般,她对于刚才所做所说过的事情茫然不知道了。

每隔三两天,她就一定到他店里去看儿子,章英这时已不是中学生了,他赤着脚,钻到又烟又黑的厨房里烧饭,煮水,打水洗脸,有时要帮忙抬货挑水……

过去曾经骂过章红嫂为衰家猫,讲她的闲话的,同她吵骂过的,现在都一齐匍匐在她的脚下,口呼着"莺莺娘娘",向她烧香,烧纸,叩问吉凶,或则请她赐法水,打鬼。

这里的"羞祖羞宗"(羞辱祖宗)、"做生做死"(拼死干活)、"金纸"(镶了金箔的纸钱)、"又烟又黑"(烟雾缭绕且昏黑)、"法水"(符水)、"打鬼"(驱鬼)等侨乡地区的方言土语,在一般的现代白话小说中不大看得到,梅县及周边方言区之外的读者,也未必能理解它们的确切含义,但作者将它们用于小说人物、环境和风俗习惯的描写中,却无疑传达出一种特有的"气氛和情调",由此增强了作品的表现力和感染力。

综合来看,从1920年代末期至1940年代,通过笔下中国人物的遭遇来思考"时代背景",或者经由熟悉的人物、语言和风俗习惯等来写出"气氛和情调",正是黄药眠工农题材小说创作的一贯追求和主要特色,也是他在工农革命、抗日战争等不同历史时期,对于"革命文学"、文艺的"中国化和大众化"等思想主张的自觉实践。1948年,在《从泥土里生长出来的》一文中,黄药眠写道:

是的,劳动阶级的文学是应该比以前的文化更丰富更伟大,但是,伟大的作品并不是凭空突然的从天上掉下来,而是在历史发展的过程中,在现实生活的泥土中,逐步逐步的生长出来的。所谓伟大的作品,并不是离开时间空间,离开人民的生活水准和文化水准而虚构出来的空中楼阁,而是能实际反映人民的生活,提出人民的要求,而又回过头来提高人民的生活,加强斗争意志的东西。[1]

由此返观黄药眠立足现实生活、书写工农题材的小说篇章,无论是工农革命时期"站在无产阶级的地位上来表现出无产者的疾苦"的《工人之家》,抑或是抗战时期挖掘出劳动者"勇气""决心"和"爱"等"灵魂的光辉"的《章红嫂》,它们在表现人民、鼓舞人民以及"作为在特定阶段以内的社会推进器"[2]方面,所具有的价值和意义都不容忽略。有鉴于此,尽管就目前而言,黄药眠工农题材的小说被发掘出来的篇章十分有限,它们在思想、艺术方面也难免有不足之处,但其主要特色和整体面貌仍然值得期待。

---

[1] 黄药眠:《从泥土里生长出来的》,香港《小说》第1卷第5期,1948年11月1日。
[2] 黄药眠:《新民主主义与文艺》,《天风》第14期,1945年8月3日。

重建中国文学思想的话语体系

——《管锥编》"中国本位学术"论[1]

沈喜阳　胡晓明[2]

[摘要]《管锥编》以中国学术传统的"专书之学"对应西方学术研究的"专题之学",以百科全书式的"集部之学"统摄西方分门别类的人文科学,以文言札记体接续中国传统治学门径并发扬光大,具有"中国本位学术"的鲜明特色,体现出钱锺书先生重建中国文学思想话语体系的良苦用心。钱锺书先生个人不主张建构体系,不等于中国文学思想没有自己的体系。《管锥编》所体现的这种"中国本位学术"观,既是对渐趋式微的中国本位学术的重振,也是对西方强势学术研究范式的反拨,具有极大的前瞻性,在当今重建中国本位的文学思想话语体系的时代大背景下,具有不可忽视的参照意义和启示作用。

[关键词]《管锥编》　专书之学　集部之学　文言札记体　中国本位学术

---

[1] 本文系教育部人文社会科学重点研究基地重大项目"古今中西之争与'后五四时代'建设性的中国文论研究"(项目批准号:16JJD750016)的阶段性成果。
[2] 沈喜阳,华东师范大学思勉人文高等研究院2018级博士研究生。胡晓明,华东师范大学中文系教授,博士生导师。

一、中国本位学术

19世纪末,中国遭遇三千年未有之大变局,从世界的中心变成世界的一隅,从战无不胜的天朝大国变成每战必败的东亚弱国,一向自诩为文明古国的中国传统政治文化学术遭遇了前所未有的挑战。传统中国政治文化学术的传人们如何应对列强强大的坚船利炮所挟带的西学,就成为摆在他们面前最迫在眉睫的难题。顽固不屈的守旧派和拱手投降的西洋派纷纷登场。张之洞提出的"中学为体,西学为用",既保全了传统中国文化学术的尊严,又顺应了时势对西学色乐器用的认可。"中体西用派"既是相对偏激的西洋派和守旧派的中庸,又有效规避了"中学"传人们"以夷变夏"的心理负担,在很长时段内成为"中学"传人们的思想保障。俞樾的诗句"花落春仍在"之所以被曾国藩所激赏,就在于虽然"西学"花开,"中学"花落,但既然"中学为体",则"春仍在"焉。"'花落春仍在'这句诗,可以作为'中学为体、西学为用'那句话的寓言。"[1]然而张之洞的"中体西用论"受到严复的严重批判,被讥为"牛体马用":"有牛之体,则有负重之用;有马之体,则有致远之用。未闻以牛为体,以马为用者也";"故中学有中学之体用,西学有西学之体用,分之则并立,合之则两亡"[2]。

进入20世纪,中学与西学的紧张关系只有加重而无纾解。或谓辛亥革命后孙中山的文化观是"传统与现代结合,中国与西方融合"[3]。1922年,《学

---

[1] 冯友兰:《怀念陈寅恪先生》,载《纪念陈寅恪诞辰百年学术论文集》,北京大学出版社,1989年,第19页。
[2] 《严复集》,第三册,中华书局,1986年,第558–559页。
[3] 黄城、匡思圣:《传统与现代接合、中国与西方融合:孙中山革命思想的文化检视》指出:"孙中山主张文化接触上应持'开放且平等互待之文化接触态度';对待文化传统上应'批判的继承与创造性的转化传统以维持文化的主体性';文化的适应能力部分则应'维持多元的文化环境,以保持文化自身创造发明能力';文化理想的追求上则需'接受符合人道关怀的普世价值'与'承认多元一体世界文化体的形成'等文化变迁的态度。"载中国社会科学院近代史研究所政治史研究室、河北师范大学历史文化学院编:《晚清改革与社会变迁》,下册,社会科学文献出版社,2009年,第729–730页。

衡》杂志创刊,其办刊宗旨"昌明国粹,融化新知"[1],同样反映出中学在西学冲击下的回应。在人文学科领域,西学的一套研究方法和术语规范已在中国扎根。1934年,朱自清在《评郭绍虞中国文学批评史上卷》一文中指出:"'文学批评'一语不用说是泊来的。现在学术界的趋势,往往以西方观念(如'文学批评')为范围去选择中国的问题;姑无论将来是好是坏,这已经是不可避免的事实。"[2]朱自清的论断包含两个义项:中国当下学者们以西方观念选择中国问题,成为不可避免的事实;这种做法尚不能确定是好是坏。实则朱自清对这种"以西方观念选择中国问题"表达了某种隐忧。朱自清自己的态度,则是他于1934年所作《中国文学系概况》中所主张的:"自当借镜于西方,只不要忘记自己本来面目。"[3]陈寅恪的"中国文化本位论"由吴宓所揭橥:"寅恪兄之思想及主张,毫未改变,即仍遵守昔年'中学为体,西学为用'之说(中国文化本位论)。"[4]陈寅恪主张"一方面吸收输入外来之学说,一方面不忘本来民族之地位",然而他的"中国文化本位论"使他认为中国文化吸收外来之学说(如佛教学说)时,必须加以改造使之符合中国之性质和环境,才能"发生重大久远之影响",否则绝难保持;"其忠实输入不改本来面目者,若玄奘唯识之学,虽震动一时之心,而卒归于消沉歇绝。"[5]"中国文化本位论"是以"中国文化"为"本位",对外来文化、异质

---

[1]《学衡杂志简章》,《学衡》第一期。《学衡杂志简章》明确公开对"国学"和"西学"的态度:"(甲)本杂志于国学则主以切实之功夫,为精确之研究,然后整理而条析之,明其源流,著其旨要,以见吾国文化,有可与日月争光之价值。而后来学者,得有研究之津梁,探索之正轨,不至于望洋兴叹,劳而无功。或盲肆攻击,专图毁弃,而自以为得也。(乙)本杂志于西学则主博极群书,深窥底奥,然后明白辨析,审慎取择,庶使吾国学子,潜心研究,兼收并览,不至道听途说,呼号标榜,陷于一偏而昧于大体也。"
[2]《朱自清古典文学论文集》,下册,上海古籍出版社,2009年,第541页。
[3]《朱自清全集》第八卷,江苏教育出版社,1993年,第416页。张健《借镜西方与本来面目——朱自清的中国文学批评研究》(《北京大学学报·哲社版》2011年第1期)指出,朱自清既"借鉴西方文学理论清理中国传统的诗文评,认清其理论性质,梳理其理论系统",又"用中国的理论间架来论述中国文学批评,而不用西方间架",《诗言志辨》等著作正体现了借鉴西方与本来面目的统一"。张文还考索了王国维、陈寅恪、胡适、冯友兰等人关于"借镜西方"与"本来面目"的论述。
[4]《吴宓日记续编》,第五册,生活·读书·新知三联书店,2006年,第160页。
[5]陈寅恪:《冯友兰中国哲学史下册审查报告》,《金明馆丛稿二编》,生活·读书·新知三联书店,2001年,第284-285页,第283页。

文化是"为我所用"。早在1908年，鲁迅《文化偏至论》即提出："明哲之士，必洞达世界之大势，权衡校量，去其偏颇，得其神明，施之国中，翕合无间。外之既不后于世界之思潮，内之仍弗失固有之血脉，取今复古，别立新宗，人生意义，致之深邃，则国人之自觉至，个性张，沙聚之邦，由是转为人国。"[1]这是鲁迅1934年写作杂文《拿来主义》的先声。鲁迅要求"有辨别，不自私"的"拿来主义"，而不是盲目接受"送来"的文化和经济侵略，亦即"权衡较量，去其偏颇，得其神明"的"拿来"。1935年1月10日，王新命等十位教授联合发表《中国本位的文化建设宣言》，提出："中国是既要有自我的认识，也要有世界的眼光，既要有不闭关自守的度量，也要有不盲目模仿的决心。"[2]针对十教授宣言，胡适1935年3月31日发表《试评所谓"中国本位的文化建设"》指出："我们肯往前看的人们，应该虚心接受这个科学工艺的世界文化和它背后的精神文明，让那个世界文化充分和我们的老文化自由接触，自由切磋琢磨，借它的朝气锐气来打掉一点我们的老文化的惰性和暮气。将来文化大变动的结晶品，当然是一个中国本位的文化，那是毫无可疑的。"[3]梁漱溟《对〈中国本位的文化建设宣言〉之我见》认为，曾李的"洋务"、康梁的"维新"乃至孙文的"革命"，应对西洋文化都是"被动的成分太重了"，"十位先生的宣言也许是中华民族自觉的一种表现。这种自觉与自信，是建设中国本位文化的重要条件"[4]。宣言提出文化建设的"中国本位"，其最大价值即意识到民族自觉之可贵。在《立国之道》

---

[1] 鲁迅：《文化偏至论》，《鲁迅全集》第1卷，人民文学出版社，1981年，第56页。杨义《现代中国学术方法纵论》（《中国社会科学》2005年第3期）由鲁迅的上述论断提出"世界思潮与本土血脉的双构性"，并认为处在当时的时代，鲁迅虽然把"保存固有血脉和接纳世界思潮"作等量齐观，但是鲁迅其实更注重"不遗余力地打开自己的现代世界视野"，而"文化还原的意识还处在非主流的，甚至受到压抑的，但依然取得坚实成果的位置"。
[2] 原载《文化建设》月刊第一卷第四期，选自蔡尚思主编：《中国现代思想史资料简编》第三卷，浙江人民出版社，1983年，第766页。
[3] 原载天津《大公报》1935年3月31日，选自蔡尚思主编：《中国现代思想史资料简编》第三卷，浙江人民出版社，1983年，第197—198页。
[4] 原载《文化建设》月刊第一卷第十期，选自《梁漱溟全集》，第5卷，山东人民出版社，2005年，第695页，第696页。

中，张君劢指出："吾民族复兴之大方针：一方要抬高民族的自信力；一方不忘记'取于人以为善'的明训。"[1] 在《中国哲学与西洋哲学》中，贺麟认为，对于东西方哲学，"我们都应该把它们视为人类的公共精神产业，我们都应该以同样虚心客观的态度去承受，去理会，去撷英咀华，去融会贯通，去发扬光大"[2]。贺麟《儒家思想的新开展》提出"东圣西圣，心同理同"，中国文化复兴之可能，亦即"华化、中国化西洋文化"之可能，亦即"以民族精神为体，以西洋文化为用"之可能[3]。钱锺书在《中国古代戏剧中的悲剧》（*Tragedy in Old Chinese Drama*）中主张："为了充实我们的某些审美经验，我们必须走向外国文学；为了充实我们的另一些审美经验，我们必须回归自身。文学研究中的妄自菲薄固然不可取，拒绝接受外国文明成果的'爱国主义'就更不可取。"[4]

鲁迅的拿来"世界思潮"与弗失"固有血脉"，陈寅恪的兼顾"吸收外来学说"和"不忘民族地位"，朱自清的"借镜西方"而不忘"本来面目"，十教授的"中国本位"下的"自我认知与世界眼光"和梁漱溟的"民族自觉"与"文化自信"，胡适所谓的"世界文化"与"我们的老文化"的自由切磋，张君劢的"抬高民族自信"与"不忘'取于人以为善'"，贺麟的"民族精神为体，西洋文化为用"，钱锺书的"走向外国"和"回归自身"，这些20世纪先贤在各自的专业领域中（文学、史学、哲学、政治学等）对于中西学问的态度，是对19世纪政治家张之洞"中学为体、西学为用"的进一步修正和改进，也是对20世纪政治家孙中山"结合古今、融合中西"的具体实践和完善。尤其值得三思的是，张君劢《中华民族文化之过去与今后之发展》论及文化改造之难，提出文化建设应遵循两条准则："第一，自内外

---

[1] 黄克剑、吴小龙编：《张君劢集》，群言出版社，1993年，第249页。
[2] 贺麟：《哲学与哲学史论文集》，商务印书馆，1990年，第127页。
[3] 贺麟：《文化与人生》，商务印书馆，2006年，第6、8页。
[4] 原载1937年8月出版的英文《天下月刊》，龚刚译，收入龚刚著《钱锺书：爱智者的逍遥》"附录"，文津出版社，2005年，第248页。

关系言之，不可舍己徇人。第二，自古今通变言之，应知因时制宜。"[1] 1952年，张君劢在旧金山孔教会演讲，对于中西文化，再次强调"今后应扩大胸襟，采人之长，补己之短，同时勿昧于他人之短，勿忘自己之长"，"用分析法以求精审，以去浮滥，采综合法以求会通归宿之所，合中外古今一炉而冶之"[2]。张君劢除了讨论中西文化的内外关系准则，即"不可舍己殉人"，还提出了古今通变的准则，即"应知因时制宜"，继承的同时要有发展。在此基础上，兼用西方的分析法与东方的综合法，才能真正"合古今中外一炉而冶之"以有所创造。1967年，香港中文大学创校校长李卓敏提出香港中文大学以"结合传统与现代，融会中国与西方"为使命[3]，这也是香港中文大学中国文化研究所的创所理念。余英时在2006年克鲁格奖颁奖仪式上的演讲中指出，"中国文化必须按其自身的逻辑并同时从比较的角度来加以理解"[4]。可见承传发展传统与融化西方新知是19世纪以来全体华裔学人一直在思考的问题。

我们把秉持"坚守中国本位，融化西方新知，承传发展传统"的理念而创造的学术命名为"中国本位学术"。"中国本位学术"，是"中国本位"的"人类学术"，而不是以"中国学术"为"本位"。"中国本位"就是中国"固有血脉"和"本来面目"，就是"民族自觉"和"文化自信"，就是"不舍己殉人"。"人类学术"，是全人类智慧的结晶，不仅不分古今中外，不分有用无用，且学术是天下之公器，是人类世界共同体的学术，损荣相依盛衰相助。此正如王国维在《国学丛刊序》中所强调的，"余正告天下曰：学无新旧也，无中西也，无有用无用也"；"余谓中西二学，盛则俱盛，衰则俱衰，风气既开，互相推助"[5]。我们认为，《管锥编》就具有"中国本位学术"的品

---

[1] 原载张君劢著《明日之中国文化》，商务印书馆，1936年，第158页。选自《民国丛书》第四编第40册，上海书店出版社，1992年影印版，第158页。
[2] 张君劢：《义理学十讲纲要》，中国人民大学出版社，2006年，第53页。
[3] 参见香港中文大学五十周年校庆网页：http://www.50.cuhk.edu.hk/email/22/indexc.html
[4] 余英时：《人文与理性的中国》，程嫩生、罗群等译，台北联经出版事业股份有限公司，2008年，第645页。
[5] 王国维：《观堂集林》（外二种），河北教育出版社，2003年，第700页，第702页。

质，是"中国本位"与"人类学术"的有机统一。

陈寅恪《王静安先生遗书序》总结王国维的治学方法有三，其二曰"取异族之故书与吾国之旧籍互相补正"，其三曰"取外来之观念，与固有之材料互相参证"[1]。《管锥编》的治学方法则是"以古今中外之材料与观念相互印证"，以此所创造的学术即是"人类学术"。具体来说，《管锥编》的"中国本位学术"具有以下特点：以中国学术传统的"专书之学"对应西方学术研究的"专题之学"，以百科全书式的"集部之学"统摄西方分门别类的人文科学，以"文言札记体"接续中国传统治学门径并发扬光大，以众生平等的世界眼光"融贯中西古今"的一切人类智慧成果而有所创造。

二、"专书之学"

中国学术重综合，注重整体观念，不注重具体的推演，以当下悟解的方式直指结论；且中国学术之建构方式大多是"以述为作"，述旧作新，是在对前人著作的进一步阐释中层累而成，所以中国学术的创建和创见，常常体现在对前人著作的阐释和发挥中，可简称为"专书之学"。"专书之学"缺点在散珠无串，庞杂无章；优点在兴到神会，包罗万有，是通人之学。西方学术重分析，讲求逻辑推演，结论建立在严密的论证之下，有时其论证过程更甚于其结论之重要；西方学术更注重分别，以某一专门问题为中心，侧重于针对专门问题加以研讨探究；西方学术当然有继承，然而喜标榜为独创，且善于建立独自的体系，可简称为"专题之学"。"专题之学"长处在论证严密，说理透彻；短处在过于狭窄，学者越来越专门化，是专家之学。钱穆曾言："文化异，斯学术亦异。中国重和合，西方重分别。民国以来，中国学术界

---

[1] 陈寅恪：《金明馆丛稿二编》，生活·读书·新知三联书店，2001年，第247页。

分门别类，务为专家，与中国传统通人通儒之学大相违异。"[1]中西学术之基本差异在此。唐君毅先生指出，西方文化重"文化之类别"，而中国文化重"文化之统绪"。"故在中国之学术中，书籍之分类，皆不重以所论列之对象之不同而分，而注重以著述之体裁分。""七略之变为四库，亦注重分门别类之学术精神，更为注重通贯综合之学术精神之所代之证明也。"[2]中国学术传统注重"通贯综合"与"文化之统绪"，必然导致中国学术传统之注重"专书之学"。

一般而言，专书之学有以下特点：专书之学以一本书为本位，紧密围绕该书之结构而展开研讨；专书之学包罗万象，既有训诂、笺释，也有评议、拓展；专书之学是建立在纯粹阅读的乐趣之上的兴会神到，毫无框架结构可言。《管锥编》所体现的"中国本位学术"，首先即表现为《管锥编》是中国学术传统的"专书之学"。由于《管锥编》坚持中国传统的"专书之学"，而非现代西方的"专题之学"，遂被某些人讥讽为没有系统，如零散的珍珠没有串联起来；其实钱锺书先生是以某一本书为讨论话题，《管锥编》围绕着十部专书，即《周易正义》《毛诗正义》《左传正义》《史记会注考证》《老子王弼注》《列子张湛注》《焦氏易林》《楚辞洪兴祖补注》《太平广记》和《全上古三代秦汉三国六朝文》来展开讨论。在钱锺书计划中，还有论"《全唐文》等书五种"，因为"多病意倦，不能急就"[3]。余英时说："笔记式有一个好处，就像《管锥编》你可以说是读书笔记，而且是以书为本体为单位，他不需要有个架构。……他自己不要结构，他以书为结构，他讲《周易》就以《周易》为结构，讲《左传》就以《左传》为结构。"[4]钱先生是坚持中华本位学术而有意以"专书之学"来撰写《管锥编》的，并以此致敬历代先贤，如

---

[1] 钱穆：《钱宾四先生全集》，第25册《现代中国学术论衡》，"序"，台北联经出版事业公司，1998年，第5页。
[2] 唐君毅：《中国文化之精神价值》，台北正中书局，1953年，第12、13、14页。
[3] 钱锺书：《管锥编》，第一册，《序》，"一九七八年一月又记"，生活·读书·新知三联书店，2007年，第1页。
[4] 余英时：《谈钱锺书》（与傅杰的问答），载彭国翔编：《师友记往——余英时怀旧集》，北京大学出版社，2013年，第135–136页。

中国古代注《老子》之王弼，注《春秋左传》之杜预，注《文选》之李善，作《五经正义》之孔颖达等治专书之学的学者。

《管锥编》的英文选译者、美国加州大学圣塔巴巴拉校区教授艾朗诺（Ronald Egan）指出："《管锥编》中的条目都从所论古籍的一节引文起兴，因而更加规整。这种文体在中国文学中古已有之，千百年来，被用来注释经典或者正式行文。它给作家以机会去记录自己尚不完整周遍、尚不精致严谨的想法和心得。"[1] 我们完全可将《管锥编》视作上述十部专书的注疏和笺释，把钱锺书的读书心得纳入相关图书的笺注中。事实上，《管锥编》的研究成果也确实被大量应用于中国古典文学作品的校勘和笺释中，成为一家之说。其诸多创获，或被审慎采纳，或引发进一步辨正。试举一例。据张少康的搜集可知，李善以下，五臣、徐祯卿、顾实祯、唐大圆以迄程会昌（即程千帆）皆未能指出陆机所言"盖非知之难，能之难也"之原始出处。唯有《管锥编》指出，"按《文选》李善注：《尚书》曰：'非知之艰，行之惟艰。'二语见伪《古文尚书·说命》，唐人尚不知其赝，故引为来历；实则梅赜于东晋初方进伪《书》，陆机在西晋未及见也，此自用《左传》昭公十年子皮谓子羽语：'非知之难，将在行之。'"[2]。又如《管锥编》以为《文赋》之"课虚无以责有，叩寂寞而求音""自指作文时之心思。思之思之，无中生有，寂里出音，言语道穷而忽通，心行路绝而顿转，曰'叩'、曰'求'、曰'课'、曰'责'，皆言冥搜幽讨之功也"，张少康认为"此两句言文章从无到有的过程"，而钱锺书的论断"进一步发明"了艺术创作中虚构、想象所起的"决定性作用"[3]。

中国传统的"专书之学"，更强调对学术史有清晰的把握，讲究纵向的传承，故能保存师说，继承古训；但是也因此造成株守成见、曲徇旧说、缺乏创造性之弊，训诂学所谓"注不破经、疏不破注"，即是典型一例。孔颖

---

[1] [美]艾朗诺：《〈管锥编〉英文选译本导言》，陆文虎译，《文艺研究》2005年第4期。
[2] 参见张少康：《文赋集释》，人民文学出版社，2002年，第8-9页。
[3] 张少康：《文赋集释》，人民文学出版社，2002年，第92页。

达的《五经正义》，曾招致后代学者批评。钱大昕说："唐初《正义》，曲徇一家之言，彼经与此经矛盾者甚多。"[1] 皮锡瑞虽有平情之论，"案著书之例，注不驳经，疏不驳注；不取异义，专宗一家；曲徇注文，未足为病"；但又加以指摘，"惟彼此互异，学者莫知所从；既失刊定之规，殊乖统一之义。"[2] 梁启超说："孔冲远并疏毛、郑，疏家例不破注，故遇有毛、郑冲突之处，便成了'两姑之间难为妇'，勉强牵合打完场，那疏便不成片段了。"[3] 而《管锥编》的"专书之学"则取其长而去其短：既有承传，即纵向的爬疏和横向的比较；更有破立，即在承传的基础上提出自己的研究创见。试以《管锥编》引述孔颖达正义为例，既曾分别指出孔疏"词欠圆明""误甚""尤乖"[4]；更曾多次对孔疏加以阐发，认为孔疏"'实象'、'假象'之辨，殊适谈艺之用""密察周赅""殊熨帖心理，裨益词学""甚当"[5]。孔氏《关雎·序》"正义"一方面提出"诗乐同其功"，一方面又提出诗乐有差别，钱锺书赞为"精湛之论"，"前谓诗乐理宜配合，犹近世言诗歌入乐所称'文词与音调之一致'；后谓诗乐性有差异，'诗'之言可'矫'而'乐'之声难'矫'"。钱锺书不仅对"诗乐理宜配合"和"诗乐性有差异"分别加以阐发，而且特别赞赏孔颖达对于后者的论断，"于诗与乐之本质差殊，稍能开宗明义。意谓言词可以饰伪违心，而音声不容造作矫情"，"要知情发乎声与情见乎词之不可等同"。"仅据《正义》此节，中国美学史即当留片席地与孔颖达。不能纤芥弗遗，岂得为邱山是弃之藉口哉？"[6] 钱锺书给予孔颖达如此之高的评价，在于他认为孔颖达提出了中国美学史上一个被人忽略的重大问题，即诗与乐之不

---

[1] 钱大昕：《潜研堂文集》，卷九《答问六》，上海古籍出版社，2009年，第135页。
[2] 皮锡瑞：《经学历史》，周予同注释，中华书局，2004年，第141页。
[3] 梁启超：《中国近三百年学术史》，上海古籍出版社，2014年，第186页。
[4] 钱锺书：《管锥编》，第一册、第三册，生活·读书·新知三联书店，2007年，第73、386、1841页。
[5] 钱锺书：《管锥编》，第一册，生活·读书·新知三联书店，2007年，第24页，第75页，第221页，第301页。
[6] 钱锺书：《管锥编》，第一册，生活·读书·新知三联书店，2007年，第106—109页。按："纤芥弗遗""邱山是弃"源于刘知几《史通·内篇·二体》论《春秋》之短："故论其细也，则纤芥无遗；语其粗也，则邱山是弃。"

一致。上古时代，诗、乐一体，正如《正义》所说，"诗是乐之心，乐为诗之声，故诗乐同其功也"，不存在违心之词而发出矫情之声的可能；而后代诗、乐分离，则有产生为文而造情之可能，仅凭诗文不足以判断其情志之真伪。《礼记·乐记》早指出"唯乐不可以为伪"[1]但是孔颖达能对"言而非志，谓之矫情"和"情见于声，矫亦可识"加以区分，这就是孔颖达的超越前人之处。孔颖达的正义，经过钱锺书的疏解，实际上指向了后世文艺作品的两种不同形式"诗"和"乐"所表达的情感之真实性的差异问题，特别是分辨出诗文有时会造假而音乐则很难矫情的现象。孔颖达的正义，着眼于诗教与乐教之差异，仍是经学意义上的阐发；而钱锺书的疏解把孔颖达察焉不精的认识推进一步，揭示出"诗"和"乐"两者在创作和鉴赏上的分别。由此可见孔、钱在前人肩膀上的学术"承传"和"创造"。

需要特别指出的是，专书之学不等于"一本书主义"。专书之学表明古人读书求精求深之意，实际上处理的是精与博的关系。陆游《万卷楼记》指出"善学者通一经而足"，但这种"通一经"并非仅读一本书。"一卷之书，初视之若甚约也。后先相参，彼此相稽，本末精粗，相为发明，其所关涉，已不胜其众矣。"职是之故，"非博极群书，则一卷之书，殆不可遽通。此学者所以贵夫博也"[2]。通一经即是通百经，通百经不如通一经。因为专研一经，必旁涉百经而后归于一经，即由博返约，由泛而精。此种精通一经，并非仅对于此一经之精通，而是涵纳百经后的通一经。因此这种意义上的通一经即是通百经。道光二十一年七月十四日，曾国藩日记记载他向唐鉴求问"读书之法"，唐鉴特别强调："治经宜专一经，一经果能通，则诸经可旁及。若遽求兼精，则万不能通一经。"[3]所以，通一经是从一本专书开始，经过旁通博

---

[1] 黑格尔的两句话可以为"唯乐不可以为伪"作笺释："人的声音可以听得出来就是灵魂本身的声音，它在本质上就是内心生活的表现，而且它直接地控制着这种表现。""作曲家的活动范围就是人类的心胸，或心灵的情调，而乐曲作为出自内心的纯粹的声响，就是音乐所特有的最深的灵魂。"载[德]黑格尔：《美学》，第三卷上册，朱光潜译，商务印书馆，1979年，第369、388页。
[2] 钱仲联、马亚中主编，马亚中校注：《陆游全集校注·渭南文集校注二》，浙江教育出版社，2011年，第20页。
[3]《曾国藩全集·日记》，第一卷，河北人民出版社，2016年，第100页。

求,再回到专精一书。其间有"专一经——涉百经——通一经"的三段论过程,是"约——博——约"的过程。在第三阶段的"通一经"才能"通百经"。

钱锺书"又于西方典籍,褚小有怀,绠短试汲,颇尝评泊考镜,原以西文属草,亦思写定,聊当外篇"[1]。此即是后来出版的"钱锺书外文笔记",在钱先生心目中视作"《管锥编·外篇》",则已出版之中文笔记《管锥编》可视为"《管锥编·内篇》"也。钱先生在《谈艺录》新版"引言"中说:"乃稍删润原书,存为上编,而逐处订益之,补为下编;上下编册之相辅,即早晚之心力之相形也。"[2]我们也可以说,《管锥编》内外篇之相辅,亦即中西之贯通之相映也。《管锥编》"内篇"与"外篇"之构想,亦是中国古代著述之思路,如《庄子》《晏子春秋》《抱朴子》《史通》《文史通义》等书有内篇、外篇之分。张舜徽说:"大抵内篇为作者要旨所在,外篇其绪余耳。"[3]可见在钱先生看来,他是以中国典籍为讨论要旨所在,而以西方典籍为参考或附论也。这正是《管锥编》学术创造的"中国本位"之所系。

《管锥编》中的"专题之学",俯拾皆是。如钱先生之论"易之三名""喻之二柄""丫杈句法",皆可成为专题之学,然而钱先生仅仅将它们纳入专书之中,随文而发,不发为专题之论。如果把《管锥编》中相关论题纳入专题之下,打乱全书根据十部专书来架构的原则,则《管锥编》的写法就不是中国传统的专书之学,而是西方现代的专题研究之作了。艾朗诺独立完成的《管锥编》英文选译本1998年由美国哈佛大学亚洲中心出版。艾朗诺从原书1400多项条目中选译65项,分成六个部分,各部分由译者拟了大标题:"一、美学和批评概论;二、隐喻、象征和感知心理学;三、语义学和文学风格学;四、论老子,以佛教和其他神秘宗教哲学为参照;五、魔与

---

[1] 钱锺书:《管锥编》,第一册,《序》,生活·读书·新知三联书店,2001年,第1页。
[2] 钱锺书:《谈艺录》,中华书局,1993年,第1页。
[3] 张舜徽:《汉书艺文志通释》,湖北教育出版社,1990年,第290页。

神；六、社会和理想。"[1] 由此可见，《〈管锥编〉英文选译本》完全是按照专题研究的思路加以编译的。周振甫《钱锺书〈谈艺录〉读本》前言说："编这本《〈谈艺录〉读本》，我们粗略地分为：（一）鉴赏论，（二）创作论，（三）作家作品论，（四）文学评论，（五）文体论，（六）修辞，（七）风格。"[2] 舒展编选的《钱锺书论学文选》[3] 也是分门别类，根据主题打乱钱锺书的《谈艺录》《管锥编》《七缀集》《宋诗选注》等著作，而以专题研究的形式分为"思辨论""人事论""创作论""赏析论"和"文论"加以编选。上述削中国足适西方履的做法，可能是违背钱锺书先生本意的；它虽然以斑窥豹取便初学，却难免嚼饭喂人凿破浑沌之讥。

三、"集部之学"

《管锥编》所讨论的十部书都属于传统意义上的中国学术文化，但是《管锥编》实际上已打破并重新界定了中国学术传统之类别。

长期以来，中国传统学术的"全部知识之体系"，可以用"四部之学"为概括。唐代魏征主持编写的《隋书·经籍志》第一次提出"经史子集"四部的概念。大致说来，经部属于总纲，史部是经部的延伸，子部是经部的扩展，集部是属于文学的"小道"。刘简说："经部，为中国文化之根源，犹如中世纪欧洲之神学——新旧约全书。史部，为史实之纪录，子部，为哲学家之思想，集部，为文学作品。又如希腊亚里士多德根据人类记忆、理性、想像之三性能，分学问为历史、诗文、哲学三大类。易言之，经为根，史、子为干，集则为枝；聚根、干、枝而成树之整体。故四部法依经、史、子、集之次第先后排列，亦即在表明全部知识之体系。"[4] 然而我们必须认识到，"经

---

[1] 陆文虎：《美国学者读到了怎样的〈管锥编〉——评艾朗诺的选译本》，《文艺研究》2005年第4期。
[2] 周振甫、冀勤编：《钱锺书〈谈艺录〉读本》，上海教育出版社，1992年，第1页。
[3] 该书共六卷，花城出版社，1990年。
[4] 刘简：《中文古籍整理分类研究》，台北文史哲出版社，1978年，第77页。

史子集"在中国传统学问划分中，有一个动态的调整过程。公元前200年左右，有所谓的"六经"，即《诗》《书》《易》《礼》《乐》《春秋》，而《乐经》缺失，所以汉武帝设立"五经博士"。之后演变为"七经""九经"，到北宋形成所谓的"十三经"。"十三经"中的《论语》《孟子》，曾属于"子部"，与诸子百家处于同一层面。"十三经"中的《春秋三传》，即《春秋左氏传》《春秋公羊传》《春秋谷梁传》，本来属于"史部"，只有相传是孔子所作的《春秋》才属于"经部"。而《道经》《佛经》虽然属于佛道两教的经典，但在唐代却属于"集部"，到了清朝的《四库全书》中，它们才从"集部"上升到"子部"，关于天主教的新著作，也被《四库全书》纳入"子部"存目。

钱锺书尊钱基博自言"集部之学，海内罕对""基博论学，务为浩博无涯涘，诘经谭史，旁涉百家，抉摘利病，发其阃奥。自谓集部之学，海内罕对。子部勾稽，亦多匡发。"[1]钱锺书后来居上，发扬家学，可谓"集部之学，海内外罕对"。用艾朗诺的话来说，就是："《管锥编》全书征引的材料非常多，少说也有十万条以上。质言之，终其一生读书、摘记而能如本书材料之丰富者，世所罕见。"[2]钱基博也曾自豪地说："儿子锺书能承余学……乃知余父子集部之学，当继嘉定钱氏（钱大昕）之史学以后先照映，非夸语也。"[3]先看钱基博眼中的"集部之学"。张德建认为："故先生（指钱基博——引者注）每称集部之学，而不称文学史学，正是有见于此。集部之学是一个包容度广的概念，这样便可以解决纯文学观念带来的偏狭之弊，从而在更广阔的范围内讨论文学。"[4]这说明钱基博不肯以西方舶来的"文学"来范围中国传统的"文章"。我们把《管锥编》定义为"集部之学"，也是在这个广义的范畴内来使用"集部之学"一语，而不是限定在传统的"经史子集"的"集

---

[1] 钱基博：《自传》，载1934年《光华大学半月刊》第三卷第八期，收入文明国编：《钱基博自述》，安徽文艺出版社，2013年，第6页。
[2] [美]艾朗诺：《〈管锥编〉英文选译本导言》，陆文虎译，《文艺研究》2005年第4期。
[3] 钱基博：《中国文学史》附录《清代文学纲要》，东方出版中心，2008年，第758页。
[4] 张德建：《昭明师法，穷原竟委——钱基博的文学史写作》，载钱基博著《现代中国文学史》，商务印书馆，2011年，第723页。

部之学"的范畴。钱锺书自然能承其父之学,其《中国文学小史序论》说:"作史者断不可执西方文学之门类,鲁莽灭裂,强为比附。西方所谓Poetry非即吾国之诗;所谓drama,非即吾国之曲;所谓prose,非即吾国之文;苟本诸《揅经室三集·文言说》《揅经室续集·文韵说》之义,则吾国昔者之所谓文,正西方之verse耳。文学随国风民俗而殊,须各还其本来面目,削足适屦,以求统定于一尊,斯无谓矣。"该文又说,《文选》"专取集部,而遗经子史三部也",而《文心雕龙》"虽不必应无尽无,而实已应有尽有,综概一切载籍以为'文'",与《文选》之"以一隅自封者,适得其反","近论多与萧统相合,鄙见独为刘勰张目"[1]。可见钱锺书认为:一是不能强行以西方文学门类为标准来衡定中国文学;二是《文选》专取集部,取径偏狭,《文心雕龙》视经子史集皆为"文",二者"适得相反",钱氏是刘勰而非昭明。

如果按照传统的"经史子集"的分类,《管锥编》所涉及的十部著作,其中属于经部的三种,即《周易正义》《毛诗正义》《左传正义》,属于史部的一种,即《史记会注考证》,属于子部的三种《老子王弼注》《列子张湛注》《焦氏易林》,属于集部的三种,即《楚辞洪兴祖补注》《太平广记》和《全上古三代秦汉三国六朝文》。既然"经史子集"本来就是人为划分,且其划分标准亦在不断变动,那么在钱锺书眼里,这十部属于传统意义上的"经史子集",不妨都属于"集部之学"。

明代李维桢为王元桢《词林人物考》作《叙》第一句话即指出:"夫所谓词林者,不越经史子集四部矣。"[2]李维桢当时所谓的"词林",即今日所谓的"文坛",可见李维桢已具有"经史子集"皆为"文学"的主张。1788年章学诚《报孙渊如书》提出:"愚之所见,以为盈天地间,凡涉著作之林,皆是史学,六经特圣人取此六种之史以垂训者耳。子集诸家,其源皆出于史。末流忘所从出,自生分别,故于天地之间,别为一种不可收拾,不可

---

[1] 钱锺书:《写在人生的边上 人生边上的边上 石语》,生活·读书·新知三联书店,2002年,第95页,第101—102页。
[2] 明万历刻本,此处采用鼎秀古籍全文检索平台电子版。

部次之物，不得不分四种门户矣。"[1]章学诚的这封信提出两个重要论点：一是"著作之林，皆是史学"，即"经史子集"四部之学皆是"史学"；二是"经史子集"四部之划分，乃是"末流忘所从出，自生分别"。前者因简称为"六经皆史"而尽人皆知，后者即"经史子集"四部之划分毫无必要的论断却长期被人忽视[2]。

钱基博指出："然则'文学'者，述作之总称，用以会通众心，互纳群想，而表诸文章，兼发智情"；"大抵智在启悟，情主感兴"；《易》《老》《左》《史》，"此发智之文而以感兴之体为之者也"[3]。可见钱基博也把属于经部的《周易》、子部的《老子》和史部的《左传》《史记》都一律视之为属于文学的"集部"。钱穆《人生之阴阳面》亦认为："中国经史子集四部之学，皆内有其己，皆相通。"[4]早在《谈艺录》中，钱锺书即认为"若经子集，莫非史焉"："阳明仅知经之可以示法，实斋仅识经之为政典，龚定庵《古史钩沉论》仅道诸子之出于史，概不知若经若子若集皆精神之蜕迹，心理之征存，综一代典，莫非史焉，岂特六经而已哉"[5]。在写于1933年的《旁观者》中，钱锺书也指出："政治、社会、文学、哲学至多不过是平行着的各方面，共同表示出一种心理状态。"[6]"经、子、集"皆是"心理之征存"，"政治、社会、文学、哲学"也共同表示出一种"心理状态"。

钱锺书认为经子古籍中亦有文字游戏："盖修词机趣，是处皆有；说者见经、子古籍，便端肃庄敬，鞠躬屏息，浑不省其亦有文字游戏三昧耳。"[7]郑朝宗在引用上述文字后指出："不仅如此，他还把经、史这样'高贵'的

---

[1] 章学诚著，仓修良编注：《文史通义新编新注》，浙江古籍出版社，2005年，第721页。
[2] 程章灿《古典学术的现代化》（《国学季刊》第11期）认为："中国传统文献固然可以分为经、史、子、集四部，但更应该将四部文献融合起来，整体而观之，这就是传统的做法。"
[3] 钱基博：《现代中国文学史》，商务印书馆，2011年，第12页。
[4] 钱穆：《钱宾四先生全集》，第48册《晚学盲言》（上），台北联经出版事业公司，1998年，第270页。
[5] 钱锺书：《谈艺录》，中华书局，1993年，第266页。
[6] 钱锺书：《写在人生的边上　人生边上的边上　石语》，生活·读书·新知三联书店，2002年，第281页。
[7] 钱锺书：《管锥编》，第二册，生活·读书·新知三联书店，2001年，第715页。

典籍和向来不登大雅之堂的戏曲、小说放在同等的地位上。"[1]郑朝宗所言已包含"经子皆集"的论点。钱锺书又认为《左传》"尤足为史有诗心、文心之证":"左氏设身处地,依傍性格身分,假之喉舌,想当然耳""《左传》记言而实乃拟言、代言,谓是后世小说、院本中对话、宾白之椎轮草创,未遽过也"。[2]钱氏又进一步把历史相通于小说:"史家追叙真人实事,每须遥体人情,悬想事势,设身局中,潜心腔内,忖之度之,以揣以摩,庶几入情合理。盖与小说、院本之臆造人物、虚构境地,不尽同而可相通。"[3]他讨论《左传·成公十六年》是"小说笔法":"不直书甲之运为,而假乙眼中舌端出之,纯乎小说笔法矣"[4]。这是"史亦集"观。《史记·魏其武安列传》曰:"武安侯病,专呼服谢罪,使巫视鬼者视之,见魏其、灌夫共守欲杀之。"而《汉书·窦、田、灌、韩传》曰:"蚡疾,一身尽痛,谵服谢罪。上使视鬼者贴之,曰:'魏其侯与灌夫共守,笞欲杀之'。"又《论衡·死伪》篇曰:"其后田蚡病甚,号曰:'诺!诺!'使人视之,见灌夫、窦婴俱坐其侧。"关于《汉书》和《论衡》对《史记》的踵事增华,钱锺书评论曰:"班、王所记,皆于《史记》稍有增饰,盖行文时涉笔成趣。若遽谓其别有文献据依,足补《史记》之所未详,则刻舟求剑矣。"[5]《汉书》属史部,《论衡》属子部,二者对武安侯临死时的描写,皆有文学的增饰,钱氏认为并无文献依据,这是"史、子皆集"。合而观之,可证钱氏对"'经'、'子'、'史'皆作'集'"观。钱锺书指出:"昭明《文选》,文章奥府,入唐尤家弦户诵,口沫手胝……正史载远夷遣使所求,野语称游子随身所挟,皆有此书,俨然与儒家经籍并列……词章中一书而得为'学',堪比经之有'《易》学''《诗》学'等或

---

[1] 郑朝宗:《研究古代文艺批评方法论上的一种范例——读〈管锥编〉与〈旧文四篇〉》,《文学评论》1980 年第 6 期。
[2] 钱锺书:《管锥编》,第一册,生活·读书·新知三联书店,2001 年,第 271 页,第 273 页。
[3] 同上,第 272—273 页。
[4] 同上,第 344 页。
[5] 同上,第 561 页。

《说文解字》之蔚成'许学'者,惟'《选》学'与'《红》学'耳。"[1]钱锺书把《文选》"俨然与儒家经籍并列",认为"《选》学"堪比经学中的"《易》学"、"《诗》学",这是他的"集亦经"观。刘勰《文心雕龙·宗经》赞美《五经》"性灵熔匠,文章奥府",而钱锺书称赞《文选》是"文章奥府",也是把《文选》提升到"五经"的高度。正如吴小如所主张的:"经史子集四部皆文学,都可以看作文学研究的材料,治文学史最好四部之学都懂一些、四部之书都读一些,这样才可能融会贯通、提出经得起时间考验的见解。"[2]

《管锥编》的撰写,昭示钱锺书的两个论点:一是传统的"经史子集"之划分毫无必要,二是"经史子集"皆为"集部之学"。"经史子集"皆为"集部之学"[3]说明钱锺书将世间一切学问皆视为文学的材料,视为文学研究的对象。不仅是"经子史皆集",也是"集皆经子史",《管锥编》以"经子史"释"集"所在多有,而以"集"证"经子史"正复不少。钱锺书虽未明确以实际语言,表示出以动态的眼光来看待"经史子集"的划分,然而他在《管锥编》中的做法已然昭示这一点。"经史子集"四部之学皆为"集部之学",钱锺书的这一卓见必将在未来的世纪得到进一步验证。

进而言之,在《管锥编》中,无论是中国传统的"经史子集",还是西方的哲学史学文学政治学伦理学心理学等人文社会科学,都成为钱锺书研讨的对象,而且是文学研究的绝好材料,皆可为我所用,而不必局于一尊。既然钱基博的"集部之学"是概指中国的"经史子集"的"大文学";对钱锺

---

[1] 钱锺书:《管锥编》,第四册,生活·读书·新知三联书店,2001年,第2176–2177页。"俨然",意同"望之俨然,即之也温"之"俨然",系"庄重"意,非"仿佛"意。参见陈延嘉著《钱锺书文选学述评》,吉林文史出版社,2011年,第137页。
[2] 陈斐:《吴小如先生的学术境界和人间情怀》,《传记文学》2014年第2期。
[3] 罗韬《钱锺书之"经史皆集"》认为:"章学诚是'六经皆史',陈寅恪是'集部皆史',钱锺书则是'经史皆集'。"载罗韬著《半半集》,广东人民出版社,2016年,第207页。时胜勋认为:"在引入西方分科(学科)体系后,四部经学遂成为七科之文科,而集部也就相对提升,与经平起平坐,同时文学焕发出重大的社会作用。"载时胜勋著《中国文论身份研究——当代文化视野下的中国文论价值探寻》,河南人民出版社,2011年,第37页。龚刚《论钱锺书对"六经皆史""六经皆文"说的传承发展》认为:钱锺书"将章学诚所谓'六经皆史'与袁枚所谓'六经皆文'拓展为'经、子、集皆心史'与'经、史、子皆文章',不但体现出通览古今典籍、广求治学材料的宏阔视野,更彰显出融通经史子集、会通人文之学的宏大抱负。"载《中华文诗论丛》(2014.3)总第115期,第280页。

书而言，盈天地之间（无问西东）的一切学问就无不是文学。按照上文"通一经即是通百经"的思路，钱锺书《管锥编》所体现的"通文学"，实际上有一条类似的路径，即中国古代读书治学的"专一经——涉百经——通一经"的三段论过程，表现为"专文学——涉百学——通文学"的三个阶段，也存在"约——博——约"的过程。在第三阶段的"通文学"才能真正地"通百学"。这就使《管锥编》看似讨论文学，而实际上达到百科全书意义上的"博雅渊通"，《管锥编》所讨论的文学，已是涵盖经学、史学、子学以及哲学、宗教、语言学、心理学等人文社会学科范畴的"大文学"。所以《管锥编》选译者艾朗诺认为"《管锥编》使钱锺书比其在早期著作中自许的更像一位批评家和思想家"："后者（指《管锥编》——引者注）论及的范围更加宽泛，该书英文书名的副标题'关于观念与文学的随笔'暗示，钱锺书已经远远超出中古以来的中国诗学，其范围涵盖了整个中国人文传统。钱锺书的美学考虑已经从文学扩展到了视觉艺术（书法和美术），他对建立文学和哲学、宗教间的联系更有兴趣"。[1] 这种百科全书式的"博雅渊通"，正是"中国本位学术"的一大特点，正如胡晓明所总结的："依中国传统之学术观念，诗与历史、哲学、政治等，并非判然各别，其精光所聚之处，心心相印，源源相通，如万川之中，共有一月。"[2]《管锥编》所涉猎的"大文学"，正是"万川"（文史哲等人文学科）所共的"一月"，"一月"而印"万川"。

四、文言札记体

《管锥编》的"文言札记体"，是对中国学术传统的致敬，其形式完全是对中国学术传统的回归。《管锥编》所谈论的是中国古代典籍，引文自是文言文；钱先生的评泊考镜，用文言写就，而钱先生所引述的外国诗文，亦

---

[1] [美]艾朗诺：《〈管锥编〉英文选译本导言》，陆文虎译，《文艺研究》2005年第4期。
[2] 胡晓明：《中国诗学之精神》，江西人民出版社，2001年，第1页。

用文言译出。余光中在《论的的不休》中指出:"其实无论在《谈艺录》或《管锥篇》里,作者在引述西文时,往往用文言撮要意译;由于他西学国学并皆深邃,所以译来去芜存菁,不黏不脱,非仅曲传原味,即译文本身亦可独立欣赏,足称妙手转化(adaptation),匠心重营(recreation)。"[1] 余光中这句话有好几层意思:钱锺书用文言撮要意译所引用的西文;其所译既曲传原味,又可独立欣赏;故其翻译艺术称得上妙手转化,匠心重营;钱氏取得如此成就,其原因在于钱氏西学国学并皆深邃。

关于文言白话孰优孰劣,早在1934年钱锺书即认为:"窃谓苟自文艺欣赏之观点论之,则文言白话,骖骊比美,正未容轩轾。……若从文化史了解之观点论之,则文言白话皆为存在之事实;纯粹历史之观点只能接受,不得批判;既往不咎,成事不说,二者亦无所去取爱憎。若就应用论之,则弟素持无用主义(Futilitarianism),非所思存,恐亦非一切有文化人之所思存也,一笑。"[2] 钱锺书之论甚为通达:"文言白话,未容轩轾,二者亦无所去取爱憎。"缘何三四十年后,钱锺书反而弃白话而以文言撰写其一生最重要的、一百多万字的读书札记《管锥编》?

柯灵探讨了《管锥编》作为"文言札记体"的用意:"《谈艺录》《管锥编》的文字,则是道地的文,典雅奥丽,手挥目送,俯仰自得。我曾问他,这两部学术性著作为什么用文言写作?他回答说:因为都是在难以保存的时代写的,并且也借此测验旧文体有多少弹性可以容纳新思想。这两句简单的话里,自有许多慷慨苍凉的弦外之音。但我却别有一些个人的私见:笔记是中国独有的文学形式,笔精墨妙,挥洒自如,以简御繁,有余不尽,可惜'五四'后几成绝响。钱氏以最经济曼妙的文字,凝聚长年累月的心得,将浩浩如长江大河的古籍经典,点化评析,萃于一编,正是量体裁衣、称身惬意的形式,更便于流传久远,嘉惠后人。文言艰深,难以普及,但未必即是

---

[1] 余光中:《翻译乃大道》,外语教学与研究出版社,2014年,第252页。
[2] 钱锺书:《与张君晓峰书》,载1934年7月1日《国风》半月刊第5卷第1期,收入《钱锺书散文》,浙江文艺出版社,1997年,第409-410页。

一失,因为这一类煌煌巨制,原非为消闲解闷而作。"[1]正因为"札记体"是中国独有的文学形式,钱锺书以简御繁,挥洒自如,可以最充分地表达自己的思考,而又排除了专题学术论文的条条框框[2]。至于采用文言文[3],一则是受写作时条件限制,一则是要检验旧文体容纳新思想的弹性。由后者可见钱锺书之苦心孤诣,亦暗含着对胡适的批评。自从胡适、陈独秀提倡"文学革命",文言文成为一切罪恶的渊薮,白话文运动成为胡适直到晚年仍夸口的功劳。胡适认为文言"乃是一种半死的文字""白话是一种活的语言"。唐德刚认为这个口号本身的真实性"值得重行商榷",他认为:"我国的文言文是一种一脉相承,本国本土产生的应用文字。"[4]汪荣祖也指出:"偏废古文不仅是枯竭了白话文的泉源,而且舍弃了汉文化的宝筏,因千年古文所寄,乃整个传统文化精神之所寄,也就是吴宓所说'民族特性与生命之所寄'。"[5]从"文言文是中华民族特性与精神生命之所寄"这个意义上说,钱锺书有意以文言而著札记体《管锥编》,乃是双重反动。一者,札记体是对"西方体系化思维"的反动;一者,以文言著述则是对现代白话文的反动[6]。这种双重反动,实际体现了两个重要思路:一是"以华夏为本位",一是"为往圣继绝学"。钱先生有感于中华传统文化之中辍,所以有意以典雅的文言文来撰写其一生最重要的著作,这是有他的忧患意识在起作用的。理解两三千年前的

---

[1] 柯灵:《促膝闲话锺书君》,《读书》1989年第2期。
[2] 梁启超说:"当时第一流学者所著书,恒不欲有一字余于己所心得之外。著专书或专篇,其范围必较广泛,则不免于所心得外攟拾冗词以相凑附。此非诸师所乐,故宁以札记体存之而已。"载梁启超著《清代学术概论》,上海古籍出版社,1998年,第62页。
[3] 根据余英时《我所认识的钱锺书先生》的记叙,钱锺书半真半假说他用文言写《管锥编》,"这样可以减少毒素的传播"。载彭国翔编《师友记往——余英时怀旧集》,北京大学出版社,2013年,第126页。这真是一个"半真半假"的原因。任何一个学者不可能不期望自己的著作流传不广,故意用文言来艰涩其著作,以阻挡一些层次较低的读者来阅读,这很难说是钱锺书的初衷。
[4] 唐德刚译注:《胡适口述自传》,华东师范大学出版社,1993年,第144、151、179页。
[5] 汪荣祖:《新文化运动百年回顾》,《社会科学论坛》2016年第1期,第102页。
[6] 汪晖认为"五四"前后章太炎、鲁迅用文言写作的用意是"用真正的古文,古文本身是要找中国的自信,形式本身的探索是对自信的追寻"。载甘阳:《通三统》,生活·读书·新知三联书店,2014年,第56页。龚刚认为:"钱锺书对札记体的偏爱,实际上兼含着对传统意义上的'专书或专篇'的距离感和对作为'系统化'研究范式的西学专著或专论的反思意识。"载龚刚著《钱钟书 爱智者的逍遥》,文津出版社,2005年,第182页。

中国传统文化，文言文是一把钥匙，一条宝筏，《管锥编》的"文言札记体"勾连传统与现代，为中华文化续命写下重要一环。有趣的是，《管锥编》的文体是"古老"的，探讨的话题却是"后现代"的[1]。

在《写在人生边上·序》中，钱锺书说他宁做人生"大书"的"业余消遣者"而非正式"书评家"，因为书评家"负有指导读者、教训作者的重大使命"，而消遣者"随时批识"，更能从容批注"零星随感"[2]。钱氏看人生之书如此，读学问之书更当如此。《读〈拉奥孔〉》开篇即放言高论："倒是诗、词、随笔里，小说、戏曲里，乃至谣谚和训诂里，往往无意中三言两语，说出了精辟的见解，益人神智；把它们演绎出来，对文艺理论很有贡献。也许有人说，这些鸡零狗碎的东西不成气候，值不得搜采和表彰，充其量是孤立的、自发的偶见，够不上系统的、自觉的理论。不过，正因为零星琐屑的东西易被忽视和遗忘，就愈需要收拾和爱惜；自发的孤单见解是自觉的周密理论的根苗。"[3]如果我们拿《管锥编》从诗词、小说、戏曲、随笔、谣谚、训诂中所提要钩玄出的精辟见解来加以印证的话，就会发现钱先生这段话并非无的放矢，《管锥编》正是要补偏救弊，人弃我取；他对有些人过于看重"系统的、自觉的理论"的价值之否定，也是对唯西方文学理论体系马首是瞻的态度之否定。这应该是钱锺书运用"札记体"写作《管锥编》的一个隐意识。

夏丏尊、叶圣陶所著《文心》第二十五章论"读书笔记"，"《困学纪闻》是一部比较古而有名的读书笔记……《困学纪闻》以后，读书笔记有名的有

---

[1] 参见陆文虎：《美国学者读到了怎样的〈管锥编〉——评艾朗诺的选译本》，《文艺研究》2005年第4期。党圣元《钱锺书的文化通变观与学术方法论》（《中国社会科学》1999年第4期）："钱氏承继了中国传统学术重在参悟天理人心，以及重视通过具体事例来阐发宇宙之道的学理特点，以其精湛的国学造诣和西学知识，游艺于亚蓺欧铅之间，左右逢源，得心应手，不沾不滞，虽然研究的是古籍，使用的是文言和札记体，但所体现的学术精神则充满了现代意识，故不可仅视《管锥编》为考证之作，而应目为思想史著作。"
[2] 钱锺书：《写在人生的边上 人生边上的边上 石语》，生活·读书·新知三联书店，2002年，第7页。
[3] 钱锺书：《七缀集》，生活·读书·新知三联书店，2007年，第35-36页。

杨慎的《丹铅总录》，顾炎武的《日知录》，赵翼的《廿二史札记》，王鸣盛的《十七史商榷》，王念孙的《读书杂志》，王引之的《经义述闻》，钱大昕的《十驾斋养新录》。"[1]以《困学纪闻》为例，《钦定四库全书总目》指出："是编乃其札记考证之文，凡说经八卷，天道、地理、诸子二卷，考史六卷，评诗文三卷，杂识一卷。"其实都是王应麟的读书札记。王氏以《易》《书》《诗》《周礼》《仪礼》《礼记》《春秋》《左氏传》《公羊传》《谷梁传》《论语》《孝经》《孟子》等书为中心，广取博采，尤重史学，兼收并取，切实有据。在这个强大而坚实的读书札记的历史背景下，《管锥编》的撰写，实不能不受到上述古代读书札记写作方式之影响。有宋至晚清学人囿于条件限制，只能读中国古籍；而钱锺书精通多国外语，这为他读书的横向取径带来极大便利。《管锥编》不妨视作一部阅读古今中外之书的读书札记[2]。然而作者虽多采"二西之学"，其著述的方法论上却不能不走向中国古代札记体的路径。梁启超说清儒治学"纯用归纳法"，"喜用札记"，"实一种困知勉行工夫"，故能"绵密深入而有创获"[3]。余英时说："他（指钱锺书——引者注）后来走的路子是中国传统的、清朝人发展的一种以笔记为主的著作，如《日知录》，或者更早一点的像南宋末年王应麟的《困学纪闻》。他们这些笔记都是非常有原创性的。……现在的论文或者专书，往往也不过是古人笔记的一条两条。"[4]《管

---

[1] 夏丏尊、叶圣陶：《文心》，生活・读书・新知三联书店，1999年，第218页。梁启超认为"札记之书夥矣"，除上列诸书外，尚有阎若璩的《潜邱札记》，臧琳的《经义杂记》，卢文弨的《钟山札记》《龙城札记》，孙志祖的《读书脞录》，王鸣盛的《蛾术编》，汪中的《经义知新记》，洪亮吉的《晓读书斋杂录》，赵翼的《陔余丛考》，何焯的《义门读书记》，臧庸的《拜经日记》，梁玉绳的《瞥记》，俞正燮的《癸巳类稿》《癸巳存稿》，宋翔凤的《过庭录》，陈澧的《东塾读书记》等。参梁启超著《清代学术概论》，上海古籍出版社，1998年，第63页。
[2] 王水照《读〈钱锺书手稿集〉札记》指出："作日札是钱先生的日常生活，实不可一日离此事，由此也可部分解释他的最重要学术著作《管锥编》采取札记体的原因。"载王水照著《走马塘集》，复旦大学出版社，2016年，第289页。焦亚东《"控名责实，札记为宜"——论〈管锥编〉的文体特征及批评学意义》(《淮阴师范学院学报・哲社版》2010年第5期）认为《管锥编》是钱锺书在"日札"的基础上，结合中外文读书笔记的摘要和心得所完成的"一部札记体学术著述，是钱锺书读书笔记的延展、充实与发挥"，"兼有读书摘要和读书心得双重功能"。
[3] 梁启超：《清代学术概论》，上海古籍出版社，1998年，第63—64页。
[4] 余英时：《谈钱锺书》（与傅杰的问答），载彭国翔编：《师友记往——余英时怀旧集》，北京大学出版社，2013年，第135页。

锥编》的"干货"特点，令人想到《日知录》；其多引述而少论断，亦同于《日知录》的"著书不如抄书"；其从古今中外著述中加以采择，亦即顾炎武的"采铜于山"。

钱穆《中国近三百年学术史》认为："然则清儒所重视于《日知录》者何在？曰：亦在其成书之方法，而不在其旨义。所谓《日知录》成书方法者，其最显著之面目，厥为纂辑。"亦即顾炎武《抄书自序》所谓的"著书不如抄书"。钱穆更认为，"至于《日知录》尤为抄书工夫之至精细者"[1]。顾炎武《与人书十》提出著名的"采铜于山"说："尝谓今人纂辑之书，正如今人之铸钱。古人采铜于山，今人则买旧钱，名之曰废铜，以充铸而已。所铸之钱既已粗恶，而又将古人传世之宝舂剉碎散，不存于后，岂不两失乎？承问《日知录》又成几卷，盖期之以废铜。而某自别来一载，早夜诵读，反复寻究，仅得十余条，然庶几采山之铜乎。"[2]顾炎武把自己的读书所得比喻成从山中采集铜矿石而铸成铜，而把时人所谓的著述比喻成将别人现成的著作加以改头换面而已。今日学术论文中所谓的"转引"也可以视作"旧钱新铸"。《管锥编》"采铜于山"，从千山万岭中采集铜矿石而铸成新铜，这正是《管锥编》学术价值之所在。今人多以《管锥编》为"废铜"而"充铸"，不免远贻笑于三四百年前之亭林先生而近受讥于三四十年前之默存先生矣。

由于《管锥编》的"札记体"，造成《管锥编》的多引证类比而少论证裁断。大量征引相关文献，而论断即包含在所引论据中，这也是中国传统学术著作之特色，如柳诒徵的史学名著《国史要义》即是如此。只是因为钱先生精通多国语文，所以钱先生对某一问题的关注，会引类连譬，征引古今中外的材料，使读者陷入古今中外材料的汪洋大海之中，甚至忘记作者如此引证的本意。正因为《管锥编》亦奉行"著书不如抄书"之旨，所以多引证类比而少论证裁断，故而招引某种对《管锥编》的误解，以为《管锥编》只有证据罗列，而无独到见地，实则《管锥编》精微妙义，随处隐藏，常常在大

---

[1] 钱穆：《中国近三百年学术史》，上册，商务印书馆，1997年，第159-160页。
[2]《顾亭林诗文集》，中华书局，1983年，第93页。

量征引之后，以三言两语点到为止，要言不烦而启人深思[1]。不仅于此，《管锥编》征引材料取此舍彼，通过材料的取舍见出观点，这是更高明的论断。钱锺书的旁征博引，曾被人诟病为"炫博"和"有学无识"。罗韬认为钱锺书并非有意炫博，乃是继承朴学传统，"广求证据，援古证今，必畅其说而后止，这是钱锺书与清代朴学家相近之处"；其征引之繁实为辨析之细，"他的征引的过程，就是辨析的过程"，"他是以沉潜之体治高明之学，以排比之法寄悟解之微"[2]。

戴震《与是仲明论学书》谈治学"盖有三难"："淹博难，识断难，精审难。"[3]为解释一词多义现象，钱锺书列举了"易"有三个意思，"诗"有三个意思，"伦"有四个意思，"王"有五个意思，"机"有三个意思，"应"有三个意思；又举德语中黑格尔所说的"奥伏赫变"，"以相反两意融会于一字"[4]。在举例当中，既破除黑格尔对汉语之偏见，又说明汉语与世界其他语言有共通之处，从而证明"东海西海，心理攸同"，其价值远在"炫博"之上，更非"有学无识"，而是"识"在"学"中也。也就是说，钱锺书的"识"从来不是放言空论，而是寄寓在坚实的"学"之基础之上；从其"淹博"和"识断"中，我们更可以窥测中国文化所具有的"相反相成"及"对立统一"之理念[5]，亦可见其不可移易之"精审"（意谓"精密确实"）。《管锥编》的"淹博"人所共见，"识断"因隐藏于"淹博"之中而不易觉，而其"精审"，则更是解人寥寥，有待于读者细心发掘。

---

[1] 钱宁《曲高自有知音——访周振甫先生》一文中说："《管锥编》的体例很像一部读书札记。全书引用了古今中外近四千位作家的上万种著作。钱先生往往曲终而奏雅，在最后寥寥不足百字的评述中，提出超越前人的灼见。"载《周振甫谈〈管锥编〉〈谈艺录〉》，江苏教育出版社，2005年，第11页。
[2] 罗韬：《钱锺书之"经史皆集"》，载罗韬著《半半集》，广东人民出版社，2016年，第212页，第214-215页。梁启超论清代朴学之特色，其第五条曰："最喜罗列事项之同类者，为比较的研究，而求得其公则。"载梁启超著《清代学术概论》，上海古籍出版社，1998年，第47页。
[3] 戴震：《戴震集》，上海古籍出版社，2009年，第184页。
[4] 钱锺书：《管锥编》，第一册，生活·读书·新知三联书店，2007年，第3页，第4页。
[5] 钱锺书多次言及对立统一，"同时之异世，并在之歧出"（《谈艺录》，中华书局，1993年，第304页）；《论复古》所谓的"过去的现在性"，"复古本身就是一种革新或革命"（《钱锺书散文》，浙江文艺出版社，1997年，第502-509页）等。

至于中国传统学问的"义理、考据、辞章"在《管锥编》中亦时时体现,这也是中国本位学术的题中应有之义。龚刚以为,钱锺书发扬章学诚文史之义,"力倡义理之学、考据之学、词章之学的融通"[1],兹不赘述。

正如在王阳明眼里,满大街都是圣人[2];在钱锺书眼里,所有古今中西的书都是好书,都值得阅读,经史子集都是文学研究的材料。他在阅读上的"众生平等观",表现为三个方面:一是传统与现代著作一视同仁,二是东方与西方著作不分轩轾,三是经典与平凡著作毫无等差。但这种"众生平等"的背后必须有"我",亦即"中国本位",尤其在涉及西方学术著作时。此即钱锺书所引哲人教子侄作文的奥秘:"博览群书而匠心独运,融化百花以自成一味,皆有来历而别具面目。"[3]无论是博览群书、融化百花还是皆有来历,其背后都必须确保匠心独运、自成一味和别具面目。

由于近代以来西学对中国文化传统之冲击,以及由此造成部分国人对中国文化传统之蔑弃,今日欲重新接续中华文明,并应对西学的霸权,确是一件至坚至巨之事。"五四"诸子有鉴于西方船坚炮利之器物之先进,遂以为中华文明亦不可取,此则未能分清物质科技与人文理念乃是两条不同的进路之结果。亦即器物之先进与人文之理念乃各有发展步伐,两者并不成比例,或者至少不成绝对之正比例。科技之落后乃造成人文之自卑,这

---

[1] 龚刚:《论钱钟书对"六经皆史""六经皆文"说的传承发展》,载《中华文诗论丛》(2014.3)总第115期,第271页。龚刚认为,"《管锥编》的学术形态是'札记体'",并引用吴宓《赋赠钱君锺书》诗句"源深顾赵传家业",意指"钱锺书的学术渊源可上溯至这两位清代学人",而屡为钱著所征引的顾炎武著《日知录》和赵翼著《廿二史札记》,"所采用的均是札记体"。载龚刚著《钱锺书 爱智者的逍遥》,文津出版社,2005年,第178页。此处龚刚的论断有误。吴宓写作该诗时是1934年,钱氏的《谈艺录》《管锥编》均未问世。所以吴宓的"源深顾赵传家业",其意不是强调顾赵著作的"札记体",更不是指钱锺书著作的"札记体",而是借顾炎武和赵翼的史学造诣来期待钱锺书能承继其父钱基博的"家业",即钱基博的文学史著述(钱基博1933年出版《现代中国文学史》)。
[2] 王阳明《传习录》卷三,王阳明弟子王汝止、董萝石分别出游,归来皆曰:"见满街人都是圣人。"载《王阳明全集》(上卷),上海古籍出版社,2011年,第132页。钱锺书对"一切众生,皆有佛性""人皆可以为尧舜"有详细申论,并涉及李商隐、陆九渊、王阳明等多人,参《管锥编》第四册,生活·读书·新知三联书店,2007年,第2081—2082页。
[3] 钱锺书:《管锥编》,第四册,生活·读书·新知三联书店,2007年,第1967页。

是五四诸子之病根[1]。实则科技必以人文为依归，工具理性唯有在价值理性指导下才能实现其意义。钱锺书曾说："古人有言，'明体达用'。用之学问（所谓technology），日进千里，体之学问（humanities），仍守故步，例如亚里士多德之《物理学》无人问津，而亚里士多德之《伦理学》，仍可开卷有益。"[2]钱锺书又说："'衣服食用之具'，皆形而下，所谓'文明事物'（die Zivilisationsgüter）；'文、学、言、论'，则形而上，所谓'文化事物'（die Kulturgüter），前者见异易迁，后者积重难革，盖事之常也。"[3]此处的"文明事物"即同于"用之学问"，而"文化事物"则同于"体之学问"。可证钱锺书对"体之学问"与"用之学问"有清醒认知，并不混二者为一。因为科技或随时代而退步，人文则历长久而弥新。钱锺书以人文（humanities）为体，以科技（technology）为用，明"体"达"用"，更显示其远见卓识。钱锺书所具有的中国文化自信，使他在1970年代即具备了"中国本位学术"的深层意识，故而能够写出《管锥编》这样承前启后继往开来的不朽之作。

西方哲学史上，有黑格尔《美学》这样逻辑严谨、体大思精的哲学著作，也有尼采《扎拉图斯特拉如是说》这样激情澎湃的哲理诗章和维特根斯坦《逻辑哲学论》这样闪烁着哲人智慧的零星札记。可见在西方学术传统中，"哲理诗章"和"哲思札记"同样是严谨的学术创获。仿照刘梦溪所说的"白话不可逆，文言不可废"[4]，不妨提出学术生产中的"专题研究"不可逆，学术创造中的"专书札记"不可废。即专题研究的学术论文是大势所趋不可违逆，然而专书札记也属于学术创造同样不可废弃。学术刊物当然要刊登专题研究的学术论文，却不应拒绝刊载闪烁着智慧光芒的专书札记。纵然《管锥编》的学术风貌不可复制，然而这种"中国本位学术"却不可断绝。

---

[1] 胡晓明《活古化今：接续中华文明体系中的文学思想如何可能——四论后五四时代建设性的中国文论》（载《社会科学战线》2017年第12期）对此有深刻揭示；并提出在后五四时代"活古化今"，激活传统，转化现代，一者收拾中国文论传统被冲击后的信心，一者接续中国文论传统被蔑弃后的生命，为中国文论的当代建设提供思路。
[2] 钱锺书：《致储安平》，《钱锺书散文》，浙江文艺出版社，1997年，第412页。
[3] 钱锺书：《管锥编》，第一册，生活·读书·新知三联书店，2007年，第533页。
[4] 刘梦溪：《新文化背景下的文言与白话》，《中华读书报》2019年8月7日。

不承认专书札记是学术，就是丧失了"中国本位"。陈寅恪《王静安先生遗书序》深致其慨曰："自昔大师巨子，其关系于民族盛衰学术兴废者，不仅在能承续先哲将坠之业，为其托命之人，而尤在能开拓学术之区宇，补前修所未逮。故其著作可以转移一时之风气，而示来者以轨则也。"[1]《管锥编》承文言札记体之余绪，为中华文化而续命；冶中西古今于一炉，补海通以前先贤不通西洋学术之局限。于"专题之学"风行世界之际，别张"专书之学"之旗帜，实为后来者示范也。钱锺书先生不主张建立他个人的学术理论体系，并不代表中国文学思想没有自己的体系，也不等于中国文学思想不需要自己的体系。在西方文学理论话语体系不断进入中国文学理论与批评场域之际，更需要以中国自己的形式发出中国自己的声音。《管锥编》之"中国本位学术"观，既是对渐趋式微的中国本位学术的重振，也是对西方强势学术研究范式的反拨，具有极大的前瞻性，在当今重新建构中国学术思想研究体系的时代大背景下，具有不可忽视的参照意义和启示作用。而归纳和总结《管锥编》中所体现的中国学术思想体系的特征，也成为后钱锺书时代学人们的历史使命。这是钱锺书先生留给后人的遗产，也是他通过《管锥编》而留给后人的文化密码。当然这个密码需要学人们细心解读和解码。

谨以此文纪念钱锺书先生一百一十周年诞辰。

---

[1] 陈寅恪：《金明馆丛稿二编》，生活·读书·新知三联书店，2001年，第247页。

《关不住了》："纪元"的迷思与翻译中"异质性"建构的悬置[1]

刘 聪[2]

[摘要] 通常认为，确立了新诗"纪元"的译诗《关不住了》，是证明"译诗引领了新诗"的典型案例。但对比早期《新青年》上的译诗和原创诗作，可以看到译诗和本土诗歌创作的转型在同步进行，译诗甚至在一定时期滞后于本土原创诗歌和诗论的新变。与发表在接近时间的其他多数原创新诗相比，《关不住了》在诗体和语体上没有显著特殊之处。它真正的"异质性"在于诗意演进的内在逻辑的开拓，但受限于当时新诗自身的艺术经验的稚嫩，这一"异质性"未能在本土诗作中得到及时的回应，呈现为客观上得到了引入和建构，却未能被吸收、接纳的"悬置"状态。

[关键词]《关不住了》 译诗 异质性 新诗 文化研究

新文化运动的发起者之一，同时也是第一部白话诗集《尝试集》的作者胡适，将自己的一首译诗《关不住了》视为新诗开启了"纪元"的标志性作品。基于胡适在新诗发展历程中的关键地位，以及译诗在客观上发挥的实

---

[1] 本文是教育部人文社会科学研究青年基金项目"文化研究视野下的现代译诗'异质性'建构研究"（项目批准号：20YJC751013）、中央高校基本科研业务费专项"唐诗英译与中国文化形象的构建"（项目编号：300102330640）、教育部人文社会科学研究青年基金项目"《苏联文艺》汉译文学研究"（项目批准号：19YJC751079）、中央高校基本科研业务费专项资金项目"中苏文化协会汉译活动研究"（项目号：XJS18043）的阶段性研究成果。
[2] 刘聪，长安大学人文学院讲师。

际作用,这一论述被后来的诗人、译者、学者们反复引用,使它已超出胡适"尝试"的个人经验,成为新诗史学话语的组成部分,以阐述译诗在白话新诗发生阶段所发挥的重要历史作用。客观上,新诗在传统诗歌之外另起炉灶,不借助域外诗歌的经验,很难探索出属于自身的艺术发展之路,新诗的现代化更无从提起。而域外诗歌经验的输入很难绕开翻译。《关不住了》作为一首译诗,被新诗的发起人称为"纪元"的里程碑,它实际上意味着域外诗歌经验对新诗施加影响力的源点,至少也是一个有特殊地位的标志性文本。这已是目前新诗史叙述的基本共识之一。

但实际情况并非如此简单。在新诗发生发展的过程中,域外诗歌经由翻译确实发挥出了不可或缺的重要作用,但这一作用要在汉语语境中实现其"回声",单凭译诗并不够;它起作用的过程,也不可能凝缩于历史的某个节点,在其前后呈现骤然的新旧分明。这些有必要一一捋清的复杂情况,实际被上述通行话语所遮蔽。在这一话语模式下,无法打开译诗与新诗互动关系研究的更为微观细致的空间。当《关不住了》被视为打开了一个新"纪元"的时候,有必要追问,这一"纪元"究竟"新"在何处,与《关不住了》之间有何内在关联?唯有如此,胡适基于个人诗歌创作、翻译体验的主观论断,才能令人信服地作为史学话语的依据;藉由此问,也能够对新诗发展中的深层规律有所探究。

为此,本文提出译诗"异质性"这一概念,对《关不住了》所处的话语环境及其自身"异质性"特点做出了归纳与梳理,并得出结论:新诗草创期,在语体上的"白话"与诗体上的"自由"这两个维度上,《关不住了》并不具备标志性色彩,它在这两方面的特质是被初生的新诗话语塑造的结果。而《关不住了》真正超越于时代的"异质性"特质,即它内在诗意演进逻辑上的虚拟性,可这一特性受限于当时的白话新诗艺术经验的稚嫩,并没有得到即时响应,实际上处于"悬置"的状态。

一、1915-1917：译诗的相对滞后

基于劳伦斯·韦努蒂（Lawrence Venuti）在《译者的隐形：翻译史论》中提出的"异化翻译（Foreignizing Translation）"理论，文本拟以"异质性"这一概念，来概括翻译文本与它的目标语境所处的特定时代的主流话语范式之间具有显著差异的特质。它可以体现在译诗所使用的语言、句式、诗体形式，乃至诗意结构方式、内在逻辑演进方式等多方面。从译诗和本土诗歌创作的关系上看，"异质性"既是译诗和本土诗歌的显著区别，也是译诗能够对本土诗歌施加影响力的根源。而译作中"异质性"的具体的呈现方式、是否充分建构、能在何种程度上于本土诗歌创作中激起回声，则受到了目标语境的宏观文化环境的限制。因而，通过对译诗之"异质性"的细察，对译诗之文化要素的窥探也就成为了可能。[1]

就《关不住了》而言，考虑到"新诗"尚属方兴未艾的新事物，一方面它和其他刊载在《新青年》上的诗歌、译诗文本一起，相对当时主流的社会文化的话语方式，具有某种"先锋"而"小众"的色彩。从这一角度，《关不住了》的"异质性"是显而易见的：它通体是一首完全摆脱了中国古典诗歌色彩的、纯然现代的"新"诗。但要仔细分辨《关不住了》在新诗发展过程中的特殊地位，则有必要将比较的范围缩小至新诗自身的语境内部，也就是在《关不住了》发表前后这个时段内，由其他新文化人作、译的诗歌文本所构建的"微观语境"（相对于宏观社会文化语境而言）。为此，细致梳理《新青年》从1915年《青年杂志》创刊到1919年发表了《关不住了》的第六卷第3期这个时间范围内诗歌话语的迭变过程，在此基础上锚定《关不住了》的具体历史地位，就显得尤为必要。

为了直观地表现《新青年》上诗歌创作与翻译文本之间在数量、形态、

---

[1] 关于"异质性"的概念及其在诗歌翻译中的应用，可参考拙文《近代诗歌翻译的"异质性"建构：特征及成因——以〈哀希腊〉四译本为例》（见《现代文学研究丛刊》，2019年第10期）。尽管具体案例和应用场景不同，但思路和方法是一致的。

语体上的相对关系，我把这期间里在《新青年》上的诗歌（包括创作和翻译）的发表情况，以及每首诗在语体和诗体上的特点简单归纳如下表所示：

《新青年》1卷2期至六卷3期上诗歌作品发表情况简表

卷期	时间	作者	译/作	题目	诗体[1]	语体[2]
一卷2期	1915.10	陈独秀	翻译	讚歌	五言体	文言
一卷2期	1915.10	陈独秀	翻译	亚美利加	七言、骚体	文言
一卷4期	1915.12	方澍	创作	潮州杂咏	五言体	文言
一卷4期	1915.12	谢无量	创作	春日寄怀马一浮	五言体	文言
二卷2期	1916.10	刘半农	翻译	爱尔兰爱国诗人	五言、四言体	文言
二卷4期	1916.12	刘半农	翻译	拜伦遗事	楚歌体、骚体	文言
二卷6期	1917.2	胡适	创作	朋友	五言体	白话
二卷6期	1917.2	胡适	创作	赠朱经农	七言体	白话
二卷6期	1917.2	胡适	创作	月（三首）	五言体	白话
二卷6期	1917.2	胡适	创作	他	五言体	白话
二卷6期	1917.2	胡适	创作	江上	五言体	白话
二卷6期	1917.2	胡适	创作	孔丘	七言体	白话
二卷6期	1917.2	刘半农	翻译	阿尔萨斯之重光马赛曲	较自由的古体	文白相间
三卷2期	1917.4	刘半农	翻译	咏花诗	五言体	文白相间
三卷4期	1917.6	刘半农	翻译	缝衣曲	五言体，类乐府	文白相间
三卷4期	1917.6	胡适	创作	采桑子·江上雪	词体	文白相间

---

[1] "诗体"主要指诗歌的体式，大体上分为自由体和中国古典诗体形式。在中国古典诗体形式内部，根据每行字数或一些诗体标志性词语（如"兮"等），分为五言体、七言体、骚体等。不属于中国古典诗体的形式，如散文诗等，为方便故，都视为自由体。

[2] "语体"主要指诗歌所使用的语言，所依据的语法规则是文言还是白话。做这样的区分主要是为了梳理白话自由新诗（包括创作和翻译）发生过程中的变化发展的趋势。我使用"文白相间"来形容过渡时期既使用文言、又使用白话的情形。这也是为了方便的缘故而采取的粗略描述方式。实际上，即便语体上同属"文白相间"，不同诗作间白话和文言的具体"含量"也可存在显著差异。

续表

卷期	时间	作者	译/作	题目	诗体[1]	语体[2]
三卷4期	1917.6	胡适	创作	生查子	词体	文白相间
三卷4期	1917.6	胡适	创作	沁园春·生日自寿	词体	文白相间
三卷4期	1917.6	胡适	创作	沁园春·新俄万岁	词体	文白相间
四卷1期	1918.1	胡适	创作	鸽子	自由体	白话
四卷1期	1918.1	胡适	创作	人力车夫	自由体	白话
四卷1期	1918.1	胡适	创作	一念	自由体	白话
四卷1期	1918.1	胡适	创作	景不徙	五言体	白话
四卷1期	1918.1	沈尹默	创作	鸽子	自由体	白话
四卷1期	1918.1	沈尹默	创作	人力车夫	自由体	白话
四卷1期	1918.1	沈尹默	创作	月夜	自由体	白话
四卷1期	1918.1	刘半农	创作	相隔一层纸	自由体	白话
四卷1期	1918.1	刘半农	创作	题女儿小蕙周岁造像	自由体	白话
四卷2期	1918.2	沈尹默	创作	宰羊	自由体	白话
四卷2期	1918.2	沈尹默	创作	落叶	自由体	白话
四卷2期	1918.2	沈尹默	创作	大雪	自由体	白话
四卷2期	1918.2	刘半农	创作	车毯（拟车夫语）	自由体	白话
四卷2期	1918.2	刘半农	创作	游香山记事诗	五言体	白话
四卷2期	1918.2	胡适	创作	老鸦	自由体	白话
四卷3期	1918.3	沈尹默	创作	除夕	自由体	白话
四卷3期	1918.3	胡适	创作	除夕	自由体	白话
四卷3期	1918.3	刘半农	创作	除夕	自由体	白话
四卷3期	1918.3	陈独秀	创作	丁巳除夕歌	自由体	白话

续表

卷期	时间	作者	译/作	题目	诗体[1]	语体[2]
四卷4期	1918.4	胡适	创作	新婚杂诗	自由体	白话
四卷4期	1918.4	沈尹默	创作	雪	自由体	白话
四卷4期	1918.4	刘半农	创作	灵魂	五言体	白话
四卷4期	1918.4	刘半农	创作	学徒苦	自由体	白话
四卷5期	1918.5	唐俟	创作	爱之神	自由体	白话
四卷5期	1918.5	唐俟	创作	桃花	自由体	白话
四卷5期	1918.5	唐俟	创作	梦	自由体	白话
四卷5期	1918.5	刘半农	创作	卖萝葡人	自由体	白话
四卷5期	1918.5	刘半农	创作	三月廿四夜听雨	七言体	白话
四卷5期	1918.5	胡适	创作	"赫贞旦"答叔永	五言体	白话
四卷5期	1918.5	俞平伯	创作	春水	自由体	白话
五卷1期	1918.7	唐俟	创作	他们的花园	自由体	白话
五卷1期	1918.7	唐俟	创作	人与时	自由体	白话
五卷1期	1918.7	胡适	创作	四月二十五夜	自由体	白话
五卷1期	1918.7	胡适	创作	戏孟和	自由体	白话
五卷1期	1918.7	刘半农	创作	窗纸	自由体	白话
五卷1期	1918.7	刘半农	创作	无聊	自由体	白话
五卷1期	1918.7	沈尹默	创作	月	自由体	白话
五卷1期	1918.7	沈尹默	创作	公园里的"二月兰"	自由体	白话
五卷1期	1918.7	沈尹默	创作	耕牛	自由体	白话
五卷2期	1918.8	沈尹默	创作	三弦	自由体	白话
五卷2期	1918.8	刘半农	创作	晓	自由体	白话
五卷2期	1918.8	刘半农	翻译	恶邮差	自由体	白话

续表

卷期	时间	作者	译/作	题目	诗体[1]	语体[2]
五卷2期	1918.8	刘半农	翻译	著作资格	自由体	白话
五卷2期	1918.8	常惠	创作	游丝	自由体	白话
五卷3期	1918.9	陈衡哲	创作	"人家说我发了痴"	自由体	白话
五卷3期	1918.9	胡适	创作	"你莫忘记"	自由体	白话
五卷3期	1918.9	沈兼士	创作	真	自由体	白话
五卷3期	1918.9	李大钊	创作	山中即景	五言体	白话
五卷3期	1918.9	刘半农	翻译	译诗十九首（《海滨》等）	自由体	文白相间
五卷4期	1918.10	沈兼士	创作	香山早起作，寄城里的朋友们	自由体	白话
五卷4期	1918.10	胡适	创作	三溪路上大雪裏一个红叶	自由体	白话
五卷4期	1918.10	胡适	创作	如梦令	词体	白话
五卷4期	1918.10	李大钊	创作	湖南小儿的话	自由体	白话
六卷2期	1919.2	周作人	创作	小河	自由体	白话
六卷3期	1919.3	周作人	创作	两个扫雪的人	自由体	白话
六卷3期	1919.3	周作人	创作	微明	自由体	白话
六卷3期	1919.3	周作人	创作	路上所见	自由体	白话
六卷3期	1919.3	周作人	创作	北风	自由体	白话
六卷3期	1919.3	胡适	翻译	关不住了	自由体	白话

在1917年1月《文学改良刍议》发表之前，《新青年》上刊出了6篇诗歌，包括刘半农两篇对外国诗人诗作的介绍性文章内提到的4首译。它们带着近代诗歌翻译的特征：在诗体上，采用中国传统诗体形式；语言上，即使个别语句有口语的渗透，整体仍以文言为主。例如1915年10月第一卷第2

期上刊发的陈独秀翻译的《讚歌》和《亚美利加（美国国歌）》。《讚歌》采用了五言歌行体译出，不拘平仄，基本偶句押韵；语言采用了文雅的书面语体："远离恐怖心，矫首出尘表。慧力无尽岁，体性逼明窈。"《亚美利加（美国国歌）》采用了传统诗歌的体式，语言节奏上比《讚歌》稍活泼，但大体仍基于文言，例如"自由创造汝之炬""自由灵光照吾土"等，也不乏体现出中国诗学传统审美意趣的诗句，如"萧管作兮交远风"等。

这一时期除了上面两首陈独秀的译诗外，其他都是刘半农所译。刘半农在他关于外国文学的介绍文章中，全部采用了传统诗体和基于文言的语体译出所涉诗篇。如在1916年10月，《新青年》第二卷第2期上《爱尔兰爱国诗人》一文中，译介了爱尔兰诗人约瑟柏伦克德（Joseph Plunkett）的"火焰诗（The Spark）"和"悲天行（I see His blood upon the rose）"，译诗从诗体到语体均有浓重的传统色彩，节选《火焰诗》第一首为例：

> 我昔最惧死
> 不愿及黄泉
> 自数血战绩
> 心冀日当天
> 日当天
> 血腥尽散如飞烟

这一时期《新青年》上的译诗所采用的文言语体和传统诗体，与时人对诗歌这一文体的基本认识一致，传统诗歌的审美范式此时依然占据主导地位。显然，译诗不可能因为一个域外文本的"前世"，就能够摆脱目标语境的规训。在《拜伦遗事》中，刘半农的译诗的排版方式甚至与1915年12月在《新青年》第一卷第4期上刊登的原创诗歌《潮州杂咏》一致。后者和同期刊登的谢无量的《春日寄怀马一浮》是新文化运动之前所发表的仅有的两首原创诗歌，都是典型的旧体诗。这首译诗及其排版如下：

可见在本土诗学观念发生重大变革之前，译诗也必须接受旧有诗歌文体观念的约束。甚至在《文学改良刍议》《文学革命论》先后发表，乃至胡适的《白话诗八首》发表之后，刘半农翻译的《咏花诗》和《缝衣曲》，仍保留着此前的风格，一些译句甚至直接从中国传统诗词中借用。例如译瓦雷氏（Edmud Waller）的诗作中就有"思君令人老"这样的句子。同期发表的白话新诗，尽管诗体尚未出传统诗词体的窠臼，至少语言已经完全采用了白话。《新青年》上最早的白话自由体译诗，晚至刘半农发表于1918年8月的第五卷第2期的《印度STR RABINDRANATH TAGORE氏所作无韵诗二章》才第一次出现，此时距离新文化运动标志性和纲领性文献《文学改良刍议》《文学革命论》的发表，已经过去了一年半。在这一年半的时间里，《新青年》上刊载出的白话自由体新诗已有近50首之多。

不难看出，在上述讨论的时间范围内，《新青年》上译诗和诗歌创作的基本形态、数量和时间先后关系呈现出：译诗在摆脱传统的影响、向现代诗转型方面滞后于诗歌创作。当胡适、陈独秀提出了文学革命的新主张，且已经开始在创作上有所探索的时候，译诗的反应并不如创作那样敏捷。当文学史以1917年作为中国文学史分期上的一个标志性年份的时候，《新青年》上刊出的译诗并没有和此前的译诗有显著区别。

据此可得，单凭译诗不能对本土诗歌体式和语言产生真正冲击——在近代译诗未能带来汉语诗歌形态新变的前例之后，新诗草创阶段的情况再次印证了这一点。哪怕是文化立场更为新潮、开放的陈独秀和刘半农，这个时段的译诗中也没有明显"新"于近代译诗之处。原因一方面在于，在本土诗学观念发生重大革新之前，域外诗歌在诗体和语体上的特质很难被当作值得特殊关注和保留的价值，目标语境对"诗歌"的文体想象从根本上限定了译诗的形态；另一方面在于，本土语境中缺乏承载、表现这种特质的"话语材料"，即使译者有心"创新"，也难免面临"无米之炊"的困境。不管是对原文之特质的发现，还是在译本中对"异质性"的建构，从传统到现代的跨越都必然伴随目标语境文体观念的巨大变革而发生。因而，诗歌翻译并不是总是处于更"超前"的位置，刺激、推动着本土诗歌创作的发展，在某些历史阶段只可能作为本土语境既有的诗歌审美范式的组成部分，亟待新变。从这个角度讲，"诗体大解放"，不仅解放了诗歌创作，也解放了诗歌翻译，从而为后续藉翻译向中国输入异域养分提供了最基础的准备条件："文学——新诗观念的更新,对于新诗来说,是更为直接的条件准备"[1]这里的"条件准备",对翻译文学同样成立。

故而,单向度地从翻译对本土诗歌创作的影响角度对新诗和译诗之间的关系做出归纳不仅是不完整的,在某些历史时期甚至与实际情况相反。诗歌文体观念的革命性更迭,早期白话诗稚嫩却热情的创作实践,不仅为新诗创作本身积累了重要的经验,也为白话自由体译诗的逐渐成形创造了必要的条件。

二、1917-1919:渐进的译诗与新诗

自1917年1月胡适《文学改良刍议》和同年2月陈独秀的《文学革命论》的发表,到1919年3月《关不住了》发表,这期间不管从总数,还是从发表的频率上看,译诗都显著低于新诗创作。但总体上,译诗和原创新诗共同呈现了由传统诗歌的巨大惯性中逐步挣脱、向前渐进的发展态势。

胡适的《白话诗八首》和《白话词》是《文学改良刍议》发表之后首先实践、试验白话新诗主张的作品。这些诗作形式上没有脱离传统的诗体或词体,语言上呈现出文言和口语彼此角力、此消彼长的态势——《白话诗八首》中口语化的特点十分明显,然而在发表时间更靠后的《白话词》中,则出现了"正嫌江上山低小。多谢天工、教银雾重重、收向空濛雪海中"这样更"返古"的句子。半年后,才在1918年1月发行的《新青年》第四卷第1期上,出现了《鸽子》《人力车夫》这样的真正的"白话自由诗"。虽然这些诗作在个别细节上仍能体现出古典诗歌传统的巨大惯性,但它们已经与古诗有了根本差异。

稍后产生了沈尹默的《月夜》、刘半农的《题女儿小蕙周岁生日造像》、

---

[1] 转引自汤富华:《翻译诗学的语言向度——论中国新诗的发生》,南京大学出版社,2013年,第18页。

周作人的《小河》等取得一定艺术成就的佳作。在这些今天看来难免稚嫩粗疏的作品中，显现出了新诗创作经验逐渐积累、成长的过程。这个过程不仅是更为成熟的白话新诗诞生的基础，也是更为纯熟、圆融的白话自由体译诗诞生的基础。在刘半农以五言体译出《缝衣曲》，到第一首白话自由体译诗《恶邮差》发表之间，《新青年》上共刊出了9首白话自由体新诗，和3首五七言体的白话诗，从中不难看出白话诗歌创作经验对白话自由体译诗的引领、影响作用。以下诗歌文本在语言、体式上的渐变过程，可以直观说明这一点：

缝衣曲（节选）

指痛无人知
目肿难为哭
贫女手针线
身上无完服
一针复一针
将此救饥腹
穷愁难自聊
姑唱"缝衣曲"

——译诗，发表于1917年6月，《新青年》第三卷第4期

车毯（拟车夫语）

天气冷了，拼凑些钱，买了条毛绒毯子
你看铺在车上多漂亮，鲜红的柳条花，映衬着墨青底子
老爷们坐车，看这毯子好，亦许多花两三铜子
有时车儿拉罢汗儿流，北风吹来，冻得要死
自己想把毯子披一披，却恐身上衣服脏，保了身子，坏了毯子。

——原创新诗，发表于1918年2月，《新青年》第四卷第2期

晓（节选）

火车——永远是这么快——向前飞进

天色渐渐明了；不觉得长夜已过，只觉得车中的灯，

一点点的暗下来。

车窗外面：

起初是昏沉沉一片黑，慢慢露出微光，

——露出鱼肚白的天

——露出紫色，红色，金色的霞采。

——原创新诗，发表于1918年8月，《新青年》第五卷第2期

恶邮差（节选）

你为什么静悄悄的坐在那地板上，告诉我罢，好母亲？

雨从窗里打进来，打得你浑身湿了，你也不管。

你听见那钟，已打四下么？是哥哥放学回来的时候了。

究竟为着什么，你面貌这样稀奇？

是今天没有收到父亲的信么？

我看见邮差的；他背了一袋信，送给镇上人，人人都送到。

只有父亲的信，给他留去自己看了。我说那邮差，定是个恶人。

——译诗，发表于1918年8月，《新青年》第五卷第2期

从《缝衣曲》到《恶邮差》，译诗的"古味"渐渐洗净，白话越来越纯熟，诗歌体式也越来越自由和舒展。这个渐变过程仅仅在一年两个月的时间内就完成了，从文学史的角度来看几乎是一瞬间，但在这一"瞬间"里，从旧文化的阵营中迈出革新脚步的诗人、译者毫无捷径可走。刘半农的译诗与原创白话诗在语言和体式上的转型过程前后相续、彼此融合的状态，并没有因为翻译和原创的不同，而在文本形态上产生了泾渭分明的区别。译诗与白话新诗创作共同呈现了当时新诗的参与者们对新的语体和诗体渐渐得心应手

的过程。

刘半农的译/创作过程并非孤例。李大钊在这段时间的两首新诗创作，也可以证明人们对"白话自由体新诗"的体认和把握，除了有理念先导以外，必须经由实践才能获得渐进。在上表中，李大钊共有两首诗作发表，一首是1918年9月的《山中即景》（原诗共两首，这里选第一首为例），一首是仅仅一月后发表的《湖南小儿的话》。

《山中即景》发表时距离《文学改良刍议》的发表已经过去了一年半，这段时间里在《新青年》上已经刊载了五十余首白话自由诗，其中包括刘半农两首白话自由体的译诗，这些已发表的诗歌作品是现成的可资模仿的对象。而即便已有不少"范本"可供模仿，这首诗无论是在内容、意境，还是在诗体形式上，仍与它发表前后的其他白话新诗有显著不同，带着浓厚的传统诗歌的味道：

山中即景

是自然的美，是美的自然——
绝无人迹处，空山响流泉。

——1918年9月，《新青年》第五卷第3期

尽管白话的特点渗入到了诗行之中，语言中文言的影响也几乎微不足道，但整体上看本诗呈现出企图从古典诗学传统中挣脱出来，却归于失败的迹象，很难被划归到"新诗"的行列中。原因无他，《山中即景》是李大钊在《新青年》发表的第一首诗作，也是他对白话诗的最初尝试。但一个月以后，李大钊发表的《湖南小儿的话》，从诗体到语体都彻底得到了解放，选录第一节如下：

湖南小儿的话

你看这个小牙俐，

我说，我们总要爱国，他就问我：爱国作什么哩？

他说那穿黄衣的国军，拷坏了他的爹爹；

他说那穿黄衣的国军，吓死了他的挨姐；

——1918年10月，《新青年》第五卷第4期

从《山中即景》到《湖南小儿的话》，短短一个月之内，在诗体和语体上的巨大改变，也可以作为白话诗运动进程之疾迅、变革力度之大的缩影。在这个过程中，与其说是译诗促使了李大钊诗笔的"解放"，不如说是"一步步放大了鞋样"。

这一时期诗歌的整体语境呈现了这样的规律：诗歌形态，无论是译诗还是原创诗歌，都无法越过艺术经验和创作经验的积累而实现跳跃式发展。在这样的语境下，《关不住了》这首所谓"划时代"的译诗的诞生是自然而然的。审视新诗早期"破壳而出"的过程可以发现，在诗歌体式和语言的渐进式发展过程中，并不存在一首泾渭分明地划出两个时代的界碑式作品，也很难在时间上清晰地划出一条"新"与"旧"的分界线。《关不住了》在语体和诗体上，可以自然融入诗歌文体渐进革新的序列中，没有格外的突出之处。而胡适在《尝试集·再版自序》中将《关不住了》视为"纪元"之标志，在上下文中所强调的乃是"自然的音节""旧文学的习惯太深，故不容易打破旧诗词的圈套；最近这两三年，玩过了多少种的音节试验，方才渐渐有点近于自然的趋势"[1]"这种诗的音节，不是五七言旧诗的音节……是'白话诗'的音节"[2]，是对诗歌传统的挣脱，在诗体和音韵、语体上的突破，是走出"真正白话的新诗"的一步。这样的突破，对胡适来说也是在不断的尝试、积累、渐进中完成的，和诗歌到底是原创、是翻译，关系并不太大。

和《关不住了》发表在同一期《新青年》上的诗作，是周作人的四首原创作品：《两个扫雪的人》《微明》《路上所见》和《北风》。这几首诗在白

---

[1] 胡适：《〈尝试集〉再版自序》，胡适《尝试集》，人民文学出版社，2000年，第186页。

[2] 同上，第187页。

话上的语感，自然利落的风格，与《关不住了》十分类似。以《两个扫雪的人》为例：

两个扫雪的人

阴沉沉的天气，
香粉一般的白云，下的漫天遍地。
天安门外白茫茫的马路上，全没有车马踪迹，
只有两个人在那里扫雪。
一面尽扫，一面尽下：
扫净了东边，又下满了西边；
扫开了高地，又填平了洼地。
粗麻布的外套上，已经积了一层雪，
他们两人还只是扫个不歇。
雪愈下愈大了；
上下左右，都是滚滚的香粉一般白雪。
在这中间，仿佛白浪中浮着两个蚂蚁，
他们两人还只是扫个不歇。

——1919年3月，《新青年》第六卷第3期

诗体上，诗行的长短自由灵活，完全洗却了古典诗歌的框束，拥有了彻底而纯粹的现代诗歌体式。语言上，既充分吸收了散文式句法的舒展，又有口语的通俗晓畅。像"香粉一般的白云，下的漫天遍地。""仿佛白浪中浮着两个蚂蚁"这样的句子，借鉴了散文的句式，语气和节奏上却是诗语的气质。如此这般真正的"新诗"离开诗歌创作经验的积累、不断的试验是不可能诞生的。而《关不住了》与此诗同期刊出，更可说明，这首译诗即使在胡适个人创作/翻译经验中地位非凡，在新诗整体的发展过程中也并不具备显著的领先地位。

本土的白话自由体新诗创作，不仅逐渐构筑了新诗的发展道路，也形成了诗歌翻译发生时的具体语境。对"诗歌"文体的认识，对诗歌语言、形式的逐步解放和尝试，为译诗容纳、建构"异质性"特质提供了必要的起点和搭建话语空间的基础材料。《关不住了》的诞生，不是一场没有酝酿和量变积累的"奇迹"，不是一个因原作的光环而突然天降的神作，是本土诗歌创作艺术经验不断积累、不断尝试新的语体和诗体所取得的进展的自然显现。它在语体和诗体形态上最为显著的特征，已在先前的诗歌创作中得到了一定的摸索和试验。仅仅因为《关不住了》是一首译作，就认为这个阶段是诗歌翻译主导了新诗道路的探索，违背了历史实际。

　　不可否认，诗歌翻译确实发挥了不可或缺的重要作用。但在强调译诗之贡献时不应忽略，白话自由体译诗也经历了从无到有、渐进发展的过程。在这个过程中，本土革命性的白话新诗理念，以及早期诗歌创作中积累的稚嫩却必需的艺术经验，为白话自由体译诗的发生、发展提供了现实可能。翻译活动与域外文化有千丝万缕的联系，但它的发生和实现，它的阅读与传播，都是本土语境内部的文化活动的组成部分。通过对《关不住了》所处的新诗语境的仔细梳理，可知胡适在"诗体大解放"的时代关切下将《关不住了》视为"纪元"的标志物，其有效性仅在于个人创作体验的表达，而不足以成为新诗史学话语建构的依据。

三、《关不住了》："异质性"及其悬置

　　在"诗体"和"语体"上，《关不住了》相对它所处的新诗语境，并未表现出足够的"异质性"来，但它仍然是一首与众不同的译诗。只是它"异质性"内涵，译者胡适也未能觉察——甚至超出了当时新诗的艺术经验范围。以至于这样一首成功地构建了相当充分的"异质性"的译诗，在当时并没有成功地成为输入新鲜的异域诗歌养分的通道。换言之，得到构建的"异

质性",实际上是被悬置了。

在草创时期,新诗面临的首要问题是如何在传统诗歌之外摸索出新的诗体和语体,实现"诗体大解放"。但新诗要真正站得住脚,与传统汉语诗歌形成分庭抗礼之势,则必须在诗歌艺术上有新的开拓与建树。而在相当有限的创作经验内,兼顾新形式的创造和新境界的开拓两方面的任务是不现实的。这在客观上导致早期白话诗歌的创作在取材、立意、诗意的结构方式上,如果不是暂时在"诗"的文体特征上让步,向散文性、叙事性的文体借力,就不得不返回诗歌传统:很多所谓的新诗不过是将传统诗歌"翻译"为了白话。例如,在《小说月报》第十一卷第5号上的"新体诗"栏目,刊登了一首新诗《明月》:

明 月

明月!明月!你为甚的圆了又缺?
月光露出半面,含笑向我说:
圆时借着日光,缺时乃被地球隔。
我本来不明,又何会灭。
他人扰扰,同我无涉。

作者胡怀琛在后记里,将这首白话自由诗"翻译"成了五言古诗:"这首诗虽然是新体诗,但是他的意思,也可用五言古诗写出。如下:明月复明月,如何圆又缺。月光露半面,含笑向我说。圆借日之光,缺被他所隔。我本不能明。我又何会灭。他人徒扰扰,于我终无涉。两诗相比,不知那首好。"[1]类似例子还有1920年11月,《新青年》第八卷第3期上,胡适在《译张籍的〈节妇吟〉》中,将这首乐府诗译为"你知道我有丈夫,/你送我两颗明珠。/我感激你的厚意,/把明珠郑重收起。/但我低头一想,/忍不住泪流脸上:/我虽知道你没有一毫私意,/但我总觉得有点对他不起。/我噙着

---

[1]《小说月报》,第十一卷第5号,第38页。

眼泪把明珠还了，——/ 只恨我们相逢太晚了！"这首"译诗"与《尝试集》中诸多作品何其相似。早期的诸多所谓新诗创作，在思维过程中恐怕都难免将古典诗歌"翻译"为白话的步骤。如果诗歌内在的结构方式不能摆脱古典诗歌传统的惯性，则所谓"新诗"不过是换汤不换药罢了。

在这种情形下，域外译诗指示了一条预示着无限生机的新路。只不过，对域外诗歌的借鉴程度必然受到本土诗歌创作经验的限制。从翻译对象的选择，到学习借鉴的具体层面，以及模仿得像与不像，无不受制于本土的"消化能力"。

相对它所处的新诗语境，《关不住了》真正的"异质性"在于，它突破了白话新诗在当时所面临的现实困境，构建了完全不同于古典诗歌传统的意义空间与诗意美感。

关不住了

我说，"我把心收起，
像人家把门关了，
叫爱情生生的饿死，
也许不再和我为难了。"

但是屋顶上吹来
一阵阵五月的湿风
更有那街心琴调
一阵阵的吹到房中。

一屋里都是太阳光，
这时候爱情有点醉了，
他说"我是关不住的，
我要把你的心打碎了！"

——1919 年 3 月，《新青年》第六卷第 3 期它在诗体、押韵、节奏等方面的特点，已有诸多论述，此处不赘述。这里仅就这首诗所使用的诗意手段，它的内在结构方式展开分析。《关不住了》的"异质性"不仅表现在彰显了浪漫的、个性解放的声音，更在于它的内在演进逻辑上采用了现代诗特有的虚拟性，日常生活在文本中被扭曲、被诗歌文本赋予了全新的内涵，从而建构出了全新的、独立的意义空间。因而，它不仅是一首在"诗体""语体"上摆脱了传统形制的诗，它在内部结构上也完全是"现代"的。

　　诗歌第一节的"我说"和末尾的"他说"，不管是形式上的对应，还是内容上的呼应，都构成了对话的效果。这个发生在"我"和"爱情"之间的对话，是诗歌内在逻辑的基本框架。对话在同时期新诗创作中并不鲜见，但《关不住了》的对话结构特殊在它是"虚拟"的，与此前同样具有对话结构的《湖南小儿的话》完全不同。《湖南小儿的话》即使不是纯粹的"纪实"文学，也是对现实的提炼与再现。不管是"穿黄衣的国军"，或是"那对面街上又发……发……发了火！"，都可以与现实社会一一对应，诗歌意义的实现正在于它与现实社会之间建立起直接、清晰的连结。但《关不住了》中的现实意味被压缩至极低的程度，这种对现实的处理手段，更贴近下文对"现代诗歌"的描述：

> 　　诗歌不愿再用人们通常所称的现实来量度自身，即使它会在自身容纳一点现实的残余作为它迈向自由的起跳之处。现实从空间、时间、实物、灵魂的秩序中抽离出来，拜托了一种正常的世界定向所必需的——被谴责为先入之见的——区分……在抒情诗歌的三种可能的行为方式——感觉、观察和改造——中，在现代诗歌中占主导地位的是最后一种，不论是从世界的角度还是从语言的角度来看都是如此。[1]

　　首先，开篇的"我说"，骤然捕捉到了一个独特的声音，一种拒绝爱情

---

[1] [德]胡戈·弗里德里希：《现代诗歌的结构——19世纪中期至20世纪中期的抒情诗》，李双志译，译林出版社，2010年，第2—3页。

的心理态势，它不指代某个具体的"人"，而是一个抽象的"心态"。作为应答的"爱情"同样是一个抽象概念，摆脱了任何具体的、现实的限定与修饰。"对话"的本质是两种观念之间的角力，并不是对某个真实发生过的"对话"的摹写。

其次，第二节中的"五月的湿风""街心琴调"，看似有着真实的原型，但实际被赋予了游离于其日常意义之外的全新内涵。"屋顶上"和"吹到房中"这两个依附在"房子"意象上的表述，均基于首节中"我把心收起，像人家把门关了"的比喻，所谓的"房子"就不是通常意义上的"房子"，而是抽象的"心房"。既如此，能到达"心房"上的"湿风""琴调"，也就不是寻常的风和旋律——它们获得了全新的意义内核：唤醒内心生命力、激发出对爱情的渴望的事物。从诗歌整体的逻辑上看，第二节是一个转折点，是"对话双方"的力量对比发生改变的关键，"风"和"琴调"在这里并不作为客观写实的意象而出现，而是作为促使这个"转折"发生的催化剂而出现。

最后，这首诗从总体上呈现了一种充满动态张力的叙事特征。诗歌讲述了一个完整的"情节"："我"发起了一个动作（即一个意志），这个意志在某种外界条件下，最终宣告瓦解和失败。叙事成分在传统诗歌和这一时期的其他白话诗中并不鲜见，但《关不住了》的特殊性在于，这个叙事结构是虚拟的。这并不是一个发生在外在世界中的情节，而是内在精神世界中理性与情感相抗衡的过程。它巧妙地以描摹外在世界的方式，细微而生动地表现了内在世界的发展变化。它赋予了这个非叙事性的意义客体一个叙事性的结构形态。

在这首诗中，词语的具体意义不再来自与客观世界的连结，而来自这个独特的文本内部，它们互为指涉、互为内涵，共同构筑了独立于客观世界之外的话语网格。这恰是新诗之"现代性"的呈现方式之一，也是新诗对汉语诗歌的艺术贡献之一。从这个角度，《关不住了》才能称得上是新诗发展历程中"界碑"式的标志性文本。《关不住了》的独特之处，并不在于诗体和语体上实现了"自由体"和"白话"的组合，而是它首次以白话自由体这一新的形式框架，实现了传统的诗体框架难以囊括的巨大张力，从而使白话自由体新诗的存在获得了独立的文体意义。这是《关不住了》作为一首译诗的"异质性"建构中最有力，也最本质的层面。

然而，这一鲜明的"异质性"内涵，由于超出了当时白话新诗的艺术经验，并不能为当时的诗歌创作者们马上体会，因而没有立竿见影地在本土诗歌创作中获得回应。译者胡适没有关注到这首诗在诗意结构方式上的特征，而其他创作者对它的模仿，也仅止于表面。翻阅《关不住了》之后出现在《新青年》上的诸多诗歌作品，不难感觉到它们在创作思路、诗意结构方式上的大同小异，更显出《关不住了》的孤独与突兀。在《关不住了》中得到了建构的、能够为新诗的艺术发展提供正面刺激的"异质性"成分，并没有即刻进入本土诗歌话语中，它受限于本土诗歌艺术经验的积累程度，而被无奈地悬置了。

像这样在"丰富的建构"与"有限的接受"中构成了微妙张力的译诗不止《关不住了》一首。距《关不住了》发表的一年又八个月后，周作人在《新青年》第八卷第3期上发表了《译杂诗二十三首》，在这批译诗中相对于当时的诗歌语境而言，较具鲜明"异质性"色彩的是果尔蒙的《死叶》：

死　叶

　　西蒙尼，我们往树林被去吧，叶正落下了；
　　他们遮盖了青苔，石头和小路了。
　　西蒙尼，你爱死叶上的脚步声么？

　　他们有这样柔和的色彩，这样暗淡的渲染，
　　他们是这样屡弱的地上的游子。
　　西蒙尼，你爱死叶上的脚步声么？

　　他们对着曙光这样悲哀的看；
　　他们这样凄恻的哭，在风来撒散他们的时候。

西蒙尼，你爱死叶上的脚步声么？

他们被踏碎在脚下的时候，他们鬼魂一般的哀哭，
他们做出翅子的声音，或是女人衣服的声音。
西蒙尼，你爱死叶上的脚步声么；

来呵：有时我们也将成了可怜的死叶。
来呵：夜已经落下来了，风吹我们去了。
西蒙尼，你爱死叶上的脚步声么？

反复咏叹的诗行与传统的复沓手法形式接近，所塑造的抒情氛围却截然不同，末尾更是令"死叶"超出了当时大多数人的阅读经验："有时我们也将成了可怜的死叶""夜已经落下来了，风吹我们去了"，使"死叶"的形象与作为人类的生命体验骤然连结。除了"鬼魂一般的哀哭"这样色调阴冷的比喻，诗歌的整体结构更是完全颠覆了人们此时的审美经验。它凌冽的"异质性"不仅与当时的本土原创作品格格不入，甚至在周作人翻译的这一批译作中，也独树一帜。而与《死叶》鲜明的"异质性"色彩构成对比的是周作人对此诗，乃至果尔蒙的评价："西蒙尼（Simone）一卷，尤为美妙。""尤为美妙"这样笼统的赞誉，本质上是一种"失语"，反映出以当时的诗歌批评经验，尚无法对这种迥异而奇特的艺术风格做出贴切描述。

《死叶》和《关不住了》都是在新诗草创时期诗歌翻译"异质性"建构的典型案例，也是将域外诗歌经验引入汉语诗歌语境的成功尝试，但这样的建构和引入并不等同于"引领""刺激"的实现，本土诗歌创作由此而产生"新变"，则更在其之后。从译诗中"异质性"的建构，到译诗对本土诗歌创作产生真正的影响和启迪，中间必然还要经历一段路程。在《死叶》发表五年后，李金发的《微雨》仍令读者感到"过于象征"，而中国现代主义诗风蓬勃发展的黄金时段到来得还要更晚，更印证了这一点。

造成这一现象的原因多少在于，译诗内在的逻辑演进方式基本源于原作

者的匠心独运。它们在当时可以充当"白话自由体新诗"的范本，人们能够通过对译诗在语言、诗体、意象等方面的模仿，更具体形象地领悟到新诗在语言和形式上的诸多特征和好处；然而要对这些迥异于中国诗歌传统的译诗们在诗意结构上深刻而抽象的殊异性有所关注和模仿，则需要译者和译诗的读者拥有与之匹配的艺术眼光和诗学修养。而这对于当时尚处于学步阶段的新诗而言，显然是苛求了。

　　由此观之，译诗中的"异质性"建构，由于涉及了两种语言、两种文化乃至两位诗人（原作者与译者）的共同参与，它可以是丰富的、多层次的；但在译诗的接受过程中，往往是应和了本土诗歌某一时代性特殊需求的层面才能够得到真正的关注与接受。近代"拜伦热"是这方面的一个例子；上述两首译诗只能得到"有限的接受"，其最显著的"异质性"不得不被悬置的情况也再次说明了这一点。对象征主义诗学的译介，在新文化运动伊始就已经出现在《少年中国》《新青年》等刊物上，然而在当时终究没有成为作者和读者重点关注的对象；域外象征主义诗学对诗歌艺术规律的贡献，也就没能伴随译介的发生即时进入本土诗歌话语中，同样说明了这一点。译诗"异质性"的建构与接受，是两种文化在碰撞与沟通的过程中贯穿始终的问题。也正是因此，对于译诗的影响作用的认识，才更需要回到具体的历史语境，对文本之间的关系展开细致入微的观察，才能得到贴切的、恰如其分的认识。

军装、血书和匿名信

——围绕小说《喀什噶尔》和《芳华》的新物质与语言研究

高竞闻[1]

[摘要] 小说《喀什噶尔》和《芳华》的"新物质"特征指事物具有一定的心理强度，不仅影响、主导人，还在情感上与人关联密切，具有不确定性和活力。可以用哈曼"破碎的锤子"式的解读，即失效的物怎样暗示其真实性，来理解军装在丢失或与私密衣物界限模糊时，暴露出的朴素物质性和与人个性化的亲密纠缠的关系。同样，署名的匿名信和名实不符的词汇运用，以陌生化和奇异效果释放了语言文字的原始想象力。借用阿甘本对誓言的分析，可知血液写成的请战书和誓言不同的是，它是针对所言事实的可能性而被正向界定的。主人公对血书的质疑一方面反映时代价值的变迁，另一方面还原了血液作为身体、感知和自然情感的物质性。小说的叙事者均站在"现在"写"当时"，在历史跨度中的物经历了破碎与被怀旧修复的过程，其变形更甚，能量也得到了一定增强。

[关键词]《喀什噶尔》《芳华》 新物质 语言 誓言

以后有人回忆说，她们写血书没有真用自己的鲜血，是用红墨水，还有人不回忆就说：我们这个民族最愿意写两种东西，血书和匿名信。

---

[1] 高竞闻，北京师范大学文学院博士研究生。

他们说得都不一定错,只是太轻松了些。

——王刚《喀什噶尔》

一、《喀什噶尔》和《芳华》的"新物质"特征

《喀什噶尔》是作家王刚发表于2016年的长篇小说,以第一人称叙写了1977年5月至1980年4月,一位叫王迪化的吹长笛男孩在新疆南疆喀什噶尔文工团的经历。这部小说与严歌苓2017年出版的长篇小说《芳华》,以及冯小刚2017年的同名电影《芳华》有很多显而易见的联系:它们部分取材于作家的文工团经历;故事都发生在一个转变期,包括从集体主义到个人意识、从传统革命文化向流行商品文化的转变等;主要人物都面临着阶层、身份和认同方面的问题;有一系列标识特殊年代和地域的物品、词汇……两部小说都有"青春""人性""悲剧"等题旨,但它们情感、情怀、情节与情境表现的重点都离不开物——地方气、年代感和回忆特质的"物"。军装、演出服、手绢、乐器等小说中稀松平常的物品,展现了20世纪70至80年代的生活历史,将一个意义崇高但即将逝去的政治年代演绎成一曲华彩。

不可否认的是,物及其衍生属性构成了一定时期和地域范围内的环境。在现实主义的创作方式下,人们曾习惯把小说中的物品当成功能象征物、文化历史之物。恩格斯曾说:"据我看来,现实主义的意思是,除细节的真实外,还要真实地再现典型环境中的典型人物。"[1]这首先表明环境应该是真实的,如巴尔扎克曾描写的法国资产阶级社会的诸多物质细节。其次是这些环境与物应该是典型的,环绕在一个共同题旨之下,才能顺势推出典型人物,

---

[1] [德]马克思等:《马克思恩格斯列宁斯大林论文艺》,中共中央马克思恩格斯列宁斯大林著作编译局译,人民出版社,1964年,第58页。

为主题与情节服务。而在戏剧和影视领域内,物的作用更多是象征以及制造情节戏剧性。比如阿契尔在《剧作法》中所举的晴雨计和手帕的例子——它们在舞台上一直不太起眼,直到在某个关键时刻发挥了作用。[1] 电影《绿皮书》中那欲掏未掏的手枪也有相似目的。这些物被如此安排,固然有对于表现是否集中、是否有效的考虑,充分发挥了物的功能,但它们常常处于次要、外在、被动和与人物对立的位置。这或许可被称作文艺作品中经典且有效的"旧物质"。但在《喀什噶尔》和《芳华》等小说中,环境、景物、衣装、饰品、器用、饮食……甚至包括颜色、气味和声音,不但触发情节矛盾,是"情结",自身更拥有魅惑的张力,以其浓重的心理强度结为情节核心、故事本身,甚至成了主人公终生意难平的块垒,化作灵魂中擦拭不去的斑点。人似乎不再拥有对自身理性的主导权,他的习惯、情感与记忆牢牢地被物"牵着鼻子走",同时人的灵魂和物及其属性相生相伴。正如孟悦所说,"物的世界除了对人性和人类生活形成外在压迫之外,还以空前亲密的方式深入人的内在空间。物不仅对人形成压迫,还与人形成亲密的纠缠"。[2] 更重要的是,物在与人互动时不仅不顺从于文明文化赋予它的规则,还偏偏超出预料,表达出自身的特性、不确定性和强大的活力。当人的非理性遇上物的偶然性,主观意愿邂逅了自然逻辑,无数的突转、巧合、命运便在其中发生,这既是小说呈现出的年代感,又无比贴近现实生活。这便是"新物质"的特征。

用"新物质"的思维来研究小说中的物质和语言,方法之一就是分析失效或损坏的物,通过剥去它的实用目的或文化功能来考察它与人心理的关联。格雷厄姆·哈曼在《精工细作的破碎之锤:物转向的文学批评》[3]中解释了海德格尔实用主义视阈下的工具分析"破碎之锤"——当锤子是称手的工

---

[1] [英]威廉·阿契尔:《剧作法》,吴钧燮、聂文杞译,中国戏剧出版社,2004年,第187–188页。
[2] 孟悦、罗钢主编:《物质文化读本》,北京大学出版社,2008年,第2页。
[3] Graham Harman. The Well-Wrought Broken Hammer: Object-Oriented Literary Criticism, *New Literary History*, Vol. 43, No. 2, Spring 2012, pp. 183–203.

具时，人们根本意识不到它自身。而当它不好用或坏掉时，锤子的真实性才显露出来，无论它是否作为一件工具。锤子会坏，意味着它拥有比工具更多的内涵——它曾经只是一件工具，那么现在是什么呢？哈曼在向物的哲学范围内将"破碎之锤"原理释义为：实践或理论对物质隐蔽真实性的扭曲（锤子作为工具对锤子本身的扭曲）。实际上，物与物也在因果互动中扭曲着彼此。锤子的破碎正是海德格尔对胡塞尔真实之物（real objects）和它们的感官性质（sensual qualities）之间的冲突的精确描述："破碎的锤子暗指锤子之存在的难以捉摸的真实，它处于锤子那可及的理论的、实践的，或感知的性质背后。"[1]这是说物质的真实性本来就是隐蔽的，当人们认识物、在各种实践中运用物，或物物之间产生相互作用时，物隐蔽的真实性被进一步扭曲。只有在物质失效或损坏的时候，它的真实性才被首次暗示出来，尽管这种真实性也无法被探明。

　　哈曼不以各种人—物、物—物的关系为研究根本，而是利用并打破这些关系，在动态变化中探寻"物之真实"的暗示。对《喀什噶尔》和《芳华》的新物质与语言研究可以借鉴这种思路，其中语言和书写因为在小说中常常以异常情况出现，因此也可以沿着"新物质"的思路，采用针对语言的研究方法进行解释，比如阿甘本对誓言的元语言分析。在众多物件中选择军装、血书和信件，是因为它们在小说中充当重要的情节线索，主人公对它们怀有复杂的感情；在现实中也承载了人们的时代记忆，比如《芳华》上映后在社会上引发持续热议的军装与文工团情结。（对此人们不禁要问：如果就个人而言，大家为什么怀念曾经的军装岁月呢？军装是否引起一些独特的记忆？）然而，如果说两部小说都是"非主流""后革命"的青春叙事，那么这三种象征集体信仰的物品，同时也是最先引发一些歧义，让主人公的信念和人生出现裂痕的物品。它们反映出新物质不可小觑的能量。

---

[1] *Ibid.*, p.187.

二、失窃与失效的军装

军装从革命年代至今都无可置疑地是参军入伍、保家卫国、坚守责任的标志，代表军人的荣誉和生命，象征爱国奉献的伟大精神。在生活或文学中，也是属于70年代的美好情结。《喀什噶尔》和《芳华》浓墨重彩地渲染了这份情结，随即让军装连同它的"主人"出现各式意外：遗失、脏污、和私密衣物尴尬碰面，打碎了军装庄严厚重、千人一面的神圣外壳，暗示出它更多的物质特征与活力，以及与人身体、心灵的多重关系。

《喀什噶尔》中王迪化的军装一共丢过两次。一次是故事开始不久在叶尔羌城被老百姓顺手牵羊："那个维吾尔人穿着我的军装，正在一个甜瓜摊前吃着一牙甜瓜，脸上有喜悦的表情。"[1] 第二次是在情节矛盾爆发高潮——王迪化给总政写信反映文工团的提干和待遇问题。他等待回信的时候，宿舍里一直舍不得穿的新军装离奇消失，排练时演出服又丢了。因为这封信，文工团受到批评，王迪化和好友华沙被复员。后来，当他穿着董军工送他的干部军装，和华沙一起闲逛在乌鲁木齐的街头，发现自己丢失的军装出现在战友"马明"身上（其实是马明的弟弟马亮）。马亮说军装是哥哥寄来的，并带给王迪化和华沙一个噩耗：文工队在戴罪立功前往神仙湾5042哨所演出途中，遇山洪牺牲。

军装丢了是致命的错误，而小说这样写并非诋毁军装。实际上，《喀什噶尔》从不忘强调军装的色彩、质感和韵致，只是这份引人神往的意义是私密的——王迪化向往温柔的草绿色，渴望文工团的归属感，更对犯人王蓝蓝、女兵艾一兵"性感""像女神一样"的美丽难以忘怀。军装的不同样式——比如两个口袋、黄胶鞋的普通战士服，和四个口袋、带跟皮鞋的干部服，既显现了"阶级"差异，也是王迪化心中无法逾越的区隔，给他一种切身的羞辱感：因物质匮乏而萌生的、渗入表演和生命的羞辱感。这和爱出汗

---

[1] 王刚：《喀什噶尔》，《当代》2016年第1期，第55页。

的何小萍遭遇的羞辱是相似的，也与暗恋艾一兵却永远无法走近她而带来的失落混合在一起。军装对于王迪化来说，既是审美与成功欲望的成形，也是他难以理解的、拥抱和折磨着他的共生体，充满野性的荷尔蒙、酷烈的自然危险和威严与慈爱并施的集体力量。这已经和传统意义上的军装大有不同。而军装的丢失、脏污、破损抑制了荷尔蒙的传递：一方面，丢了军装意味着失去了情感的亲密和成长的活力；另一方面，王迪化对军装与服饰恋物癖般的关注，使军装失窃如同某种感觉器官的失效；再加上军装固有的强大纪律约束，它的丢失暴露了王迪化与军装掌控——被掌控关系的矛盾，以及与集体的裂隙。这些关于规训、自由、依恋、不适的矛盾也使军装在历史的跨度中获得更深厚的含义。

可以说军装是王迪化在青春期寻求个体生命、政治生命双重认同的"存在资格证"。军装的发放、失窃、寻回等，主导了王迪化青春期的内心波折，也折射了他与文工团组织、个性与集体主义观念在70年代的对抗状况。在这个过程中，王迪化与大时代都处于变革剧烈的青春期，而每一方的荷尔蒙又在喀什噶尔极端隔绝和广阔的环境中放大了。王迪化常常自我矛盾，与战友、艾一兵的关系是矛盾的，每个文艺兵的个体意愿多少与集体秩序形成一些矛盾。军装的失窃和小说中一些近乎亵渎的语言，反映出神圣或平庸物质的混乱无序与人和时代的矛盾形成一种隐性的同构。丢了军装的王迪化感觉自己像"被强奸的少女""无力飞翔的鹰"，这既是害怕惩罚，也是对丧失与他人的情感证物甚至失去自我（失贞、失势）的恐惧。他迷恋身上的军装，但作为一个"思想意识复杂"的小兵，在文工团这个负责巡演美好的队伍中，他一直以不洁和不规范的穿戴方式，来扮演一个脱离组织的梦游者。这表明他试图在物身上寻求某种确定性，建立更亲密的私人联系，比如一种审美的感知方式。但由于在文化中物与意识形态有更紧密的联系，个人永远无法把物据为己有，因此人对这种物若即若离，爱"恨"交织，不断拉扯。

《芳华》中何小曼（何小萍）偷窃军装也好比是"以公济私"，迫切地用政治荣誉弥补情感和身体缺陷。在小说中，军帽只能暂时罩住她浓密的头发,却遮不了大家对她爱出汗和"胸衣事件"的嘲弄,军装加身的前途没有使她收获更多她渴望的触摸。电影《芳华》中,一张军装照能抚慰"过去"被投进劳改农场的父亲,同时却也是何小萍"未来"苦难生活的开始,歌舞升平的背后,刘峰的悲剧、领导的手段、硝烟和鲜血接连亮相……可见军装的意义纽带和在《喀什噶尔》中的失效、断裂相似。这暗示了军装与人结合才有意义,但它不总是意义和情感的稳定载体,而是暴露出人物和现实的冲突,它们是凝结在军装本身超越了蔽体和身份标识作用的朴素而随意的物质性之中的。

服装作为一种物,必有属于物的粘性或局限性,即使它已被升华为一种象征符号。电影《芳华》中初入文工团的何小萍急于脱掉自己沾满汗水和尘土的旧衣,展示舞蹈功底,但新军装并不能使她脱胎换骨,因为头发、汗水这种原装身体像原生家庭和性格一样难以改变。而整洁清香的军装,为美丽又精明的艾一兵锦上添花,即使扫晨厕也纤尘不染。可小说末尾在她牺牲之后,其无奈心迹才从信上流露出来,她的功利、拼命、热情和理性源于对丧失前途的深刻恐惧。如此看来,军装似乎也有选择倾向,与穿戴者的属性协调,影响其命运。而更重要的是,军装无法像纸包糖一样顺利地与人融合无间,它和王迪化之间是推拉不断,对挽救何小曼无能为力,对艾一兵则是彻底吞噬。

小说中,军装代表的公共价值戏剧性地入侵私人领域,引发人的对抗与军装的"失效"。何小曼在胸衣里缝上海绵,就像她在把母亲的红毛衣拆、染、织成黑毛衣后,在胸部塞入两个绒球一样,企图用填补身体缺憾来换取价值,进入另一个关于"美"的文化认同领域。但她的尝试失败了。因为盖在内衣上的军衬衣被风吹开,使"标准""整齐"与"私密""性感"这两个在文化中无法相容的东西在物质范围内公开碰面。更进一步,内衣里填充的是清洁肌肤的劣质搓澡海绵,女兵们对胸部自豪和自恋的秘密向往被海绵造假道破和出卖,暧昧的海绵遇上无性别的、拥有"集体"和"忘记小我"意蕴的军装——这一切在物质中并无不妥,在文化里却令人尴尬。因为这种不堪和滑稽,何小曼遭到重大歧视。她相继穿上文工团军装、A角演出服、护士服、"战地天使"衣裙及结婚盛装、满胸的军功章和红绸花,最终是精神科病号服。哪一件衣物对她的身心来说是真正和谐的呢?于她而言,服装不再是御寒蔽体、显示身份的东西,而是剥夺身份、对抗与戏弄、使其感到不适和疯狂的对手。虽然何小曼的不幸有历史和人心的原因,但不能不说,衣物和她开了最感性、无情的玩笑。《喀什噶尔》的女孩们更为大胆,直接把月经带晾晒在阳光下,但月经带依然像《芳华》中林丁丁裤管里飞出来的卫生纸一样与统一制服碰面了。董军工偶然穿了艾一兵的女式军大衣,差点不小心掏出口袋里的月经带擦嘴,几乎闹得全军区人尽皆知……当公共的、制度的、男性意味的军装,邂逅私人的、生理的、原始的,甚至被认为是肮脏、禁忌的个人物,常常产生不正经的亵渎意味。但这或许也是对充满荷尔蒙的物质性的军装的某种还原,对宏大价值和私人身体之间甚至物质性的主体之内难以消弭的分裂的还原。当军装与私人衣物的界限被打破,军装神圣严肃的光辉也化作一种亲密生动的活力,使体验和记忆变得独特,恰是这种物与人的戏谑与纠缠关系最引人感怀。

三、红墨水写成的"血书"

"血书"是《喀什噶尔》中文工团在前往边境哨所阿然保黛、阿里神仙湾5042哨所等危险的演出地点之前写的请战书:

> 请战书是严肃的,里面有具体内容,除了向组织表决心之外,还有一些具体要求:要另用一页纸,仔细写上你的家庭地址、你父母的名字。同样的文字还要写在你的行李上。还有,在你军装里面的口袋布上,要写上你的名字,对了,还有血型。又是一个"血"字,鲜血的血,血书的血。[1]

---

[1] 王刚:《喀什噶尔》,《当代》2016年第1期,第19页。

为缓解新兵的紧张情绪，老兵把血书调侃成"姨父"（"遗书"在新疆方言中的谐音）。把请战书当遗书写是为牺牲做打算，也显示了被嘉许的崇高战斗精神。用血写请战书则又附加了一种意思，即通过刺激性的视觉、嗅觉效果与疼痛的触觉记忆，用鲜血起誓，为请战书增添一道切身的保障。

写血书是为了表达对组织的忠诚和战斗决心，更多的是双向的激励而非对任务的琢磨。小说中革命信仰的证物——血书，和阿甘本在《语言的圣礼：誓言考古学》中分析的誓言有相似之处："誓言并不关乎陈述本身，而是关涉其效力的保障：问题并不在于语言本身的语义或认知功能，而在于对誓言的真实性和实现的保障。"[1] 阿甘本认为誓言分为两部分，一部分是具体的内容信息，但这种事实带有不确定性。另一部分则是使誓言成为誓言的东西，是对陈述事件可实现性的保障，它作为誓言的非实体部分，比如一个补充和修饰，如果脱离了誓言，誓言就成为了一句普通的话。可见这种保障预设了实在的陈述可能为假，即存在伪誓（perjury）的可能性。他引述尼可洛·罗霍的话道："誓言仅仅是通过伪誓的可能性而被反向地界定的，'仿佛前者的唯一目的就是惩罚后者，誓言仅仅以巨大之灾异的形式被创立出来，它是针对那些由誓言本身生产出来的伪誓者的。'"[2]

哪怕不用血液书写，《喀什噶尔》中的请战书也能按类似上述对誓言的分析分为两部分：一是具体的内容信息，比如"为了神仙湾5042的战士"和个人信息。另一部分是使请战书成为请战书的东西，即不怕"牺牲"和"献出自己的生命"。血书虽然仅仅是把书写工具由钢笔变成流血的手指，但它强大的誓言效力来源于血液—身体—生命与任务的结合。人的生命代替了阿甘本所说的誓言、诅咒和神灵三位一体中的"神灵"。在誓言中，伪誓者

---

[1] [意] 吉奥乔·阿甘本：《语言的圣礼：誓言考古学》，蓝江译，重庆大学出版社，2016年，第10页。

[2] Nicole Loraux. *La citè divisèe*: *L'oubli dans la mémoire d'Athénes*, Paris: Payot and Rivages, 1997, pp. 121-122/123. English translation: *The Divided City*: *On Memory and Forgetting in Ancient Athens*, trans. Corinne Pache and Jeff Fort, New York: Zone, 2001. 转引自[意]吉奥乔·阿甘本：《语言的圣礼：誓言考古学》，蓝江译，重庆大学出版社，2016年，第16页。

将承受神灵降下的诅咒。在请战书中，书写者"自我诅咒"，诅咒或承诺之物是自己的生命。誓言存在履行和违背两种情况，前者将"安然无恙"。而血书只有奉献自我一个方向，无论任务是否完成。刘峰和何小曼没有写过请战书，但他们的行为也表达出一种"死本能"[1]。牺牲是血书中最严重的后果，但并非每个写血书的人都一定牺牲，所以和誓言（通过伪誓的可能性而被反向地界定）不同的是，血书是针对所言事实的可能性而被正向界定的，它的意愿是正向的。它无法检验守誓或伪誓，因为写血书的人一定表现出遵守诺言的意愿，而且死亡不是必然的。它不包含"如果做不到"的灾异与诅咒，而是"做到了"可能承受损伤的程度。起誓人因神明诅咒的恐惧而带有现实的被迫意味，写血书的人是在革命和组织的要求下一反趋利避害的本性，在神圣、庄严、真诚的态度中预想牺牲，以献身来证明自己生命的价值，同时不乏以不祥的"感天动地"来感动上级。这很有悲剧意味，因为轻易说出的死亡实际上是无法想象和体验的。艾一兵的第一封血书中充满"革命战士"字眼，第二封血书只有一句话："我愿意为了阿里的边防战士牺牲自己。"王迪化意识到血书之誓的灾异意味："这当然是一句分量很重的话，许多年后的今天，我都感觉那是一个诅咒，有某种我们人类完全不懂的神秘的预示。"[2]战斗残酷，自然无常，荷尔蒙旺盛的男兵女兵调侃着"姨父"，好像已经战胜了对死亡的恐惧，拥有所谓的革命的乐观主义精神。而当血书成为现实，幸存者感到极为诧异和震惊，甚至认为存在未知的神秘恐怖力量，血液和誓言的分量由此才开始真正显露。

　　直到今天，面对紧急任务和重要使命，写请战书也有其必要性和重要性。但是否需要用自己的血液写呢？王迪化想不起董军工是否看了他的血

---

[1] 何小曼不怕伤不要命地翻跟头，刘峰在中越战场上负伤被救后，竟先给司机指路去送给养，而不是去包扎所包扎。萧穗子觉得，他们都有"求死"的心态。弗洛伊德在《两种本能》中这样解释死本能："死本能追求的最终目标是生命的消亡与毁灭，特征为破坏性、挑衅性和摧毁欲。它既可能是针对外界的，如对他人的厌恶、反感、仇恨以及虐待、摧残和肉体消灭，也可能是针对自身的，如自我仇恨、自我摧残和自我毁灭等。"参见［奥］弗洛伊德：《弗洛伊德后期著作选》，林尘、张唤民、陈伟奇译，上海译文出版社，2005年，第191-192页。
[2] 王刚：《喀什噶尔》，《当代》2016年第1期，第69页。

书、是否被感动,他已经明白,重要的是写血书的时候他们的命运已经被组织决定了,无论是用红墨水和鸡血鸭血猪血写,都不可更改。而用自己的血写请战书的方式极其恐怖、疼痛、凝重,使人还未奔赴战场就演习了紧张和伤害。在《喀什噶尔》中,战士们压力过大,以至于质疑血书曾有的精神价值。很多女兵吓哭了。王迪化不敢写血书,在不得不写的时候,他甚至是捏着华沙流血的手指写的。他看到一片片血书,感到愤怒、焦虑,更是心疼艾一兵。战斗精神对他来说不再是高悬在头顶的抽象口号,而必须在个人情感中找到合理性,譬如对艾一兵的关心,以及若有似无的自恋。而用红色的血液写请战书对他来说是对个人的剥夺和欺骗,他认为血书是一种表达思想感情粗俗野蛮的方式,如果文字足够有力,至少不用把请战书变成红色。他反对的是用血液原始的情绪震慑效果来代替文字理性准确的表达效果。更有战士认为既然没有任何危急的打仗任务,只是文工团表演节目,血书甚至请战书都没有必要。实际上,他认可在紧急战斗状态下写血书能够提振士气,但反对无节制、无差别地榨取血液的情感力量。那么在非紧急情况下,怎么证明自身价值、向组织表决心呢?除了写血书,艾一兵抢着去扫厕所、踩煤饼、洗衣服。女兵们在高原演出后纷纷倒下,"装作"缺氧。《芳华》中的文艺兵们则有小病大生、小痛大喊的自怜或自损心态,这是希望实现一次我军对"轻伤不下火线"英雄传统的表扬,"那个时代的士兵,无仗可打,无处英勇,最高荣誉就由此类'轻伤'得来。卫生员觉得不公,是因为我们想'负伤'想疯了,对生病的羡慕和渴望掩饰不住,都挂相了"[1]。

　　血书承载的视死如归、坚定不移的革命精神是值得尊敬和铭记的。先辈的前赴后继为新一代开创了更安全舒适的成长环境,人本的、经济的、科学的观念自然逐渐开始得到重视和思考。两部小说讲述的年代恰好处于转变的初期,荷尔蒙旺盛的年轻文艺兵们仿佛听到集体裂解的微音,早已在探寻新的世界:谈恋爱,读小说,吃零食,听邓丽君,过"小资"生活,追求物

---

[1] 严歌苓:《芳华》,人民文学出版社,2017年,第118页。

质和审美享受。甚至对沉甸甸的传统调侃和反叛起来，大大方方地谈论用动物血和红墨水写血书，把红秋裤比作红旗迎风飘扬，说八一印染厂专门制造"烈士的鲜血"……小说中血书等战斗精神象征物的暗淡，不是要去解构甚至亵渎革命，革命的价值也不是能轻易消除的，而是提示着新的价值观的生长，以及关于文字与血液本身的想象。小说中被质疑的、或用红墨水写的"血书"，揭开了红色血液一贯具有的激情、斗志或仇恨涵义，将血液还原为个人的身体和感知，以及最真实的忧虑、恐惧和怯懦的私心，并给予这身体或自然的"物"以尊重。

四、署名的"匿名信"和断裂的语言

《喀什噶尔》中可怜的小小的非常业余的边防文工队，与《芳华》中地处成都的文工团都向往着同一个地方：北京。两部小说的人物都处于欲求不满的"芳华"之年，他们对首都的优裕生活、权力与地位的想象赋形为具体的对零食、商店、衣服、吉普车、收音机等物的渴望。而物质细节（比如军装的含毛量）不仅提示阶层和地域的差距，也深深刻入叙事人的情感和躯体中，比如《喀什噶尔》中王迪化汹涌澎湃的自卑和自恋：

> 我们一个月的津贴才6块钱人民币，我们穷困并不潦倒，我们所有的东西军队都发。我们穿着战士服的军装，我们即使上台演出也要穿着发出臭味的黄球鞋，那种球鞋让我们感觉到自己的整个身体都是弯曲窝囊的。每到我们上台时，感觉自己像是一个皮球，皱皱巴巴地滚动着就上台了。我们演奏时，我们仍然像是一个静止的皮球，我们皱皱巴巴的皮肤在呼吸，如果让我们和总政歌舞团站在一起，那我们太丢人了。他们这些操蛋的总政歌舞团的演员们穿着干部服和皮鞋，而且，据说他们服装的料子都是毛布的，他们是毛哔叽，如果让我们和新疆军区歌舞团

站在一起，我们就太丢人了，他们也穿着干部服，皮鞋，据说他们的服装里也含着毛。[1]

王迪化嫉妒的是"他们"，但他感到不平的是"我们"或"我"。在他的潜意识中，自己的体验、想象、文学沉思、音乐感觉……这些最好年华的"荷尔蒙"哪一点比不上他们？而现在就因为"我们"没有含毛的干部服，就要这么窝囊丢人，连艾一兵这样美丽的女兵都要苦苦忍耐。王迪化对"待遇"的不平之气是促使他写匿名信的重要原因，而"不丢人""受表扬"的愿望成为他在匿名信上署名的动机之一。

王迪化在19岁的春节结束后开始写寄给总政的那封信，主要反映文工团战士的待遇和提干问题。但正如曝光战友谈恋爱一样，他最初以为这是合理正当的（欧阳小宝就成立了"捉奸队"），实际却"给组织出了难题"。王迪化与战友经历过几次美好难忘但凶险的哨所巡演，亲身体会了文艺战士如何"吃的是草，吐的是血"。写信前后，他也助推并目睹了一场以暴力收尾的悲剧：老兵龙泽的恋爱由于王迪化而泄露，龙泽为了不被复员，揭发了女友乔静扬，但最后他也没能提干，崩溃之下把枪口对准了文工团领导，在判决大会上失去了"同志"的后缀。小说里一位叫陈想的女孩说，王迪化的信具有请命性质，但语言功力不行，还不够狠。王迪化费力弄来了解放军总政治部的地址，在这封本应匿名的危险信件上写下自己的名字，他的好友华沙要求也一起署名："你到哪儿，我都跟着你，你死我也死，你复员，我也复员……"[2] 这封信对文工队和王迪化都带有悲壮意味，"匿名"是为了实际待遇，而"署名"更为了被看见、为了王迪化内心深处渴望受到的一次表扬。他在文工团一直扮演沉默寡言、像傻子一样温驯微笑的人，他拥有关于文学艺术的表达欲，充满对美丽女性的感情，可不得不主动或被动地压抑自己，在政治集体中是零余的梦游者和旁观者，沉浸在自己思考与审美的精神

---

[1] 王刚：《喀什噶尔》，《当代》2016年第1期，第101页。
[2] 同上，第151页。

世界。他第一次想要勇敢介入，从自己不理解的"上等词汇"中夺回言说的权利与自由。然而，因为不理解那一套话语，他也让文工团付出了惨重的代价。

他们紧张不安地等待着回信，等待着立功或枪毙的结果。同时，另一封王迪化一直没有收到的艾一兵的信潜伏在小说的底部。令王迪化萌生"乡愁"的她已经入党提干，即将成为司令儿媳，就像林丁丁们梦寐以求的那样，即将带着王迪化的念想到乌鲁木齐、北京去……而她曾付出的惊人的体力和情感劳动令王迪化不平，或许她的离去也促使他豁了出去。这也是写"匿名信"的动机之一。

但那是一个"告密者的时代"[1]，萧穗子说："我们的孩提时代和青春时代都是讲人坏话的大时代。'讲坏话'被大大地正义化，甚至荣耀化了。"[2]那年头谁不出卖别人？而如郝淑雯所说，被出卖的人往往下场很惨。事实—言语的内容—言语的效果互相之间也大大地背离了。总政的回信伴随第二次丢军装事件来到，"我听着特别批示几个字，内心已彻底垮了，然后脑子里'轰'的一声，眼前就金灿灿的一片闪亮了。如果当时不是19岁，而是39岁的话，我想，那我一定会中风了。最后听到同志两个字，感觉心脏舒服多了，既然还叫我同志，那说明还不是敌我矛盾，还是人民内部矛盾。"[3]王迪化连同文工团得到了军区领导的理解，以及严厉批评。董军工苍老了许多："我们这些年虽然很辛苦，由于这封信，给了上级另外一种印象，我们的工作作风不踏实，还伸手向上级要待遇。"[4]匿名信的重点本应是陈述的内容而不是"谁在说"，是为了自由表达。但人们对所匿之名的兴趣从未消失，当匿名信被署名，失去了告密性质，追查就变成了追责，以及探寻信件内容背后的"不怀好意"，匿名的目的、文工队的身份问题、说真话的结果才一起迸发出来。

---

[1] 王刚：《喀什噶尔》，《当代》2016年第1期，第10页。
[2] 严歌苓：《芳华》，人民文学出版社，2017年，第59页。
[3] 王刚：《喀什噶尔》，《当代》2016年第1期，第153页。
[4] 同上，第155页。

署名的匿名信不再隐藏"作者",反而使文工团和王迪化重新获得关注,并且没有退路地直接走向致命的5042。救亡和革命时期的战斗变成了为自己而战:为了驳回上级不公正的评价,证明自身存在和言说的合理。而在一个即将消逝的时代,这种任何时代都有的证明的代价却是生命。

王迪化还被命令当众朗读匿名信——匿名信不仅原是不应被署名,而且也不该被宣读的——但他得到了文工团全体战友的一致评价——"勇敢"。这是和写血书不同的"勇敢",因为他替大多数男兵女兵第一次说出心声。当匿名信不再匿名、署上了更多人的名字、变成语言宣读出来,沉寂的文字便使作者产生激动、委屈和慷慨就义的感觉,他隐约意识到大家应该和他一样委屈,他替大家表达委屈,替他们哭泣。王迪化从周小都口中得知,那封信传遍了整个军区,成千上万的干部和战士关注着他和文工队的命运。匿名信的异常状态释放了信件和语言本身强大的力量,它们不再是血书和文件中的形式用语,不再是信仰的契约说辞,而是如实表达出了人的情感和需求,有了完整的产生—传播—接受—反馈过程,尽管这个过程是通过"匿名信"的失常和惩罚的降临实现的。在这个意义上,信息和语言具有某种新物质性,它们较为真实强大的力量不是通过正常的输送轨道实现的,而是在语言文字被压制、破坏和反弹的时刻,经由离间和陌生化而发挥出来。

除了署名的匿名信,还有迟到的信、撕碎的信、上交的信、沉默的信。王迪化得知文工队噩耗后才收到艾一兵一年前寄来的信,信中她袒露了对他独有的信任、感情和希望。不难想象如果信按时抵达,小说的独白语调、所有人的命运都会有重大改变。电影《芳华》中,萧穗子得知郝淑雯和陈灿好上了,哭着在夜行的卡车上撕碎了刚藏在陈灿琴盒里的情书。在小说中,郝淑雯勾引了萧穗子的恋人少俊,并和他一块儿把穗子所有的情书上交给团领导。小说最后刘峰的葬礼上,何小曼没有来得及读那几页悼词,二人之间的经历和感情永远成了谜……这些异常的信件使人想到拉康所分析的"失窃的信"。它们的重要性更多在于位置和效果,而不在于内容——公开的匿名信反映王迪化表面"沉默"实则言说一切的语言主导地位,迟到的和解信显示了艾一兵始终高亮却一直失语的位置，而内容未知的情书和小曼没念出的信，则暗示了萧穗子这位"严歌苓的化身"是将自我抽离、充分发挥想象和分析能力的旁观者角色。信件的异常仿佛喻示着语言文字天然的局限，以及时代的混乱、现实的偶然和秘密的昏暗。

最后，《喀什噶尔》和《芳华》在语词运用方面都有一个明显的特点：名和物的联系在时间和情境的错位下重构，打断过去和现在人们的日常经验，这使词语和物质重获新生。《喀什噶尔》中类似表达尤其被大量使用，有的是当时的观察、知觉和情感还未形成后来的概念，是前语言的形象，比如"焦虑"；或者挑战保守文化的用词禁忌，比如"自恋""性感""臀部""阳痿""勾引"等；有时是王迪化的感受和记忆已经远超这个词的一般含义，比如"麦田""兵站""斑驳""大""响彻大厅"。在这种用例下，词语固定抽象的含义常常和具体多变的感官印象结合起来；有时则是创造性的大词小用、庄词谐用、专词活用，也有对宏大的革命话语、革命叙事的消解，比如"同志""挺进""历史包袱""十二月党人"等；还有一些是更"高级"的书面用语和专业名词，王迪化对它们的不理解和另类理解，与欧阳小宝的熟练运用构成对比，既反映出阶层差异，也暗示了王迪化对进步、知识、权力的羡妒，比如"忧郁症""肾结石""尿毒症""糟粕"等词突然进入他的观念和语言，使他产生惊奇的体验。叙事者还原化、陌生化、距离感的用词既是追忆过去的经历，又并非丝毫不沾现代的观念，而是意识流般地漂浮在过去和现在之间，时刻从交互的物质环境与信息中得到新鲜体验，用以暗示和描述，却从来不归纳新的概念。

《芳华》的叙事人萧穗子和王迪化一样是复杂敏感的写作者。她的用词策略则主要是通过分析心理，把一般词汇的多义性挖掘出来，比如"自恋"。如果说《喀什噶尔》中沉默的王迪化对自己有种模糊的自怜和自嘲（"前自恋"）的话，《芳华》中经过第三人称叙事，女兵对于胸部的自豪和自恋，以及林丁丁对自己歌声的专注与自恋，已经颇为自觉。萧穗子甚至在刘峰的笑、刘峰讨好林丁丁的举动中感受到一丝无耻、一丝无赖。"无耻"这种贬义词怎么用在好人刘峰身上？她告诉读者，他们盼望看似完美的英雄露出人性的马脚，无耻又肮脏的普通人对于"英雄跌落"的质疑、反感和幸灾乐祸非常无情。刘峰的一丝无耻，其实映照出叙事人对他们自己的无耻的反思。

余论：物中的时间感受

小说《喀什噶尔》、小说及电影《芳华》站在2015—2017年回忆、想象、虚构了自己（叙事人/主人公）的70年代，既夹带了作家和导演的"女兵情结""文工团情结"，又以此接通了广大60年代生人的青春记忆。然而除去故事中跨越时代、地域、身份的主题——爱、美、青春、生命、忧伤和艺术，以及自然，展现时间中的记忆或反思无法离开物的语言。因为大情结归根到底是具体的"军装情结""礼堂情结""西红柿情结"[1]……军装、血书、匿名信等具有历史感的物在叙事中频频"出故障"，是以新物质的身份暗示了自身难以达到的真实，与此相应，作者在小说中也有意暴露时间跨度和讲故事的痕迹，暗示记忆或历史幽微难寻的真相。

王刚的叙事人王迪化直言这是一部"回忆小说"[2]。它表面上谈论"那时"，实际上是站在当下、凭着靠不住的回忆来作画——他不断地用自己"后来"的现代体验，无论是在北京、日本、美国、欧洲等繁华之地，还是"落后的 iPhone 5"、QQ音乐、森海塞尔耳机、百度等千禧年后享受到的科技成果，来对比、解释和回忆小小的喀什噶尔。用来回忆的当然还有与1979年迟滞于全国的边疆军队时代不太协调的音乐（莫扎特、德彪西、斯波索宾）和文学（契诃夫、托尔斯泰、车尔尼雪夫斯基、卡夫卡），以及叙事者更渺远追忆中隐形的40年代（三区革命）、50年代（苏联情怀）以及60年

---

[1]《喀什噶尔》中王迪化第一次见到让他恋恋不忘的犯人王蓝蓝就是在充满苏联味道的南疆军区礼堂里，他还描写过记忆中乌什县礼堂的维吾尔贵族气息。对这几种情结，电影《芳华》的导演冯小刚在其自传《我把青春献给你》中也有过交代。
[2] 王刚：《喀什噶尔》，《当代》2016年第1期，第142页。

代[1]。严歌苓扮演的萧穗子的叙事时间就更自由了,她虽没像王刚一样怀旧地说出许多属于"今日"的物,但从1973年到现在的时间常来回跳跃,很多细节源于"萧穗子"的想象与推理,她直言自己是编撰秘密的小说写手,甚至说关于何小曼的故事以前写得都不够好,这次再试着写写。也许是因为回忆的特质,无论是王刚的访谈还是严歌苓的《芳华》,都透露出自己一代已被时代抛弃的落寞。除了直接的历史跨度,《喀什噶尔》《芳华》都不约而同地透露出一种打并入时间感受的地域紧张感。对于王迪化来说,他的名字便是新疆首府乌鲁木齐的旧称[2],他打小向往地域的"中心","以后"却不断借大都市回忆喀什噶尔。王刚本人亦如此,他说自己熟悉并厌倦了现代大都市,他要把感情投回乌鲁木齐,而且是过去的乌鲁木齐。[3]《喀什噶尔》修改完成也是在吉木萨尔花儿沟,因为那里有许多故乡的、童年的因素。[4]《芳华》的故事发生在成都军区,文艺兵集体不但有"南北之分",随着情节和命运的分化还有"东西之别"。郝淑雯等革干子弟相信军营是北方人的天下,打下江山的革命地位或高大丰满的身体优势都属于北方兵,人民也如仰望太阳一样仰望北京的毛主席。但改革开放使他们的轨迹从成都到东南,再到海南,最后回到北京。但还有一批战友永远把生命留在了对越自卫反击战的西南战场,如同王迪化和华沙的战友牺牲在西北边缘。严歌苓定稿于柏林,这使我们更愿意相信她就是那个有文学潜力的穗子——她是一个远行的人、一个有丰富想象力的人,并且和那时那地拉开了足够的怀旧距离。为什么说这是打并入时间感的地域之感?是因为最引人怀念的是"那时的"那地,而不论是喀什噶尔、北京、成都还是海南,人与物的际遇变迁不单纯是空间的位移,还有时代的转变,尤其是七八十年代之交,作者们都捕捉到了这个时间节点。

---

[1] 王刚:《我抓住一切机会写自己的恶,也未必能找到一条生路》,https://cul.sohu.com/s2016/wanggangzhuanfang/,最后访问于2020年11月26日。
[2] 1954年迪化改称"乌鲁木齐",蒙古语里意为"优美的牧场"。
[3]《对话作家、编剧王刚:我的回忆中充满了乌鲁木齐》,http://xj.people.com.cn/n/2014/0811/c188532-21952876-2.html,最后访问于2020年11月26日。
[4] 王刚:《〈喀什噶尔〉后记》,《当代》2016年第1期。

时间的回荡往复、对地域的"重返"或"回看"[1]，这种复合空间的时间感受使军装等"历久弥新"的物显得扑朔迷离，它们蕴含时间的流动，确切来说，是时间的流动本身。军装原本是宏大集体的单一的、充满归属与规训、荣誉与保障的"稀罕物"：王迪化的回忆和萧穗子的想象的一个大前提，是进入这个草绿色的集体就能拥有光明的未来，如同电影《芳华》中那面写着毛主席语录的红墙一样确定无疑（后来，有一面红墙上写着"请喝可口可乐"）。然而，他们在描述"当时"发生的事或者虚构的时候，部分否定了军装一直以来的"固有"含义，这是由于具体地叙述时代转变的需要，也是将神圣而抽象的事物纳入私人记忆的策略——脏污的或有肥皂香气的军装、性感的军装穿戴、失去军装的恐惧、盖在加了海绵的乳罩上晾晒的衬衣、用红墨水写的血书、署名的匿名信、流落的私人信件……它们与所有那个时代的物一样，都是在哈曼所说的破碎与异常状态中释放了自己的感觉性质和可能的真实。军装和其他服装一样增加了身体的美，遮掩了丑，并且影响到人们对于流行时尚的认识，尽管它快被另一种时尚取代了。血书、信件和所有的文字类似，关涉到人的精神文化世界和思维—语言的力量，而那又是两个语言大异其趣的时代的接轨期，信念、价值、感觉、好恶随着破碎的物一起变得复杂而混乱。

而在离"当时"越来越远的 80 年代、90 年代，甚至是故事被讲述的"今日"，这些物又经历了被"否定之否定"的过程。曾经的宏大价值和高压事物让一群鼓噪着荷尔蒙的男兵女兵倍感纠结：王迪化"不愿"进步，宁愿做集体里的梦游者。萧穗子和他一样称自己是"思想意识不良"的人，而且她注意到组织对刘峰和何小曼的不公。对于叙事者来说，他们都展现出了"芳华"本身的甜蜜与痛苦，以及貌似中性的"物"在时代、地域之别中给予的撕扯。比如王迪化气恼地对比他们皱巴巴的军装和总政歌舞团的毛料军装，在 80 年代初发觉街上的军装和大学校徽此消彼长。但经过时间的沉淀，

---

[1] 张春梅：《时间的限度：解读王刚长篇小说〈喀什噶尔〉》，http://www.zgwypl.com/show-210-39171-1.html，最后访问于 2020 年 11 月 26 日。

军装终于成为一种抽离于它的布料和形制的"情结",成为固着于它又超越它的每个人都不大一样的秘密。血书使王迪化疼痛,是焦虑的玩笑"姨父",是他对女兵或艾一兵音容笑貌的怀恋,以及血腥的不祥气氛。而各式各样的信件或许成为了"王迪化""萧穗子"们不断思考和回望自己的时代、写下这些文字的契机,是另一封解密后写给读者的信……从"现在"看"当时",如同王迪化过去反感"太阳照在……上"的句式,今天却不反感了,各类的物都加上暖色滤镜。如同《芳华纪录片:我把芳华献给你》[1]中,冯小刚看着监视器里刘峰离开文工团的片段抹起眼泪一样(这也是导演的经历,黄轩认为这部电影是导演向自己的青春致敬)。对于作者和同年龄段的读者、观众来说,今日看这些物已不像五六十年代的人那般笃定,也不似七八十年代青春期那么迷惘、反叛和"疙瘩",而或许会像普希金说的那样,"那些过去了的,就会成为亲切的怀恋"。

不过,作者毕竟是站在"现在"写"当时",过去生活的欢乐与欺骗依然雁过留痕,那么在这种向度中的物便兼具破碎与被修复的过程,如同历史的秘密一样,有的裂隙无法弥补,有的谜团终无解释。什么是军装?什么是血书和匿名信?"礼堂""达板""收音机""自恋""性感"又是什么?或许我们只能做一些极为平淡的词语解释,而它们自身及其历史的真实,只能在不断变幻的动态及与其他人和物的亲密纠缠中体会。纯熟圆滑的物质和语言由此突然布满裂痕,跳出了我们的日常逻辑和情感限度。我们的理解和体验却由此达到一个新的维度。物质和语言不再被重重的传统经验包裹、封闭,而是在失效和变形中暗示并增强其力量,趋向一个未可知的"真实"。按戴安娜·库尔和萨曼莎·佛洛斯特在《新物质主义》序言部分中的话说,可以看出新物质写作中的新通货是"力、能量和强度(而不是物质)以及复杂

---

[1] https://www.bilibili.com/video/av752877869/,最后访问于2020年12月1日。

的、甚至是随机的过程（而非简单的、可预测的状态）。"[1]这种写作或思维方式赋予小说中的物质以新的要素，比如充满活力的、构成性的、偶然的甚至是非物质的标志。[2]这正解释了两部小说由物质和语言之"破碎的锤子"生成的"新物质"。

---

[1] Diana Coole, Samantha Frost. Introducing the New Materialisms, *New Materialisms*: *Ontology, Agency, and Politics*, eds. Diana Coole and Samantha Frost, Durham: Duke University Press, 2010, p. 13.
[2] *Ibid.*, p. 14.

论萧乾《平绥琐记》的悖论式书写[1]

于阿丽[2]

[摘要] 作为萧乾生平创作的首篇报告文学作品,《平绥琐记》是充分体现着悖论式书写特征的文本。萧乾将自己有关塞外西北的写作,与此前洋装学生们的西北报告进行明确的区分,呈现出一种悖论式写作姿态;他还进一步挑战自己的承诺,依旧重点书写洋装学生们所关注的烟枪与"破鞋"问题,从而借助言语承诺与作品事实之间的矛盾构成悖论的张力;随后,围绕着罂粟花与艳妆女人、宣传口号与具体现实、矿工们的艰辛与轻易、当地官府的责任与现实逻辑这四个方面,作品呈现出了一幕幕悖论式的情境;《平绥琐记》中悖论手法的频繁出现,与现代报告文学的文体特征及萧乾对这种文体的理论认识有重要的关联。

[关键词] 萧乾 《平绥琐记》 悖论式书写 报告文学

在萧乾报告文学创作的道路上,《平绥琐记》无疑具有非常重要的价值。该作品是他生平有意识地通过调查采访而完成的第一篇报告文学作品,写于1934年9月,主要描述了他到塞外西北一行(先后途经张家口、大同、口泉、卓资山、包头等地)的主要见闻与真切感受。

尽管萧乾此前已经发表了《蚕》等经典小说,但他此时尚未正式参加

---

[1] 本文系教育部人文社会科学重点研究基地重大项目"中国近现代文论话语的转型和嬗变研究"(项目批准号:17JJD740002)阶段性成果。
[2] 于阿丽,文学博士,中北大学马克思主义学院讲师,研究方向为中国现代文论与文化。

《大公报》的新闻记者工作,还是燕京大学新闻专业的一名大学生[1],此次采访完全属于萧乾个人的自主行为,没有什么单位或团体的经费资助,也不曾听命于任何的上层机构[2]。因此,在这篇报告文学的创作过程中,萧乾拥有更多的自由空间,无论在素材还是写法上他都可以进行更从容的选择。可以说,作为萧乾报告文学的首次尝试,该作品同时也寄予着他对于报告文学创作的理想与信念,流露出他从事报告文学创作的坚定决心与明确的写作姿态。

不过,虽然《平绥琐记》是萧乾写作的首篇报告文学作品,却也不失为一篇佳作。根据萧乾的回忆,当时傅作义将军正负责主管内蒙古事务,他看过《平绥琐记》之后,竟然特地通过吴文藻先生约见了萧乾,还要给他一个小官做做[3]。由此不难看出,傅作义将军非常看重这篇作品,这从侧面反映出萧乾在这部作品中对于塞外西北的调查与采访是初见成效的。

然而,这却并不是萧乾第一次前来内蒙。四年前,他也曾来过内蒙卓资山,只不过那时候,在他心中完成的是另一幅迥然不同的"作品","他竟然还站在山脚下大片大片迎风招展的罂粟花丛中让人拍过照呢"[4],想来那时他是被罂粟花本身那自然纯粹的形式美感所征服。这次的采访发生在1934年暑假,萧乾跟随着一位货运员以"黄鱼"身份再次前往内蒙,经过一番初步的调查采访,他心目中"风吹草低见牛羊"的内蒙形象被"粉碎"了,于是"满怀悲愤心情"写下了《平绥琐记》这部作品[5]。导致这一重大转变的原因,是萧乾接受了巴金的劝告,不再仅仅关注于一己之身的事情,而开始把目光更多地投向社会[6]。由此,萧乾在《平绥琐记》中所呈现的塞外,将不再拥有一幅单调统一的面孔,而是经历着从自然风景的美丽优雅转变到社会人事的

---

[1] 参见傅光明:《萧乾》,人民日报出版社,1995年,第28页。
[2] 参见萧乾:《他写,他也鼓励大家写》,《萧乾忆旧》,湖北人民出版社,2005年,第84页。
[3] 参见萧乾:《萧乾回忆录:未带地图的旅人》,江苏文艺出版社,2010年,第46页。
[4] 傅光明:《萧乾》,人民日报出版社,1995年,第29页。
[5] 萧乾:《他写,他也鼓励大家写》,《萧乾忆旧》,湖北人民出版社,2005年,第84页。
[6] 同上。

愚昧落后这样一种复杂的形象；或者说，将会是一个同时兼具自然之美与社会之丑的悖论式形象。

该作品最先发表在《国闻周报》上，题目原为《平绥道上》，1947年萧乾曾将其收入《人生采访》（文化生活出版社）。1983年，他又将其收入《萧乾选集》（四川人民出版社），并将题目修改为《平绥琐记》，同时对作品的部分内容进行了删改。然而，1998年出版《萧乾文集》（浙江文艺出版社）时，又重新选择了最初的《平绥道上》这一版本。此外，2000年作家出版社还根据1947年的版本再次排印了《人生采访》，该作品依旧保持原貌。限于篇幅，有关该作品的版本问题暂不予讨论，但笔者在随后的论述中，将会同时参照《平绥琐记》与《平绥道上》这两个版本。

本文所重点关注的，是有关《平绥琐记》这篇作品的悖论式书写问题。随后的分析，将主要围绕以下几个方面展开：《平绥琐记》关于西北的悖论式书写；言语承诺与作品事实之间的悖论；围绕烟枪与"破鞋"的悖论式呈现；悖论手法与现代报告文学文体及萧乾之间的关系。

一、关于西北的悖论式书写

1947年版《人生采访》中收录的《平绥道上》的第一部分，在1983年的《萧乾选集》所收录的《平绥琐记》中给完全地删除掉了。至于删除原因，暂且不提。这里需要重点关注的，是这段被删除的文字本身。在笔者看来，这段文字不仅有助于更好地理解萧乾《平绥琐记》的创作，作为他首篇报告文学作品的开篇文字，对于理解他有关报告文学的文体认识及创作理念也具有一定的启示作用。

《平绥道上》被删除的第一部分主要讲述的内容是：采访者"我"刚刚抵达西北关塞，就遇到一位长者，这位长者极力劝阻我的西北之行；我自是不甘心就此回去，于是信誓旦旦地向这位长者作出了各种承诺和保证；最终，说服了这位长者，答应放我出关前往西北。这里最富有意味的文字有两处：一是长者对我的劝阻；二是"我"对长者的保证。

长者略带责备地劝阻"我"的西北之行，具体的理由是：

> 年青人，（西北夏国的长者说）又来调查了。去年秋天才走了一批。年年一群一群的洋装学生跑来调查，追问我们有多少只"破鞋"，追问我们有多少杆烟枪，好用那个数目对付教员或读者。可是，这于西北民众有多少好处？你们自己说！你们逼着本地人带去逛"破鞋"，明里说是调查，去了也搂搂抱抱。高雅的，去看看古迹。在一块荒土的昭君墓前，凭吊凭吊，跑到禹王庙去便叩一个头。然后，你们原车回到了北平，挺着胸脯儿告给国人说，我到过西北了，而且得到了第一手的材料！西北神秘的荒唐给了你们说谎造谣的机会，你们给西北的却是些什么呢？[1]

为了前往西北，"我"诚恳地对长者作出了诸多的承诺与保证：

> 我答应他：我来看看，绝不用西北的大地名回去骗人，我的胆量只容许我沿着守有军警，设有旅馆澡堂的平绥沿线都市走，我自认看不到西北的灵魂。我答应他：我不去搜集烟枪的杆数，"破鞋"的户口。自知与西北解放和救助无益，也绝不骑在经济破产后西北特殊的娼妓身上，发散我在内地不敢发散的粗野，增加我这个年青人的罪恶。并请他相信我从没写过艳史，也不会把"破鞋"浪漫化了，在日报上给大都市住客们开心。我此行只是看看而已。如果我要说什么，也止于说所见到的，不引用惊人的数字，不诗化丑的现实。[2]

长者之所以劝阻"我"的西北之行，是因为他已经见过太多像"我"一样的洋装学生前来西北了，而这些洋装学生来西北之后，除了统计烟枪和破

---

[1] 萧乾：《平绥道上》，《人生采访》，作家出版社，2000年，第283页。
[2] 同上，第284页。

鞋的数目，用于向上交差，就是自己去逛"破鞋"，或者凭吊一下古迹，然后就返回北平去随便说谎造谣，这对于西北显然毫无用处，因此他阻拦我、劝我回去。

可是，我却坚决要前往西北。为此，我向长者作出了承诺和保证，这些承诺显然都直接对应着长者的担心：绝对不会搜集烟枪数目和"破鞋"的户口、绝对不会去逛"破鞋"、绝对不回去胡编乱写，只是规规矩矩地沿着设有军警的铁路沿线走走，只是本本分分地写出自己所亲眼目睹的现实。最终，长者被我的这些承诺所打动，放我轻松出关。

这两段文字值得引起特别的关注，因为这里再现的场景是：作为采访者的"我"，在进入西北采访之前，遇到长者阻拦并说服长者的遭遇。借助"我"与长者的长篇对话，萧乾其实巧妙交代了自己在《平绥琐记》这篇作品中的叙述视角与立场，即忠实地记录自己目睹的西北现实，绝不停留于表面的猎艳或涉奇，也绝不胡编乱造去取悦都市读者。作为萧乾首篇报告文学作品的开篇文字，这里有关叙述立场或原则的自述文字，大约并非只是出于一种偶然，而是萧乾为自己即将涉足的报告文学创作所订立的一个规矩、一份自我约束、一条时刻铭记在心的宗旨，从而也成为萧乾此后一生的报告文学创作所遵守的重要信条。

根据长者的叙述，"我"并非第一个前来西北的调查者，在"我"之前，早就有无数的洋装学生前来调查和采访西北："去年秋天才走了一批""年年一群一群"。这里潜在隐藏着的另一层意思是，萧乾所写作的《平绥琐记》并非有关塞外西北的第一篇报告文学作品，早在萧乾动手写作之前，关于西北就已经有很多种版本的调查报告或报告文学存在了，自然出自无数的洋装学生的笔下。由此也就顺势引出一个问题，那"我"为何还要再次来到塞外、还要坚持再写一篇关于西北的调查作品呢？这是一个关乎"我"的西北之行是否需要，以及《平绥琐记》这部作品的写作是否必要的关键问题。由此再来审视"我"对长者作出的承诺和保证，那么"我"为自己所订立的规矩、所遵循的宗旨，可能正是这一问题的最好回答。因为根据"我"所作出的承诺，无论在此之前有多少洋装学生写作的有关西北的文章问世，"我"随后即将写作的作品都将与它们"完全不同"。这样一来，《平绥琐记》这部作品存在的必要性与合理性就得到了充分的论证。在某种程度上，这也为萧乾日后从事的报告文学创作提供了理论上的支持。

换个角度讲，有关塞外西北的这一话题，已经存在着诸多讲述的声音（它们彼此的差别可能并不太大），因此萧乾《平绥琐记》的写作与出现，最终也将会汇入这场声音的洪流之中（它将与它们与众不同）！可以说，萧乾在前往西北、写作《平绥琐记》之时，他就清醒地意识到自己的作品与这股声音洪流的关系。具体而言，《平绥琐记》与声音洪流中的其他作品会构成一种相互冲突、矛盾的悖论式关系。在这个意义上，萧乾所进行的将是一次有关西北的悖论式书写。

不仅如此，如果进一步讲，萧乾在《平绥琐记》中有关西北的书写，与那些洋装学生们先前有关西北的文本呈现，彼此之间所构成的这种悖论式关系，可能并非仅仅是一种个别现象，而可以将之归结为某种内蕴于报告文学创作本身的问题。只不过，在萧乾这里，这种悖论性体现得尤为清醒、自觉和突出。

在 20 世纪三四十年代，"报告文学"尚属于较为宽泛意义上的"散文"范畴。当代有学者在研究中指出，"散文"这种文体本身即属于一种"悖论文本"[1]，并为此列举出诸多的理由，其中涉及的部分原因是："散文的一个核心命题，或者说散文的主要矛头，对准的是现有的中心观点，这种中心观点与巴特所说的多格扎（Doxa）相似。……这就意味着，散文在表述个人观点的同时必须表述对立的观点，从而使整个语义链处在悖论结构和悖论意义的过程中。"[2] 这里论述的是散文创作中的悖论性问题，同样适用于报告文学的创作。在某种程度上，萧乾在上述材料中所流露出的对于悖论性的自觉与敏感，已很好地佐证了这一点。

---

[1] 廖昌胤：《当代英美文学批评视角中的悖论诗学》，知识产权出版社，2011 年，第 200 页。
[2] 同上，第 202 页。

然而这里需要关注的重点是，并非所有的散文作家或报告文学写作者在写作之前，都会像萧乾这样，能如此强烈地意识到这种悖论性的存在。或者即使意识到了，也很少有人会像萧乾这样，专门借助于某种故事化的情境，将其如此清晰、完整地直接体现在作品之中。尽管萧乾在八十年代的版本中删除了这一部分，且在此后的报告文学作品中几乎从未再次直接表述这一倾向，但这一始自他生平第一篇报告文学作品的开篇文字所表露的志向，却反复出现在他日后谈论报告文学或新闻报道创作的相关文章中[1]，可谓在萧乾的作品中留下了深深的、抹不去的烙印，从而成为影响他一生报告文学创作的关键性因素。可以说，在20世纪三四十年代的报告文学创作中，萧乾是一位非常少有的、能够清醒地意识到并自觉地努力去追求这种"悖论式书写"的作家之一。

二、言语承诺与作品内容的悖论

上述的材料已经充分表明，萧乾在写作姿态上呈现出与以往洋装学生写作的悖论，如果再结合《平绥琐记》随后的具体内容来看，就会发现萧乾不仅具有悖论式的写作姿态，在素材与文字上也针锋相对地展开着一场悖论式的叙述。

比如，有关烟枪与"破鞋"的话题。那位西北长者在劝阻"我"的西北之行时，曾经嘲讽那些洋装学生，只知道统计烟枪和"破鞋"的数目；而"我"在向长者作承诺和保证的时候，也专门回应过，绝不搜集烟枪的杆数和"破鞋"的户口。按照通常情况，这只是"我"的一种写作姿态的体现，因此叙述到此就应该结束，然而并没有。阅读《平绥琐记》随后的作品内容，读者会发现，具体呈现"我"此次西北之行的见闻时，"烟枪"与"破

---

[1] 参见萧乾：《我的旅行记者生涯》，原载《萧乾文学回忆录》（花艺出版社，1992年），收入《一个中国记者看二战》，上海人民出版社，2015年，第393-394页。

鞋"二者竟正是"我"所叙述的重要内容,甚至是核心话题。这样一来,事情就变得很耐人寻味。"我"为什么要公然违背承诺,依旧去重复"烟枪"与"破鞋"这两个老生常谈的话题?

其实,萧乾并没有违背自己曾作出的承诺,他只是不想避重就轻、彻底抛开这些话题,而是选择迎难而上、勇敢地直接向这些话题发出挑战。他是保证过,绝不会去搜集烟枪的杆数和"破鞋"的户口,这一点他的确做到了,因为他虽然在作品中多次地谈论到烟枪与"破鞋",但没有出现过任何一次有关它们的数目统计。那为何他非要写这两个话题呢?这是因为,他向长者作出承诺的时候同时也说过,自己的写作将"止于说所见到的""不诗化丑的现实"。这意味着,如果他在此次西北之行中所见到的、令他感慨良多的,恰恰就是烟枪和"破鞋"问题,那么他没有任何理由不去把它们如实地写下来。这一切,不仅表露出萧乾对于自己承诺的信守,同时也见证了他作为作家的耿直与倔强。他几乎是让自己行走在险峰之上,不仅写作主题是西北,与洋装学生完全相同;具体的谈论话题又是西北的烟枪与"破鞋",与洋装学生依然是相同的;可就在这样一种情形下,他却立志最终要写出"不同"的作品。由此来看,先前论述的那种悖论式的关系,就不仅只是限于一种写作之前的姿态,而是深深地贯穿于《平绥琐记》这篇作品写作过程的始终。

又比如,有关"能为西北带来什么"的话题。那位西北长者在劝阻"我"的言论中,曾经屡次责问,(那些洋装学生的调查)"于西北民众有多少好处?""给西北的却是些什么呢"?其实,这一问题同样适合询问"我","我"有关西北的调查和写作又能为西北带来些什么呢?其实对于这一问题,"我"在向长者作出承诺的时候,也有所回应,只不过似乎并不自信:"我自认看不到西北的灵魂"。如果真是这样,问题就变得有趣了,尽管"我"反复宣称与洋装学生不同,可是最后的结果却是,似乎与洋装学生也并无什么两样,对于西北都将无任何益处,那岂不是沦为"五十步笑百步"的笑话?

然而综观《平绥琐记》的具体叙述,整篇作品处处留意的恰恰正是"西北的灵魂"。无论写的是烟枪、还是"破鞋",也无论写的是大街小巷、还是风景名胜,萧乾所着力刻画和展现的,正是西北土地上人们的精神与灵魂,尤其是那种无处不在的封闭与落后、愚昧与无知。这与萧红在《呼兰河传》的开头所呈现的呼兰河县城那种愚昧麻木的精神状态多少有几分相似,在某种程度上,它们可能都是隶属于鲁迅所开创的、揭露民众精神上的愚昧落后这一启蒙式主题。也就是说,尽管"我"曾说过"我自认看不到西北的灵魂",这句话却在无形中激励"我"不停地朝这一方向努力。当这句话说出口时,本身就已说明"我"在心里是装着"西北的灵魂"的,"我"将竭尽全力地在作品中去试图呈现出"西北的灵魂"。可是这样一来,便呈现出如下的矛盾情形:一面是"看不到西北的灵魂"的言语承诺,另一面却是"呈现出西北的灵魂"的作品事实(否则,也不会得到傅作义将军的器重与青睐)。可以说,萧乾可能试图在言语承诺与作品事实之间,构筑一种悖论式的张力,借此引发读者在二者紧张冲突的互动中,更深入地去捕捉和感受作品的深意所在。

三、围绕烟枪与"破鞋"的悖论式呈现

在《平绥琐记》这篇作品的具体内容中,除却第一部分之外,还有其他很多地方都呈现出了悖论式的情境。可以说,萧乾特别喜欢使用悖论的手法,去描写或刻画自己所见到的场景;或者也可以说,萧乾觉得唯有使用悖论的手法,才能更加准确地传达出自己对于所见场景的真实感受。

在某种程度上,萧乾在报告文学创作中对于悖论手法的偏爱,其原因可能与布鲁克斯对于诗歌语言悖论性的赞赏多少有点类似。布鲁克斯在《悖论语言》中曾明确指出:"诗的语言是悖论语言""悖论正适合诗歌的用途,并

且是诗歌不可避免的语言""诗人要表达的真理只能用悖论语言"[1]。本文随后的分析将会表明，至少对于萧乾来讲，悖论语言或悖论情境是写作报告文学不可或缺的手法，因为有些时候他想表达的观点，只有用悖论语言或悖论情境才能讲述清楚。

前面提到过，萧乾在《平绥琐记》中谈论的重点话题，依然是洋装学生们所热衷的烟枪与"破鞋"，也就是鸦片与娼妓，这是西北最为突出的两个痼疾。在谈论这两个话题的时候，萧乾不知不觉、情不自禁地多次使用到悖论的手法。

1. 罂粟花与艳妆女人

当车刚刚驶进塞外的时候，萧乾就看到这样一幕具有悖论的情境：

> 塞外的山峰象条条多筋的铜臂，余脉伸入稀疏的小村舍中间。我们的车就在铜臂的阴影下爬，有时还要钻到铜筋里去。……近河套肥沃的土壤盛开着罂粟花，五颜六色，象在等待内地诗人去吟诵。一望无际的草原上牧放着棕白诸色的马匹，嘶叫着的声音惊不醒山穴中沉沦于毒物中的居民。[2]

此时，所有关于塞外的见闻与感受都还没有来得及展开，但五颜六色、美丽娇艳的罂粟花却早已映入了萧乾的眼帘。就在那肥沃的土壤上，罂粟花恣意骄纵地盛开着，俨然只是一副绚烂迷人、如诗如画的风景。自然界的安排似乎本就是一个巨大的悖论，既让罂粟花如此美丽，同时又让它成为一种致命的毒物，于是几乎在见到美景的瞬间，萧乾不禁想起那些沉沦于毒物中的居民；那是无论草原上的马匹如何嘶叫也惊不醒的烟民，那是无论多少宣传警告也无法管束的烟民。也正因为如此，那为洋装学生们所热衷的烟枪问

---

[1] [美] 克林斯·布鲁克斯：《悖论语言》，引自《20世纪西方文论新编》（陈太胜著），北京师范大学出版社，2011年，第30页。
[2] 萧乾：《平绥琐记》，选自《萧乾选集》（第二卷　特写），四川人民出版社，1983年，第3页。

题，同样成为萧乾所躲闪不及的重要话题。

张家口是塞外的第一镇市，萧乾最先抵达的便是这里，然而他所看到的景观依然是具有悖论性的一幕：

> 太阳一擦山，夜游的人就由上堡倾下坡来，直倾进花园去。这是一座任人游玩的私人花园，进门处题的是"静观"。在小堂子里招待了一天客人的娼妓莫不需要一个时间吸点新鲜空气散散心，于是花园柳堤上三五成群地徘徊着许多艳妆女人。有养女的携着养女，没有的则或把一件漂亮衣服搭在臂上。商铺的伙友和社会人士有权利来瞻仰、品评，或飞个颜色。因此，挤在红粉旗袍间的是些对襟小褂。家庭妇女来游的，没有一个男家属步步紧跟可不妥当。[1]

继烟枪问题在前面抢先出场之后，娼妓问题也不甘示弱，迅速地走入萧乾的眼帘。如此一来，烟枪与娼妓这两个主角便正式在萧乾的叙述中隆重登场。值得关注的是，萧乾在此处尚有足够余裕的诙谐笔墨，来将这一问题缓缓托出，从而将自己的真实想法完全隐藏。这里的悖论，首先来自花园的题字"静观"与各色游览人员的喧哗嘈杂所形成的巨大反差与冲突。其次，则出自于游览花园的人群本身：身为娼妓的艳妆女人、商铺的伙友与社会人士。具有悖论意味的是，似乎应该遭到舆论谴责的艳妆女人，反是真正来花园欣赏自然风景的人，而从事正经职业、具有一定社会地位的商铺伙友与社会人士，其真正目的却似乎并不在游园，而在于瞻仰、品评、或飞个颜色给那些艳妆女人。情况已到如此地步，以至良家妇女若没有男家属步步紧跟，绝不可轻易来游园。萧乾这里愈是写得轻松可笑，其背后所反映出的娼妓问题便愈发地严重。这似乎的确不是洋装学生的统计数字所能涵盖的问题，单单统计清楚红粉旗袍者的数目有什么用，那些对襟小褂者的存在同样是不容忽略的重要问题。换句话说，整个社会风气都需要进行彻底扭转，这可能才

---

[1] 萧乾：《平绥琐记》，选自《萧乾选集》（第二卷 特写），四川人民出版社，1983年，第5页。

是问题的关键。

2. 宣传口号与具体现实

萧乾随后抵达了大同,在这里他看到了各种各样的街景,但这其中同样不乏一些颇具悖论性的情境:

> 恰巧下过雨,拖车者的脚在半尺厚的泥粥里一伸一拔着。泥路的两旁是铺户。"戒烟药丸"的条子斜贴在窗玻璃上,炕上横竖正躺着几个瘾者。萤火似的小灯映着桌边称货的小天平。
>
> ……
>
> 虽然"妇女应以瞭街为耻"的条子贴在武定街壁上,黄昏时分,住家门口还不缺乏一些艳装的女人,露着拙笨的笑颜。由于靠当娼妓为生的人太多了,时常看到一些门楣上不得不贴着"良民住户,行人止步"的条子。[1]

有了前面的描写作为铺垫,萧乾在这里继续再提及各种鸦片与娼妓的现象,似乎就成为顺理成章的事情。然而,这里的叙述所指向的是另一个维度,即各种宣传主张与具体现实之间的并行不悖、各自我行我素。这里悖论手法的使用显然更加突出:一面是张贴着"戒烟药丸""妇女应以瞭街为耻"的条子,一面却是炕上照样横竖躺着几位瘾者、艳妆女人依旧倚门露出笑颜。也就是说,当地政府发布的各种禁烟禁娼的宣传口号,对于烟民与娼妓们没有丝毫的约束和警示作用,最终不过沦为了一种徒劳无功、流于形式的点缀而已。照这样的情形看,问题似乎在不经意间变得复杂起来,显然政府对于鸦片与娼妓问题不是没有干预,问题在于所有的干预措施为何显得那样苍白无力呢?可以说,萧乾此处的意图当不止于仅仅揭示出几幅悖论式的情境,他真正的野心在于,借机去追问或探寻这些屡禁不止的烟片与娼妓问题

---

[1] 萧乾:《平绥琐记》,选自《萧乾选集》(第二卷 特写),四川人民出版社,1983年,第6-7页。

背后的深层次原因。

3. 矿工们的艰辛与轻易

从大同出发，萧乾专门前往口泉，那里有丰富的煤田，还有每天有一千五百人在做工的小井口，他甚至亲自下井去体验煤矿工人的艰辛生活。然而让他意外的是，这些煤矿工人的生活也同样离不开鸦片和娼妓，具有让他震惊的悖论性：

> 黑的洞里蠕动着黑的人儿。隆隆若雷的是煤车在窄轨上推动的声音。洞底两旁哗哗不停地流着水，阴森可怕得象地狱里的一道小溪。
>
> 啊，地狱，这是最能解释这一切的名字了。呼噜噜，那边洞口冒出一串咧着白牙呐喊着的矿工，愁苦包着他们那一张张污黑的脸，每天为了两三毛钱，他们把自己埋在这数百尺的地层下，一切听从命运的安排，推着那地狱的车。
>
> 矿里掘煤者为了生活却把生命放到最不安全的地方了。他们扛了粗大的铁锤，硬向那煤壁上撞。撞下一块驯顺的煤，就被煤车推到井上去了。撞下一块黑黑的东西，没头没脑地砸了下来，那煤块便作了掘煤者自己的墓土。
>
> ……
>
> 走到街的尽头，我懂了那些工人卖一天命赚的两三毛钱，除了油面条，花在什么上头了：赌博、鸦片、姑娘和药店。[1]

在此之前，萧乾有关塞外的见闻主要是以模糊的、整体面目的方式来呈现，而在前往口泉、亲下矿井的这段经历中，萧乾调整了叙述的焦距，将镜头对准在煤矿工人这一特定的底层劳动者群体身上。坦率地讲，萧乾对于这群矿工生活的展现，其初衷大约只是在于刻画矿工们异常艰辛的生活现状：

---

[1] 萧乾：《平绥琐记》，选自《萧乾选集》（第二卷　特写），四川人民出版社，1983年，第10-11页。

常年处在地狱一般的黑洞里、愁苦包围着他们污黑的脸，或卖力地推着那地狱般的车、或奋不顾身地扬起大铁锤猛砸煤层，把自己的生命完全交付给茫然未知，一天却只能换来两三毛钱。如果单纯写到这里就收束的话，其所表达出的就是艰辛与苦难的主旨。然而，萧乾并没有止步于此，他紧随着矿工们从矿井出来之后的脚步，目睹他们钻进了一条条窄巷里低矮的房屋。于是，就发现了上面最后的那一幕。矿工们的两三毛钱赚来的是何其不易，但他们轻易就把钱花在赌博、鸦片与娼妓这些地方，这个沉重的悖论可能让萧乾多少有些感到震惊，因为毕竟那是豁出生命才搏来的两三毛钱啊！萧乾不能理解，亦无权横加指责，终于选择沉默。在沉默中他陷入了思考，关于这些矿工们的命运，关于塞外西北的前途。在思考中，他无法不让自己重新走近鲁迅式的启蒙，关注民众精神的落后与愚昧这个依旧沉重的话题。

4. 当地官府的责任与现实逻辑

接下来，萧乾前往了内蒙古卓资山，并在那里遇见一位已经在塞外做官六年的朋友，两人的闲谈仍然主要围绕着鸦片和娼妓问题展开，因为这正是久久盘桓在萧乾心中的困惑。然而，这位朋友从官府的立场作出的分析，依然充满了某种悖论性色彩：

"你这书痴子，理想者，来这儿就知道，在中国应付环境都不容易，先别讲改造。"

"哦，你骂本省公开种鸦片。请问，设若今晚发一道命令，吸鸦片者死，明天早晨恐怕全省剩不到五十人。你准他们吸而不准种？好，经济状况已经凋敝不堪的绥远，将因鸦片消耗而把仅剩的一些现金全数流入邻省——最可痛的是，多半流到奖励种烟、质量又最佳的热河去；而且，种了鸦片的田地改种别的作物也不再长了。更重要的是，这是省政府财政主要的一项收入。看你有什么办法？"

情况和职务迫使每个官吏找到类似的一番逻辑来解释当前的矛盾。

但收着烟税,心下企盼着中国终有一日会认真"禁毒"的也大有人在。[1]

这些只是谈话中关于鸦片的前半部分,至于谈话中关于娼妓问题的后半部分内容,在《萧乾选集》中被完全删除;在《人生采访》中,这部分被删除的内容主要如下:

> 临行前我想登城墙,看一下城中的全景。……
>
> 城角处临风正立着两个艳妆的女人,用粉色的手绢比说着什么可笑的事,引得跟踪在后面的男人不能不笑,引得卧在楼下的私塾先生们也非笑不可,直笑到陌生的男人和她们熟了,就揣起那条曾作为媒介的手绢,三个影子便消失在城的马道处了。
>
> 朋友说:"有什么办法?几乎家家都干。此地人好淫。作官的管得了一切,能管得住人的性情吗?"
>
> 我索然地随他踱下了马道,心里不服着上面的话。[2]

长久以来,为何西北的鸦片与娼妓问题总是那样猖獗,萧乾似乎在这位官场朋友的分析中找到了部分的线索。概而言之,这是一个恒久的理想与现实之间的悖论。同时,这位朋友的分析言辞更充满无可奈何的悖论:尽管从理论层面上讲,禁烟禁娼当然是本地官府理应承担的责任;但从实际操作层面上看,无论是禁烟,还是禁娼,官府都无法切实地推进下去。他们的逻辑是如此冠冕堂皇:既不能强令禁烟,因为牵连的民众甚广;也不能明令阻止种烟,否则繁荣了邻省的经济、凋敝了本省的财政;再说,种烟的土地也只能种烟,不能改种别的作物;另外,做官的可以干涉一切,但好淫是此地人的性情,官场干涉不了、干涉了也无用。显然,面对这位朋友的分析,萧乾在心里并不服气。但是作为一名前来调查采访的无名之辈,他也只能止步于揭露现实中那些看似合理而实则荒谬的悖论存在,并由此期待引起相关方面

---

[1] 萧乾:《平绥琐记》,选自《萧乾选集》(第二卷 特写),四川人民出版社,1983年,第13页。
[2] 萧乾:《平绥道上》,《人生采访》,作家出版社,2000年,第294–295页。

的关注和解决,而他自己则不可能也不适宜有更进一步的想法与作为。

可以想见,日后傅作义将军所看中的,也许正是萧乾上面流露的"心里不服"。按道理讲,傅作义将军看到萧乾的这篇作品,多少应该有些生气或震怒的。因为他正在负责管理内蒙古的事务,可是在萧乾的笔下,整个塞外不仅显得愚昧落后,还处处都有鸦片和娼妓的问题,当地官员又对此抱着听之任之的态度,这不是在直接为塞外的整体形象抹黑吗?然而,傅作义将军到底是宽宏大量,且有着一番改造塞外的决心,因此面对萧乾这样一名尚未走出学校、籍籍无名的学生,不仅不予呵斥,反而表示了器重,千方百计找到他、还要给他官做!傅作义将军内心所真正期待的,应该是萧乾能够从这篇报告所止步的地方继续前行,走到现实中去解决这些问题。遗憾的是,由于萧乾很早就已立下志向,"此生绝不当官"[1],因此终究还是止步于此。不过话说回来,虽然由此错失一名做官的萧乾,却也正成就了一位杰出的小说与散文作家、报告文学作家、编辑与新闻记者的萧乾!

四、悖论手法与现代报告文学文体及萧乾

综上所述,笔者主要从三个方面对于《平绥琐记》的悖论式书写予以了论述:萧乾写作姿态上的悖论性、言语承诺与作品事实之间的悖论性,以及围绕着烟枪与"破鞋"而展开的悖论性叙述。这一切充分表明,悖论手法在《平绥琐记》中有着较为充分的体现,这不仅是因为萧乾写作姿态与意识上的清醒与自觉,也是因为萧乾所要传达的内容主旨与悖论手法有着相当程度的契合。当然,尽管如此,这并不是说,《平绥琐记》作品中的所有叙述都呈现出悖论化色彩;也不是说,《平绥琐记》这篇作品单单只使用了悖论这唯一的艺术手法。毫无疑问,《平绥琐记》是一篇内容丰富、叙述手法多样

---

[1] 参见萧乾:《萧乾回忆录:未带地图的旅人》,江苏文艺出版社,2010年,第46页。

的作品，远非"悖论"一词可以完全涵盖的；只不过相对而言，"悖论"是涉及作者的写作姿态以及作品所重点关注的烟枪与"破鞋"问题时所集中使用的一种手法。

至于悖论手法为何会以如此浓墨重彩的方式在《平绥琐记》中出现，可能还与报告文学这种文体本身的特性、萧乾对这种文体的认识等有着重要的关联。根据学界一般的看法，现代报告文学一般具有三个特征：新闻性、文学性与政论性（又称论说性、或评述性）[1]。在这其中，政论性是重要的特征之一。这意味着，针对所叙述的具体事件或所描绘的场景及人物，现代报告文学的作者有必要作出一些适当的议论或评述，以期产生更为直接、更加强烈的社会影响，这是由报告文学此种文体与社会紧密结合的本性所必然决定的。

然而，对于钟情于小说、散文等传统审美文学创作的萧乾来讲，情况可能要相对复杂一些。尽管在具体的报告文学创作过程中，尤其是走上《大公报》新闻记者的岗位之后，萧乾的报告文学作品其实很难绝对地避免议论性文字的出现[2]，但这似乎并不影响萧乾在理论主张上对于议论的排斥。萧乾不止一次直接表明，在报告文学（他习惯称之为"特写"）的创作过程中，应当尽量避免议论的出现。比如：

> 关于这种题材的写作如果有什么经验教训可谈，那就是：要尽量克制——抑制好发议论的冲动。有议论宁可另外写成随笔杂文，尽可能不夹在描写中。

> 写特写，我认为最好不发议论。我这次把议论全部删掉了，应当让

---

[1] 参见徐怀章：《报告文学概论》，湖北人民出版社，1984年，第6、11、16页；张德明：《报告文学的艺术》，复旦大学出版社，1984年，第4、8、13、15页；白润生、刘一杰：《报告文学简论》，新华出版社，1985年，第34、48、71页；张春宁：《中国报告文学史稿》，群言出版社，1993年，第9页等。

[2] 参见和穆熙：《萧乾和他的报告文学》，原载《艺丛》1983年第16期），收入《萧乾研究资料》鲍霁编，北京十月文艺出版社，第459页；王嘉良、周健男：《萧乾评传》，国际文化出版公司，1990年，第209页。

作品本身说话。[1] 作者应该做一个传达者，形象地把现实的信息传达给读者。[2]

可以看到，在对于报告文学这种文体的理论认识上，萧乾认为应当避免议论的出现，这是他从文学立场出发所追求的艺术理想，但是由于报告文学对于社会影响的注重，以及由此所决定的政论性特征，使得报告文学作品最终大多包含着某种议论性文字。这样一来，萧乾的报告文学创作自然就陷入了一种矛盾：一面是自我对于报告文学的理论认识，另一面是报告文学文体自身的内在要求，两者在议论问题上彼此冲突。与此同时，萧乾虽然反对报告文学中议论的出现，努力追求其文学性的一面，但他并不反对报告文学对于其社会影响的注重，同样十分期待自己的报告文学作品能产生广泛的社会影响。那么，到底要怎样做才能更好地解决或协调这种矛盾呢？

正是基于上述的矛盾僵局，"悖论手法"对于萧乾便具有了强大的吸引力。在某种程度上，悖论手法的使用，可以在不出现议论性文字的情况下，取得这些议论性文字所期待达成的最终效果。为何这样讲？这里可以先重新审视一下学界有关悖论的理解：

> 悖论在文字上表现一种矛盾的形式，矛盾的两个方面是同时出现的。[3]

> 悖论作为一种将异质事物对立的机制是事物联系的内核。联系使两个以上异质的因素之间建立了对立关系。因此，悖论的表现形式就在于把两个以上的对立事物并置，从而造成了因并置而联系的意义。[4]

从表面上看，悖论通常似乎只是将相互矛盾的各种因素并置起来，但是

---

[1] 萧乾：《未带地图的旅人》，原为《萧乾散文特写选》代序（1979年4月），收入《萧乾研究资料》（鲍霁编），北京十月文艺出版社，第131页。
[2] 杜渐记录：《萧乾先生畅谈访美之行》，原载香港《开卷》1980年第7期，收入《萧乾研究资料》（鲍霁编），北京十月文艺出版社，第366页。
[3] 陈太胜：《西方文论研究专题》，北京师范大学出版社，2008年，第217页。
[4] 廖昌胤：《当代英美文学批评视角中的悖论诗学》，知识产权出版社，2011年，第119页。

这些彼此冲突的因素一旦被强行组合在一起，就会对读者产生较为强烈的冲击与暗示，会引发或促使读者主动地去思考和搜寻，这些矛盾现象的背后所隐藏的作者的真正意图。换句话说，作者虽然并没有使用议论的手法、将自己的想法直接说出来，但是因为矛盾场景或悖论情境的出现，暗示或启发了读者能够通过他们思考更好地感受到。可以想到，尤其是在萧乾早期的报告文学创作中（如《平绥琐记》），文学性在他心目中显然占有着更多的比重，因此对于作品中议论性文字的排斥也就更为激烈。那么，如何在不出现议论的情况下，更好地传达出自己对于某件事情的看法？毫无疑问，"悖论"自然就成为萧乾求之不得的手法，甚至是最好不过的选择，因为这是能够将他从上述矛盾中解脱出来的绝佳尝试。

可以说，悖论手法在《平绥琐记》中的出现并非一种偶然，这既与萧乾对于报告文学创作的理想与信念有关，也与萧乾所要传达的内容主旨的复杂性有关，同时也是由于现代报告文学的文体特征与萧乾对这种文体的理论认识有所冲突所必然决定的。不难想象，作为非常注重审美性的文学家萧乾，在从事更加注重社会性的报告文学创作时，难免会遇到诸多的矛盾，而在解决或协调这些矛盾的过程中，悖论手法可能正扮演着重要的角色。

网络玄幻小说的叙事闭环与心理现实

——从"拉仇恨"到"打脸"的叙事模式说起

耿弘明[1]

[摘要] 网络玄幻小说的叙事模式是一个从"拉仇恨"到"打脸"的单箭头前进过程,一次次重复出现的"拉仇恨"和"打脸"则构成了叙事的闭环。本文参照结构主义叙事学,总结了其诸多叙事功能元,一部网络玄幻小说的故事核心便是由这些功能元的组合构成的。而这种由"仇恨"与"复仇"为基本叙事元素的模式,与当代网络读者欲望模式有着密切的关系。"拉仇恨"体现着主体与他者之仇恨关系的隐藏叙事,象征着在现实中自我意识中的本我、自我和超我的关系,以及他们与作为社会的大他者的关系。而"打脸"则是攻击欲的体现,是现实中压抑情节的象征性发泄。因此,网络玄幻小说虽然不像传统现实主义小说一样和个体经验与社会现实构成直接联系,但仍然是以叙述形式来经验和反映现实世界的一种方式。

[关键词] 网络小说 玄幻小说 叙事模式 叙事心理 拉仇恨 打脸

自现代主义小说诞生至今,严肃文学作家们不断地探索着叙事的可能与边界,逼近着文本实验的极限,复调、叙事迷宫、新小说、拼贴、超现实、戏仿、魔幻现实主义等风格和手法应运而出。与之对比,通俗小说向来不以此为,它们保持着叙事套路的相对稳定性,在每个时代如同一套衣服一样,

---

[1] 耿弘明,清华大学教育研究院博士后,写作与沟通教学中心专职教师。

包裹进那个时代独特的意识形态,在这一模式下演变出每个时代独特的通俗小说套路和类型。例如,普罗普总结出俄罗斯民间神奇故事的叙事功能,有论者将其嫁接在金庸小说上,发现也非常有效;[1]《林海雪原》高扬无产阶级革命思想,其叙事模型却不脱中国古典侠义复仇故事的窠臼。[2]

可以说,玄幻小说的叙事模式并没有一次惊天动地的革新,它与传统通俗小说藕断丝连,也保持着基本的套路化特征。不过,纵使没有在叙事时间和故事讲法上的种种新奇探索,它也并非只是对传统通俗小说叙事结构的简单照搬和模仿,叙事的整体程序和具体手法都有了一定程度的变化。在网络小说的创作与接受中,叙事模式和快感机制是紧密勾连的,本文将其概括为"欲望的叙事闭环"——它是一个从"拉仇恨"到"打脸"的单线向前并不断重复的"叙事闭环",是一个欲望无限扩张占领更多欲望对象和他者的过程,一个在闭环内部循环重复而不指涉外部的过程。

本文将对这种叙事模式进行探讨和概括,同时,对这一叙事模式背后隐藏的社会心理和文化心理进行剖析。本文认为,网络玄幻小说虽然并不像现实主义小说一样直接书写现实,但通过对其叙事机制的发掘,我们可以窥探到它所隐藏的心理现实,它是如同梦一般的对现实结构化的操作。在这个意义上,它仍旧是与现实生活藕断丝连的故事类型。

一、拉仇恨与叙事的开始

在网络论坛上,"拉仇恨"一词频频出现,那么首先需要追问的是,"拉仇恨"这个网络文论术语是何含义?它与传统戏剧理论和小说理论中一些术语,如"激励事件"等,有何关联和相似?它又有何独特内涵?

"拉仇恨"一词,原本是用于游戏中的仇恨值或仇恨系统。即敌方(怪物或不由玩家控制的电脑)根据对参战不同玩家的仇恨值决定攻击目标。有

---

[1] 参见邱健恩:《金庸小说叙事研究》,苏州大学博士学位论文,2004年。
[2] 参见李杨:《50—70年代中国文学经典再解读》,北京大学出版社,2018年。

网络百科编纂者这样追溯它的源流。[1]事实上，这类桥段在各色叙事作品屡见不鲜，网络小说所遵循这一"拉仇恨"模式，与好莱坞电影或日本动漫的叙事结构有着共通之处。

好莱坞流行的编剧理论认为，一个完整故事桥段的开始，需要一个引线或者导火索，戏剧理论家罗伯特麦基称之为"激励事件"（incitement）[2]，《救猫咪》中称之为"催化剂"（catalyst），《千面英雄》中称之为"历险的召唤"[3]。尽管表达形式多种多样，它们指称的都是故事构建中的一个相同功能——一个突如其来的事件爆发了，它造成了主人公生活的失衡，自此之后，主人公需要为了恢复生活的平衡而苦苦奋斗、反复求索。在好莱坞商业电影中，这样的"激励事件"常常由"天灾人祸"这一类型主导，比如《大白鲨》里的海滩吃人事件，《洛奇》里的拳赛风波，《指环王》里的追杀，《奇异博士》里的车祸等。对网络玄幻小说而言，同样的功能被编辑们和作者们赋予了一个网络式的名字——"拉仇恨"。

通过这种比较，可以发现，在这一极富口语色彩和网络色彩的文字表述下，"拉起的仇恨"就是那个导火索、催化剂和那个激励事件。在玄幻小说中，它引发了一个小的叙事单元的开始，让矛盾冲突层层升级，让主人公和敌人为击败对手殚精竭虑。在诸多"网络原生批评家"的总结下，这一概念也有了多种替代性表述方法，例如，有读者或作者会称之为"被虐"，有的编辑和书迷会称其为"压制"，然而它们的大致含义基本相同，所以本文接下来以"拉仇恨"一词统一替代。

那么，从叙事学角度讲，拉仇恨通常有哪些方式？哪些方式是主导方式？主要拉仇恨的对象又有哪些呢？下面将拉仇恨以"L"代称，对其具体叙事模块和子模块进行分析。

L1：敌人或反派直接惹到主角。在这种"拉仇恨"的方式里，敌人通过

---

[1] 萌娘百科，https://zh.moegirl.org.cn/拉仇恨#。
[2] [美]罗伯特·麦基：《故事：材质、结构、风格和银幕剧作的原理》，周铁东译，中国电影出版社，2001年，第221页。
[3] [美]约瑟夫·坎贝尔：《千面英雄》，朱侃如译，金城出版社，2012年，第4页。

侮辱主角、鄙视主角、低估主角，或者采取行动侵犯主角的经济利益，设计阴谋陷害主角等，激起主角的愤怒和对恶人的仇恨。在这一桥段里，主角通常会损失掉某些珍贵事物以把仇恨之火越燃越旺。它又包含如下几种子模块。

L1a：侮辱和鄙视主角。在某一空间内，主角与敌人相遇，敌人开始鄙视主角的样貌、天资、才华等等，主角因而陷入一种被动和羞辱的窘迫境地。小说《斗破苍穹》便以此开头，主角萧炎被家族长老等鄙视为废物，又遭到未婚妻的羞辱和拒绝，这构成了他不断奋斗的动力和贯穿全书前三分之一的行动主线。[1]

L1b：反派设计陷害主角。这种桥段通常会涉及各色计谋元素，在传统武侠小说中出现较多，而在玄幻小说里出现较少。但这无疑也是一种很好的打压主角的方式，在净无痕的小说《绝世武神》里，主角奉命守城，结果受到了当权派的算计和陷害，他们私通敌人，力图与敌人一起联合力量消灭主角，这引发了主角与当权派的仇恨。

L1c：侵犯主角的经济利益。与此相关的拉仇恨方法，常发生在某一野外抢夺宝藏的时候，或者拍卖会上竞拍宝物、神器的时候。

以上种种"直接惹到主角"的桥段中，"侮辱主角"是最常出现的桥段，更有甚者，类似梦入神机的小说《永生》，几乎全篇都以此结构，但却取得了不俗的成绩。

L2：恶人惹到和主角相关的女性角色，例如主角的恋爱对象或者潜在恋爱对象等。这类桥段非常容易调动起青少年读者的英雄情结，激发起青少年对英雄救美的幻想。在中国古代话本、小说、戏剧中，这类桥段就屡见不鲜，在玄幻小说中它更是被发扬光大，成为了一个成熟的商业套路：美女遭调戏，主角去英雄救美；美女被其他人辱骂，主角狠狠地收拾对手。

L3：恶人惹到主角的小弟、朋友、手下或者战友。爽文的主角必须自带"护内"的属性，有福同享，有难同当，兄弟受辱，两肋插刀。如果主角的手下被殴打或侮辱，主角必须变本加厉地报复敌人；如果主角的朋友受到了

---

[1] 天蚕土豆：《斗破苍穹》，起点中文网，https://book.qidian.com/info/1209977。

欺凌，主角要想法让敌人更加难堪。这是非常容易让青少年读者热血沸腾的桥段，与《古惑仔》《英雄本色》等香港电影有着异曲同工之妙。这时，读者对书中人物的代入是双重的，一方面他代入主角，获得惩戒他人的快感，一方面他代入配角，得到被保护的安全感与踏实感。

L4：恶人惹到主角父母或其他亲人。这类桥段能够拉起的仇恨值很大，它与经典通俗小说套路里的"为父报仇"桥段相似。这一仇恨会刺激主角激烈的行动，"你惹我父母，我灭你九族！"由于仇恨值高，它常被用在前几十章中，以便最快地吸引读者注意力，激发读者的期待。例如，小说《吞噬星空》和《橙红年代》的第一个拉仇恨，都使用了父亲被人侮辱或殴打这一套路。[1]

L5：恶人惹到善良的平民或无辜的村民。在这个全民娱乐的年代，"拯救世界"早就成了调侃好莱坞大片的贬义词，成了带有幽默意味的自嘲话语，这一模型也常出现在玄幻小说之中。具有正义感的主角，在面对无辜平民受辱受害时，会奋发而起，承担起与反派斗争的任务和保卫家园的使命。

那么，接下来的问题自然地显现出来——引起仇恨的角色通常会是谁？换句话说，在故事中，主角的敌人都是谁？为什么这些人在玄幻小说中更易被设置为敌人？

下文将敌人以"D"代称，本文将常见的敌人功能归结为如下几种，敌人功能元的类型也反映了当下读者的种种独特心理。

D1：富二代、官二代、世袭贵族等。这类形象几乎是每一部玄幻小说中的座上宾，从基本人物设定上来说，他们与书中主角年龄相近，易于发生现实联系。而当下社会"仇富"成了无数奋斗的底层中层大众的普遍心理，因此书中的富二代也天然就带有拉仇恨的功能。在具体行文中，他们的形象被塑造得非常不堪——看见女人就要调戏，看见主角就要侮辱，看见百姓就要欺凌，一言不合就要动手。因此，这类人物非常适合激起主角的仇恨值。

D2：贪官污吏、大富商等。这类反派也很常见，与第一类形象的功能类似，由于这类人物形象具有更大的权势，因此难以很快扳倒，往往需要很

---

[1] 我吃西红柿：《吞噬星空》，起点中文网，https://book.qidian.com/info/1639199。

多章节，因此他们会与主角构成反复拉仇恨和博弈的冲突式互动。

D3：得志的小人。这类龙套角色也具有重要的作用，但是它不会出现在很多章节之中。富商和高官常常会与主角缠斗几十章，但这类小喽啰一类的角色通常会在一章或几章之内被主角解决掉。举例来说，如果书中主角去一个富豪的晚宴，那么老书迷或老作者几乎可以毫不费力地猜到接下来他会遭遇什么——马车车夫、酒店小二、县衙小吏等，凡是想得到的小人物，他们几乎都会鄙视嘲讽主角一番，引发一个个拉仇恨和打脸的小桥段。

D4："武林"高手。这些高手可以是富二代、大官员请来的帮手，也可以是自发来挑战的不速之客。武林高手出现之后自然也要对主角例行嘲讽一番，接着则会展开重头的动作戏。

D5：同行、上司、同门师兄弟等。如果主角精通医术，那么一定会出现一位同样精通医术的同行来相互仇恨，如果主角读书求学，那么也一定会出现同样的读书人。俗语说"同行是冤家"，这在一定程度上是对现实中与同学、同事关系的映射。

上文总结了拉仇恨的种种功能模型，如果说拉仇恨是一个网络小说叙事环节的开端的话，那么，"打脸"或"踩人"则是它的完成。

二、踩人、打脸与叙事高潮的完成

"踩人"与"打脸"是网络小说评论中的核心词汇，诸多从业者甚至认为这是一部网络小说成功与否的关键。[1] 踩人指的是将他人击败，将他人踩在脚下，尤其指将那些本来能力、才学高于自己的人踩在脚下。打脸，则指的是受到侮辱后，在他人面前再次用暴力的方式或其他方式证明自己的强大，让对方颜面无存。如今这两个词已经风靡网络，并侵入现实生活，成为流行用语，其含义也超越了玄幻小说和其他类型网络小说中的本来含义。考

---

[1]《初步了解电子市场——加分篇》，https://zhuanlan.zhihu.com/p/28501298。杨晨，资深网络文学编辑，现任起点中文网总编。

虑到二者含义接近，下文中全部以"打脸"代称。

在玄幻小说的叙事中，击败对手—提高自己—击败对手—提高自己构成了一个无限的循环，当叙事貌似陷入终止而情节走入死胡同之时，完全可以通过确立新的对手或者新的奋斗方向来打开新的情节。

打脸桥段与传统的战斗桥段有所不同。其不同之处在于，主人公必须以胜利结束，否则，它便不是一个踩人打脸桥段，而化身为一个女频文中常见的虐文桥段。在这里，亚里士多德那个古老的突转与发现的理论似乎失效了。在《诗学》中，"突转"与"发现"被亚里士多德看作是故事吸引观众注意力，震撼观众的黄金法则。[1] 在传统武侠小说中，突转与发现说仍是金科玉律，金庸小说中便常见此类突转与发现的场景，它构成了情节精彩度的重要爆点，可以随口举出一些金庸著名小说里脍炙人口的例子——萧峰发现自己所杀之人竟然是自己的爱人阿朱，段誉发现自己所爱之人竟然是自己的亲妹妹，虚竹发现奉若神明的少林方丈竟然是自己的父亲，令狐冲发现真正的恶人竟然是自己的师父岳不群。可在玄幻小说中，一切似乎都可以准确地预料到，耸人听闻的大发现少之又少，可以预测到——主人公一定可以升级，一定会有奇遇，一定会时来运转，一定会打败对手。

突转与发现造成的效果是"惊奇"。传统通俗叙事理论总是把"奇"看作故事第一卖点[2]，曲折的情节是勾住观众的法宝，从这一点上讲，网络小说的确提供了一些新的维度——"爽"成了第一卖点。主人公只能胜利，不能失败。从"奇"到"爽"，读者的审美感受是极为不同的。奇，我为观者，观他人之奇。爽，我为主人，得自体之乐。长期以来，读通俗小说乃是为"猎奇"也。"小说起宋仁宗，盖时太平盛久，国家闲暇，日欲进一奇怪之事以娱之。"[3] 而金圣叹在评水浒时，标举奇险，所谓"节节生奇，层层追险。节节生奇，奇不尽不止。层层追险，险不绝必追"。[4]

---

[1] [古希腊] 亚里士多德：《诗学》第 11 章，陈中梅译，商务印书馆，1996 年。
[2] 李渔在《闲情偶寄》里称戏剧为传奇，所谓"事不奇者不传也。"
[3] 转引自王齐洲：《中国小说起源探迹》，《文学遗产》1985 年第 1 期。
[4] 金圣叹、李卓吾点评：《水浒传》，中华书局，2009 年，第 312 页。

但到了玄幻小说里，吸引读者注意力并带给读者刺激感受的不再是"突转"和"发现"，而是"爽点"和对"爽点"的期待感。读者期待主角击败对手，这一期待必须得到满足，否则整个类型的大厦就会崩溃，虚构的宇宙便会覆灭。如果主角战斗失败，那么它便成了网文论坛上常说的以及创作中要刻意避免开的"毒点"。

那么，在叙事层面上，"打脸"有哪些基本类型和具体方式呢？

首先，要区分两种不同的打脸情况。打脸这一功能也可以被分为两种类型，其一是立竿见影型，带有"匹夫之怒，溅血五步"这样简单粗暴的色彩。在这一类型中，主角往往在反派的刺激下瞬间暴怒，然后采取行动，使出看家本领，击败对手，获得名望和地位，这一类型，网友们称之为"明爽"。另一种类型则是扮猪吃虎型，在这一类型中，主角首先把自己伪装成弱者，造成一种实力不均衡的局面，反派在面对主角这一"弱者"时，自信心和自豪感都极度膨胀，行为也越发无法无天起来。然后在适当的时刻，主角突然显露自己的真本领，亮出底牌，让自以为是的反派计划通盘失效，吓得目瞪口呆，忙着磕头认错。这一类型，网友们称之为"暗爽"。

将打脸代称为"D"，那么这两种大类型为D1（直接打脸），D2（扮猪吃虎）。

那么，具体的踩人和打脸方式则有如下几种：

D1：靠武力打脸。在升级修炼之后，主角利用武功打败之前的对手。例如，在小说《伏天氏》中，主人公不断利用新掌握的技能击败敌人。[1]

D2：靠关系打脸。主角在和敌人僵持之时，敌人的上司来到，谁知敌人的上司乃是主角的手下败将。例如在《橙红年代》中，某位配角显赫的家世和社会关系网络，会突然意外出现，成为他羞辱他人的重要手段和扭转战局的关键。[2]

D3：靠特殊技能打脸。例如《天才医生》中，主人公利用银针点穴让

---

[1] 净无痕：《伏天氏》，https://book.qidian.com/info/1011058239。
[2] 骁骑校：《橙红年代》，https://www.17k.com/book/61574.html。

敌人当众丑态毕出。

D4：靠恶作剧打脸。主角通过某个方式让某人出丑，例如，《首席御医》里，主角设局让领导开着破旧的三轮车去参加会议，受到众人的嘲笑。

D5：靠知识打脸。例如，在《儒道至圣》里，主人公出口成章，让诸多才子自愧不如。

那么，谁去打脸呢？通过整理和分析，可以发现，经常进行打脸的施动者包括——

1. 主角。
2. 主角的盟友。
3. 主角的小弟。
4. 主角的女人。

施动者层面较易理解，故此处不做过多解释。因此，打脸这一部分可以组合成D-1-3-1，D-3-5-4等多种方式。接下来，本文将拉仇恨、升级和打脸的多种功能融合到如下这样一个表格之中。

表1

拉仇恨（L）	升级（S）		打脸（D）		
1.（a、b、c、d）直接惹到主角	1.宝物、弹药、法器	1.电子游戏式升级	1.靠武力	1.靠主角自己	1.扮猪吃虎
2.间接侵犯经济利益	2.导师正常指点	2.道教神话修仙式升级	2.靠关系、帮手	2.靠主角盟友	2.直接出手
3.惹到父母长辈	3.偶遇高人	3.国学式升级	3.靠恶作剧	3.靠主角小弟	
4.惹到女友	4.努力奋斗	4.恶搞式升级	4.靠知识、文化	4.靠主角的女人	
5.惹到手下	5.进入陌生奇幻空间				
6.惹到无辜平民					

由此可知，完全可以按照表格中的配方，如法炮制出一个简单的小说桥段来。以 L 代替拉仇恨，以 S 代替升级，以 D 代替打脸，那么，L1a 便代表直接惹到主角中的鄙视主角，S22 便代表在高人指点下修仙式升级，D312 便代表靠自己武力打脸。因此我可以按照随机排列出的 L-1-a-S-2-2-D-3-1-2，炮制出一个网络玄幻小说的桥段来——

主人公小明是某门派弟子，虽为人善良，但武学修为很低，他常受到同门的嘲讽和侮辱。一次小刚竟然在众人面前称其"朽木不可雕"，（L1-a），说他是练武的废材，并且说他简直给帮派丢人。小明发誓证明自己，由于行善小明偶遇高人，在高人指点下突飞猛进（S22），在帮派比武大会上他出乎意料地一路凯歌，令众人瞠目结舌，最终他击败了嘲讽自己的人，并且通过恶作剧让对方非常难堪（D4-1）。

这只是笔者在有限的玄幻小说阅读经验内总结的叙事结构，除此之外，在其他数千本畅销玄幻小说和数十万本非畅销小说中，必然存在其他模型。不过，仅这一模型便可以演化和计算出几百种上千种情节组织模式，那么，如果再加上夺宝、收美等其他叙事功能，再加上作者语言风格的差异和细节操作的区别，小说人物的独特设计等，可以想见，这些玄幻小说仍可表现出一种独特性和个别性来。因此玄幻小说虽母题相同，叙事模式相似，在脱离了结构模式和理论演绎而呈现为具体文本样态时，还是千人千面的。

三、有关"仇恨"与"他者"的隐藏叙事

下文将对这种叙事模式背后的心理机制进行探索，为此我们引入广义的"叙事"概念。狭义的叙事指的是文本里的线索、视角、序列、冲突等故事设计的技艺，而广义的叙事不止于此，它还是某种文化类型的存在方式，某种意识形态的编制方式，某种人生哲学的呈现方式。当原始部落中某人开始讲故事的时候，原初目的并不只是娱乐和好奇。心灵的抚慰、安全感的获

得、自由的象征、巫术般的效果、与神明的沟通都参与到叙事活动中来，共同构成了叙事的复杂维度。随着人类历史的漫长发展，原始叙事分化成了无数学科中的微小叙事与整个人类历史的宏大叙事，如吉登斯所说，分化成了众多学科。而"讲故事"这一活动本身似乎只变成了史上说书人和如今小说家的事情，变成了一套精细的如同木匠活一般的手段和技巧。然而，文本之外的大叙事还是多重层面上限制文本之内的小叙事。

我们编织着一套一套的话语，以适应这个时代，以期与这个时代达成共鸣和谅解，我们编制了一套一套的话语，摹写着自己的人生脚本。当从社会大文本中获得的种种他者话语成为了作者的本能之后，他们自然反映在了小说的创作中。而当它们成为读者的本能之后，它们自然在文字中发现了类似的状况会产生一种心灵共鸣。泽尔尼克说：

> 意识形态被构筑成一个可允许的叙述（constructed as a permissive narrative），即是说，它是一种控制经验的方式，用以提供经验被掌握的感觉。意识形态不是一组推演性的陈述，它最好被理解为一个复杂的、延展于整个叙述中的文本，或者更简单地说，是一种说故事的方法。[1]

网络小说阅读经验丰富的读者可以发现，在拉仇恨的过程中，L-1-a（鄙视）出现频率最高，玄幻小说中充满了这类"侮辱与鄙视"的桥段，它带给很多网络小说读者一种"百看不厌"的观感。富二代、官二代，或者那些"别人家的孩子"，在小说中经常充当那个反派角色，这类桥段被无数作者花样翻新地创作，也被无数读者痴迷不已地阅读。那么，这种文本内叙事到底反映了一种怎样的文本外叙事呢？隐藏了一种怎样的人与人关系的模型呢？它揭示了当代中国人怎样的欲望机制呢？

身处20世纪中叶到后半叶之间的很多作家，都敏锐地感觉到了当代人与人之间的紧张感，传统农耕社会里的邻居、同乡关系发展成为工业社会里的竞争、压迫、反抗的关系，又发展成为信息社会里窥视与被窥视、虚拟交

---

[1] 转引自陶东风：《文体演变及其文化意味》，云南人民出版社，1994年，第134页。

往的关系。20世纪之初,本雅明便曾这样描述巴黎:"这种街道的拥挤中已经包含着某种丑恶的、违反人性的东西……他们彼此从身旁匆匆走过,好像他们之间没有任何共同的地方……谁对谁连看一眼也没想到……每个人在追逐私人利益时的这种可怕的冷漠,这种不近人情的孤僻就愈使人难堪、愈是可怕。"[1]而在《存在与虚无》里,萨特首次提出了"他人即地狱"这一观念,其本义在探讨自我意识与他者意识的现代性窥视关系。不过,当这句话摇身一变成为流行语后,它的含义经过种种误读,于是字面意思也肆无忌惮地蔓延开去,成为一代青少年的流行语乃至网络用语了。

中国在20世纪90年代末到21世纪初,才慢慢迎来了这样的都市和这样的文学表达,作家们深刻体验到了这些微妙的感觉,很多文学和影视作品都着墨颇多地描绘着现代都市里人与人的生疏、冷漠。在都市文学中,20世纪末到21世纪初,在陈染、朱文、安妮宝贝、慕容雪村等作家那里,孤独感、疏离感、欲望关系都成了常见的表现对象,在作家们笔端下,演变出了万千种故事。

到了网络空间兴起,人与人的关系变成了虚拟关系。这种虚拟关系一方面抹平了阶级、身份差异,人们可以伪装和假扮身份来进行交往和交易;另一方面,虚拟人不需承担任何道德压力,他可以肆意评论,恶意攻击,随意挑衅,以释放现实中积攒的挫败感和恶意。

正是在这样的背景下,在玄幻小说的拉仇恨桥段里,人与人的关系变得极为诡异,构成了这个"景观社会"的文本表征。它的第一特点是,主角所面对的反派往往不是一个活生生的人,而是一个高度概念化功能化的"原子人",或者可以直接称之为一个功能。反派存在,不是为了展现他的丰富生命本身,不是为了展示他的信仰、爱好、生活方式和内心冲突等,那些对于传统现实主义作家或传统影视剧编剧来说极其重要的元素,对玄幻小说来讲,完全无关紧要。反派的存在,是为了证明主角的强大,而主角的存在,

---

[1] [德]本雅明:《发达资本主义时代的抒情诗人》,张旭东、魏文生译,生活·读书·新知三联书店,1989年,第75页。

也只是为了打败反派,主人公和反派依靠相互关系确认彼此,正如马克思在反思社会关系模型时所说:"这个人之所以是国王,是因为其他人作为臣民同他发生关系。反过来,他们之所以认为自己是臣民,是因为他是国王。"[1]

正因如此,书中的"我—他"的关系映射了现实中的"我—他"关系,书中反派会被概念化为现实中与作者和读者的关系中那些包含着仇恨因子的人,例如老板、其他好学生、某些品行不端的老师、富二代等。只要这一仇恨关系行之有效,那么"拉仇恨"的叙事便成功了一半。如果说,在网络都市小说中,这种人物设定是直接的,赤裸裸的[2],那么在网络玄幻小说中,这种设定是间接的,扭曲的,但仍旧成为现实中对他人敌意的延伸。例如,现实中学校里的某些好学生(别人家的孩子),可能被置换为某个武功学院里的天才人物。现实中的某些富二代,可能会被置换为某些虚拟都城里的贵族子弟。

我们可以进一步设想,小说中将个人设定为功能化的人,似乎不只是小说叙事的虚构,反过来想,在日常生活中,这些读者是不是也是这样理解周围的人和世界的呢?当代青少年的很多思维方式和看待世界的方式中,是否就隐含了一种或一些包含"仇恨关系"的句法?他是鄙视过我的好学生,他是欺负我的坏学生,他是瞧不起我的老师,他是惩罚过我的老师……是否在他们的成长环境中,每个人都变成了功能化的人,在内心业已建立了一种仇恨网络呢?因而,小说文本也只是对现实的映射呢?当然,这只是猜测阶段,需要大量心理学数据作为支持。

这类拉仇恨的第二特点是,它没有采用其他营造矛盾冲突的方式,而是更多地利用"鄙视"这一手法营造冲突。书中人物关系极度简化为"鄙视"这一核心成分,似乎假设这个世界上存在着一条漫长的鄙视链,一种盘根错

---

[1] [德] 马克思·恩格斯:《马克思恩格斯全集(第44卷)》,人民出版社,2001年,第72页。
[2] 都市小说是除玄幻小说之外的网文第二大文类,代表作家有鱼人二代、柳下挥、骁骑校等,代表作有《校花的贴身高手》《天才医生》《橙红年代》等。在网络都市小说中,"拉仇恨""打脸"等桥段更为直接明快,反派往往直接就是老师、学生、老板、富翁、官二代等,它构成了一种对现实仇恨关系的直接映射。

节的鄙视关系，一种永无休止的鄙视之循环。"侮辱"和"鄙视"这两种行为拥有最高的使用率和出现频率，这首先反映了作者、读者在生活中将周围人群对象化，将某些人定位为亲密人物，而将另一些人定位为"非我族类"，然后在这一过程中假定"我"与非我族类的相互关系便是相互的"鄙视"和"侮辱"。细究起来，这与作者群和读者群的内心世界有着密切联系，通过它可以隐隐发现青少年最恐惧与最渴望的事情。这不是战争年代，这不是饥荒年代，这不是暴政年代。罗伯特·麦基认为，故事永远要围绕矛盾冲突进行，当物质匮乏成为过去时之后，故事里的冲突便会围绕尊严、性灵、理想等方面设计，这恰是对网络玄幻小说的写照。[1] 不妨勾勒这样一幅图景——在摆脱饥饿与战争的年代，中学生面对的主要"苦难"不再是战乱、贫穷、饥荒、恶霸……乃是——受到他人的鄙视、侮辱、嘲讽，而最大的"成就感"则是——证明别人看走了眼，证明自己"金麟岂是池中物，一遇腾云便化龙。"2016年，"鄙视链"一词在网上悄然走红，里面实在凝结了当代普通人生活的辛酸。这一词更加突出了人与人彼此的观看、窥视、仇恨、价值定位和比较。

总结起来，在玄幻小说里，他人赤裸裸地变成了"他者"，一个简化为功能的人，一个异化为叙事单元的人。关系简化为了"被鄙视"和"自我证明"，这是一个极为简单的人生叙事——我受到了鄙视，那么希望我得到机会，向他人证明我能行，再反过来，给予他人侮辱和鄙视的目光。

在玄幻小说中，一方面，存在着由他人构成的仇恨谱系，另一方面，也存在着由他物构成的欲望谱系。而在这之上，在这背后，隐隐透露着大他者构成的道德系统的冷峻面孔。主人公是现实中被他者话语塑造的主体的文本呈现，他在重复着不断攫取，不断自我证明的时代主题，他人则扮演着鄙视的仇恨对象，最后被我压制和打倒；他物扮演着欲望对象，被我占据；大他者（The big Other）则扮演了世界法则与道德谱系，被我推翻和践踏。

---

[1] [美]罗伯特·麦基：《故事：材质、结构、风格和银幕剧作的原理》，周铁东译，中国电影出版社，2001年，第248页。

表 2

叙事元素	本质	与主人公的关系
主人公	他者话语塑造的主体	自我证明的循环
他人	现实仇恨的映像，富二代、贵族等敌人	鄙视与反鄙视
他物	宝物和女性	占有与攫取
大他者	隐藏的道德法则和政治伦理	一方面遵循；一方面反抗。

因此，主人公便是一个被现实中仇恨话语和鄙视话语形塑的扭曲主体，是被这个功利时代的大他者形塑、质询而成的伪主体。主人公的故事目标便是得到他物，击败他人，反抗大他者或得到大他者的认可，这影射的乃是每个主体在生活中的隐秘渴望。

四、打脸——攻击欲的文本症候

对"性欲"的利用和描写曾经是网络小说的一大卖点，网络色情小说也的确兴盛过一段时间，后来随着相关管理政策的出台，那类情色小说只得以"打游击"的方式存在（几次大规模严打后，情色网络小说还是屡禁不止）。与其不同，玄幻小说、都市小说、军事小说等以"暴力"为主要卖点的小说仍大行其道，其原因颇为简单——暴力小说获得合法性很容易，只要目的是正义的，那么暴力就是合理的，甚至可以神化的（glorified violence）。例如雨果的《九三年》，一句"在一个绝对的正义上面还有一个绝对的人道主义"便瞬间把之前的战争、阴谋、诡计、杀戮、冲突、血腥全部神圣化了。再以《三国演义》为例，刘皇叔是皇室正统，那么战争就是"伟大催化剂"（黑格尔语）。与这类带有"暴力因素"的小说比较而言，带有情色内容的小说更加难以获得合法性，除非得到严肃文学界的专家们认可，冠之以"歌颂民间生命力""反映社会浮躁和文人的没落""反映末世情结"等名头，如贾平凹的《废都》。因此，在这一点上，玄幻小说还是坚守了某些底线的，在大方向上，它总会给自己添加上"拯救世界""为了部落""保护女人和朋友"等貌似积极向上的主题，最次也会挂上一个"物竞天择，适者生存"的社会达尔文主义名号，让道德家们无话可说。

然而，文本内部却呈现了一种分裂。表面上，主角的攻击行为源于敌人的罪恶，然而，在漫长的叙述过程里，某些时刻作者潜在的欲望会浮出水面，主角的攻击行为变成了赤裸裸的杀戮，而不是带着道德面纱的惩戒。这一点是颇为值得关注的。

攻击欲（死亡本能），或者说破坏欲，广泛地存在于我们的生活之中。晚年弗洛伊德重视的死亡本能便与此相关，事实上，早年间的弗洛伊德虽未对这一问题大加阐发，但也有涉及。例如在分析梦境时，他曾说："如果在我们的生活中出现了一个人妨碍了我们正常的工作和休息，那么我们会在梦中千方百计地除掉他。……我们要除掉的这个人可能是我们的父母兄弟，可能是我们的妻子儿女，所以说这种观念实在太可怕了，然而它确实是与生俱来的。"

而到了晚年，弗洛伊德一改性与食物统治论，称人类是由爱和破坏（生存本能和死亡本能）两种基本感情来支配和统治的。弗洛伊德在论述攻击欲时还这样说道："人类并不是期望得到爱情的文雅的、友好的生物，如果人受到攻击，至多只能来防卫自己。相反，他们是这样一种生物，必须把他们具有的强有力的攻击性看作是他们的本能天赋的一部分。"[1]"对人来说，人就是狼。"[2]

如果说弗洛伊德发现了这一问题，那么弗洛姆对攻击欲的思考则更为深入。弗洛姆将攻击区分为防卫性攻击与恶性攻击。防卫性攻击也就是通常所谓的正义使用武力，出于防范的目的使用武力，而恶性攻击则是纯粹为了快感的攻击欲的发泄。他认为："如果我们把所有这些行为都称为'侵犯'，则我们必须把侵犯分成完全不同的种类：一类是生物学上合乎生存适

---

[1] [奥]弗洛伊德：《文明及其缺憾》，载车文博主编《弗洛伊德文集》第八卷，长春出版社，2004年，第198页。
[2] 同上，第199页。

应的、有益于生命的良性侵犯，另一类是生物学上不合乎生存适应的恶性侵犯。"[1]

可以看出的是，从武侠小说到玄幻小说的发展和演变，正是一种逐渐由防卫性攻击到恶性攻击的演变，很多时候，攻击行为和暴力行为在文本中为自己寻找着前置的或后置的理由，但更多时候，很多赤裸裸的杀戮行为被呈现出来，仅列成下述表格以便直观地呈现。

表 3

	武侠小说	玄幻小说
打斗目的	为了正义	为了欲望
打斗之时	不赶尽杀绝，而是留有余地	尽情释放，无所保留
打斗之后	事了拂衣去，深藏功与名	众人倾慕，美人倾心
打斗哲学	侠之大者，为国为民。	顺我者生，逆我者死
打斗描写	审美化、诗化	视听化、感官化

如果说玄幻小说有某些隐藏的道德悖论，我认为这是其中之一。快感的满足本身并无罪恶，"快感缺失"（lack of pleasure）乃是一种心理病症，但"以攻击行为获得快感"这一命题很可能反过来被模仿到现实生活，造成青少年的心理问题和暴力倾向。

在武侠小说中，武字之上，有侠字笼罩，"侠"如同一个道德光源，把武功都变成了一种神话，"发乎武力，止乎侠义"，这是真正的江湖大侠的作派。但在玄幻小说里，过于血腥、残忍、暴力、嗜血、嗜杀的片段和故事却屡见不鲜，武溢出了"侠"的道德法则空间，如同从魔盒里逃出的潘多拉。都市小说作家辰机唐红豆曾戏称这种行为为"你瞪我一眼，我杀你全家"。如果有人对玄幻小说中引用的诗词频率做一个排序的话，凭我的阅读经验，李白的"十步杀一人，千里不留行"一定可以位居前列，那正是玄幻小说主

---

[1] [美]埃里希·弗洛姆：《人类的破坏性剖析》，李穆等译，世界图书出版公司，2014年，第167页。

人公所向往的境界。

仅以著名耳根的小说《仙逆》为例,在书中,主人公王林大肆杀戮,屠村腾家堡——

> 与此同时,王林身子一闪,从蚊兽内落下,杀向无锋谷,根据神识中的锁定之人,一一杀去。"今日在下与藤家私仇,凡阻拦者,杀!"
>
> ……
>
> 那些逃到边缘的藤家族人,他们绝望地看着不断收缩的禁制,产生了两种极端的变化,一种变化,是完全放弃了抵抗,一种变化,是双眼通红,各自拿出法宝,不顾一切,如飞蛾扑火般,向着王林飞去。
>
> 渐渐的,越来越多的藤家族人,向着王林冲去,只不过,他们刚刚进入千里之内,便会被天空降下的禁气,轰然临身,整个人化作血雨,洒落大地。
>
> ……
>
> 同时,一个个人头,在某种神奇的力量操控下,纷纷飞去,落在人头塔上,渐渐的,这人头塔越来越大,最终几乎高耸入云。
>
> 至此,藤家全族,除藤化元之外,全部死亡!
>
> 地面上,血流成河,散发出阵阵刺鼻的血腥味道。[1]

这让有些读者和网友觉得胆战心惊,有网友评论道:"《仙逆》王林这厮就是个杀货,虽然是打着为族人报仇的旗号,但是跑去腾家堡,把腾家堡上上下下几千口人全部杀光并且串成人头架。主角明明已经觉得很多人罪不至死、甚至不少人还是值得尊敬,还有那么多的婴儿、儿童、没有战斗力的妇孺,但他还是把全部人杀了个精光,对于这种主角,我只能说令人毛骨悚然。这部小说我后面也看了不少,大致可以说主角就是个独夫个性。没有朋友、没有信仰、为了变强,谁都敢杀,这和把灵魂卖给撒旦的堕落行径有什么区别吗?"[2]

---

[1] 起点中文网,http://vipreader.qidian.com/chapter/1264634/25618224,第 246 章,2009 年 11 月 5 日。
[2] 魔天记吧,http://tieba.baidu.com/p/4340570416,2016 年 2 月 6 日。

这引起了一些困惑，如果说攻击欲望是一种本能的话，那么本能的释放越强烈自然带来越高强度的快感，这是无疑问的，也是很多玄幻小说作者所采用的写作策略。不过这个本能在与自我和超我商谈（negotiation）后呈现出一种什么样的面貌，则是一种社会和人格问题，源于多重现实和心理因素，并非只是本能可以解释的了。

为了究其原因，这时有必要提到另外一种理论，美国心理学家多拉德在对攻击行为进行研究后，得出了这样的结论："攻击永远是挫折的一种后果……攻击行为的出现一般预示着挫折的存在，同样，挫折的存在也总是会导致某种形式的攻击。"[1]

这从相反相成的两个角度分析了挫折与攻击的关系。首先，挫折一定会导致或预示攻击性行为的存在，二者具有因果关系；另一方面，可以探因索源，从每个攻击性心理、行为背后寻找到挫折机制。因此，在分析上述玄幻小说中的攻击性段落时，可以发现这样一种因果链条——不道德的过度攻击描写和情节，源于过度的攻击心理，源于过度的挫败感。

具体到玄幻小说，这种"挫败—攻击"机制可以从两个角度得到理解。首先，它指小说中人物的挫败，这是一种叙事策略，传统戏剧理论称之为"压弹簧"，追求极度压制之后的爆发，作者首先让主人公受尽鄙视和挫败，那么接下来的攻击情节便具有更大的快感；其次，它构建了一种作者、读者与书中攻击情节的想象性欲望关系，生活中的挫败感，促使他去创作（阅读），在文本的虚拟世界里释放攻击欲，得到荣耀感。

攻击（打脸）情节之后，叙事便完成了一种欲望二因子（主客体）的互换，小人物成为了大人物，大人物则落魄而死或落荒而逃。挫败感因此升级为"优越感"，这与传统喜剧理论的"突然优越感"颇为不同，喜剧中的突然优越感源于对蠢笨主角的嘲笑和鄙视，而此处的突然优越感则源于战胜乃至毁灭了强大的对手。

有研究者称玄幻小说为成长小说，这是颇有意味的，而在目前译成英

---

[1] John Dollard, *Frustration and aggression*, New Heaven: Yale University Press, 1976, p. 414.

文的玄幻小说中，升级也的确被译为"cultivation"[1]，有成长培育之义，也有教化之义。联想到伽达默尔对"教化"深刻丰富的阐述，玄幻小说里的cultivation 缺失了文化层面上的升华、提高、对话，而只有能力的变强和增殖。文化层面的教化源于与他人的对话、沟通、交往，对方可以为生存的人类，也可以是死去的书本，意义之流在我——你之间，双方是平等的对话关系，按黑格尔《精神现象学》中的定位，它处在自我意识的成熟阶段。而在网络小说里，这种cultivation 乃是主体对他者不断地克服与扬弃，还处在并且永远处在自我意识的欲望阶段。黑格尔认为："自我意识只有通过扬弃它的对方，才能够确信它自身的存在；自我意识就是欲望，确信对方的不存在，肯定不存在本身就是对方的真理性，它消灭了独立存在的对象，以恩人给予自身以确信，作为真实的确信，这种确信对于自我意识来说已经以客观性的方式得以明确了。"[2]

在一本玄幻小说中主角会击败和杀掉数百位敌人、对手、怪兽，最终成长为终极强者，会经历一步步的自我否定和自我提升。因此，这种攻击和杀戮之后的升级，只存在能力，尤其是武力的升级，只存在我与他人"你死我活"的攻击关系。联想到之前被冠名为"成长小说"的作品，无论是赫尔曼·黑塞的名作《纳尔齐斯与歌尔德蒙》中的"人性成长"，还是被我国学者冠名为"成长小说"的《红旗谱》的"阶级意识"的成长，都是大为不同的。

接下来，值得思考的是，攻击的对象，或者说反抗的对象，它到底是什么呢？

通俗小说中"二元对立"的例子屡见不鲜，在《水浒传》中，塑造了八十万禁军教头林冲，自然就要塑造一个高俅来给他找麻烦，塑造了侠肝义胆的武松武二郎，接下来就安排西门庆、蒋门神等恶人。传统戏剧理论称此为"反派"，电子游戏中玩家们称之为"关头"或"boss"。总之，它们都包含了这样一个故事流程——主人公必须执行任务，击败反派，然后他或者努

---

[1] 参见武侠世界网站：www.wuxiaworld.com 的玄幻小说英译。
[2] [德] 黑格尔：《精神现象学》，贺麟、王玖兴译，商务印书馆，1997年，第120页。

力奋斗，或者寻找帮手，经过重重阻碍，终于如愿以偿。

事实上，故事创作需要一种"两极化"，这是二元对立原则或者说辩证法原则在故事中的体现，黑格尔通过自己哲学体系推演出了自己的美学体系，在这一体系中，二元冲突乃是戏剧诗的核心所在，黑格尔的重要发现也成了之后戏剧家眼里的金科玉律。后世论者认可并发展了这一观点，叙事作品，尤其是通俗叙事作品，需要为自己确立一组对抗关系，它是叙事张力产生的原因，是情节迭代发展的动力。

在网络小说中也是如此，一个好的反派的塑造对故事进程作用巨大。前文提及的踩人打脸模式，就是主人公与反派在叙事中此消彼长的互动过程。好莱坞编剧理论中对此曾总结道："对手或者坏蛋或者敌人，不管你怎么称呼它，反正他必须比好人强大，否则你的电影就不存在了。如果你的电影一开始面对坏蛋时没把我们吓住，你就得重写。"[1]

此处暂列一个表格，表达我对玄幻小说中反派形象的理解。

表 4

第一层面	仇恨的现实映像
第二层面	本我与超我的战斗
第三层面	大他者

网络玄幻小说通常会把现实仇恨对象直接虚拟化、类型化，然后搬入小说文本之中。例如，很多读者都是学生，那么反派经常会是老师，很多读者都是年轻白领，那么反派经常会是老板。那些反派有的猥琐，有的严苛，有的是阴谋家，有的好色……当然最后他们都被主人公揭穿罪行，并且狠狠打脸。在这过程中，同时存在的还有对秩序和道德的反抗，在自我层面，它是自我与超我的战斗，在社会层面，它便是自我对大他者的反抗。今何在的《悟空传》曾让无数读者热血沸腾，里面的悟空开始反抗禁锢和整个世界，"我要这天，再遮不住我眼，要这地，再埋不了我心，要这众生，都明白我

---

[1] [美]威廉·M·埃克斯：《你的剧本逊毙了》，周舟译，世界图书出版公司，2011年，第37页。

意,要那诸佛,都烟消云散!"[1]这便是对那向个体发出惩罚命令和限制命令的存在发出的抗争。

五、结语：网络小说与现实的关联方式

上文探索了网络小说的叙事模式,在网络小说中,拉仇恨的过程就是对手找碴然后与主角结仇的过程。这个引线会让故事发展起来,一步步递进,直到高潮,通过"打脸"把对手击败,享受到"踩人"的荣耀和快感。而由拉仇恨到打脸的叙事演变,构成了一个压抑与爆发的心理流程,压抑越大,爆发越猛,释放出来的爽点力量也越大。本文还探索了网络小说这种叙事模式背后的心理机制,这种不断的重复构成了一种叙事闭环,而其背后隐藏的叙事则构成了一种欲望闭环,与他人的紧张和仇恨关系折射在文本的欲望空间里,而攻击和毁灭他人的欲望也借着合法的文学途径得以宣泄。

通常来讲,小说、戏剧等叙事作品与现实的关联方式有多种情况。传统写实派小说往往对事实进行直接的呈现,魔幻现实主义则对现实进行加工和扭曲后的呈现,在这个意义上说,现实都是故事的素材,为其提供原料以供熔炼,小说是镜子,是民族的秘史。然而到了幻想文学发达的时代,无论日本动漫故事还是好莱坞超级英雄的故事,它们都远离现实,既不直接处理现实事件,也不声称要针砭时弊。中国网络玄幻小说也是这家族中的一员。

但是,从更广义的心理现实上,它们仍旧是"现实主义"的,它通过不同的人物设定和叙事模型,表达着自己的隐秘心理诉求,通过叙事结构的发掘,社会学家等研究者也可以窥探到当代人生存的复杂心理境况。虽然它的叙事呈现出一种封闭的特征,在"拉仇恨"和"打脸"之间不断循环,但它的指向却划出一道逃逸线,不断让更广阔的人性欲望和现实心理世界呈现出来。从这个意义上讲,幻想文学构成了另一个意义上的现实主义小说。

---

[1] 出自今何在的网络小说作品《悟空传》,网络原版首发于金庸客栈,纸质版参见今何在:《悟空传》,光明日报出版社,2001年,第六章。

古代文体与思想再探讨

西周长篇祭祀铭文结构与功能的文体学研究[1]

邓志敏[2]

[摘要] 自西周初期始,涌现出了一大批长篇青铜器铭文。这些铭文大多是祭祀铭文,具有大致固定的结构和格式。与前代铭文相比,长篇铭文的增加部分即文体拓展空间值得关注,一般用来说明作器缘由。处于特殊而复杂的周初环境下,作器缘由承载了更多超出宗教目的的政治功能,因此,长篇铭文便从叙述纪事、训诰说教、赞美功业等角度,颂美文王和武王的善德、天命,旌扬自己或先辈在军事、政务等各方面对王室的贡献,以及祭祀人自己所获得的荣誉,所遵从的德性行为规范等。这些内容的分量、撰写方式和效果,某种意义上决定了作器的意义和器之轻重,并以此维护王室政权的地位和宗法家族大宗的权威。另一方面,长篇铭文结构中开辟的颂功、颂德空间,客观上又使铭文文体发展了纪事颂功、训诰说教与叙赞颂美等功能。

[关键词] 西周 长篇铭文 纪事颂功 训诰说教 叙赞颂美

青铜器铭文分类研究成果有不少,其中马承源提出的"格式"分法影响较大。他认为,从商代中晚期至西周晚期,铭文大体成型,其"格式"可分为12种:徽记、祭辞、册命、训诰、记事、追孝、约剂、律令、符(包括

---

[1] 本文系安徽省教育厅重点项目(SK2017A0526)、安徽省高校优秀青年人才支持计划项目(gxyq2017082)阶段性成果。
[2] 邓志敏,北京师范大学文学院博士研究生。

节和诏令）、媵辞、乐律、物勒工名。[1]"格式"区分法从根本上看，是对铭文内容的抽取、归类和概括。陈梦家也持有类似的分法，只是更加简洁、概括。他认为："西周金文的内容是多种多样的，大别之可分为：（1）作器以祭祀或纪念其祖先的，（2）记录战役和重大的事件的，（3）记录王的任命、训诫和赏赐的,（4）记录田地纠纷与疆界的。"[2]。从史学角度看，按主题和内容进行分类，对认识、考察铭文的内容和思想具有重要价值。不过，按内容归类常常是超越单篇铭文文本的。如"卫作父宝尊彝"是一种繁式"祭辞格式"，但在后出的以"册命"或"训诰"为主体的铭文里，又都将这类"祭辞"作为作器语纳入新的"册命格式"或"训诰格式"中。马承源在分析"训诰格式"时，其范例《何尊》中便有："用作□公宝尊彝"。可见，并不能将单篇铭文一一对应归入某类"格式"之中。大多数铭文篇目中可能既有"册命"，又同时有"训诰""祭辞"。由于马承源的"格式"分类与陈梦家比，相对更精细、更具体，确实存在部分单篇铭文与某些"格式"对应的情况，如有些祭辞、约剂、物勒工名篇目。但从实际情况来看，每一篇铭文都是一件整体作品，文体分类研究应以单篇铭文文本的整体性为基础，我们不能因存在部分单篇铭文与某些"格式"对应的现象，便以"格式"区分代替文体分类。如直接将祭祀、册命、训诰、记事当成四类文体，或是在这个基础上稍加改进。[3] 若以"格式"为体的话，《何尊》铭文就被定为"训诰体"，但文中却又包含着"祭辞体"，这显然是不够准确的。这种做法是用后出文体类型提取铭文部分对应内容进行分类，是对铭文文本整体的破坏。

由此也可见，铭文的分体与分类是一个复杂的问题。首先，铭文因其用途的特殊性，涉及的内容十分庞杂，包括西周社会生活的方方面面。其次，西周时期，铭文文体不仅处于自身逐渐变化发展的过程中，而且还处于与中

---

[1] 马承源：《中国青铜器》，上海古籍出版社，2003年，第352–362页。
[2] 陈梦家：《尚书通论》，中华书局，1985年，第149页。
[3] 前者参看陈彦辉：《商周青铜铭文文体论》，《文学评论》2009年第4期，第81页；后者参看梅军的博士论文《殷商西周散文文体研究》（上海大学，2009年），郑勇的博士论文《西周金文文体研究》（北京师范大学，2012年），张宪华的博士论文《西周文研究》（上海大学，2017年）等。

国各类古老文体形态互动交流、相互吸收影响的过程中。相对于后世内容和功能区分比较明确的文体，铭文具有原初状态的综合性、多样性和灵活性。文体形态还未形成稳定状态。因此，如果分体分类的角度掌握不好，很容易杂糅不清。鉴于此，本文打破惯常的文体分类，立足铭文的具体文本，根据大部分青铜器的基本功用，即祭祀功能，选取一些典型长篇铭文进行具体分析，研究其结构、功能及其发展和演进过程，探讨其作为现存最可靠的一种原初文献在文体史上的意义和价值。也许，在这个基础上再思考分体分类问题会有新的认识。

一、长篇铭文文体空间的拓展

"青铜器古称彝器。"[1]《说文解字》云："彝，宗庙常器也。"据马承源研究，"青铜铸造业除了铸造工具和兵器以外，大量的产品是青铜礼器，这是中国青铜器铸造历史上的一个很重要的特点"。[2]这些礼器，又多"是用于祭祀这种重要的礼仪活动"。[3]因此，目前存留于世的青铜器铭文有一大部分刻在青铜祭器上。这些祭器主要用来奉祀祖先和其他神祇。正如容庚所说："盖铜器之用，商周为盛。其器多为一族及祖若父而制。"[4]青铜彝器的性质决定了大部分铭文的祭祀文性质，因而它们大多以马承源所归纳的前七种形式存在（符、媵辞等一般为用器，较祭器来说数量较少，不予讨论）。祭祀文性质决定铭文一般都具备祭辞、作器语、祝嘏辞等基本结构和内容。从文体角度来看，其中的祝嘏辞是后代祝体文的重要源头。但在西周时期，祝嘏辞却仅作为一个重要的组成部分存在于铭文中。又如，册命内容虽然大量存在于铭文中，但却都转化为作器祭告神灵和祖先的一个重要缘由，或者作为显

---

[1] 容希白：《商周彝器通考》（上），台湾大通书局，1973年，第1页。
[2] 马承源：《中国古代青铜器》，上海人民出版社，1982年，第18页。
[3] 朱凤瀚：《中国青铜器综论》，上海古籍出版社，2009年，第24页。
[4] 容希白：《商周彝器通考》（上），台湾大通书局，1973年，第4页。

明祭祀者功勋的证据而存在。在形式和功能上，这与《尚书》中册命文以纯粹命书存在是不同的。因此，我们不能只根据铭文的部分内容将某篇铭文进行简单的分体分类，除了一些特定的篇目，大多数铭文相当于后世多种文体的综合体，是兼容并包的文体滥觞期作品。这是本文研究的基础前提。

长篇祭祀铭文出现在商、周换代更迭之际。这是铭文文体结构的重要变化。马承源在《中国古代青铜器》中说："西周时代，青铜祭器的作用是大大地加强了，灭商之后，几乎在很短的时期内，突然涌现出了一大批铸有长篇铭文的青铜器，从铭文中可以知道绝大多数是奉祀祖先的祭器。周人的这种情况，在灭商以前也是没有的，可见青铜器上铸以长篇铭文也不是周人的旧典。"[1]对于长铭文在周初大量出现的事实，学界并没有将此作为青铜器分期的重要依据。李学勤说："过去学术界通行的观点是商周两代之间的制度曾经发生剧烈变革，商人与周人的文化有明显差异，但至少就青铜器的演进来说，西周早期的器物，其形制、文饰等均为商末的直接延续。有些学者力图找出商周青铜器的差别，结果徒劳无功，即使能举出几点，差别也是很细微的。"[2]李学勤曾列举了西周中期青铜器与商代和周初最突出的几点差异，并指出，"穆王的时候确是青铜器转型的关口，作为西周中期的开端是合宜的"。[3]朱凤瀚在《中国青铜器综论》中也持有这种观点。

祭祀铭文在历史发展过程中逐渐形成相对固定的几种格式和内容。商晚期的铭文比较简洁，"以图形文字标记族氏"和"以日为名"是两个鉴别商代铜器的重要参考因素。这时的铭文形式多以徽记和祭辞格式为主。但也开始出现了较复杂的铭文。一般认为，西周早期铭文的文辞格式传承因素多于变化。张振林在《论铜器铭文形式上的时代标识》一文中，将商后期的铭文文辞格式分为四种，其中一种较复杂的格式是，"干支纪日，简单纪事（多为锡贝），乍宝䵼彝，族氏文字。也有在铭文后，族氏文字之前系'才某月，

---

[1] 马承源：《中国古代青铜器》，上海人民出版社，1982年，第20页。
[2] 李学勤：《青铜器入门》，商务印书馆，2013年，第39页。
[3] 同上，第45页。

隹王几祀'纪时的"[1]。西周前期的铭文文辞格式，除了与商后期这种基本雷同之外，另外又增加了一种，"隹某年某月月相干支纪时，较长的纪事，蔑曆（可有可无），赏赐……，然后扬赐者宣（休），乍某某宝隣彝。文末族氏文字（可有可无）"[2]。这两种格式大约算马承源所说的"册命"格式的雏形。通过比较我们发现，这两者表达的几项核心内容大体相同，变化的仅仅只是表达的顺序。纵然它们之间有一些不同之处，那也是"可有可无"的，因此可以不作参考。如，纪事从"简单纪事"到"较长的纪事"都是纪事，并不影响青铜器的分期。所以，从考古学者的角度将这两者视为传承关系确实在情理之中。但怎么从文体的角度看待这些现象，需要我们进行更加细致的分析。

虽然祭祀功能促使祭祀铭文格式相对固化，但长篇祭祀铭文的产生使其呆板的文体结构定势中多了较广阔的创作空间。如上所述，商代后期的铭文有些非常简单，一件青铜卣上仅仅只铸"古父己"三个字。这便是马承源所说的简式"祭辞"格式，是祭祀铭文最初的结构形态。马承源说，"古"为氏族的名称，也就是这件卣的贵族所有者的氏称；"父己"是被祭人的"庙号"……这三个铭文表明这件卣是古氏为其亡父己所作的祭器。[3]虽然这则铭文只有三个字，但却明白传递了铭文所要表达的核心内容，体现着祭祀的主要功能。从青铜器的角度来看，是明确被祭祀者的族名和名字；从铸造者的角度来看，表达了"某某"之子为"某某"作器这样的关系。也就是说，既然被称为"父"，就一定暗含"子"，暗含两方的存在，而且是一方向另一方传达信息，因而有交流和传达的涵义。据此，我们便可进一步将静止的祭器还原成活的祭祀仪式和祭祀动作，还原成祭祀场景中人与神或祖先的沟通，人对神或亡者的告白（当然祭祀客观上还具有重要的现实政治意义和宗法伦理意义）。也正因为祭祀者想向被祭祀者传达信息，才会使铭文文体

---

[1] 张振林：《论铜器铭文形式上的时代标识》，《古文字研究》第5辑，中华书局，1981年，第56页。
[2] 同上，第58页。
[3] 马承源：《中国古代青铜器》，上海人民出版社，1982年，第20页。

相对固定的奉祀文辞格式中，除了时间、地点的记载，作器语、称扬辞以及表祝愿的祝嘏辞外，还可开辟出一个或简、或繁的信息空间，这个空间甚至可以被拓展得很大。这便使"简单纪事"发展成了"较长的纪事"。从面上来看，这个变化是篇幅体量的增加，是铭文整体结构的一种转变。从深层来看，这个增加的体量和空间是叙事结构、说理结构复杂化和多样化成为可能的前提。

一般来说，这个信息拓展空间都和作器缘由有关。《礼记·祭统》曰："夫鼎有铭，铭者自名也，自名以称扬其先祖之美，而明著之后世者也。"郑注云："自名，谓称扬其先祖之德，著己名于下。"孔疏曰："'铭者自名也'者，言为先祖之铭者，自著己之功名于下。"[1]在祭祀中，颂扬祖上美德与自己的功业就是作器撰铭的主要目的。那么长篇颂扬祖上美德和自己功业的目的又是什么呢，即为何将作器缘由置于如此突出的地位大书特书？马承源认为其缘故多半与当时的政治形势有关：一是为原本是小贵族和宗室子弟的周初显贵提供身份地位职务提高的证件；二是维护宗法制度，提高和维护自己在宗室中的地位。[2]这意味着，长篇铭文的生成与发展不但带来了铭文文体创作空间的拓展和结构的转变，还因其特殊的作器缘由引导着其特殊的书写内容和方法，以实现祭祀之外的政治功能。值得一提的是，即使不是非常恰当，这部分内容确实也正是铭文文体研究者习惯划分文体的重要依据，这也正说明这部分内容具有重要的研究意义。

二、结构及手法逐渐丰富的纪事颂功

铭文的作器缘由大多是赏赐（早期的赏赐常和册命夹杂在一起）。赏赐显然属于"纪事"（马承源所说"记事"）。因而，在早期的铭文中，受赏颂

---

[1]（清）阮元校刻：《十三经注疏》，中华书局，1980年，第1606-1607页。
[2] 马承源：《中国古代青铜器》，上海人民出版社，1982年，第21页。

功的"纪事"成为了这个信息拓展空间的主要内容。

商晚期的《小子㝬卣》铭文中已经有了对赏赐的简单纪事：

> 乙巳，子令小子㝬先以人于堇，子光赏㝬贝二朋，子曰："贝，唯蔑女曆。"㝬用作母辛彝，在十月二。唯子曰：令望人方罋。(《集成》5417)

这则铭文记录了㝬受赏的时间、地点和过程，是非常简洁的纪事。纪事中还包含纪言，即赏赐命辞的直接引语，使赏赐场景更加直观可感。纪事是作器者告知被祭祀者作器来由的简单陈述。在商代晚期，作器来由基本都是赏赐，但没有具体说明受赏赐的原因，所以文辞整体很短，纪事部分尤其少，有时甚至没有。

西周早期，祭祀者要向被祭祀者传达的信息明显更加复杂，告白的内容有些是追忆大段历史史实，在铭文文辞格式中开辟了重要的纪言、纪事空间，使册命受赏的内容更加丰富多彩。如西周武王时期的《利簋》：

> 珷征商，唯甲子朝，岁鼎克闻，夙有商。辛未，王在𢆶师，赐右史利金，用作檀公宝尊彝。(《集成》4131)

表面看来，这则铭文的纪事也是描述作器来由，作器来由也是赏赐。与商晚期比较，从内容的性质上来说，确实可以说没有变化。不过从结构上来看，它增加了更多与赏赐直接相关的背景，即赏赐缘由。这些背景正是复杂纪事与简单纪事的一个重要区别。虽然都是纪事，但复杂纪事使赏赐缘由可以包含或涉及另外一些独立的历史事件，甚至是历史大事，而赏赐只是和这些事件有关。因而，增加赏赐缘由部分客观上促进了更加复杂的叙事结构的发展和叙事功能的实现。在此则铭文中，"珷征商，唯甲子朝，岁鼎克闻，夙有商"是对武王克商这件重大历史事件的时间、天象和经过进行描绘。因为利在伐商中有功，所以才受赏。但我们也能看出，在文中其实并没有说明利的具体功劳，即具体受赏的原因。我们只能猜测应和伐商有关。这一方面反映出早期的叙事还很不成熟，但另一方面正因为这样，武王伐商的经过作为史实在这则铭文中反而被衬托出来了，并受到史家和文学家的重视。

像《利簋》一样，在祭祀铭文固定格式中突出出来的纪事片段有很多。如西周穆王时期的《彧簋一》

> 唯六月初吉乙酉，在堼師，戎伐口，彧逹有嗣、師氏奔追禦戎于𩖾林，搏戎截，朕文母竞敏啟行，休宕厥心，永襲厥身，俾克厥敵，獲馘百，執訊二夫，俘戎兵：盾、矛、戈、弓、箙、矢、裨、胄，凡百又卅又五款，捋戎俘人百又十又四人，衣搏，無眈于彧身，乃子彧拜稽首（上有幽），對揚文母福烈，用作文母日庚寶尊殷（上旨幽），俾乃子彧萬年，用夙夜尊享孝于厥文母，其子子孫孫永寶（上皓幽）。（《集成》4322）

这则铭文描写了一场精彩的战争。篇首除了将战争的时间、地点、重要人物交代清楚之外，还用"奔追禦戎"将彧所率领的军队的精气神和战斗力展露无疑。而且，文中除了写战争场景本身，还分析了作为将领的彧的精神品格，并认为这是彧统帅有方、作战有力的重要原因。最后又具体描写了战争的丰富收获。这是一次精彩的多角度描述事件的尝试。与前文相比，具有更复杂的结构和更丰富的叙事手法与技巧。

不过，与《利簋》相比，西周后期描写战争的长篇铭文《禹鼎》展示了更成熟的叙事功能和技巧。该文叙事前先追孝先祖功业和德性。叙事主体由背景描述、引用传神语言刻画关键人物、军队中各路人马状态描写、战争过程及结果描写等构成。其叙事结构更加复杂，叙事手段和叙事角度多样而丰富。该铭文较长，限于篇幅，此处就不引用分析了。我们可以想象，如果没有早期这些作品积累的丰富经验，后期是很难出现那么多优秀铭文的。

除了赏赐和战争，铭文文体固定格式中的拓展空间还包含多种优秀的记事内容。西周穆王以后，册命内容逐渐从赏赐中独立出来，成为纪事的一个重要方面。关于册命仪式，马承源说："册命制度创立于西周初期，穆王以后更为习见，逐渐形成了一套固定的典礼仪式，在青铜器铭文中更显然地已将这套仪式定为一定的礼制。册命铭文的格式主要包括时间、地点、受册命者、册命辞、称扬辞、作器、祝愿词等。西周晚期册命格式最为完备。"[1] 马承源将册命单列为特定时代青铜铭文的一种格式是无可厚非的。又或者，我们可以以政治上上对下发号施令的角度，将"册命"文体追溯至此也是可行的。但如果要从内容的角度来区分文类的话，它仍算纪事的一种。这不仅是因为册命内容只是铭文整体的一部分，更因为铭文中一般除了记录命辞、赏赐，还会记录册命仪式的详细过程，这在后世册命文体中是不存在的。因此，不宜将册命与纪事作为同一辨体角度的两种文体并列起来。这也正是有些学者按照马承源所列格式来排列文体的失误之处。

一般认为，周宣王时期的《颂鼎》是非常好的册命仪式记录文。容庚在《商周彝器通考》中将它与《左传》中的两段册命命辞进行了比较，并评价说，"据此（《颂鼎》）于西周赐命典礼之情形历历如见"。[2] 不过，随着西周后期册命仪式的规范化和程式化，记录册命的铭文反而失去了个性化的叙事魅力。因而其文学性反而不如西周早期的册命铭文。如西周早期的《麦方尊》，虽然在格式上并没有《颂鼎》那么周全，但叙事方面却更显亮点：

> 王令辟邢侯出坯，侯于邢，雩若二月，侯見于宗周，亡述，迨王饔蓁京，酌祀。雩若翌日，在辟雍，王乘于舟，為大禮，王射大龏禽，侯乘于赤旃舟，從，死咸。之日，王以侯納于寢，侯賜玄珮戈。雩王在敝，巳夕，侯賜諸娟臣二百家，劑用王乘車馬、金勒、絅衣、市、舄，唯歸，遲天子休，告亡尤，用龏義寧侯，覛考于邢侯。作冊麥賜金于辟侯，麥揚，用作寶尊彝，用贊侯逆復，遲明令，唯天子休于麥辟侯之年鑄，孫孫子子其永亡終，終用造德，綏多友，享旋走令。（《集成》6015）

---

[1] 马承源：《中国青铜器》，上海古籍出版社，2003年，第353页。
[2] 容希白：《商周彝器通考》（上），台湾大通书局，1973年，第83页。

有些学者认为《麦方尊》是成王时的作品，也有学者认为是康王时期的作品。无论如何，都算西周早期的作品。这篇铭文详略得当地描写了邢侯册命受赏的前后经过。作者选取了受赏赐当日所做的几件事情来描写。其中，邢侯与周王一起乘舟行大礼的场景十分形象生动，具有画面感。可谓疏密相间，点缀恰到好处。这算是西周早期比较完整地表现册命仪式的铭文了，而且其优点在于其结构并不死板。显然，册命仪式在当时还没有形成固定程式，因而其叙事更具有独特的个性，也更加生动，更具有感染力。因此，马承源所划分的册命（记录册命过程）和记事，实际上都可以归为"纪事"一类。

从以上分析可以见出，随着西周长篇铭文拓展空间的不断扩容，其叙事结构和手法不断丰富复杂，叙事功能不断增强，使其作器缘由更加缤纷多彩而具有说服力和感染力，或隐或现都包含着颂功的目的。

三、伦理逻辑逐渐严密的训诰说教

西周早期的青铜器祭祀铭文文体结构中除了大量的纪事元素，另外还有丰富的纪言成分。这些纪言成分有一些局部存在于册命仪式中，主要以命辞的形式出现。如康王时期的《明公簋》："唯王令明公遣三族伐東或（國）"（《集成》4029）。另外，还有一些简短的告诫语，如西周早期的《叔趯父卣》："唯汝倓其敬夒乃身"（《集成》5428）。除此之外，更突出的是，在一些篇目中，除了铭文固定不变的组成成分外，几乎全部都是纪言，也就是说纪言性的信息拓展空间几乎成为铭文的主体部分。西周康王时期的《大盂鼎》就是典型的代表篇目：

> 唯九月，王才在宗周，令盂。王若曰："盂，丕顯文王，受天有大命，在武王嗣文作邦，闢厥慝，匍有四方，畯正厥民，在𥃩御事，酘，

古代文体与思想再探讨　143

酒無敢醻，有紫烝祀，無敢醼。故天翼臨子，法保先王，囗有四方。我聞殷墜令，唯殷邊侯、甸雩殷正百辟，率肄于酒，故喪師巳。女妹辰有大服。余唯即朕小學，女汝勿䇂余乃辟一人，今我唯即型稟于文王正德，若文王令二三正。今余唯令女盂紹榮敬雝德經。敏朝夕入諫，享奔走，畏天威。"王曰："而，令女盂井型乃嗣祖南公。"王曰："盂，廼紹夾死嗣戎，敏諫罰訟，夙夕紹我一人烝四方，雩我其遹省先王受民受疆土。賜女鬯一卣、冂衣、巿、舄、車馬。賜乃祖南公旂，用狩。賜女邦嗣四伯，人鬲自御至于庶人六百又五十又九夫，賜夷嗣王臣十又三伯，人鬲千又五十夫，亟臧遷自厥土。"王曰："盂，若敬乃正，勿廢朕令。"盂用對王休，用作祖南公寶鼎。唯王廿又三祀。(《集成》2837)

这篇铭文的主体部分类似《尚书》的诰体。很多学者认为《尚书·文王之命》就是册命仪式上的命辞。陈梦家甚至认为《尚书》中，西周时期十二篇诰与《文王之命》一样，都是在册命仪式上颁行的，因称为诰命体[1]。过常宝也认为周初册命仪式中有"诰"。[2]他们所谓的诰体文就是类似《大盂鼎》纪言部分的训诫文。

那么《尚书》的诰体有什么特点呢？刘知几《史通·六家》云："盖《书》之所主，本于号令，所以宣王道之正义，发话言于臣下，故其所载，皆典、谟、训、诰、誓、命之文。"[3]可见，包括诰体在内的《尚书》六体的目的是要"宣王道之正义"，而且要凭借此正义之道让臣下听命于他，以号令天下。此处的关键是要证明王道的"正义"，而这并不是一个不言自明的事实。过常宝认为，"告"出自祭祖仪式，"诰"是假祖神之名对参与祭祀者的训诫。因而是利用宗教仪式进行政治文化的变革，即神道设教。[4]无论是

---

[1] 陈梦家:《尚书通论》，中华书局，1985年，第160页。
[2] 过常宝:《论〈尚书〉诰体的文化背景》，《北京师范大学学报》(社会科学版)，2008年第4期，第39页。
[3] (唐)刘知几:《史通通释》，浦起龙释，上海古籍出版社，1978年，第2页。
[4] 过常宝:《论〈尚书〉诰体的文化背景》，《北京师范大学学报》(社会科学版)，2008年第4期，第38页。

利用神道还是别的什么，总之，诰体是要从理论上进行劝诫或者警示，因而必定充满了辩论和说服的意味。

郭预衡认为，殷商时期的卜辞和铭文是单纯、质朴的。内容不过晴雨田猎，祭祀征战，人地月日，都很简短。这时的统治者，主要忙于战争和生产，还来不及兴礼作乐。致力于武功，无暇及文教……一些奴隶主贵族，自以为受命于天，尽心于鬼神之祀，还不曾感到需要制造更多的舆论来巩固自己的统治。这时的文字记事，主要是记录事实，从卜辞和铭文看，几乎没有什么说教的文字。即使像《盘庚》，尽管有些说教，也比较质直，主要讲上天的命令，占卜的征兆，很少讲历史的教训，也很少道德的说教。[1] 这大概概括了殷商时期文章的特点：不需要讲什么道理，更多的是王的直接命令、天命的威慑和占卜的理所当然。但到了周朝，情况显然发生了很大的变化，"历史经验的总结"和"道德的说教"成为诰体的重要成分。正如我们在《大盂鼎》中所看到的那样，体现出了比较鲜明，结构复杂的说理倾向。

首先，在尚属于西周早期的康王时代，《大盂鼎》算是很长的铭文了。可是，我们发现《大盂鼎》反而没有大段的嘏辞，记事的时间和地点也非常简单。大量笔墨都花费在王的言辞上。可以说，该文的主体就是王的四段言论。其次我们可以分析出康王所有言辞的主要目的是劝说盂效忠于王，听从王的命令。正如刘知几所说"发话言于臣下""本于号令"。王摆出的理由可以概括成如下几点：其一，周朝自文王开始就受到上天的庇佑，或者说顺承了天命，所谓"受天有（佑）大令"，这是自商以来就有的传统"天命"观。但是，此处天命威慑的成分显然降低，更多的是强调文王从上天处继承了勤政爱民的德性，凸显德性臣服人心的魅力。其二，总结了殷商上下百官耽于享受，尤其是好酒失国的教训，反面衬托文王的勤勉、尚德，所以灭商纯粹是替天行道的正义之举。其三，康王承诺自己一定能以文王和武王为榜样，加强德性修养，像文王一样治理国家。其四，列举了盂已经从康王这里获取

---

[1] 郭预衡：《中国散文史》（上），上海古籍出版社，1986年，第1–2页。

的功名利禄，并希望盂能记得王室给予的恩宠。同时，又详细列举了这一次给予盂的赏赐。其五，搬出了盂的祖上南公忠于王室的榜样，希望盂能效仿祖上，加强德性修养，继续忠于王室，为康王治理国家服务。

铭文中除了一处"畏天畏（威）"具有威慑意味之外，其他部分都是倡导"德"的柔性收服和说教，辅以恩宠、赏赐的利诱，是从多角度、多方面对"王道之正义"的论证。而且，此时已经体现出了将"孝"归纳于"德"和"忠"之内的思想苗头，即将周代贵族对祖先的重视与忠于王权统治关联起来，也是将宗法家族的维护与王室政权的维护统一起来，而这个统一的桥梁就是"德"。这一点在西周中期以后的铭文中表现得更加突出。如《师𩇕鼎》：

> 唯王八祀正月，辰在丁卯，王曰："师𩇕，女克䚋乃身，臣朕皇考穆穆王，用乃孔德遜纯，乃用心引正乃辟安德，惠余小子肇淑先王德，赐女玄衮䙚纯、赤市、朱衡衡橫、鑾旂、大师金膺、攸勒，用型乃聖祖考，䣙明令辟前王，事余一人。"𩇕拜稽首，休伯大师肩𩇕，𩇕臣皇辟天子，亦弗忘公上父𣄴德，𩇕蔑曆白伯大师，不自作。小子夙夕尃由先祖烈德，用臣皇辟，伯亦克款由先祖盡孫子，一𠂤皇辟懿德，用保王身。𩇕敢肇王，俾天子萬年，襌𩫏伯大师武，臣保天子，用厥烈祖介德。𩇕敢對王休，用綏作公上父尊，于朕考墉季易父報宗。（《集成》2830）

整篇文章全部聚焦在"德"上，不再言说天命。恭王首先赞美𩇕能凭借自己的美德，克尽其能为穆王尽忠，不但完善了自己也成就了先王的德性，因而对他进行赏赐。随后，恭王要求𩇕能像他的祖辈和父辈对前王尽忠一般，对自己忠贞不二。𩇕对此作出了以"德"自勉的承诺，并说"弗忘公上父𣄴德"。这里折射出的伦理逻辑是：祖辈和父辈对王尽忠是一种德性的表现，或者正因为其德性使他们能对王尽忠。作为子孙后辈既然要敬孝先祖，自然应该谨记并学习他们为王尽忠的良好品性，并将这种德性延续下去。因而德、忠、孝就天然地联系在了一起,对宗法家族的维护与对王室尽忠的义务也就联系在一起了。

以上文章运用较严密的推理和逻辑论证结构,实现了较强的说教功能,能有效起到号令臣下的功效。正如杨向奎所说:"周初统治者对于传统的'天'也有不同于殷人的看法,对于绝对权威的'天'的信念动摇,用敬德的方法修补对于'天'的动摇。从'天人之际'转到'人人之际'。周公以德政为操持政策的机柄,因而减少了上天的权威,提高了人的地位和人的尊严。"[1]

以上所列包含大段纪言成分的铭文篇目,是先秦政治说理散文的萌芽。这些铭文吸纳日益完善的周朝伦理理论组织文本的论理思路。例如将品性之"德"用作说理训诰的依据,将赞美先祖和训诰后人天衣无缝地结合起来,不但完美地实现祭祀颂美先祖的功能,其面向生人训诰警示的政治目的也日益明晰。

四、追远显孝的叙赞颂美

西周长篇祭祀铭文的作器缘由主要通过纪事和训诰体现,但是我们却不可忽视另外一些以叙带赞,甚至颂赞成分多于叙事成分的篇目。这些文章显露出明显的抒情倾向,如长篇追孝铭文。《尚书·文侯之命》云:"汝肇刑文武,用会绍乃辟,追孝于前文人。"孔颖达疏:"追行孝道於前世文德之人。"[2]马承源将这类铭文定义为"表现对祖先的热情。夸耀祖先的业绩,吹嘘自己祖先的美德,以此来行孝道"。[3]通过表达夸赞之情来行孝道是追孝铭文的核心。这些夸赞文辞当然也或多或少出现在一些册命和获赏的铭文中。不过依然有全篇为追孝作器的追孝铭文。马承源提供的案例是西周中期恭王

---

[1] 杨向奎:《宗周社会与礼乐文明》,人民出版社,1992年,第353页。
[2] (清)阮元校刻:《十三经注疏》,中华书局,1980年,第254页。
[3] 马承源:《中国青铜器》,上海古籍出版社,2003年,第356页。

时代的《史墙盘》：

> 曰古文王（平陽陽），初繛龢于政（去勁耕），上帝降懿德大甹（平青耕），匍有上下，迨受萬邦（平江東）。䯑圉武王（平陽陽），遹征四方（平陽陽），達殷畯民，永不巩狄虘光，伐夷童（平東東）。憲聖成王（平陽陽），左右綬綬剛鯀，用肇徹周邦（平江東）。淵哲康王（平陽陽），遂尹億疆（平陽陽）。宖魯昭王（平陽陽），廣斂楚荊（平庚耕），惟寏南行（平唐陽）。祇覠穆王，型帥宇誨（去隊之）。申寧天子（上止之），天子圖纘文武長烈（入曷月），天子眉無介（去泰月），黌祈上下（上馬魚），亟獄趛慕（去暮鐸），昊炤亡罤，上帝司稷亢保，受天子綰令：厚福豐年（平先真），方蠻亡不规見（去霰元）。青幽高祖（上馬魚），在徹霝處（上語魚），雩武王既戋殷，徹史烈且祖迺來見武王，武王則令周公舍宇于周，卑處甬。惠乙祖，遘匹厥辟，遠猷腹心，子冠彔明，亞祖祖辛（平真真），繛毓子孫（平魂文），鯀髮多釐（平之），檇角熾光，義其禋祀（上止之），害屖文考乙公，遽趨得純，無諫（去霰錫）農穡，越屎（入錫錫）唯辟，孝友史牆，夙夜不墜，其日蔑曆，牆弗敢阻，對揚天子丕顯休令，用作寶䕩彝，烈祖、文考（上皓幽）弋寶受牆爾髓福，襄發祿，黃耇彌生（平庚耕），龕事厥辟，其萬年永寶用（去用東）。（《集成》10175）

该文前一部分是对西周前期六王的重要史迹进行概括性描述，具有一定的叙事性，但以叙带赞，叙赞结合，充满了溢美之词。随后又自叙家世五代的情况，也多是颂美之辞。此文不但具有十分重要的史料价值，从文体学的角度来看，也有很多独特之处。首先，它运用了大量的四言句（因为不同的专家句读不同，四言句的句数统计也有差异）。其次，整篇文章几乎可以说是全篇入韵（文中括号中斜体部分）。虽然铭文押韵现象不少，最早的押韵铭文名篇可以追溯到武王时期的《天亡簋》，但是既多运用四言句，又通篇押韵的长篇铭文实属少见，可算是精心建构的佳作。

与《史墙盘》类似的长篇追孝铭文还有《大克鼎》：

> 克曰：穆穆朕文祖师華父，恩𤔲厥心，宔静于猷，淑哲厥德，肆克龏保厥辟恭王（平陽陽），諫辥王家（平麻魚），惠于萬民（平真真），柔遠能𨔶，肆克智于皇天（平先真），頊于上下（上馬魚），得純亡敃（上軫真），賜釐無疆（平陽陽），永念于厥孫辟天子，天子明哲，覲孝于神（平真真），經念厥聖保祖師華父，劤克王服，出入王令，多賜寶休。丕顯天子，天子其萬年無疆（平陽陽），保辥周邦（平江東），畯尹四方（平陽陽）……（《集成》2836）

此文作于稍后的西周孝王时期，册命仪式（引文省略）更加规范完整，显示了此时铭文惯于记载交代册命仪式规程的特点。但除了这些固定格式之外，铭文前面一大段都用来追孝和夸赞克的祖父师华父。同样，本文也运用了大量的四言句，也注重押韵（文中括号中斜体部分）。我们发现，无论是《史墙盘》还是《大克鼎》，其写法都和《诗经·大雅》的史诗很类似。如《大雅·大明》中赞美文王："维此文王，小心翼翼。昭事上帝，聿怀多福。厥德不回，以受方国。"这和《史墙盘》对六王的概括描述十分相似。不但描绘周代诸王的史实，更兼有德性的赞美，是叙赞结合的典型代表作，颂赞之情溢于言表。

从青铜器分期和文化史的角度来看，西周穆王前后是一个非常重要的转折点。马银琴在研究西周诗史时认为，西周穆王时代发生了比较大的文化改革，也进行了一次较大的《诗经》文本编纂工作。[1]《史墙盘》的作者墙作为史官，理应掌握了较多的文化资源，并熟悉各种文章的写作方式，因而很有可能会受到《诗经》写作方法的影响。因而，在铭文的写作中，也很容易借鉴《诗经》。从克所受的赏赐和领地可以看出，克所在的家族也必定是当时一等一的显赫家族，他所受的文化教育和熏陶也一定最优质的。因此，不论

---

[1] 马银琴：《西周诗史》，扬州大学博士学位论文，2000年，第88页。

是从内容还是结构形式上来看,这种整体的长篇追孝铭文都可以算是嵌入了大篇幅叙赞颂歌的模式。

不过,这种颂歌模式还不是很成熟,涉及具体事件的描写时,很容易散体化。如《史墙盘》中这一小段:"雩武王既找殷,敷史烈祖逦來見武王,武王則令周公舍宇于周,卑處甬。"可见,要将稍微复杂一些的事情表达清楚,仍然很难做到四言化和韵化。这一点和《诗经》还存在较大的差距。正是这种差距使这一类颂歌多数仅仅在音步节奏和音韵节奏的形式上具备了歌的特点,即句式和押韵。但真正具体到内容的描述上,就易流于高度地概括和抽象,而不能具体到细节的描写,因而很难有形象和画面。我们可以将《大雅·大明》与之比较。同样是描写周朝的史诗,但《大明》除了与铭文类似的抽象描写之外,还有一些场景和细节的描写,有人物形象的刻画,呈现出较生动的画面,如:"牧野洋洋,檀车煌煌,驷騵彭彭。维师尚父,时维鹰扬。凉彼武王,肆伐大商,会朝清明。"文中既描写了战争的场景,又用"鹰扬"二字精准形象地刻画了将领尚父精明强干的战斗状态。正因为有这些场景和人物形象,才使颂歌的感情更好地充盈期间,隽永无穷。就这点而言,西周宣王时期的颂功铭文《虢季子白盘》表现得就更加优秀了。该文不但有趋向整齐的四言句式,还通篇押韵,整体勾勒和细节描写也十分精彩。文中"趩趩子白,獻聝于王",使子白威风凛凛的形象穿透千古,展现在我们面前。

不过,无论如何,此时的追孝颂赞铭文已经掌握了形式上的音律要求,因而朗朗上口,能很大程度上激发歌颂赞美之情。这也是实现颂功目的的手段之一。

小　结

从以上分析可见,随着西周长篇铭文文体空间的不断拓展,其叙事手法不断丰富多样化，叙事功能也大幅增强，其训诰说理的逻辑也因伦理礼法的完善而越来越严密，并且还生发出纯粹的颂德赞歌，这些结构和内容的扩张逐渐掩盖了原本属于祭祀文格式中的重点——作器语和祝嘏辞——的重要性，成为西周铭文新的重要文体功能和特征。纪事是为了记载功业；训诰既有颂扬功德的目的，也有规范臣下行为的目的；追孝、颂功的叙赞更是直白的功业赞歌。总之，都是颂美文王和武王的善德、天命，旌扬自己或先辈在军事、政务等各方面对王室的贡献，以及祭祀人自己所获得的荣誉，所遵从的德性行为规范……这些内容的分量、撰写的方式方法和效果，某种意义上决定了作器的意义和器之轻重。同时，这也造成了铭文接受对象的重要变化。铭文的话语对象不再仅仅是神和亡者，而更多的是生人。作器者不但要向祖先和神灵通告功业、祈佑福泽，更重要的是要在世人面前维护王室的权威，巩固宗法家族大宗的影响力。宗教的目的更多地让位于现实的政治目的，实现政治功能。

基于这样的现实诉求，反过来使祭祀铭文文体空间拓展、篇幅变长得以可能，使藻饰文辞，讲究技法应运而生。呆板固定的铭文结构在政治功能的推动下蕴藏着一个文体革新的转捩点，蓄势而发，在客观上既推动了先秦散文叙事、说理功能的发展，同时还在《诗经》等韵文发展的背景下使散文具有了一定的抒情功能。除了祭器，此时还出现了很多纪功、纪言的用器，也为实现同样的政治功能。因而，其内含的文体发展空间也是相似的。

牛郎织女传说的日本受容[1]

白春香　卫懿嘉[2]

[摘要] 中日文化交流源远流长，牛郎织女传说也很早就传播到日本。牛郎织女在日本的传播中，日本没有全盘吸收，而是在本民族社会政治、宗教信仰、文化审美等影响下，进行文化过滤和文化选择，形成了具有日本民族特色的传说内容，表现出受容现象。论文从文化诗学的视角入手，切入文本具体分析了中、日牛郎织女传说的相通性和变异性，并借助比较文学变异学、文化传播学、文化人类学等理论，从日本多神教的文化语境、日本文化使者的阶级表达和日本海洋性的地缘文化三个维度，揭示了牛郎织女传说日本受容现象的深层文化根源。

[关键词] 牛郎织女传说　文化传播　受容

中日两国同处东亚文化圈，文化上具有相似性和同源性，但两国的发展状态不同。隋唐时期，中华民族已经发展完善甚至达到鼎盛时期，而日本处在巨大的政治、经济、文化落差之下。日本为了改变国家的发展现状，寄希望于强大的中华文化。于是，日本在同时期派遣了众多遣唐使、留学生和学问僧，掀起了日本全面吸收中国文化的浪潮。在中日文化的交流过程中，牛郎织女神话传播到日本，发生相应的涵化与变异，形成了具有日本民族特色

---

[1] 本文为晋中学院1331工程重点创新团队"民俗文化研究"项目的阶段性成果。
[2] 白春香，山西传媒学院教授，山西大学硕士生导师，主要从事文艺理论、中西文化比较等方面的研究；卫懿嘉，山西大学文学院2017级比较文学与世界文学专业硕士研究生。

的传说内容。美国文艺理论家韦斯坦因在《比较文学与文学原理》说:"比较学者在文学传播的比较、关照和研究中,发现文本之间逐字逐句模仿的例子少之又少,绝大多数表现为创造性的改变。"[1]通过文化选择和文化过滤,日本牛郎织女传说虽然在日本宗教信仰、思维习惯、伦理道德、文化审美等因素的影响下,对传说内容进行了创造性的改变,但也保留了一些重要元素。本文通过对中日牛郎织女神话文本的比较分析,揭示中日文化的异同,并进一步探讨牛郎织女神话日本受容的深层原因。

一、中日牛郎织女传说的相通性

中国牛郎织女传说源于古代先民们的星象神话,早在《诗经·大东》中就把牵牛织女星与农耕纺织联系在一起:"维天有汉,鉴亦有光。跂彼织女,终日七襄。虽则七襄,不成报章。睆彼牵牛,不可服箱"[2];到了汉代,牛郎织女传说在民间已经广为流传,汉末的《古诗十九首·迢迢牵牛星》就生动地展示了这一民间传说:"迢迢牵牛星,皎皎河汉女。……终日不成章,泣涕零如雨。……盈盈一水间,脉脉不得语"[3];李善为曹植《九咏》做诗注时也提到这一传说:"牵牛为夫,织女为妇。……七月七日,乃得一会"[4]。到了魏晋时期,牛郎织女传说得到了进一步的丰富和发展,《孝子传》的董永传说、《搜神记》的田昆仑传说、《搜神后记》的白衣素女传说等在民间都有很大影响,它们为牛郎织女传说的进一步发展提供了想象的空间。这时,牛郎织女传说已经基本定型,其中织女沐浴和七七相会的情节已经成为牛郎织女传说的基本要素。

中日两国同处东亚文化圈,人口迁移和文化交流频繁。南北朝时期,中

---

[1] [美]韦斯坦因:《比较文学与文学理论》,刘象愚译,辽宁人民出版社,1987年,第29页。
[2] 程俊英:《诗经注析》,中华书局,1991年,第629页。
[3] 徐陵:《玉台新咏》,古籍出版社,1982年,第160页。
[4] 马茂元、缪钺、霍松林等:《先秦汉魏六朝诗鉴赏辞典》,三秦出版社,1995年,第443页。

国的大陆纺织集团因战乱东渡日本，不仅带去了先进的纺织技术，而且促进了牛郎织女传说的口头传播。之后，日本被中国的技术和文化所吸引，在唐朝时期派遣了大批遣唐使出使中国。这些日本文化使者，也把有关牛郎织女的传说传播到日本，并逐渐形成了具有日本特色的牛郎织女传说。虽然日本牛郎织女传说和中国牛郎织女传说相比，产生了一定的变异，但也基本保留了织女沐浴和七七相会的情节，这在本质上体现了中日相似的文化思维和信仰。

（一）"织女沐浴"的祓禊信仰

牛郎织女传说中的织女下凡"沐浴"情节，使织女从神仙转变为凡人，并且与凡人牛郎结婚生子，摆脱了人神相恋的禁忌。这一行为，与我国传统上巳节习俗有关。《诗经·郑风·溱洧》中记载："溱与洧，方涣涣兮。士与女，方秉蕳兮。……洧之外，洵訏且乐。维士与女，伊其相谑，赠之以勺药。"诗中描写了郑国三月三上巳日，青年男女在溱水和洧水岸边游春的情景。男男女女在水边手拿香草，相互调笑，赠送芍药表达爱意。这一习俗，使青年男女之间的性禁忌和伦理约束被遗忘，满足了人性的生命欲望，是原始文化中的生殖崇拜的表现。同时，牛郎织女传说也是我国"男耕女织"的小农经济的产物，祓禊行为还和农耕文化中的水神崇拜息息相关。农业的发展离不开水神的保佑，进行祓禊仪式，使农业能够风调雨顺、五谷丰登。可见，牛郎织女传说中的沐浴情节，体现了中华民族先民们朴素的生殖崇拜和水神崇拜，寄寓了他们浓厚的祓禊信仰。

日本民众深受传统神道教的影响，他们认为自然界中的万物都是有灵的，水在民众的生产生活中扮演重要的角色，是人神相通的桥梁，是禳灾祈福和繁衍后代的象征，这一宗教思维模式与我国祓禊信仰具有相通性。所以，在中日文化交流中，日本对我国的上巳习俗产生了浓厚的兴趣，并在每年三月三日举行水边祓禊的仪式。《续日本纪》记载："龟神五年（728）三月己亥（三日），天皇御乌塘宴五位已上，赐禄有差。又召文人令赋曲水之诗"[1]；《源氏物语·须磨卷》也记载："三月三上巳日召阴阳师行祓，置人形于舟内放诸中流。"[2]可见，三月三日使用"人偶"进行祓禊习俗，借助水神的力量，把一切污秽灾难都冲走，在日本已经是很重要的节日。除此之外，日本的祓禊仪式也具有生育功能。《古事记》记载：伊邪那岐从黄泉国逃出来后，在筑紫日向的橘小门的阿波岐原进行了祓禊。黄泉国是极尽污秽之地，伊耶那岐为洗除污垢而进行沐浴，在沐浴中与神灵相交后创造了被奉为日本天皇始祖的天照大神。

可见，中日宗教体系中的祓禊信仰在生殖崇拜和神灵崇拜方面具有相通性。正是这一相通性，使得日本牛郎织女传说保留了织女下凡沐浴的情节，并促进了牛郎织女传说的日本传播。

（二）"七七相会"的神灵崇拜

牛郎织女传说中，织女是天上的仙女，牛郎是人间凡人，人神身份的悬殊，注定牛郎织女必然分离的命运，一年一次的"七七相会"也成为中国人民追求浪漫爱情的神话原型。但为什么选在七月七日呢？我国先民们常用月的盈亏来预示人的生死，七月正好接近满月，代表着能够打破天界与人间的禁忌，实现灵魂转世，人神相通；而"七日"在顾禄《清嘉录》被称为"人日"，是去世的人再一次复活，实现人神相会。所以，在中国先民的文化观念中，"七月七日"代表着人神相通，人神相会。晋代张华《博物志》中曾记载了七月七日汉武帝寻仙访药，与西王母相见的场景："时西王母遣使乘白鹿告帝当来，乃供帐九华殿以待之。七月七日夜漏七刻，西王母乘紫云车而至于殿西，南面东向，头上大华髻，青气郁郁如云。有三青鸟，如乌大，立侍母旁"[3]。西汉时期，方士大量崛起，谶纬神学受到汉武帝的重视，汉武帝祈求长生不老，寄希望于不老之神王母娘娘，王母娘娘作为天上的女神，

---

[1] [日]神宫司厅编：《古事类苑·岁时部》，吉川弘文馆，1981年，第1080页。
[2] [日]紫式部：《源氏物语》，殷志俊译，远方出版社，1996年，第395页。
[3] 张华：《博物志》，贵州人民出版社，1990年，第662页。

于七月七日驾着青鸟下凡与武帝相会。所以，牛郎织女传说中，牛郎织女的人神相会，也只有在七月七日这天，才能打破了"人神有别"的禁忌，实现一年一次的浪漫相约。

日本是一个多神教国家。大约在公元6世纪的飞鸟时代，佛教通过朝鲜半岛的百济传入日本。圣德太子摄政后，佛教正式获得皇室支持，在贵族阶层中迅速传播，逐渐超过了日本的本土宗教。为了与佛教分庭抗礼，根据"天皇信佛法，尊神道"，于是以神道教冠名作为日本的本土宗教。神道教中的祖先崇拜与佛教中的"盂兰盆会"相融合，形成了日本重要的传统节日，被称为"盆祭"，在每年的七月举行。在盆祭来临之前，日本会放长假做准备，进行"迎魂式""灵台供奉""送魂式"等仪式，认为这天祖先的灵魂会从天上回到人间与亲人相会，实现人神相通。正是这一文化观念的存在，牛郎织女神话在日本传播的过程中，保留了七月七日牛郎织女相会的内容，因为它正好契合了日本民众的宗教信仰和精神诉求。

综上所述，牛郎织女传说在中日两种异质文化的交流过程中，之所以都保留了织女沐浴和七七相会的情节，主要在于中日文化在祓禊信仰和神灵崇拜等方面是相通的，体现出中日文化思维与认知的共通性，正是这一共通性的存在，才使得牛郎织女传说在日本能够得到顺畅的传播与发展。

二、中日牛郎织女传说的变异性

在比较文学领域，大多数学者对不同文化在跨文化传播中的认识，只是基于"求同"的基础上，对"求异"没有过多的深入探讨。曹顺庆先生另辟蹊径，在2005年《比较文学学》中首次提出了"变异学"的概念，从变异的角度来审视文学文本在跨文化传播中的接受现象，其中包括同一文化圈的异质性探究。中日两国虽同属于东亚文化圈，但具有不同的文化发展模式，在信仰体系、价值观念、思维习惯、文化传统等方面都形成了迥异的民族特性。任何文化的"民族特性"一旦形成，就具有"壁垒性"特征，在文化传播过程中，就会不自觉地对文化进行过滤以符合自身需要，致使文化出现创造性变异，牛郎织女传说日本传播就是一个典型的例证。牛郎织女神话在日本的传播过程中，受到日本文化语境的影响，表现出许多契合日本民众审美需求的创造性变异，主要体现在牛郎身份转变、牛郎升天情节、银河形成方式、渡河相会内容等四个方面（见表一）。

表一　中日牛郎织女传说的变异性

	牛郎身份转变	牛郎升天情节	银河形成方式	渡河相会内容
中国	放牛郎	披牛皮	王母娘娘用神簪划成	织女驾车跨鹊桥与牛郎相会
日本	猎师、渔夫、樵木	借助竹子攀援	切瓜姿势错误引发洪水	牛郎划桨坐船与织女相会
变异原因	狩猎文明、岛国文化、森林崇拜	竹信仰	瓜禁忌	访妻婚、海洋文明

（一）牛郎身份的转变

日本著名的民俗学家柳田国男和关敬吾在田野调查和七夕文化的研究中，关注到牛郎身份的转变。柳田国男在其著作《犬饲七夕谭》中，搜集到日本肥后地区（今熊本）流传的牛郎织女传说，记载如下："犬饲藏匿了七夕的衣服而结婚。三年后，犬饲给七夕看了衣服，七夕穿上衣服便飞走，并告诉犬饲做一百双草鞋，埋在丝瓜下攀援升天而相会。犬饲心急只做了九十九双鞋，差一双不能升天。犬饲身边的狗先跳上去，犬饲抓着狗的尾巴登上天。登天后，犬饲按照七夕母亲的吩咐去耕种，口渴时未听'禁止切瓜'的禁忌。切开瓜后引发大水，将两人分开。"[1]在这个传说中，牛郎的身份成为犬饲，犬在两人相会中发挥了重要作用。在牛郎织女传说的日本传播

---

[1] 毕雪飞：《七夕传说研究史》，山东大学博士学位论文，2011年。

过程中,"牵牛星"受容成"义犬星",野尻报影式曾在《日本星明事典》中说:"日本的'义犬星'形状像牵引的两只狗,是中国'牵牛星'的变形。"[1]日本文化体系中很少出现星象传说,"义犬星"的命名显然受到牛郎织女传说的影响。在中国的农耕文明没有传入日本之前,日本社会处于狩猎文明阶段,在狩猎过程中,犬经常穿梭于树林之间,用于导引方向和抵御危险,发挥了重要作用。所以男主人公的身份不再是放牛郎,而成为猎师或者狩人,这是日本独特的社会文化语境决定的。

牛郎的身份除了猎师,还存在渔人的身份。根据日本奈良时期的《近江国风土记》《丹后国风土记》和《骏河国风土记》的记载可知,当时流传着日本羽衣仙女传说。《骏河国风土记》记载:"昔有神女,自天降来,曝羽衣于松枝,渔人拾得而见之,其轻软不可言也,所谓六铢衣乎,织女机中物乎。神女乞之,渔人不与。神女欲上天而无羽衣。于是,遂与渔人为夫妇,盖不得已也。其后一旦女取羽衣,乘云而去。其渔人亦登仙云。"[2]这则羽衣传说是从日本牛郎织女传说中发展而来的,情节结构具有相似性。牛郎的身份是渔人,这与日本四面临海的岛国生存环境有密切的关系。

除此之外,牛郎的身份还存在樵夫的角色。在柳田国男的研究基础上,其学生关敬吾继续从事民间文学中七夕传说的整理与研究,编纂出《日本昔化大成》(全11卷)。在此书中,关敬吾整理出来的日本四国岛流传的牛郎织女传说中,牛郎的身份是樵夫。牛郎的身份又成为樵夫,这实际上也是与日本的宗教文化信仰密不可分的。日本的传统宗教是神道教,其核心内容是泛灵论信仰,认为世间一切万物都是有灵魂的,能够实现与神灵的沟通。日本当代学者梅原猛先生在《森林思想》一书中曾直言不讳地指出,日本的神道教本来就是森林的宗教。日本人生活在岛国的自然中,最先从森林身上发现自然的美,他们对森林的崇拜源远流长,成为日本自然观的根基。如日本五行的推移顺序是木、火、土、金、水,其中以木为首。在日本民众的思维

---

[1] [日]胜俣隆:《七夕传说的发生与变容》,古事记年报,2006年,第22页。
[2] [日]中村启信:《现代语翻译本.风土记》,都株式会社,2015年,第241页。

观念中，森林是神灵栖息之处。他们最早祭祀的不是神殿的神佛，而是森林，即所谓的森林神，森林成了日本历史文化和文学艺术创造的源泉。在此影响下，日本牛郎织女传说的男主人公身份受容成樵夫，以此契合日本民众对森林神的崇拜。

可见，日本牛郎织女传说中，牛郎身份的转变与日本的狩猎经济、岛国文化和宗教信仰有关。牛郎织女传说在日本的传播过程中，随着社会环境和文化发展的不同，传说内容也随之发生改变。牛郎身份的受容，更加契合日本民众的生活习性和思维习惯，便于牛郎织女传说的广泛传播。

（二）牛郎升天情节

日本牛郎织女传说中，织女发现羽衣后主动升天，临行前告诉男主人公升天的秘诀——利用植物的藤蔓，尤其是青竹，竹子在帮助牛郎升天的过程中发挥了重要作用。在日本文化中，竹子在宗教信仰、文学创作、民风民俗中具有神圣意义。它不是自然界中普通的植物，而成为一种文化符号，在日本文明中具有深刻的内涵。

日本处于岛国，繁茂的竹林占据很大的面积，与民众的生活紧密相连。从竹笋到竹子，都具有极其旺盛的生命力，形状外直中空，形似女性的子宫，具有神秘的生殖力，形成了日本的"竹生殖信仰"。这种信仰，影响了日本的文学创作与民风习俗。日本第一部以假名文字书写的《竹取物语》，主要讲述了伐竹翁在竹根发光的竹子里，发现美丽女孩辉映姬的故事。辉映姬出生于竹根发光的竹子里，可以从两个角度分析：第一，竹根的生物性特征。竹秆由秆基、秆柄、秆组成。秆基部分节间短而粗大，是发芽长笋之处。秆柄是竹秆的最下部分，与竹鞭或与母竹的秆基相连，形成竹子地上与地下系统连接输导的纽带。可见，秆基形如人类胎儿所在的母体子宫，并有细小的秆柄做导管与母体相连，形成日本文学中特有的女性崇拜和生殖崇拜信仰。第二，竹根的日本语特征。根在日本语言文学中，具有"根本、根源"的含义，寄于新生命诞生之意。物语文学中的"竹生殖信仰"，体现了日本的竹灵崇拜。

同时，在日本牛郎织女传说中，由牛郎织女传说衍生出的七夕风俗，在每年的七月七日举行。这一日子与被视为神体的竹笋长成新竹的时间相吻合，在竹文化中具有重要意义。圣武天皇有文曰："七夕节句星祭，朝廷做诗挂短册于竹。"[1]民众为了乞求愿望实现，会在竹子上用纸条写上自己的心愿，借助神灵去实现。在丧葬仪式上，人们用青竹围住灵柩。青竹具有驱除污秽的作用，能够使死灵往生净土，不再受鬼灵缠绕。竹子在民众的生活中具有神圣不可侵犯的意义，通过它可以直达神的世界。所以，牛郎借助竹子升天，是希望借助神灵的力量去实现与织女相会的愿望。

（三）银河形成方式

牛郎织女传说中，身份迥异的牛郎织女试图冲破人神相恋的禁忌和"父母之命，媒妁之言"的封建礼教，结果被王母娘娘以神簪化银河而阻断婚姻。而在日本牛郎织女传说中，牛郎织女分开不在于封建礼教的压迫，而是牛郎切"瓜"姿势有误而引发洪水。这一情节的设置与日本的"瓜信仰"和"瓜禁忌"的文化观念有关。

在日本文化观念中，特别重视女性生殖崇拜，他们在生产生活中常用实物来象征女性器官和母体生育本身，赋予和真体一样的功能，并赋予某种神奇的力量。"瓜信仰"就是最典型的。日本先民用瓜替代女性性器，瓜水隐喻羊水，瓜籽象征子嗣，在这种思维基础上衍生出瓜中生人的神话。关敬吾在《日本民间故事选》记载了"瓜姬"的故事："从前，有位老爷爷和老奶奶，老爷爷上山砍柴，老奶奶到河边洗衣服。有一天，河里漂来一个瓜，老奶奶把瓜捡回家，放在柜子里。等老爷爷回来准备切瓜的时候，瓜自己分成两半，从里面出来了一个可爱的姑娘，老爷爷和老奶奶高兴极了。这个姑娘每天织布且织得特别好，取名为瓜姬。"[2]瓜姬的诞生，表明瓜作为神秘生殖

---

[1] [日]室井绰：《七夕竹富士竹类植物园报告》，1998年，第10–11页。
[2] [日]关敬吾：《日本民间故事选》，金道权等译，中国民间文艺出版社，1982年，第158页。

力的寓体，暗示着人出自自然，与人的行为没有必然的联系，体现了日本宗教体系中浓厚的瓜信仰。

在日本宗教文化语境中，瓜信仰中存在"瓜禁忌"部分，严格约束民众的行为，以对人的行为有约束力甚至惩戒意义。在瓜信仰中，如果切瓜姿势错误，会迫害神灵，形成民间的"瓜禁忌"习俗，引发洪水。日本民俗学家柳田国男在《瓜子织姬》里曾说："瓜和大水的关系是日本独特的构思，与民间信仰密不可分。"[1]民众在神道教思想的影响下，认为瓜不是简单的植物，而是具有神性，能够实现与神灵的沟通。在日本七夕祭中，民众用瓜果去供奉，祈求神灵的保佑。可见，日本对瓜有一份神圣的情感，是神灵的寄存地。这一民间信仰在民众的思维习惯中根深蒂固，所以牛郎织女传说传入日本后，对银河形成进行了适合本民族文化的受容：牛郎在切瓜时竖着切，切断了与神灵的联系，破坏了瓜的禁忌，引发了洪水，这一变异显然更符合日本民众的宗教情结。

（四）渡河相会内容

中、日牛郎织女传说都保留了七夕相会的传说内容，这与中日民众对美好婚姻的情感诉求是一致的，但是在情节发展方面有些不同。主要表现在渡河工具与渡河主体方面，这与日本的海洋文明与访妻婚制度具有密切的关系。在日本牛郎织女传说中，牛郎织女相会不再是动人的鹊桥传说，而受容成牛郎划桨坐船与织女在海边相见，具有显著的日本审美特征。

从地缘政治来看，日本是岛国，是一个名副其实的海洋国家，因而日本的海洋文明发达。受此影响，日本牛郎织女传说中的渡河工具是桨、船等，这在日本和歌中都有记载。比如，《万叶集》卷十2029："桨击银河水，闻声恋意浓。牛郎同织女，今夕喜相逢"[2]；卷十2067："银河渡口深，宜把渡

---

[1] [日]柳田国男:《日本的昔话》，李凤霞译，西南师范大学出版社，2017年，第85页。
[2] 杨烈译:《万叶集》，湖南人民出版社，1984年，第405页。

船寻,摇桨君来矣,吾闻舟楫声。"[1]可见日本牛郎织女传说中,是利用船只渡河来相会,而舍弃了中国传说中的鹊桥。这可能主要有以下几点原因:第一,气候环境不利于鹊的生存。日本是个岛国,属于海洋性气候,经常刮大风。喜鹊的巢筑得又高又大,且繁殖期正好是海洋季风气候,不利于喜鹊存活,因而日本无鹊或是少鹊,不会产生关于鹊的传说。陈寿《三国志·魏书·倭人传》中曾这样描述日本:"种禾稻纻麻,蚕桑,缉绩,出细纻,缣绵;其地无牛马虎豹羊鹊。"[2]《晋书》中的《倭人传》亦基本沿用此种说法。第二,船在日本文学中的宗教意义。在纪记神话中,船不仅是生活实践中最常用的交通工具,而且是众神往来于"天界"与"凡间"的沟通方式。《日本书纪》曾说,"常有天神之子乘天磐船自天降止""且朕所乘船既奉於神"[3]等,这些记载表明"船"已经远远超越了"船"本身所具有的工具意义,而成为连接"凡世"与"天界"的重要纽带,能够实现人神沟通。第三,船具有单向性的情感隐喻。日本牛郎与织女借助船来相会,一方只能去寻另一方,情感表达偏重哀伤幽怨,是日本"物哀情结"的体现。"鹊桥"相会,两方可以朝同一个方向前进,情感表达具有双重性,除了相会时的欢喜,还有别离的惆怅。所以,牛郎织女相会时渡河工具的选择,和日本独特的生存语境和审美情感是紧密联系在一起的。

同时,成书于奈良时期的《万叶集》,也记载了大约130多首七夕诗歌,其中几首诗歌描述了牛郎驾车与织女在海边相会的情景。无论是驾车相会,还是坐船相会,都是牛郎主动去寻织女进行约会,这种单向进行的爱情模式实际上源于日本早期的"访妻婚"制度。访妻婚是流行于日本历史上1000多年的招婿婚的最初形式,具体是指男女双方结婚后并不同居,而是各居母家,过婚姻生活则由男方到女方家造访来实现,或短期居住,或暮合朝离。这种婚姻制度以女性为主体,母权受到尊重。女性地位尊贵,是女性崇

---

[1] 杨烈译:《万叶集》,湖南人民出版社,1984年,第410页。
[2] 陈寿:《三国志·卷三十》,中华书局,2011年,第641页。
[3] [日]宇治谷孟:《全现代语译本.日本书纪》,讲谈社,1995年,第57页。

拜的一种表现。据史书记载，日本的第一个国家是由女性来统治管理的，之后也有众多的女性天皇继位，这与女性的宗教神性有关。《魏志·倭人传》载："卑弥呼'事鬼道，能惑众'。年已长大，无夫婿，有男弟佐治国。为王之后，少有见着，以婢千人自侍，唯有一男子给饮食传辞出入。"[1]女王卑弥呼是一个以"事鬼道，能惑众"为主要手段的统治者，在万物有灵的原始宗教社会，一个能够与鬼神沟通的巫师很容易统治人们的精神世界。可见，女性在日本远古时期受到崇拜，在国家事务和宗教体系中占有重要地位。在日本牛郎织女传说中，织女发现羽衣后主动离开，牛郎借助竹子升天与织女相见，并且在七夕之夜划桨坐船与织女相会，同样也是受"访妻婚"制度的影响，这与中国的男尊女卑和嫁娶婚思想是完全不同的。

三、牛郎织女传说日本受容的深层文化原因

通过对中日牛郎织女传说的比较分析，可知日本牛郎织女发生了受容现象。那么，其内在的深层原因是什么呢？我们只能从日本文化的独特性来做出回答。牛郎织女在日本的传播过程中，由于深受日本民族"文化壁垒"的影响，被不断地进行文化过滤和文化吸收，最终形成了情节迥异的日本牛郎织女传说。所以，分析日本牛郎织女受容的深层原因，只能从独特的日本文化中加以探究。

（一）日本多神教的文化语境

北大著名学者严绍璗先生在文化传播的过程中注重文化运行的内部机制，提出了"文化语境论"[2]。"文化语境"指的是在特定的时空中由特定的文化积累与文化现状构成的"文化场"，实际上存在着三个层面。第一层面是

---

[1] 陈寿：《三国志·卷三十》，中华书局，2011年，第642页。
[2] 严绍璗：《比较文学与文化"变异体"研究》，复旦大学出版社，2011年，第56页。

"显现本民族文化沉积与文化特征的文化语境";第二层面是"显现与异民族文化相抗衡与相融合的文化语境";第三层面是"显现人类思维与认知的共性的文化语境"。因此,揭示日本牛郎织女传说的发生学轨迹,首先应该借助"文化语境",在"文化语境"中"还原"文学文本。

从中、日牛郎织女传说的比较研究中可以看出,日本传说在情节发展和物象选择上更具宗教色彩,这在本质上与日本多神教的文化语境是分不开的。日本学者松村明在《大辞林》曾提到,"神道是支撑日本民族生活态度和理念的传统宗教"[1],神道教是在日本岛国环境和民众思维认知的基础上,不断形成的宗教行为,是日本最早的宗教信仰,它发端于上古时代的神灵崇拜原始神道,距今已有两千多年的历史,最核心的思想是"万物有灵"观念。日本学者本居宣长认为:"神即天神地祇以及祭祀在神社中的御灵。此外,人固不必说,鸟兽草木海山等也是神灵,……各有高德。"[2] 神道教将世间万物与天神联系起来,如看似普通的竹子、瓜果、河水等,在日本民众的思维观念中都具有神圣性和宗教性,这显然是日本本民族的文化沉积与文化特征,它是形成日本牛郎织女传说独特性的根本原因。

6世纪之初,随着中日文化交流不断深入,中国儒释道思想与日本传统神道教相融合,形成了日本比较完整的宗教体系。在此进程中,圣德太子发挥了巨大的推动作用,进行了一系列的推古改革,颁布了《十七条宪法》和《冠位十二阶》,确立了"神佛儒一体化"思想。佛教中的盂兰盆节与日本神道教中的祖先崇拜相融合,形成了日本的"七夕盆祭",在每年的七月举行。民众认为在盆祭这天,去世的祖先能够返回人间与亲友相聚,实现人神沟通。日本牛郎织女传说保留了牛郎织女七月七日相会的传说内容,表明了日本在接受外来文化的时候,能够吸收异域文化的精华并将之融合在本民族的文化血液中,同时在日本独特文化的影响下,牛郎织女传说也发生了变异现象。比如,对于传说中的牛郎借助竹子升天、牛郎织女因破坏"瓜禁忌"而

---

[1] [日]松村明:《大辞林》,三省堂,1988年,第1248页。
[2] [日]石田一良:《日本文化史——日本人的内心和外形》,东海大学出版社,1989年,第236页。

形成银河被分隔等情节内容，我们不能将竹子、瓜等看成普通的植物，而要结合日本多神教文化，研究这些植物背后的审美意义与神圣情感，从而领悟其独特的文化意义。显然，在日本牛郎织女传播过程中，中日两种不同文化既有融合更有抗衡，这既源于中日先民共有的人类思维与认知，更体现了日本民族独特的文化特征。

综上所述，通过严绍璗先生"文化语境论"对日本牛郎织女的受容现象的透视，我们不难看出，日本多神教的文化语境使日本牛郎织女传说在情节发展、物象选择和情感方面具有宗教色彩。只有把日本牛郎织女传说放到日本多神教的文化语境中，对其所包含的象征意义和隐喻内涵进行具体的分析，才能更好地分析该传说的宗教受容意义。

（二）日本文化使者的阶级表达

从文化学的意义上说，任何一种文化都是特定时间及空间的产物，同时又是超越时空的延续。在文化传播的过程中，由于受"中间媒体"的阐释，任何文化都会由"事实的文化"演变为"描述的文化"，这便是"文化阐释"的本质特征。牛郎织女传说从中国传播到日本，经过日本文化使者的文化阐释，必然会产生受容现象。

牛郎织女传说从星宿神话的孕育产生，不断受到时代风气与世俗民情的影响，逐渐演变成家喻户晓的民间传说。在发展的过程中，牛郎织女传说虽然出现了许多异文，但是都反映了民间百姓对平等婚姻的追求和对封建礼教的痛斥，与世俗民情紧密相连。随着中日文化交流不断兴盛，日本天皇在奈良时期派出大量的文化使者来华学习。他们对牛郎织女传说及盛大的七夕文化产生巨大的兴趣，回国后将其传播到贵族文化圈。在此过程中，日本文化使者充当了牛郎织女传说传播的媒介。他们的身份大多都是贵族阶级，经他们传播的牛郎织女故事在内容发展和情感主旨上，都必然体现贵族阶级的思想和意愿。当时，圣德天皇刚通过"大化革新"，使日本从奴隶社会进入封建社会。天皇和贵族需要采取相应的措施来维护封建统治，而中国牛郎织女传说所表现出来的反封建性是与他们的诉求格格不入的,所以,他们必然会对牛郎织女传说进行符合自己意愿的创造性改造。因此,我们看到,在日本牛郎织女传说中,牛郎织女的婚姻缺少封建家长的阻挠,更多的是织女找到羽衣主动升天离开牛郎,牛郎因切瓜姿势不当破坏"瓜禁忌"而引发洪水与织女分开。这种情节上的变异,把牛郎织女分开的原因归结为其自身的原因,而不是王权,显然更符合日本天皇的利益,也有利于巩固封建统治。

牛郎织女传说在中日文化间的流动,从而构成"文化的传递"。黑格尔在《历史哲学讲演录》中说"在语言体系中,历史是事实的描述,亦是事实的本身"。[1]黑格尔认为历史作为"事实的本身"是唯一的,然而它作为"事实的描述"却是多层面的。在人类的历史进程中,当我们面对历史的时候,我们面对的只是"事实的描述",而决不是"事实的本身"。日本文化使者依据当时社会和统治阶级的需要,对牛郎织女传说作了"这一个"的阐释,从而使传说中的相关情节进行受容,也深深地打上了日本文化的烙印。

(三)日本海洋性的地缘文化

文化人类学认为,地缘文化的产生、发展和演变是自然因素和人文因素共同作用的结果,即同一空间区域内的社会群体因受地理环境影响而形成独特内涵的文化系统,包括民众生活习惯、行为方式、伦理道德、心理结构、宗教信仰等各个方面。日本是个四面环海的岛屿国家,海洋性的地域环境是日本地缘文化产生的重要条件。梁启超先生曾言:"海也者,能发人进取之雄心也;陆居者,以怀土之故而种种之累生焉。"[2]日本作为典型的海洋国家,享有海运之便,形成对外开放的地缘文化。同时作为海洋民族,长期面对海洋会发生无数不可知的异变,譬如台风、暴雨、暗礁、骇浪等,使日本民众生活在无安全感和不断进取的压力当中,需要不断融合外来文化的优秀基因来强化民族文化。

---

[1] [德]黑格尔:《历史哲学讲演录》,王造时译,生活·读书·新知三联书店,1956年,第7页。
[2] 梁启超:《地理与文明之关系》,中华书局,1989年,第53页。

海洋性的地缘文化，使日本民族具有极大的开放性和包容性，积极从其他优秀民族文化中吸取新鲜血液。日本在历史上就不断地向中国学习各种先进文化，日本学者吉田茂说："古代的中国拥有非常先进的文明，对日本来说学习中国是一个莫大的恩惠。"[1]中日两国同处东亚文化圈，文化交流上具有优势和便利。中国地大物博，具有良好的农耕条件，四周较为封闭的自然环境，形成了男耕女织自给自足的小农经济，牛郎织女传说在此基础上形成。随着中日文化交流的兴盛，凭借大陆纺织集团和文化使者的助力，牛郎织女传说顺利传播到日本，发生了许多受容现象，形成了独具特色的日本牛郎织女传说。在此传说中，牛郎身份的转变和七七相会形式的变化与海洋性的地缘文化有关，与日本民众的现实生活联系得更加紧密。作为海洋民族，渔夫和樵夫是最常见的身份，船在民众生活中扮演着至关重要的角色，是与外界联系的桥梁。这些也成为日本牛郎织女传说的重要元素。

综上所述，地缘文化呈现出独特的民族特性和价值观念，体现出日本文化的开放性、主体性和整合性的特征。"一方水土滋养一方文化"，日本海洋性的地缘文化影响了牛郎织女日本受容方向，对牛郎织女传说进行了相应的文化过滤，以符合日本民众的生活环境和生存现实。

---

[1] [日]吉田茂：《激荡的百年史》，李杜译，陕西师范大学出版社，2006年，第14页。

作为观念的"词境"在晚清的传衍与深化[1]

陈水云[2]

[摘要] 作为一种词学观念,"词境"的审美内涵在晚清是逐步展开的,不但从创作的空实角度有深度论述,而且还从境界层深性角度进行心理分析,最后在清末民初出现了将词境与人生追求相关联,形成了陈廷焯的"沉郁"说、况周颐"穆境"说、王国维的"境界"说。

[关键词] 晚清　词学　词境　观念史

在晚清词坛,关于词境的探讨是一个非常重要的话题,从嘉庆时期郭麐、杨夔生论词品到同治年间江顺诒辑、宗山编订《词学集成》专列"词境"之目,"词境"一词从一般性品词评词术语成为一种美学追求,以词境的创造作为填词之目标,这一趋向进一步发展的结果就是王国维在1908年9月发表的《人间词话》中提出"词以境界为最上"的主张。

一、词境论溯源:从辨体到析品

"境"是在唐代发展起来的一个重要文论范畴,王昌龄首次提出"诗有三境",到中唐皎然、权德舆、刘禹锡等对其作了充实和发展,发表有"意

---

[1] 本文系教育部哲学社会科学研究后期资助项目"清代词学观念史研究"阶段性研究成果。
[2] 陈水云,武汉大学文学院教授,博士生导师。

与境会""境生象外""文外之旨"诸说,而晚唐司空图提出"思与境偕"说,要求有"象外之致""味外之味",对唐代意境论做了一个较为全面的总结,他的《二十四诗品》更是以形象而富有哲理的方式,对二十四类诗歌境界进行了鲜明而生动的呈现,"使人有涵咏无穷之感"。[1]意境论在宋代基本上是唐代的余绪,并无新创,直到明清才有新的进境,即由诗歌拓展到绘画、小说、戏曲诸多领域,在明清诗学中更时见对诗歌意境的精彩论述,朱存爵、胡应麟、陆时雍、王世贞、王夫之、王士祯、叶燮、沈德潜、翁方刚、袁枚等从不同角度丰富和发展了意境的内涵。

以境评词,特标词境,始于明末。陈子龙在谈到词的创作要求时,指出"其为体也纤弱、其为境也婉媚"的美学特质,认为五代北宋词可为其典范。明确把纤弱之"体"与婉媚之"境"相区隔,但体之"纤弱"与境之"婉媚"又是相关联的,在陈子龙看来,作为词史典范的五代北宋词,所表现出来的"高浑"才是词美追求的所在——"境由情生,辞随意启,天机偶发,元音自成,繁促之中,尚存高浑"。[2]进入清初,在陈子龙的基础上,毛先舒、毛奇龄、王士祯等进一步探讨了"词境"的美学品质,并将晚明时期未遑论述之处较为清晰地展现出来。一方面,从文体差异角度突显了词境不同于诗境的品性,如刘体仁说:"词中境界,有非诗所能至者,体限之也。"这种体性的限制或曰不同就是,一个要发乎情,止乎礼义;一个则是要极情之致,"极伤、极怒、极淫而后已";亦即"温柔敦厚,诗教也;陡然一惊,正是词中妙境"。[3]王士祯论诗词曲之别亦曰,"无可奈何花落去,似曾相识燕归来",定非《香奁》诗;"良辰美景奈何天,赏心乐事谁家院",定非《草堂》词;江顺诒认为此则是在讨论"诗词曲三者之意境",也就是谈诗词曲在意境上的差异。另一方面,则从美学特质的角度揭示了词境"意义层深"的特征,如毛奇龄说:"大抵词必有意、有调、有声、有色,人人知之。若别有气味

---

[1] 郁沅:《二十四诗品导读》,北京大学出版社,2012年,第2页。
[2] 陈子龙:《幽兰草题词》,陈立校点《幽兰草》,辽宁教育出版社,2000年,第1页。
[3] 刘体仁:《七颂堂词绎》,唐圭璋编《词话丛编》第一册,中华书局,1986年,第633页。

在声色之外,则人罕知者。"[1]在声色之外的"气味",说的就是语言世界之外的多重意蕴,也就是王士祯所说的"神韵"和贺裳所说的"词家三昧"。"欧、晏正派妙处,俱在神韵,不在字句"[2]"语淡而情浓,事浅而言深,真得词家三昧"[3]而毛先舒把它具体理解为"意欲层深,语欲浑成",指出:"作词大抵意层深者,语便刻画,语浑成者,意便肤浅,两难兼也。或欲举其似,偶拈永叔词云:'泪眼问花花不语,乱红飞过秋千去',此可谓层深而浑成。"[4]也就是说,在清初,人们对于"词境"的理解与认知,既注意到其外在之"体性",更注意到其内在之"气味"。清初词坛对于词境的关注,表明人们在观念上已把词作为一种文人之词而非伶工之词看待,伶工之词强调的是美听效果,并不在意词的意境,文人之词则会把意境的创造作为其终极之追求。不过,他们在创作上对于词美的追求大多停留在"婉媚"上,亦即重在外在体格,实未能进入到云间派所推崇的"高浑"之境。

在西泠、广陵诸派后,较有声势的词派是阳羡和浙西两派,但阳羡派过于执着现实关怀,对词境创造未曾着意,而浙西派主张对现实的疏远,特标"清空"之境,影响深远。

实际上,阳羡派在清初的影响范围并未逸出常州,当时最有影响的还是传承云间词风的西泠、广陵诸派,他们创作上追求的是晚唐五代北宋的婉艳作风。如"去矜(沈谦)诸词,率从屯田、待制两家浸淫而出,言情浓至,不欲多余秘,意得处,直欲据秦黄之垒!"[5]王士祯《衍波词》:"香艳惊人耳目,每读一阕,便称词坛大观,不知抹倒海内几许词人!"又如吴绮:"先生之词,香艳异常,词名《艺香》,其果称其实耶!"[6]但过于沉溺秾情丽

---

[1] 毛奇龄:《西河词话》卷二,唐圭璋编《词话丛编》第一册,中华书局,1986年,第579页。
[2] 曹尔堪等:《锦瑟词话》,朱崇才编《词话丛编续编》第一册,人民文学出版社,2010年,第116页。
[3] 贺裳:《皱水轩词筌》,唐圭璋编《词话丛编》第一册,中华书局,1986年,第701页。
[4] 王又华:《古今词话》引,同上,第608页。
[5] 邹祗谟:《倚声初集》卷八,顺治十七年大冶堂刻本。
[6] 聂先:《百名家词钞》,朱崇才编《词话丛编续编》第二册,人民文学出版社,2010年,第652、668页。

景不免流于鄙俗浅俚，因此，有的论者提出"大抵词多绮语，必清丽相须"的主张，有的作者表现出"秾艳中见高华，清新处见本色"的创作倾向。在浙派领袖朱彝尊看来，"惟清之至，乃能丽密"，"清"是诗歌中一种高远境界。像唐代孟浩然、宋代姜夔、明代徐迪功三人，"尽洗铅华，极萧散自得之趣，故独步一时"。[1]特别是姜夔的词，字雕句琢，律和格雅，可谓极词人之能事矣！朱彝尊的创作亦如其所言，艳情冶思出以清丽典雅，"填词家至与白石、玉田并称，竹垞亦自以为无愧"。[2]在他的倡导与影响下，浙派词人亦着意于对姜、张"清雅"词境的追求，如李良年自称，"布袍落魄，放浪形骸"，故晚年亦如玉田子（张炎）以填词自遣，人谓其诗清峭洒落，其词清丽可诵，"情韵之妙不减白石"。[3]杜诏曾拜竹垞为师，"窃闻其绪论"，人称其所作善于言情，曲尽缠绵之致，大要归于风雅。"有白石之清劲，梅溪之清逸，方之竹垞，实有过之无不及也。"[4]楼俨论词亦承续朱彝尊"以雅为归"，对于他人作品的评价特重其清雅作风，如评贺铸《捣练子》"词极古雅，章法亦清"，还极推其师孙致弥词"清空骚雅骎骎乎可追乐笑矣"，他之所作《八声甘州》"重九词"亦被吴衡照称为学姜张能得用古之诀的典范，"笔意清空不质实，其善用前人诗，殆不减苏公也"。[5]

到了厉鹗主盟词坛后，把朱氏的清雅之论转为清幽之境，以清为尚成为雍乾词坛的时代风潮。其《论词绝句》之五、之七说："旧时月色最清妍，香影都从授简传。""玉田秀笔溯清空，净洗花香意匠中。"此二诗一评姜夔的"清妍"，一赞张炎的"清空"，目的在标榜姜、张清雅之境。相对于朱彝尊的清雅，厉鹗更重视清幽，标举清、婉、深、秀，认为周邦彦的词"婉

---

[1] 贾文昭：《姜夔资料汇编》，中华书局，2011年，第124页。
[2] 王初桐《小嫏嬛词话》卷三，屈兴国编《词话丛编二编》第二册，浙江古籍出版社，2013年，第1085页。
[3] 陈廷焯：《云韶集》卷十六，屈兴国整理《白雨斋词话足本校注》，齐鲁书社，1983年，第363页。
[4] 徐葆光：《云川词评》，四库存目丛书集部，第266册，齐鲁书社，1997年。
[5] 吴衡照：《莲子居词话》，唐圭璋编《词话丛编》，中华书局，2005年，第2472页。

约隐秀，律吕谐协，为倚声家所宗"[1]"近时名胜，大都新绮有余，而深窈空凉之旨终逊宋贤一等"。[2]在他看来，学周而得其神髓者如张龙威："其词清婉深秀，摈去凡近。"[3]吴焯词："纡徐幽邃，悄恍绵丽，使人有清真再生之想。"[4]陆培词："清丽闲婉，使人意消。"[5]这表明他论词追求深秀缠绵的弦外余响，受其影响，雍、乾时期浙派词人大都以清雅为旨归。如赵文哲词："清虚骚雅，皆足与南宋人相上下。"[6]吴竹桥词："以清虚骚雅为归，卓然为当代名家无疑。"[7]朱适庭（昂）词："浏然以清，矛然以峭，宗法在白石、碧山、玉田、草窗诸家。"[8]

雍乾时期浙派词人以清为尚，并创作了大量境界清幽的作品，对于转变清初秾艳词风有重要意义。不过，"清空"原为众多词境中之一种而已，浙派词人却过尊白石，但主清空，将其它词境一律抹杀，尽行排诋，这一做法为人诟病，所以，在乾隆末年有吴锡麒重申传统正变之论，郭麐提出"词之为体，大略有四"之说，进而仿效唐人司空图提出了"二十四词品"。这二十四词品是：幽秀、高超、雄放、委曲、清脆、神韵、感慨、奇丽、含蓄、逋峭、秾艳、名隽（郭麐《词品》）；轻逸、独造、凄紧、微婉、闲雅、高寒、澄淡、疏俊、孤瘦、精炼、灵活（杨夔生《续词品》），尽管它们不能全部进入境界层面，但确实扩大了人们对于词风多样性的认知，而且也确实指出了词境多样化的问题，使得后来者在这一问题上走得更远，像姚燮概括有"五绝"（柔腻、疏秀、明润、俊逸、绵远）、陈廷焯提出"十二境"（雄阔、深厚、刻挚、幽郁、疏逸、冲淡、工丽、雅正、奇警、顿挫、纤巧、浑

---

[1] 厉鹗：《吴尺凫玲珑帘词序》，陈九思整理《樊榭山房文集》卷四，上海古籍出版社，2012年，第754页。
[2] 厉鹗：《陆南香白蕉词序》，同上，第752页。
[3] 厉鹗：《红兰阁词序》，同上，第752页。
[4] 厉鹗：《吴尺凫玲珑帘词序》，同上，第754页。
[5] 厉鹗：《陆南香白蕉词序》，同上，第752页。
[6] 王昶：《赵升之昙华阁词序》，陈明洁、朱惠国整理《春融堂集》卷四十一，上海文化出版社，2013年，第737页。
[7] 王昶：《吴竹桥小湖田乐府序》，同上，第738页。
[8] 王昶：《朱适庭绿荫槐夏阁词序》，同上，第737页。

融),等等。需要说明的是,郭麐、杨夔生、姚燮等虽然提出了词境多样化的问题,但是他们都只是以感性而形象的方式呈现了不同的词境,对于词境的本质、类型、特征等并未作深入探讨。

从清初的辨体,到中叶的析品,有了这样论述的基础,到晚清时期自然进入到理论总结阶段——论境,江顺诒、宗山还将以上言论汇集成编,在《词学集成》一书中专列"词境"一目,特别是如山(冠九)、蔡宗茂更对词境创造与意义生成作了鞭辟入里的论述。

二、空实与寄托:词境表现的艺术手法

在晚清,最有影响的是常州派,他们对于词境的认识是与比兴寄托相联系的,并把这一认识落实到具体的创作上。在他们看来,意境其实有"空境"与"实境"之别,这也是张炎所说的"清空"与"质实"之意,他在《词源》中把南宋词境归结为"清空"与"质实"两种类型。在清初,浙西派把"清空"与"质实"对立起来,而张惠言不满于后期浙派的唯姜张是尊("求空"),力主"比兴寄托""意内言外",但对唐宋词旨的解释又过于执着现实关怀("求实")。有鉴于此,周济在吸取浙派思想合理成分基础上,对于张炎的"清空""质实"之论作了新的解读,提出"初学词求空,既成格调求实"的创作主张。他说:

> 初学词求空,空则灵气往来。既成格调求实,实则精力弥满。初学词求有寄托,有寄托则表里相宜,斐然成章。既成格调,求无寄托,无寄托,则指事类情,仁者见仁,知者见知。(《介存斋论词杂著》)[1]

从周济这一段话,可以看出它有三层意思,首先,"空"与"实"并不

---

[1] 周济:《介存斋论词杂著》,人民文学出版社,1959年,第4页。

是对立的,它们是词境创造的两个不同阶段,是词境在不同阶段表现出来的审美形态。所谓"初学词求空",就是脱却有限实象的束缚,把作者的情感和思想贯注其中,让有限的实象生发无限的意义,这就是"灵气往来"的意思;所谓"既成格调求实",讲的是作品内容的充实与形象的饱满,体现出一种浑厚沉着的美,正如孟子所说"充实之谓美",周济也认为"实则精力弥满"。他自己的创作也是这样,人称其山水画"用笔沉厚,真力弥满"。[1] 其次,词境的"空实"是与寄托的"有无"联系在一起的,它们之间是一种辨证对待的关系,有寄托则词境当"求空",无寄托则词境当"求实"。所谓"求有寄托",是说作者当有感而发,他认为"有感而不作者矣,未有不感而作者也"。[2] 所谓"表里相宜,斐然成章",就是无形的情感与有形的表象相融无间,因为情感表达易流于率,故周济主张"求空",这样才会有物我为一、形象生动的"空灵"之美。所谓"求无寄托",也不是要放弃作者的情感,而是要求在艺术形象的塑造上,不能满足于情辞相称与形象生动,而应该追求象外有象,言外多旨,耐人寻味,亦即司空图所说的"超以象外,得其环中",从有限的形象里超越出来,传达一种言尽意无穷的韵味,给读者以广阔的想像空间,所以周济才会说"仁者见仁,智者见智"。在周济看来,无寄托要高于有寄托,词境的创造"求实"比"求空"更难。第三,改变张炎以清空、质实作为词境类型的划分依据,而是把它作为区分南北词史优劣的标准。他说:"北宋词,下者在南宋下,以其不能空,且不知寄托也;高者在南宋上,以其能实,且能无寄托也。南宋由下不犯北宋拙率之病,高不到北宋浑涵之诣。"这句话的意思是说,北宋词的特点在其"空",南宋词的特点在其"实",相对说来,他更喜欢北宋的"浑涵",空而能实,它的最大特点是无寄托,"珠圆玉润,四照玲珑"。[3] 周济后来把这一思想发展成为"浑化"说,并在《宋四家词筏序》中把周邦彦作为"空而能实"的典范来

---

[1] 蒋宝龄:《墨林今话》卷十一,上海古籍出版社,2015年,第229页。
[2] 周济:《丁俭卿颐志斋诗序》,《止庵文》,丛书集成续编本,第130页。
[3] 周济:《宋四家词筏序》,段晓华整理《周济词集辑校》,华东师范大学出版社,2016年,第155页。

标举，指出："要之以清真，圭方璧圆，琢磨谢巧，夜光照乘，前后举澈。"[1] 为达到这一目标，他指出了一条被称之为常州派家法的习词路径："问途碧山（王沂孙），历梦窗（吴文英）、稼轩（辛弃疾），以返清真（周邦彦）之浑化。"[2]

在周济之后，刘熙载对词境的"空实"论又有新发展，在《艺概》中提出"厚而清"说。[3]指出："词之大要，不外厚而清。厚，包诸所有；清，空诸所有也。"厚者，实也；清者，空也。他把周济的"空实"论换了一个说法，提出自己独有的"厚而清"论，"空与实"在周济那儿是分开的，"厚而清"在刘熙载眼中却是不可分的。相对于"空实"论而言，"厚而清"论更符合词体的自身特性，周济的"空实"论还有借言说话的成分，刘熙载的"厚而清"论则是道地的就词说词。

众所周知，清空是浙西派倡导的审美主张，这也是晚清许多论词者比较认同的观念，如孙麟趾、江顺诒、沈祥龙、谢章铤都有"词尚清空"的说法，而论词尚厚则是常州派力主的审美主张，这一观念也通过周济、宋翔凤、蒋敦复、谭献等得到进一步弘扬，而刘熙载作为晚清文艺美学的集大成者对上述诸家思想进行了综合。一方面强调词尚"清空""妥溜"，另一方面认为词也要尚风、尚骨，如何将这两者有机地结合起来？他提出了"寄言"说，何谓"寄言"？就是"寄深于浅""寄厚于轻""寄实于虚"，将沉实厚重的内容通过清空婉曲的形态表现出来，因此，当他谈到自己对黄庭坚《跋东坡〈卜算子〉》"似非吃烟火食人语，非胸有万卷书，笔下无一点尘俗气"一句的理解时，指出："词之大要，不外厚而清。"苏轼《卜算子》（缺月挂疏桐），原题"黄州定慧寺寓居所作"，该词借缥缈无踪的孤鸿抒写自己政治失意的孤独与悲愤，有如缪钺先生所说："用比兴之法，借孤鸿衬托，正

---

[1] 周济：《宋四家词筏序》，段晓华整理《周济词集辑校》，华东师范大学出版社，2016年，第155页。
[2] 周济：《宋四家词选序论》，同上，第148页。
[3] 参见滕福海：《〈艺概〉的"寄轻于厚"论》，《广西大学学报》1996年第4期，第72页。

足以表达其'幽约怨悱不能自言之情'。"[1]那么什么是"厚而清"呢？当然指的是《卜算子》一词在艺术表现上的举重若轻，刘熙载说："厚，包诸所有；清，空诸所有也。"这一句出自佛经偈语："但愿空诸所有，慎勿实诸所有。"这里借以比喻苏词其"厚"能包诸一切、其"清"能空诸一切的美感特质。由厚而清，"寄厚于轻""寄实于虚""寄深于浅"，是较之常州派寄托论更为符合艺术规律的表述，它克服了浙派专于"清空"，也避免了常州派过于"质实"的不足，能从文艺创作自身规律出发把内容的"质实"与表达的"清空"结合起来。其要求是先求"厚"（有寄托），再而求"清"（无寄托），也就是周济"初学词求空，既成格调求实"的意思。它最终所指向的是"空"而不离、"包"而不即的美，亦即周济所说的"浑化"，他还特地引用司空图和严羽所说为证，指出："司空表圣云：'梅止于酸，盐止于咸，而美在酸咸之外。'"严沧浪云：'妙处透彻玲珑，不可凑泊，如水中之月，镜中之象。'此皆论诗也，词亦以得此境为超诣。"[2]词境亦如诗境，其终极追求也是"透彻玲珑，不可凑泊"的浑化之美。

在刘熙载同时，发展周济思想的还有谭献，他在"空实"论基础上提出了"虚浑"说。他曾以"运掉虚浑"评张炎《高阳台·西湖春感》"能几番游，看花又是明年"二句，又评蒋春霖《水云楼词》云："婉约深至，时造虚浑，要为第一流矣！"前一句乃就运笔手法而言，后一句则针对蒋春霖整体风格而论，所谓"婉约深至"就是比兴柔厚的意思，所谓"时造虚浑"谈的是词境的绵渺幽深，有无限感慨却能化实为虚，轻灵而婉约，给人以无限的遐思，正如缪荃孙所说"旨深而词婉，神清而色艳"[3]。何谓"虚浑"？他在评王沂孙《高阳台》"残雪庭阴"一词时，引用《诗品》之语云："返虚入浑，妙处传矣。"按司空图《二十四诗品》论"雄浑"一品曰："返虚入浑，积健为雄。超以象外，得其环中。"郭绍虞先生解释说："何谓浑？浑，全

---

[1] 唐圭璋等：《唐宋词鉴赏辞典》，上海辞书出版社，1988年，第668页。
[2] 刘熙载：《词概》，上海古籍出版社，1978年，第121页。
[3] 缪荃孙：《国朝常州词录》，南京大学出版社，2011年。

也,浑成自然也。所谓真体内充,又堆砌不得,填实不得,板滞不得,所以必须复还空虚,才得入于浑然之境。""一方面超出乎迹象之外,纯以虚空,一方面适得环中之妙,仍不失乎其中,这即是所谓返虚入浑。"[1]王沂孙《高阳台》一词,为和周密寄越中诸友词,他们曾经在杭与越中诸友相与流连山水,两词表面写对周密怀想越中友人的理解,其实质却寄寓着词人对南宋旧游生活的感慨。正如先师王达津先生所说:"周密词写的是残冬天气,王沂孙词写的已是冬尽立春,其主题都是写百无聊赖的别愁离恨的,二词大都是有寄托入,即有朦胧的亡国哀感潜存于胸中,又以无寄托出,但只写离情别绪,没有什么明显的寄托。"[2]对于谭献的"虚浑"之论,过去似未能引起足够重视,其实这一思想关涉到谭献对于词境的认识。一方面,它与柔厚说互为表里,"柔厚"是对词旨提出的要求,"虚浑"是对于词境的追求;另一方面,它更是对周济"空实"说的发展,"虚"者空也,"浑"者厚也,实也,全也,由"空"到"实",是一种逻辑递进,其终点是"浑化"或曰"浑厚"。谭献发展周济的"浑化"("浑厚")为"虚浑",凸现了晚期常州派对于艺术创造的审美追求,既要像张惠言那样追求"比兴寄托",也要像浙西词派那样追求"清劲有力",这就是所谓"返虚为浑",有如邓廷桢比较姜夔、张炎异同时所说:"姜白石硬语盘空,时露锋芒;玉田则返虚入浑,不啻嚼蕊吹香。"[3]这样才能进入"惝恍迷离"的虚浑境界,如其评周济《蝶恋花》"柳絮年年三月暮"曰:"浑灏",评李符《疏影》"双桡且住趁花旋"曰:"惝恍迷离,意有所指"。评徐瑶《惜红衣》"云母屏前"引尤侗语云:"惝恍迷离,得神光离合之妙"。评吴锡麒《望湘人·春阴》曰:"迷离悒怏,若远若近。"这些评语指向的皆是词境创造的虚浑境界。

---

[1] 郭绍虞:《诗品集解》,人民文学出版社,1963年,第3-4页。
[2] 载唐圭璋等:《唐宋词鉴赏辞典》,上海辞书出版社,1988年,第2240-2241页。
[3] 邓廷桢:《双研斋词话》,唐圭璋编《词话丛编》第三册,中华书局,1986年,第2532页。

三、词心与词境：词境生成的心理机制

道光以后，以"境"说词品词已是比较普遍的现象，如顾广圻"化境"说、周济"转境"论、张鸿卓"词境"论，等等，但对"词境"论述比较有新意的当推如山和蔡宗茂。他们对"词境"论的发展是从审美主体的角度揭示了"词境"的生成机制及其审美心理。

如山有一篇《心庵词存序》被收入《词学集成》卷七，改称《都转心庵词序》。序云：

> "明月几时有"，词而仙者也。"吹皱一池春水"，词而禅者也。仙不易学，而禅可学。学矣，而非栖神幽遐，涵趣寥旷，通拈花之妙悟，穷非树之奇想，则动而为沾滞之音矣。其何以澄观一心，而腾踔万象。是故词之为境也，空潭印月，上下一澈，屏智识也。清磬出尘，妙香远闻，参净因也。鸟鸣珠箔，群花自落，超圆觉也。

江顺诒在这段文字之后有一句按语："以禅喻词，又为词家辟一途。羚羊挂角，香象渡河，知不仅为诗喻矣！"指明这段话就是以禅喻词，宋代严羽首倡以禅喻诗，清代厉鹗也有词分南北宗之说，如山这里借以喻示词人主体心境的虚静和意境生成之关系，宗白华先生分析说："澄观一心而腾踔万象，是意境创造的始基；鸟鸣珠箔，群花自落，是意境表现的圆成。"[1] "风乍起，吹皱一池春水"，是冯延巳《谒金门》词中的传世名句，它通过对自然景象的生动呈现状写人之内心情感的婉曲变化，这与禅宗"通拈花之妙悟，穷非树之奇想"有相通暗合之处，都是要求审美主体超越有形之景以达无穷之境。何以致之？先是屏智识，排除外在杂念的干扰，去除逻辑之维对形象之维的屏蔽，这样就会进入到"清磬出尘，妙香远闻""鸟鸣珠箔，群花自落"的审美境界，外在之物与内在之心融为一体，这时，心即物，物即心，

---

[1] 宗白华：《艺境》，北京大学出版社，1987年。

心物合一，一切为一，一为一切，人与天合，天人合一，这也就是禅宗所谓的"净因""圆觉"的境界。如山在序文中还特别称颂何兆瀛《心庵词》在心境上能超越有限而入于无限，进入佛教所说即色即相的境界："纤金缙绶，视若无有；现宰官身而说法，澄辟支果而离垢。啸咏则茅压屋头，谈谐则花飞天口。其言情也及情而不过乎情，其体物也寓物而不滞于物。吾知其游心太空而咒妙莲于飞珠矣！"很显然，如山对词境问题的论述，已深入到审美心理层面而非创作层面或文体层面，这是对以往相关论述的提升和深化。

蔡宗茂《拜石山房词序》也被收入《词学集成》卷七，文后有江顺诒按语。序云：

> 夫意以曲而善托，调以杳而弥深。始读之则万萼春深，百色妖露，积雪纼地，余霞绮天，一境也。再读之则烟涛澒洞，霜飙飞摇，骏马下坂，泳鳞出水，又一境也；卒读之，而皎皎明月，仙仙白云，鸿雁高飞，坠叶如雨，不知其何以冲然而澹，悠然而远也。

江顺诒的按语云："始境，情胜也；又境，气胜也；终境，格胜也。"在上一段对如山意境三层次论的基础上，江顺诒这里分析了每一层境界构成的内质——情、气、格。过去，对于意境构成之内质的理解，大多认为它就是情景交融，"情景者，境界也"。[1] 很显然，蔡宗茂并不满足于这一简单的解释，正如王夫之不满足于以情景交融论解释意境的生成，提出"有形发未形，无形君有形"的观点一样[2]，蔡宗茂也从意境层深的角度描述了其从较低层次进入较高层次的渐进过程，宗白华先生结合江顺诒的按语，谈到自己对这一句话的理解，第一层境界，"这是他对直观感相的渲染"，它以情为胜，呈现的是"象内之象"；第二层境界，"是活跃生命的传达"，即诗之情之神之力的活跃，以气为长，是需要通过抽象把握而获得的"象外之象"；第三层境界，"这是最高灵境的启示"，它大象无形，道体光辉，表现的是"象外环中"的

---

[1] 布颜图：《画学心法问答》，《画论丛刊》，人民美术出版社，1989年，第288页。
[2] 参见胡经之：《文艺美学》，北京大学出版社，1989年，第246-247页。

生命情调；这是一个"从直观感相的模写，活跃生命的传达，到最高灵境的启示"的过程[1]，亦即由象内之象→象外之象→无形大象，最后步入"环中"自见的境界。应该说，作为现代美学家的宗白华先生看到了艺术审美的层深性，而这一艺术审美的层深与主体认识的递进是相关的，也与主体审美的心理过程有联系，审美呈现的是主体的生命体悟。

在这一问题上，况周颐的论述更为深刻，把词境与词心联系起来了。如果说如山、蔡宗茂还只是看到词境生成的心理机制，那么况周颐则注意到"词心"对词境生成的决定性作用。他对词心与词境关系的论述，立足于性情的"真实"，指出，"真字是词骨""夫词者，君子为己之学也"。即词人要葆有不俗的襟怀、超脱现实的气质，这是其所以成为词人的现实基础。他还以主客答问的方式谈到这一点："问：如何乃有养？答：自善葆吾本有之清气始。问：清气如何善葆？答：花中疏梅、文杏，亦复托根尘世，甚且断井颓垣，乃至摧残为红雨，犹香。"所谓"清气"，就是远俗之襟抱，虽处尘俗之中，却能出污泥而不染。况周颐认为有了真我之性情与不俗之襟抱，再"优而游之，餍而饫之，积而流焉。所谓满心而发，肆口而成，掷地作金石声矣"！（《蕙风词话》卷一）这是一个从外在之境、到内在之心、再而"吾词"的运思过程。

况周颐关于"意境"的论述正是立足于上述认识基础上，并吸收王昌龄"诗有三境"说，把词境的生成描述为一个由"物境"到"心境"，再而"意境"的过程。他说：

> 人静帘垂，灯昏香直。窗外芙蓉残叶，飒飒作秋声，与砌虫相和答。据梧冥坐，湛怀息机，每一念起，辄设理想排遣之。乃至万缘俱寂，吾心忽莹然开朗如满月，肌骨清凉，不知斯世何世也。斯时若有无端哀怨枨触于万不得已。即而察之，一切境象全失。唯有小窗虚幌，笔床砚匣，一一在吾目前。此词境也。（《蕙风词话》卷一）

---

[1] 宗白华：《艺境》，北京大学出版社，1987年，第155页。

这段论述基本是以庄子"虚静"论解说艺术构思问题，并将此构思过程描述为由"静"，经"冥"，到"朗"，最后是"境象全失"的四个阶段。"静"是强调外在环境的深静，"冥"是要求主体心境的虚静，进而"湛怀息机""万缘俱寂"，这样审美心理活动自然发生，"吾心忽莹然开朗如满月"，于是"若有无端哀怨怅触于万不得已"，进入艺术构思的最佳状态，产生了一种不能自抑的"创作冲动"，亦即"万不得已者"，况周颐将之称作是"词心"。

> 吾听风雨，吾览江山，常觉风雨江山外有万不得已者，此万不得已者，即词心也。能以吾言写吾心，即吾词也。此万不得已者，由吾心酝酿而出，即吾词之真也。非可强为，亦无庸强求，视吾心之酝酿何如耳。吾心为主，而书卷其辅也。书卷多，吾言尤易出耳。（《蕙风词话》卷一）

他认为这种"词心"具有以下两个特点：第一，出自真性情，非可强力而为，"此万不得已者，由吾心酝酿而出，即吾词之真也"。第二，它经过"吾言"表达出来成为"吾词"，这也不是作者有意为之，而是不得不为之的结果，"吾苍茫独立于寂寞无人之区，忽有匪夷所思之一念，自沉冥杳霭中来，吾于是乎有词"。如此，经过"词境"到"词心"，到"吾词"，艺术构思与表达活动便告结束，而通过"吾言"呈现出来的情景相融状态就是"意境"。

正如江顺诒所言，晚清词学对于词境的解释，借用了传统美学的相关理论，或以禅喻词（如山），或以诗境释词境（蔡宗茂），而况周颐更是借用庄子的虚静说和唐代的境象说，深入地分析了词境生成的心理机制及其审美特质，使得传统词境论有了深入的推进。

四、沉郁与静穆：批评标准与审美追求

在以上论述的基础上，词境论在19、20世纪之交进入集大成阶段。因

为有了周济、刘熙载、谭献对"浑厚"的论述,陈廷焯进一步提出"沉郁"说;因为有了周济、如山、蔡宗茂对于词境生成过程的论述,况周颐才能对词心、词境、词径等问题展开全面的总结。

据有关研究统计,陈廷焯对于词境的认识有高度的自觉,《白雨斋词话》中使用"词境"有5次,"意境"有22次,"境界"有2次,与"境"相关联组合而成的词汇,如"高境""胜境""妙境"等,则达57次之多。[1]如果对这些语辞所用语境稍作分析,我们发现它们大多是用来品评词人词作的,如柳永词,"意境不高,思路微左";陈简斋《无住词》,"未臻高境";毛泽民词,"意境不深,间有雅调";"王碧山词,品最高,味最厚,意境最深,力量最沉";"辛稼轩,词中之龙也,气魄极雄大,意境却极沉郁";尤侗词,"力量既薄,意境亦浅";纳兰容若《饮水词》,"意境不深厚,措词亦浅显";"彭羡门词,意境较厚,但不甚沉著,仍是力量未足";"其年、竹垞,才力雄矣,而意境未厚";张惠言《水调歌头》五章,"既沉郁,又疏快,最是高境";等等。这些评语涵义不全一致,但有一点须引起我们注意,这就是作者对"沉郁"词境的推重和标举,而且"沉郁"是决定词境高下的不二标准。

何谓"沉郁"?他说:"所谓沉郁者,意在笔先,神余言外,写怨夫思妇之怀,寓孽子孤臣之感。凡交情之冷淡,身世之飘零,皆可于一草一木发之。而发之又必若隐若现,欲露不露,反复缠绵,终不许一语道破,匪独体格之高,亦见性情之厚。"(《白雨斋词话》卷一)第一句是对"沉郁"的总体解释,第二句是第一句的补充说明,它表明"沉郁"在表达上是"意在笔先,神余言外",在内容上是"写怨夫思妇之怀,寓孽子孤臣之感"。在陈廷焯看来,内容上的有感而发是根本,是性情之"厚"的表现,表达上"若隐若现,欲露不露,反复缠绵"是外在表征。从思想渊源上讲,"沉郁"说是对周济"浑厚"论和谭献"柔厚"论的发展,他不但突出了作品的"体格之

---

[1] 关伟:《论常州派对词境的建构》,安徽大学硕士学位论文,2013年,第25页。

高"（温厚），而且还特别强调了作者的"性情之厚"（忠厚），也就是说，"沉郁"从一般的为文境界，提升为一种人生境界。不过，陈廷焯认为词境只有"沉郁"一种形态，这是它与诗境的最大不同处。在谈诗境与词境异同时，他说："诗词一理，然亦有不尽同者。诗之高境，亦在沉郁，然或以古朴胜，或以冲淡胜，或以钜丽胜，或以雄苍胜。……若词则舍沉郁之外，更无以为词，盖篇幅狭小，倘一直说去，不留余地，虽极工巧之致，识者终笑其浅矣。"（《白雨斋词话》卷一）"诗之高境在沉郁。其次即直截痛快，亦不失为次乘，词则舍沉郁之外，即金氏所谓'俚词''鄙词''游词'，更无次乘也。"（《白雨斋词话》卷八）诗境有多种表现形态，词境只以"沉郁"为准的，因此，他对历代词人词作的评价都以"沉郁"为取舍标准。

如果说陈廷焯对词境比较偏重于批评实践，那么况周颐对词境的讨论尤其重视理论分析，把它与词心、词径、词格等联系起来，并对词境的特质和类型展开了深入的讨论。

对于"意境"的特质和类型，况周颐有自己独到的看法。首先，他认为情景相融是意境的本质特征，他以韩持国《胡捣令》过拍"燕子归去春悄悄，帘幕垂清晓"为例云："境至静矣，而此中有人，如隔蓬山。思之思之，遂浅而见深。盖写景与言情，非二事也。盖言情者，但写景而情在其中。此等境界，唯北宋词往往有之。"（《白雨斋词话》卷二）它的前提条件只是一个"真"字——"情真""景真"。"情真景真，所作必佳。"这与《人间词话》所云"能写真景物、真感情者，谓之有境界"可谓有异曲同工之妙。他还把情景相融作为标准来品评有境界之作。如评贺铸《东山词》"归卧夕园犹带酒，柳花飞度昼堂阳，只凭双燕活春心"曰："'柳花'融景入情，丰神独绝。"（《白雨斋词话》卷二）评洪璨《空同词》中《浪淘沙·别意》"花雾涨冥冥，欲雨还晴"曰："能融景入情，得迷离倘恍之妙。"（《白雨斋词话》卷二）评王易简《谢草窗词卷》中《庆春宫》歇拍"因君凝伫，依约吴山，半塘蛾蜂"曰："能融景入情，秀极成韵，凝而不佻。"（《白雨斋词话》卷二）其次，他认为作者所创造的意境，只有经过读者的接受才能呈现出来。"读词之法，取前人名句意境绝佳者，将此意境缔构于吾想望中。然后澄思渺虑，以吾身入乎其中，而涵泳玩索之，吾性灵与相浃而俱化，乃真实为吾有，而外物不能夺。"(《白雨斋词话》卷一)作者创造的意境，经过读者的"澄思渺虑""涵泳玩索"，作品传达的情感与读者的性灵化合为一，读者通过心理还原过程，使作品所呈现的意境与自己所缔构的意境形成同构，词境即是从作者的构思、作品的语符化以及读者的心理还原等过程呈现出来的。第三，意境的表现形态是多种多样的，有崇高的，有优美的，有雄浑的，也有幽秀的，他所推崇的是高、邃、深、静之境，以穆境为其极致。他说："词境以深静为至。"何谓境之"深静"？说的是作品所呈现的是一派空明静穆的境界，他列举韩持国的"燕子归去春悄悄，帘幕垂清晓"一句，讲的正是在"风横雨狂"之后，庭院里却充满着一种"闲花""燕归""帘垂"的恬淡，其实这也是一种历经风雨的人生修养。他评元遗山词句曰："写出目前幽静之境，小而不纤。"(《白雨斋词话》卷三)又评段诚之词曰："于情中入深静，于疏处运追琢，尤能得词家三昧。"(《白雨斋词话》卷三)讲的都是词人对深静或幽静的表现，认为这样的境界才算是得词家之三昧。不过，在况周颐看来，"穆境"才是艺术创造之至境，"词有穆之一境，静而兼厚、重、大也"。(《白雨斋词话》卷二)这是一种静而兼有厚、重、大的境界，亦即在深静之境基础上生发出来的厚、重、大之美，静者心境之虚静也，厚者情感之醇厚也，重者气格之沉著也，大者托旨甚大也。况周颐还把这种"穆境"分为浓穆和淡穆两种，前者如耶律文正之《鹧鸪天》写故国之思("高浑之至，淡而近穆")，后者如《花间集》之写艳情("蕃艳其外，醇至其内")，况周颐对"穆境"的推崇反映出他独特的审美趣味。在他生活的晚年，世像纷乱，人心不古，让他生出一种对现实的拒斥和疏远的情绪，他标榜深静、浓穆、淡穆，突出其"离群索居，日对古人"的生活态度，"不入时""不谐俗""与无情世事，日背道而驰"，所为词无非寄寓的是一种与时代不相协调的"故国之思"与"身世之感"，从这个角度看，它实际上是况周颐作为末代遗民心态的一种审美投射。[1]

相对陈廷焯"沉郁"说对于现实的关怀而言，况周颐"穆境"说更多体现出对于现实的逃避态度，但他们都一致把传统的词境追求上推到一个新的高度。第一，词境的创造必须有与之相对等的艺术表现手法，"沉郁"之境必须借助"顿挫"的笔法表现出来，"静穆"之境的创造与重拙大的审美追求相关，这表明常州派发展至晚期已非常重视艺术的创造，不只是像其初起之际那样只注重"立意"了。第二，"意境"不但体现为艺术的最高追求，也表征着人生的最高追求，无论是陈廷焯对杜甫和王沂孙的推崇，还是况周颐对周邦彦、吴文英的标举，他们都是借助这些诗史或词史典范，以表其人格追求。陈廷焯追求的是"忠爱缠绵"之忱，况周颐追求的是"日对古人"的脱俗襟怀，这一点也为王国维境界说所继承。

五、《人间词话》：传统词境论的现代转化

总而言之，意境论作为古典诗学的美学追求，在诗论中出现较早，在词论中却是姗姗来迟，直到清代中叶，随着浙西派对清雅词风的大力弘扬，特别是经过厉鹗、王鸣盛、吴锡麒、郭麐、姚燮等浙派词人的创作实践，"词境"问题才被提上日程，并在道光以后得以全面发展，再经过周济、王韬、蒋敦复、谭献、陈廷焯、况周颐等常州派词人的理论探索，"词境"在晚清时期成为词学界的核心话题，《人间词话》"境界"说就是在这样的理论背景下形成的。过去，人们对于王国维境界说多从他的西学背景寻找渊源，其实，王国维在撰写《人间词话》前后，既有《文学小言》的问世，也撰有《词录》，编有《唐五代二十一家词辑》等，这些研究对于其境界说的形成是有深刻影响的，故对王国维境界说当注意其创造性转化。

---

[1] 参见孙维城：《千年词史待平章：晚清三大词话研究》，安徽大学出版社，2010年，第50页。

对于晚清词学的"词境"论，过去把它简单地理解为一个词学命题，这样的理解固然不错，但是有过于简约化的倾向。我们认为应该从三个层面去把握，首先，它是一个艺术问题，即在艺术创造过程中怎么样把思想形象地表达出来，这就涉及艺术表达的"空"与"实"，既不能执着于现实，又不能脱离现实，而是以"寄托"论将两者绾结起来，从而形成一种不即不离的"美"。其次它又是一个理论问题，为了弄清"词境"的内在结构，晚清词学家借用禅学和庄学的思想对其生成机制作了比较深入的剖析，描述了"词境"是如何由物境到心境再到意境的生成过程，特别是江顺诒和况周颐的分析尤其具有理论意义。第三，它还是一个历史问题，它实际上是常州派对于浙派思想纠弊的结果，即吸收了浙派思想中合理的成分，比如对清幽境界的追求，又突出了常州派对于"立意"的重视——沉厚或柔厚，其结果就是谭献对于"虚浑"的标榜，陈廷焯对于"沉郁"的标举，况周颐对于"穆境"的崇扬。到王国维出现后，则将传统词境论进行现代性转化，一方面将"词境"升华为一般性的文学理论问题，另一方面吸纳西方的学术思想，并以之阐释中国文论话语，使之走向了现代。

毫无疑问，"境界"是王国维《人间词话》的理论基石，《人间词话》开篇第一句说："词以境界为上。有境界则自成高格，自有名句，五代北宋之词所独绝者在此。"不过，王国维对"境界"的认识也有一个逐步转化的过程。1905年在学习接触西方哲学的时候，他接受的是席勒、康德、叔本华的美学思想，认为文学"不外知识与感情交代之结果"，"苟无敏锐之知识与深邃之感情者，不足与于文学之事"。(《文学小言》)在他看来，文学是由"景"与"情"二原质构成的，"前者以描写自然及人生之事实为主，后者则吾人对此种事实之精神的态度也"，"故前者客观的，后者主观的也；前者知识的，后者感情的也"。(《文学小言》)经过两年多的填词实践，王国维对文学中情景关系又有新的认知，在托名樊志厚的《人间词话乙稿序》中明确提出了"意境"的范畴："文学之事，其内足以摅己而外足以感人者，意与境二者而已。上焉者意与境浑，其次或以境胜，或以意胜。苟缺其一，不足以言文学。"以"意"与"境"取代"情"与"景",更加注意到文学构成之原质的有机统一,即"以境胜"的作品有"意"贯注其中,"以意胜"的作品有"境"为其依托,"故二者常互相错综,能有所偏重,而不能有所偏废也"。到 1908 年 9 月发表《人间词话》时,更直接以"境界"取代"意境",以免因"意"与"境"两者各有偏重而造成不必要的误解,这样能更清晰地说明文学作品中构成因素的主客统一,但王国维也没有完全放弃"意境",在《人间词话》及其他文学论著《清真先生遗事》《宋元戏曲史》中"境界"与"意境"是交互运用的,"境界"与"意境"的涵义在多数场合是打通的,但"境界"无疑是《人间词话》的主导话语。

然而,王国维并不满足于"境界"的简单释义,而是要以"境界"为基础,建立一套完整的理论体系,并以之作为文学批评的标准。这就是从过去的"创作论"和"生成论"直接进入对"造境"与"写境"、"有我之境"与"无我之境"、"境界之大小"等话题的讨论。

"造境"与"写境"是从创作方法谈境界,着眼于作者与现实的对待关系。所谓"造境"是作者按其主观理想想象虚构出来的,所谓"写境"是作者按照客观自然如实描摹而成的,这两种不同的创作方法便构成了"理想"与"写实"二派。在王国维看来,写实派并非机械照搬"自然",而是有所取舍的,即"遗其关系限制之处";理想派也必须向"自然"寻求"材料",不能完全背离"自然之法则"。"自然中之物,互相关系,互相限制,然其写之于文学及美术中,必遗其关系、限制之处,故虽写实家,亦理想家也。又虽如何虚构之境,其材料必求之于自然,而其构造亦必从自然之法则。故虽理想家,亦写实家也。"从这个角度看,"造境"与"写境"两种创作方法并不是对立的,而是相互联系的。"故大诗人所造之境必合乎自然,所写之境亦必邻于理想。""有我之境"与"无我之境"是从作者感情色彩浓淡谈境界,着眼于作品中作者情感与意象世界的关系。"有我之境"就是鲜明地流露了作者的主观情感,如欧阳修"泪眼问花花不语,乱红飞过秋千去"、秦观"可堪孤馆闭春寒,杜鹃声里斜阳暮",所写景物浓厚地带有人的主观色彩。"无我之境"则看不出作者的主观态度，情感完全泯化到具体意象中，如陶渊明"采菊东篱下，悠然见南山"、元如问"寒波澹澹起，白鸟悠悠下"二诗，便看不出作者的主观情思，但诗人超然世外遗世独立的胸襟又隐约其中。可见"无我之境"并不是没有作者的思想感情，正如王国维所说"一切景语皆情语也"，只是作者的思想感情比较隐蔽而已，所以，朱光潜认为"有我之境"与"无我之境"反映的是感情的"显"与"隐"。"境界之大小"是从作品取材范围和外在形态谈境界的，有的取材个人生活和家庭伦常，有的取材社会历史和宇宙自然，这两种不同的取材方法使得作品在外在形态上就有"大境"和"小境"之分。像杜甫的"细雨鱼儿出，微风燕子斜"（《小槛遣心二首》之一）是小境，"落日照大旗，马鸣风萧萧"（《后出塞五首》之二）是大境；秦观的"宝帘闲挂小银钩"（《浣溪沙》）是小境，"雾失楼台，月迷津渡"（《踏莎行》）是大境。而"大境"与"小境"之分，也与康德所说"优美"与"崇高"有关。"大的境界，予人以伟大、壮阔、雄浑的感觉，在西洋美学上称为崇高；小的境界，予人以细致、幽美、柔和的感觉，称之为秀美。"[1]因为美是多样的，优美与崇高也各有优长，故境界之大小并无优劣之分。上述这些话题的引出，则是基于王国维对康德、叔本华、尼采哲学思想的理解和阐发。

很显然，王国维对"境界"问题的论述，并不只是单纯的词学话题，它实际上是一个文学话题和美学话题，对于传统词境论而言有着革命性的意义。第一，以往各种理论诸如兴趣说、神韵说也涉及情景关系、言情体物及"言有尽意无穷"等，但诸家所论皆偏于感性的体悟而未作知性的分析，王国维将它们统纳到"境界"的范畴来论述，既注意分析文学构成的本质，又探讨了境界对作者与读者的要求，是比较系统深入的理论体系。第二，王国维"境界"说从哲学的高度分析了意境的本质及类型，把文学作为人类观照现实世界的一种重要方式——美的观照。他引用叔本华的话说，"夫美术

---

[1] 姚一苇：《艺术的奥秘》，漓江出版社，1987年，第311-322页。

者，实以静观中所得之实念，寓诸一物焉而再观之。由斯所寓之物之区别，而或谓之雕刻，或谓之绘画，或谓之诗歌音乐，然其惟一之渊源，则存于实念之知识。"[1]这就是说，文学艺术是一种超功利的存在，即审美无功利的观照方式，对"境界"的把握也应该从超功利立场去理解，这样他的"境界"说就摆脱了常州派执着于现实的情结。第三，王国维对于三大词派——云间派、浙西派、常州派影响下的清代词坛进行了理论反思，认为清初诸老其失也纤小而轻薄，浙西派其失也枯杭而庸陋，常州派论词又不免深文罗织，而他则以"境界"说为批评标准对唐宋词史进行了新的衡估。"予之于词，五代喜李后主、冯正中，于北宋喜永叔、子瞻、少游、美成，于南宋除稼轩、白石外，所嗜盖鲜矣。尤痛诋梦窗、玉田。"[2]肯定五代北宋，鄙薄南宋，一改晚清以来推尊梦窗的风气，把词学批评标准由常州派的诗教原则转换到审美原则上来，正如徐兴业所说："《人间词话》在文学批评上为一极有价值之书，一反前人词学为'鼓吹元音，宣昭六义'之观念，而予词曲以一种新估价"[3]，他的最大贡献就是对传统词境论进行了现代性转换。

---

[1] 王国维：《叔本华与尼采》，吴无闻编《王国维文集》，燕山出版社，1996年，第275页。
[2] 王国维：《人间词甲稿序》，陈永正《王国维诗词笺注》，上海古籍出版社，2013年，第588页。
[3] 徐兴业：《清代词学批评家述评》，《稀见民国词学史著二十种》，南开大学出版社，2018年，第669页。

朱熹对二程"生生"观念的重新诠释

——以朱熹对二程几则语录的归属判断为中心

毕梦曦[1]

[摘要] 本研究对几则以"生生"为话题的不明归属的二程语录展开研究，首先分析其可能的归属，其次考察朱熹对这些语录的归属判断和重新诠释，以理解朱熹在"生生"这个话题上对二程思想的重构。从中可以看到，朱熹继承并且发展了程颐的观点，并且以其发展了的观点，对二程的说法进行了统一。这对二程是一种重新的塑造，但同时也一定程度上消泯了二程之间可能存在的差异。

[关键词] 二程　朱熹　生生　语录判断　仁学本体

二程思想一方面与同时代的其他思想家共享一些观念，另一方面又具有一定的突破性，这使得二程的思想存在模糊的空间。朱熹在编订二程文献以及阐释二程思想的过程当中，实则完成了对二程思想的整合与重塑。以往的研究往往更加关注朱熹的诠释，而比较少关注朱熹对二程文献中不明归属语录的判断。即便对朱熹的判断进行过整理，也鲜少以此为基础展开进一步研究。但是以朱熹的判断作为线索，寻找朱熹判断的思想方面的依据，也不失为理解朱熹重构二程思想的一种方法。其研究困难在于朱熹的判断和解释散

---

[1] 毕梦曦，复旦大学哲学学院博士后。

见于其丰富的著作和语录当中，对一段语录的引用又经常只引用只言片语，检索的方法往往挂一漏万。所以本文围绕二程语录当中与"生生"有关的三则比较著名的语录，使用相似性分析的方法，寻找到了朱熹与之相关的绝大部分判断与讨论，集中进行了研究。首先确定了朱熹对这三则语录的判断，其次，围绕这几则语录，寻找与之有关的朱熹的所有讨论，以理解朱熹的阐释与判断依据，或者理解朱熹把怎样的思想赋予了程颐。

这三则与"生生"有关的二程语录为：

①"生生之谓易"，是天之所以为道也。天只是以生为道，继此生理者，即是善也。善便有一个元底意思。"元者善之长"，万物皆有春意，便是"继之者善也"。"成之者性也"，成却待佗万物自成其性须得。(《程氏遗书·卷二》)[1]

②告子云"生之谓性"则可。凡天地所生之物，须是谓之性。皆谓之性则可，于中却须分别牛之性、马之性。是他便只道一般，如释氏说蠢动含灵，皆有佛性，如此则不可。……"成性存存，道义之门"，亦是万物各有成性存存，亦是生生不已之意。天只是以生为道。(《程氏遗书·卷二》)[2]

③所以谓万物一体者，皆有此理，只为从那里来。"生生之谓易"，生则一时生，皆完此理。人则能推，物则气昏，推不得，不可道他物不与有也。人只为自私，将自家躯壳上头起意，故看得道理小了佗底。放这身来，都在万物中一例看，大小大快活。(《程氏遗书·卷二》)

朱熹认为这三段语录都归属程颐，这与其他一些学者的判断有冲突之处。而这种判断与朱熹对二程思想的理解与诠释有一定的关系。朱熹的判断固然也可能来自其他版本的语录，或者一些文献的证据，对此也有一些学者

---

[1]（宋）程颐、程颢：《二程集》，中华书局，1981年，第29页。
[2] 同上，第29页。

展开了研究。博士学位论文《二程语录考证及思想异同》,[1]考证了现存的其他文献中对二程语录的判断。对其文献考证方法,丁涛先生在其博士学位论文当中进行了总结与批评,同时认为《论孟精义》是文献考证二程语录归属的可靠材料,其中包含了朱熹在编订《程氏遗书》之后又新见到的二程材料。[2]而对于现存的《论孟精义》,许家星先生认为可能为书商盗印版,其中有不少问题。[3]如果涉及重要语录的判断,今本《论孟精义》难以作为非常可靠的依据。即便是来自其他语录本的判断,朱熹手中记载确实的二程文献是有限的,搜集的其他语录版本,朱熹认为或多或少存在记录传抄等错误,不可全信。这三则语录在《程氏遗书》当中均未标明归属,所以在使用之前,即便其他语录版本有判断,也要得到朱熹的认可,与朱熹所理解的二程思想不相违背。今天的研究者尚且会根据二程思想对某些语录的归属尝试判断,朱熹对二程非常熟悉,私下讨论时进行一些判断也在情理之中,而且根据朱熹对其他语录的判断情况来看,有些语录在二程文献中没有标明归属,但是其归属却在朱熹与学生之间已然形成公论,应该是朱熹私下讲学答疑时常常提及。所以对于本研究涉及的几则语录,本文倾向于认为属于朱熹的个人判断。

而"生生"这个话题与理气关系息息相关,吕思勉先生曾经提出,只要在其思想结构当中出现了理与气,理气当中就必然有一方更为根本,在其思想体系当中是第一性的,这是哲学思考推进必然导致的结果,也在根本上决定了思想家的理论色彩。[4]前辈学者们对于二程的理气关系问题的争议主要集中在两个方面:一是在二程是否已经形成了比较成熟的理气结构,二是在当时作为新兴概念而提出的"天理"内涵究竟为何,是否与朱熹思想当中的

---

[1] 金洪水:《二程语录考证及思想异同》,南开大学博士学位论文,2005年。
[2] 参考丁涛:《程颢理学研究》,西北大学博士学位论文,2019年。
[3] 参考许家星:《朱子四书学形成新考》,载《中国哲学史》2013年第2期。
[4] "凡哲学家,只能认一事为实,主理气合一者,以气之屈伸往来即是理,所谓理者,乃就气之状态而名之,故气即是实也。若二程,就气之表,别立一使气如者之名为理,则气不得为实,惟此物为实审矣。"见吕思勉:《理学纲要》,商务印书馆,2015年,第73页。

"天理"的含义相同。本文的讨论也会主要关注这些内容。

一、将"动之端"解释为生生的端倪

想要了解朱熹对"天只是以生为道"的看法,需要先厘清程颐"动之端乃天地之心"的说法对朱熹的重要影响。[1]陈来先生在《朱子〈仁说〉研究》一文当中,对朱熹的仁说,以及其对二程仁说的批评进行了详细的研究。其中也涉及了"天地之心"这个问题,但是其研究重点在于朱熹的《仁说》,而非二程的说法。[2]《仁学本体论》也对此问题有较为深入的探讨。[3]陈荣捷先生也曾经重点论述二程的"生生"思想对朱熹的影响。但是陈荣捷先生的撰文与牟宗三先生的看法针锋相对,尊朱熹而反对朱熹思想割裂分离,所以认为朱熹继承二程思想,其极本穷源之道就是"生生"之道,这一观点在今天也有值得商榷之处。[4]

二程有"动之端乃天地之心"的说法,朱熹给这个说法赋予了精妙的解释,认为应该理解为"生生"的端倪,既不是理,也不完全是气,而是理气沟通,理得以在气当中展现的中介,并且在此基础上,朱熹还对这个观念进行了一些更加细致的描述。二程材料当中对"天地之心"本来就存在不同的说法,朱熹的上述观念,都是在统一二程材料当中的不同说法的过程当中,逐渐发展出来的。

---

[1] 陈来先生在《朱子〈仁说〉研究》一文当中,对朱熹的仁说,以及对二程仁说的批评进行了详细的研究。其中也涉及了"天地之心"这个问题,但是其研究重点在于朱熹的《仁说》,而非二程的说法。参见陈来:《朱子〈仁说〉研究》,《儒学通诠》,孔学堂出版社,2015年,第157页。陈荣捷先生也曾经重点论述二程的"生生"思想对朱熹的影响。但是陈荣捷先生的撰文与牟宗三先生的看法针锋相对,尊朱熹而反对朱熹思想割裂分离,所以认为朱熹继承二程思想,其极本穷源之道就是"生生"之道,这一观点在今天也有值得商榷之处。参考陈荣捷:《朱子仁说》,《朱学论集》,华东师范大学出版社,2007年,第37页。
[2] 陈来:《朱子〈仁说〉研究》,《儒学通诠》,孔学堂书局,2015年,第157页。
[3] 陈来:《仁学本体论》,生活·读书·新知三联书店,2014年,第43页。
[4] 陈荣捷:《朱子仁说》,《朱学论集》,华东师范大学出版社,2007年,第37页。

首先考察二程材料当中的"天地之心"的说法,《二程集》当中"天地之心"的说法有 8 处。根据其所强调的重点的不同,可以大致分为三组:

第一组是对于复卦"复见天地之心"的解释,其重点在于"动之端乃天地之心",复卦的初九爻象征着动的趋向,在二程思想当中,这是天地生物的关键。这三处语录两处是程颐语,一处没有标明归属,基本可以认为也是程颐的说法。

"复其见天地之心。"一言以蔽之,天地以生物为心。(《程氏外书·卷三》)[1][2]

其道反复往来,迭消迭息。七日而来复者,天地之运行如是也。消长相因,天之理也。阳刚君子之道长,故利有攸往。一阳复于下,乃天地生物之心也。先儒皆以静为见天地之心,盖不知动之端乃天地之心也。非知道者,孰能识之?(《伊川易传·卷二》)[3]

人说'复其见天地之心',皆以谓至静能见天地之心,非也。复之卦下面一画,便是动也,安得谓之静?自古儒者皆言静见天地之心,唯某言动而见天地之心。"(《程氏遗书·卷十八》)[4]

如果只是看复卦"复其见天地之心"的字面说法,其实并不能确定复是如何见天地之心的,天地之心为何,都不是很清楚。早期思想当中的"天心"多指天意,在与政治有关的语境当中使用,但是也有一些与心性修养有关的用例。[5] 而程颐的说法,结合复卦的卦象,提出了生物对于天地流行的特别的意义。"动之端乃天地之心"对朱熹有很大的影响。在朱熹的解释里,"生生"之所以重要,是因为理要凭借生的过程,才能在具体的事物中展现。

---

[1] (宋)程颐、程颢:《二程集》,中华书局,1981 年,第 366 页。
[2] 陈来先生倾向于认为这段语录为程颢语录,因为程颢多言"生"。参考陈来:"朱子《仁说》研究",《儒学通诠》,孔学堂书局,2015 年,第 166 页。
[3] (宋)程颐、程颢:《二程集》,中华书局,1981 年,第 819 页。
[4] 同上,第 201 页。
[5] 参见贺敢硕:《早期"天心"观念初探——基于政治语境和哲学语境》,《暨南学报(哲学社会科学版)》2020 年 02 期。

"动之端"是一种微妙的动的力量，其本身不是天理，而是引起二气的变化流行，最终使得万物完成天理的安排。这是从天理到二气的关键环节，是理气沟通的媒介。[1] 所以朱熹一方面需要生生的思想，又不能使其对天理的根本地位构成威胁，需要小心地维持一个微妙的平衡。在此基础上，"动之端"就是对根本之理赋于气，在具体事物中得以展现的描述。"但其静而复，乃未发之体；动而通焉，则已发之用。一阳来复，其始生甚微，固若静矣。然其实动之机，其势日长，而万物莫不资始焉……若其静而未发，则此之心体虽无所不在，然却有未发见处。此程子所以以'动之端'为天地之心。"[2]（《朱子语类·卷七一》）仔细分析这段语录，"动之端"并非未发之体，与"无所不在"的天理并不是一件事情，而是这个体能够展现的关键因素。即便如此朱熹还是认为，二程将"动之端"放在了一个过于重要的位置上，有挑战天理的嫌疑。所以他说这也不过是二程一个不得已的说法："本不须说以生物为心。缘做个语句难做，着个以生物为心。"[3]（《朱子语类·卷五三》）

第二组也是对"复其见天地之心"的解释，"复者反本也，本有而去之，今来复，乃见天地之心也"（《程氏外书·卷十》），认为复是一种圣人以下，从贤人开始才有的修养工夫，天地之心本来就有，需要通过修养而使其重新显现。而圣人心中的天地之心本来就存在，不需要复性，所以"未尝见其心"。这一组语录都没有标明归属。

> 复卦非天地之心，"复则见天地之心"。圣人无复，故未尝见其心。（《程氏遗书·卷六》）[4]
>
> 子曰：天地之心以复而见，圣人未尝复，故未尝见其心。《粹言》[5]
>
> 复者反本也，本有而去之，今来复，乃见天地之心也，乃天理也，

---

[1] 这也是他统筹周敦颐的太极思想和二程的天理思想的一个关键步骤，气论传统与新兴的天理思想的关键步骤。
[2] （宋）黎靖德编：《朱子语类》，中华书局，1986年，第1792页。
[3] 同上，第1280页。
[4] （宋）程颐、程颢：《二程集》，中华书局，1981年，第85页。
[5] 同上，第1225页。

此贤人之事也。(《程氏外书·卷十》)[1]

所以针对复卦的"复其见天地之心",《二程集》当中有两种解释,两种解释之间的关系不是很明显,而且不是特别容易互相贯通,一种可以确定出自程颐,另外一种没有标明归属,或许出自程颢,程颐的解释受到了很多研究者的重视,而疑似程颢的这组解释则往往被忽略。实际上从朱熹的诠释来看,朱熹清楚地看到了两种解释,而他选择忽视和弥合这个差别。

第三组强调的重点是"人之心即天地之心",所以人能够通过自我的修养而达到与天地的统一,跟复卦关系不大。两段语录都是程颐语录。

> 人之心即天地之心,一物之理即万物之理,一日之运即一岁之运。正(《程氏遗书·卷二》)[2]

> "赞天地之化育",自人而言之,从尽其性至尽物之性,然后可以赞天地之化育,可以与天地参矣。言人尽性所造如此。若只是至诚,更不须论。所谓"人者天地之心",及"天聪明自我民聪明",止谓只是一理,而天人所为,各自有分。(《程氏遗书·卷十五》)[3]

朱熹把这三种不同的说法,都用"动之端乃天地之心"来整理清楚了。"人之心即天地之心"与"动之端乃天地之心"的说法都来自程颐,天地以生生为心,这体现在人的心中,就是仁。他说:"人便是小胞,天地是大胞。人首圆象天,足方象地,中间虚包许多生气,自是恻隐;不是为见人我一理后,方有此恻隐。而今便教单独只有一个人,也自有这恻隐。"(《朱子语类·卷五三》)[4]陈来先生认为,朱熹把北宋儒学对周易的讨论中以生物为天地之心的思想和"仁"联系起来,用"仁"去规定易学讨论中的天地之心的意义。这实际上是把"人之心即天地之心"与"动之端乃天地之心"两种

---

[1] (宋)程颐、程颢:《二程集》,中华书局,1981年,第404页。
[2] 同上,第13页。
[3] 同上,第158页。
[4] (宋)黎靖德编:《朱子语类》,中华书局,1986年,第1280页。

说法统一了起来。[1] 如前所述，朱熹并不认为"动之端"在理气结构当中属于天理，而是理气之间的沟通媒介，据此，仁在人心当中的地位也应该是这样："尝譬如一个物有四面：一面青，一面红，一面白，一面黑。青属东方，则仁也；红属南方，礼也；白属西方，义也；黑属北方，智也。然这个物生时，却从东方左边生起。故寅卯辰属东方，便是这仁，万物得这生气方生。"（《朱子语类·卷二十》）[2] 万物流行的过程从春开始生发，夏秋冬某种意义上都是春所代表的动之端倪在不同的阶段的表现。所以这种动的端倪，一方面是一个具体的阶段，同时也是贯通整体的存在。

而疑似程颢的说法中有"圣人未尝见其心"，这与程颐的说法就没有那么容易统一，如果"天地之心"是"动之端"，圣人也是天地中的一物，为何没有？为了解释这个问题，朱熹在不断的辩难中，将天地之心的范围逐渐规定为"动的端倪"。万物奔放生长的阶段，天地之心"散在万物"，不容易见到；而只有在万物处于静的状态当中时，动之端倪，"天地之心"才更容易见到。在朱熹的解释中，"动之端""天地之心"在人心中对应的是恻隐的冲动，即"仁"的冲动，无论是心念纯粹的圣人还是善恶夹杂的普通人，恻隐之心的生发的端倪都应该是始终存在的，圣人的心因为时时都是纯善在流淌，所以不容易见到这个生发的端倪，反而在普通人的心中比较容易能够见到。"众人物欲昏蔽，便是恶底心；及其复也，然后本然之善心可见。圣人之心纯于善而已，所以谓'未尝见其心'者，只是言不见其有昏蔽忽明之心，如所谓幽暗中一点白者而已。"[3]（《朱子语类·卷七一》）这个解释还是有一些迂曲的，所以朱熹说"但此等语话，只可就此一路看去；才转入别处，便不分明，也不可不知"，[4] 提醒二程的语录应该领会精神，而不是对字面意思字字计较。以朱熹严谨的性格，能解释清楚的，他一定会字句解释清楚，

---

[1] 陈来：《宋明儒学"天地之心"论及其意义》，载《江海学刊》2015 年 03 期。
[2]（宋）黎靖德编：《朱子语类》，中华书局，1986 年，第 469 页。
[3] 同上，第 1795 页。
[4] 同上。

所以当出现"以文害词"这样的说法的时候,往往就是他不能解释清楚的时候,也是有可能看出其思想与前代理学家思想差异的时候。

朱熹看重"生生"的观念,其《仁说》即以"天地以生物为心"开篇,对此也有非常多的讨论。[1] 总结朱熹的工作,二程语录中对"天地之心"对于上述语录中的不同观点,朱熹把所有的讨论糅合在一起,认为其都是相互贯通的,并且用一些方式弥合了起来,而最终以程颐的"动之端乃天地之心"的说法进行最终的整理。

二、将"以生为道"解释为生生流行的总体

二程还有"天只是以生为道"的说法,为了与自己的思想能够统一起来,朱熹认为这个说法当中的"道",应该解释为"流行的总体",而不是天理。世界的变化就是生生流行的过程,除此之外别无其他。其目的就是反对将"生生"理解为道本身,在朱熹的理气结构当中,"生生"与"理"并不能等同。

> ①"生生之谓易",是天之所以为道也。天只是以生为道,继此生理者,即是善也。善便有一个元底意思。"元者善之长",万物皆有春意,便是"继之者善也"。"成之者性也",成却待佗万物自成其性须得。(《程氏遗书·卷二》)[2]

朱熹将语录①判断为程颐语录,《晦庵集》与《朱子语类》当中均做此判断。但是从黄宗羲开始,这段语录一直被认为是程颢语录。牟宗三先生、

---

[1] 朱熹在中年提出《仁说》,肃清了各种歧出的言仁之说。本文材料所体现的朱熹晚年的这些讨论则表明,在不断的辩难与讨论中朱熹增加了更多细节,对二程的各种说法也进行了更加周全的整理。早期"天地之心"的论辩如果主要围绕仁说展开,到了晚年,朱熹面对的质疑似乎主要集中在理气关系上。
[2] (宋)程颐、程颢:《二程集》,中华书局,1981年,第29页。

陈荣捷先生、郭晓东先生也都判断为程颢语录。但朱熹将这段语录判断为程颐语录。[1] 其判断见于《朱子语类》一处,《晦庵集》两处。[2] 朱熹对"动之端乃天地之心"的看法,与他对这一段语录当中"天只是以生为道"的理解是一脉相承的。

而从黄宗羲开始的后代学者的判断也不无道理,因为这段语录将"生生"置于非常根本的地位,更像程颢的思想。而在朱熹的时代,"天只是以生为道"的说法同样给朱熹的判断带来了一些争议。如前所述,在朱熹的思想当中,"生生"并不是天理这一层面的概念。"天地以生物为心"的说法是比较含糊的,朱熹尚且认为这个说法太过,"天只是以生为道"似乎更有将"生生"直接作为道本身的意思。这里的"生生"是天理的表现,还是天理本身?朱熹在与张钦夫的书信当中清楚地说,他并不认为"生生"本身就是道,"所谓'以生为道'者,非谓将生来做道也"。正确的理解是,"盖天地之间,品物万形各有所事。惟天确然于上,地隤然于下,一无所为,只以生物为事"。[3](《晦庵集·卷三二》) 在朱熹的思想当中,"动之端"描绘的是理在气当中展现的过程,那么有形的天地万物之间实则持续地发生这个过程,亘古亘今,无一物能出乎其外,这个流行过程的整体就是"以生为道"。由此二程语录当中,"动之端乃天地之心"与"天只是以生为道"的说法在朱熹的理论中被统一起来,并且与其理气思想契合了起来。[4] 这些语录,只有放在朱熹的理论框架当中,才需要如是解释,而在二程的思想当中,是否存

---

[1] 这段语录往往被认为是程颢语录,确有一定的依据,程颢有一段语录与之相似:"天地之大德曰生""天地氤氲,万物化醇""生之谓性",(原注:告子此言是,而谓犬之性犹牛之性,牛之性犹人之性,则非也) 万物之生意最可观,此元者善之长也,斯所谓仁也。人与天地一物也,而人特自小之,何耶?(《程氏遗书·卷十一》)(宋)程颐、程颢:《二程集》,中华书局,1981年,第120页。
[2]《朱子语类·卷六一》"或问:'可欲之谓善'"章。《晦庵集·卷三二·答张钦夫》"天地以生物为心"。《晦庵集·卷五二·答吴伯丰》"第六章伊川曰"。
[3](宋)朱熹撰,朱杰人、严佐之、刘永翔主编:《朱子全书》,上海古籍出版社,安徽教育出版社,2002年,第1408页。
[4] 这个解释也有一点迂回,所以朱熹在书信中同时说"凡若此类,恐当且认正意,而不以文害词焉。则辨诘不烦,而所论之本指得矣。"(《晦庵集·卷三二》) 朱熹对于完全解释清楚这段话的字面意思,还不是有十分的把握。

在这个端倪与整体的差距，尚未可知。围绕这一问题，还有学生问，"天只是以生为道"与"继此生理"，在朱熹的解释中，说的应该是一件事情，为何二程语录的叙述看上去像是两个连贯的逻辑过程。朱熹回答前一句是对"理之统"的强调，然而同时也说这个说法"亦未甚安"。(《朱子语类·卷九七》)[1]

②告子云"生之谓性"则可。凡天地所生之物，须是谓之性。皆谓之性则可，于中却须分别牛之性、马之性。是他便只道一般，……"成性存存，道义之门"，亦是万物各有成性存存，亦是生生不已之意。天只是以生为道。(《程氏遗书·卷十七》)

这段语录的结尾也出现了"天只是以生为道"，朱熹将其归于程颐，《朱子语类》当中有三处，[2]《晦庵集》当中有一处。[3] 由于朱熹认为理在气中不断流行的过程总体就是"生生"之道，所以朱熹想要把语录结尾的"成性存存，道义之门"解释为万物生生不已的意思，而不希望解释成万物各自保存其生来的性质（另外一种常见的解释方式），所以他喜欢这里"万物各有成性存存，亦是生生不已之意，天只是以生为道"的说法。二程的材料当中可以找到两种对"成性存存"的解释："程子说'成性'谓是万物自有成性，存存便是生生不已，这是语录中说，此意却好。且他解易，却说'成其性，存其存'，又似不恁地。"[4]（《朱子语类·卷七四》）《程氏遗书》当中的说法与《伊川易传》对"成性存存"的解释不同，这本来有可能是证据，证明两种说法来自两个人，这一段实则更可能为程颢语录，朱熹的说法表示他清楚地看到了两种存在差异的解释，但是朱熹选择忽视这个差别，认为这是程颐

---

[1] 问："'天只是以生为道，继此生理便是善。'善便有一个元底意思，生便是继，如何分作两截？"曰：此亦先言其理之统如此，然亦未甚安。（《朱子语类·卷九七》）（宋）黎靖德编：《朱子语类》，中华书局，1986年，第2488页。
[2]《朱子语类·卷六二》"问：'天命之谓性'。"《朱子语类·卷六二》"问：伊川云：'天命之谓性'。"《朱子语类·卷七四》"横渠谓'成其性，存其存'"。
[3]《晦庵集·卷三九·答林䕫》"率性之谓道"。
[4]（宋）黎靖德编：《朱子语类》，中华书局，1986年，第1909页。

自己的说法不统一。在朱熹的观念当中,"生生"完成了对"天理"的展现,可以从另外一段语录看出来,朱熹判断这段语录是程颐语录:

> ③所以谓万物一体者,皆有此理,只为从那里来。"生生之谓易",生则一时生,皆完此理。人则能推,物则气昏,推不得,不可道他物不与有也。人只为自私,将自家躯壳上头起意,故看得道理小了佗底。放这身来,都在万物中一例看,大小大快活。(《程氏遗书·卷二》)[1]

在这段语录的判断问题上,朱熹与几乎所有后代思想家以及研究者看法不同,[2]其中包括黄宗羲、孙奇逢、牟宗三、陈荣捷、郭晓东等等。除了这一处之外,二程语录当中几乎没有将"生生"与"理"相互整合的材料。[3]这种说法虽然在二程的年代具有一定的突破性,但是在朱熹与其弟子之间却没有引起什么争议,朱熹充分继承和发扬了这个观点。程颢也很重视"生生"的思想,但是少有说明生生与理的关系,[4]程颢在"生生之谓易"这段话的解

---

[1] (宋)程颐、程颢:《二程集》,中华书局,1981年,第33页。
[2] 《朱子语类·卷一二二》"可怜子约一生辛苦读书"。
[3] 这段语录当中的"理"所指为何也有待讨论,二程材料当中有一系列语录表达了相同的意思。这些语录语境当中所指的"理",主要是自然具有的良知良能的意思,与朱熹理论中的"天理"还有一些差异。但是朱熹在解释这段语录的时候,会自然地把"皆完此理"的"理"解释为"天理"。"万物皆备于我",不独人尔,物皆然。都自这里出去,只是物不能推,人则能推之。虽能推之,几时添得一分?不能推之,几时减得一分?百理具在,平铺放着。几时道尧尽君道,添得些君道多;舜尽子道,添得些孝道多?元来依旧。(《程氏遗书·卷二》)(宋)程颐、程颢:《二程集》,中华书局,1981年,34页。"万物皆备于我",此通人物而言。禽兽与人绝相似,只是不能推。然禽兽之性却自然,不待学,不待教,如营巢养子之类是也。人虽是灵,却椓丧处极多,只有一件,婴儿饮乳是自然,非学也,其佗皆诱之也。欲得人家婴儿善,且自小不要引佗,留佗真性,待他自然,亦须完得些本性须别也。(《程氏遗书·卷二》)(宋)程颐、程颢:《二程集》,中华书局,1981年,第56页。万物皆有良能,如每常禽鸟中,做得窠子,极有巧妙处,是他良能,不待学也。人初生,只有吃乳一事不是学,其他皆是学,人只为智多害之也。(《程氏遗书·卷十九》)(宋)程颐、程颢:《二程集》,中华书局,1981年,第256页。
[4] "生生之谓易",生生之用则神也。(《程氏遗书·卷十一》)"日新之谓盛德,生生之谓易,阴阳不测之谓神。"要思而得之。(《程氏遗书·十一》)

释当中，则更加接近张载，强调了生生的神妙的作用。[1]

"生生"是理的表现，还是理本身，在这个问题上，二程与朱熹可能确实存在分歧。程颐在提出"动之端乃天地之心"的说法以及"生则一时生，皆完此理"的说法的时候，在他的心目当中，这个理气的结构到底是否已经成型还需要进一步讨论，程颐常常把二气交感也就是"生生"的内容与"理"以及"天理"联系在一起，另一方面，程颐又强调"理"的存在，甚至将其与生之谓性区分开来，但是前者出现的次数要远多于后者。总结起来，至少不能证明朱熹这样的理气结构在程颐那里已经是一个完善的、突出的，或者主要的思想。尤其是朱熹的理论结构当中，"动之端"用于解释纯粹的天理如何落实到气当中展现自己，二气生生的原动力为何这些问题，虽然不能确定程颐对"动之端"的讨论是建立在天理观念的基础上的，但是毫无疑问的是，朱熹通过解释二程的材料，已经完全整理清楚了。

陈荣捷先生就提出，早期思想当中的"生生"，就是表示时间上的过程，但是二程用"天只是以生为道"的说法，将"生生"转化为理的原则。[2] 陈来先生也谈到了朱熹与程颐学派可能存在的差异，程颐说过"屈伸往来，只是理也"，所以程门后学均谓理可以屈伸，但是朱熹是反对这种说法的，理自身不能屈伸往来消息盈虚，其自身是不运动的，能运动的只能是形而下的气。[3] 彭耀光先生认为，"生生之理"，就是二程思想当中的形而上的天理本身。[4] 以上研究提供了不同的可能性，这段语录如果放在二程思想的背景当中，确实有不同的解释方向，有多种可能，而朱熹则用"动之端乃天地之心"这个思想把这段语录重新解释，并且将其归于程颐。

"天地以生物为心"与"复其见天地之心"是紧密联系在一起的，对复

---

[1] 如同土田健次郎对程颢生生观念的总结：程颢认为人与天地为一体，而这个天地一刻不停，生生不息。土田健次郎：《道学之形成》，上海古籍出版社，2010年，第180页。程颢的兴趣似乎是立即走向与眼前的天地的一体化，而对这天地的构造，似乎无意去加以分析。土田健次郎：《道学之形成》，上海古籍出版社，2010年，第181页。这可能也是朱熹判断的一个依据。
[2] 陈荣捷：《朱学论集》，华东师范大学出版社，2007年，第76页。
[3] 陈来：《朱子哲学研究》，华东师范大学出版社，2000年，第108页。
[4] 彭耀光：《二程道学异同研究》，山东人民出版社，2016年，第41页。

卦这句话的解释，二程的叙述当中有两种不同的解释方式，由此推测两种说法有可能一个来自程颐，一个来自程颢，但是在朱熹的解释里，不同的说法都被朱熹以"动之端为天地之心"的观点完成了最终的整理，用来描述天理在气当中的实现的过程，用以补充一个理气之间的关键环节，以及二气不断的生化流行的过程，在其思想当中具有很关键的地位。[1] 朱熹用程颐的"动之端乃天地之心"的观点整理了二程的材料里面所有关于"天地之心"的说法，以及可能的解释，使其达到了统一。与之相互呼应的是，"生则一时生，皆完此理"的说法也被朱熹判断为程颐的说法，"动之端乃天地之心"与"皆完此理"结合起来看，理气的关系就整理清楚了。

三、对生生过程中理气关系的整理

朱熹通过对下面这段语录的重新解释，整理了"生生"流行过程当中的理气关系，把"生生"的观念契合到了理一分殊思想当中。朱熹的理一分殊的说法来自程颐，朱熹判断下面这段语录也属于程颐，并以此作为对理一分殊思想的论证，虽然这个判断可能不符合这段语录的本意，因为从种种迹象来看，这段语录所反映的人性论思想更加符合程颢思想，有可能是程颢语录，同时，这段语录是否能够作为理一分殊的论证，从原文来看并不是十分清楚，而主要取决于阐释者往哪个方向阐释。

②告子云"生之谓性"则可。凡天地所生之物，须是谓之性。皆谓之性则可，于中却须分别牛之性、马之性。是他便只道一般，如释氏说蠢动含灵，皆有佛性，如此则不可。"天命之谓性，率性之谓道"者，天降是于下，万物流形，各正性命者，是所谓性也。循其性而不失，是

---

[1] 同时朱熹又以"动之端为天地之心"来解释人心当中"仁心""恻隐之心"为何生生不已，也用来解释"未发"之时人的心理状态。

所谓道也。此亦通人物而言。循性者，马则为马之性，又不做牛底性；牛则为牛之性，又不为马底性。此所谓率性也。人在天地之间，与万物同流，天几时分别出是人是物？"修道之谓教"，此则专在人事，以失其本性，故修而求复之，则入于学。若元不失，则何修之有？是由仁义行也。则是性已失，故修之。"成性存存，道义之门"，亦是万物各有成性存存，亦是生生不已之意。天只是以生为道。（《程氏遗书·卷二》）

这一段语录在近现代学者的研究当中，几乎都被视为程颢语录引用，但是在朱熹的讨论当中，确定地将其判断为程颐语录。[1] 语录②又涉及了"生生"的过程当中理一分殊的问题，这可能是朱熹判断其为程颐语录的另外一个根据：他可能希望通过诠释，把来自程颐的理一分殊思想放入这段讨论当中去，把这段语录解释为理一分殊的注脚和佐证。朱熹的"理一分殊"观念来自程颐，实则程颐讲述理一分殊观念的材料也不是很多，朱熹也在努力地寻找这些材料，并且放入到理一分殊的结构当中，这段语录就是如此。[2] 这段语录在承认生之谓性的基础上，强调了万物各自具有自己的特征，虽然讲了"分殊"，但是没有讲"理一"，只是说了"以生为道"，朱熹反对将"生生"理解为道本身，于是将其解释为流行过程的总体。只从这个语境来看，不能完全确定这段语录所讲的"分殊"是否是在"理一"的统筹下进行的，朱熹的诠释补充了这一部分。

语录当中说"天命之谓性，率性之谓道"是"通人物而言"，有可能说

---

[1] 有五处讨论将其视为程颐语录，另外有五处称为"程子"。
[2] 程颢对理一分殊没有直接的论述，有研究者认为，即便是来自程颐的理一分殊的说法，也并没有与朱熹达到了完全的相同。陈来先生指出，理一分殊对程颐来说首先是一个伦理学问题，这一点为朱熹直接继承。陈来：《朱子哲学研究》，华东师范大学出版社，2000年，第112页。唐纪宇先生指出，理一分殊在程颐的著作当中只出现过一次，还没有包含像朱熹一样的广泛内容，没有成为一种固定的理论表达形式。唐纪宇：《程颐〈周易程氏传〉研究》，人民出版社，2016年，第159页。没有涉及天理与万理，天理与万物这类的理气关系的问题。唐纪宇：《程颐〈周易程氏传〉研究》，人民出版社，2016年，第160页。彭耀光亦指出，程颐的"理一分殊"主要是就伦理学的意义而言的，但这种思维在他的自然观上也有丰富的体现。彭耀光：《二程道学异同研究》，山东人民出版社，2016年，第48页。朱熹对于二程的理一分殊思想，有继承也有塑造。

的是理一"通人物",即人与物共同具有天理,但也有可能说的是生之谓性"通人物",即人与物共同具有"生之谓性",朱熹通过解释排除了后者的说法。"通人物而言"是说不同的具体事物都同出一理,在这个意义上可以通人物而言。"据伊川之意,人与物之本性同,及至禀赋则异。盖本性理也,而禀赋之性则气也。性本自然,及至生赋,无气则乘载不去,故必顿此性于气上,而后可以生。"(《朱子语类·卷六二》)[1]保证了"生生"过程中理气两个层次的完整。

朱熹认为,对于"率性之谓道""诸家多作行道人上说",(《朱子语类·卷六二》)[2]把率性解释为根据自己生而秉之的性而去修行,这就是行道,而朱熹不这样看,他在这个环节突出了"理一分殊",即循着天所赋予的性,每个事物上所具有的分殊之性就会自然地展现出来,"只是说循吾本然之性,便自有许多道理"。(《朱子语类·卷六二》)[3]其重点还是要把理一分殊的观念与《中庸》这个重要的文本结合在一起。"修道之谓教"与之一脉相承,他说"道理固手段",(《朱子语类·卷六二》)[4]:要顺着事物自然的条理,让万物各自得到合适的安排。这种解释下,人与物相同的不是性,而是要尊重万物当中自然的条理:"人与物之性皆同,故循人之性则为人道,循马牛之性则为马牛之道。若不循其性,令马耕牛驰,则失其性,而非马牛之道矣,故曰通人物而言。"[5](《朱子语类·卷六二》) 人与物都要循着本性才能修道,这也是"通人物而言"的另外一种解释。

总体来说,朱熹的诠释保证了这段语录当中万物在流行当中各有其性质的分殊思想是在理一的统摄之下进行的,理气两个层次清晰完整。但是这个判断与解释可能并不是二程的本意。

"生生"体现在人性当中,就是"生之谓性"。这段语录对"生之谓性"

---

[1](宋)黎靖德编:《朱子语类》,中华书局,1986年,第1492页。
[2] 同上,第1491页。
[3] 同上,第1491页。
[4] 同上,第1495页。
[5] 同上,第1494页。

的看法，为我们判断其实际的归属提供了一些线索。包括语录②在内，二程对"生之谓性"的9段解读可以分为两组。

第一组：

> 孟子言性，当随文看。不以告子"生之谓性"为不然者，此亦性也，彼命受生之后谓之性尔，故不同。继之以"犬之性犹牛之性，牛之性犹人之性与？"然不害为一。若乃孟子之言善者，乃极本穷源之性。（《程氏遗书·卷三》）[1]

> "性相近也"，此言所禀之性，不是言性之本。孟子所言，便正言性之本。（《程氏遗书·卷十九》）[2]

> "'性相近也，习相远也'，性一也，何以言相近？"曰："此只是言性质之性。如俗言性急性缓之类，性安有缓急？此言性者，生之谓性也。"又问："上智下愚不移是性否？"曰："此是才。须理会得性与才所以分处。"……"生之谓性。""凡言性处，须看他立意如何。且如言人性善，性之本也；生之谓性，论其所禀也。孔子言性相近，若论其本，岂可言相近？只论其所禀也。告子所云固是，为孟子问佗，他说，便不是也。"（《程氏遗书·卷十八》）[3]

> 犬、牛、人，知所去就，其性本同，但限以形，故不可更。如隙中日光，方圆不移，其光一也。惟所禀各异，故生之谓性，告子以为一，子以为非也。（《程氏遗书·卷二十四》）[4]

> "生之谓性"，与"天命之谓性"，同乎？性字不可一概论[5]。"生之谓性"，止训所禀受也。"天命之谓性"，此言性之理也。今人言天性柔缓，天性刚急，俗言天成，皆生来如此，此训所禀受也。若性之理也则无不

---

[1]（宋）程颐、程颢：《二程集》，中华书局，1981年，第63页。
[2] 同上，第252页。
[3] 同上，第207页。
[4] 同上，第312页。
[5] 同上，第313页。

善,曰天者,自然之理也。(《程氏遗书·卷二十四》)

第二组:

"天地之大德曰生","天地氤氲,万物化醇","生之谓性",万物之生意最可观,此元者善之长也,斯所谓仁也。人与天地一物也,而人特自小之,何耶?(《程氏遗书·卷十一》)[1]

"生之谓性",性即气,气即性,生之谓也。人生气禀,理有善恶,然不是性中元有此两物相对而生也。有自幼而善,有自幼而恶,是气禀有然也。善固性也,然恶亦不可不谓之性也。盖"生之谓性""人生而静"以上不容说,才说性时,便已不是性也。凡人说性,只是说"继之者善"也,孟言人性善是也。(《程氏遗书·卷一》)[2]

告子云"生之谓性"则可。凡天地所生之物,须是谓之性。皆谓之性则可,于中却须分别牛之性、马之性。是他便只道一般,如释氏说蠢动含灵,皆有佛性,如此则不可。(《程氏遗书·卷十二》)[3]

第一组的五段语录在《二程集》当中均标明为程颐语录,是程颐的观点。第二组的三段语录中有一段被标明为程颢语录,一段被朱熹判断为程颢语录,因为在"生之谓性"的观点方面与第一组有诸多不同,所以疑似归属程颢。两组语录对"生之谓性"的看法是不同的。

第一组以告子的"生之谓性"与孟子的性善说对举,说明告子的"生之谓性"说的是"所禀之性",而不是"极本穷源"之性,所禀之性有刚柔缓急之分,而极本穷源之性万物都是相同的,而且都是尽善的。[4] 这一说法对告子实际上是没有批评的,认为告子与孟子说的是性的两个方面,告子只是

---

[1] (宋)程颐、程颢:《二程集》,中华书局,1981年,第120页。
[2] 同上,第10页。
[3] 同上,第29页。
[4] 当然有可能如唐纪宇所说,两者实际上说的是一个性,只是强调了不同的方面,这里所要说明的是,至少在这一批语录当中,强调了两个层面,其重点在分而不是合。

与孟子对话的时候答非所问，造成了看似不同的说法。虽然与孟子的极本穷源之性有区分，但是这一组语录认为，"生之谓性"实际上说的还是性的层面，是刚柔缓急，是"性之理"的秉受的层面。[1]

第二组语录则比较含糊，没有对"极本穷源"之性的强调，反而特别强调了"生生"的根本的地位，重点在形上与形下的合而不是分。其中对告子的说法有非常明确的批评，认为告子把具体事物的性全部同一，这样与佛教认为万物皆有佛性是一样的，也是错误的。"生之谓性"所形容的，就是万物在生的过程当中呈现出来的不同的具体的有形的性质，是在气的层面上来说。[2]

二程对告子"生之谓性"的看法存在不同，这一点前辈学者们也注意到了。葛瑞汉先生指出，每当程颐引用告子的"生之谓性"时，总是小心翼翼地清楚表明，这里指的是气之禀赋，并非性本身。而程颢引用的时候从不加任何限制。[3]管道中先生认为，二程本来希望补充孔子的意思以自圆其说，但在不知不觉当中反而认为告子之说是对的。[4]在有些讨论当中，二程反而更为认同告子的意思，这一点溢于言表。[5]

如前所述，二程分歧的关键还是在于：在讨论人性时，是否强调了所谓秉受之性与极本穷源之性的分别，实际上也是形上与形下的分别。对于这一问题，前辈学者也有很多研究。陈来先生认为，程颐通过解释告子的这段

---

[1] "禀受之性"的说法也被用来形容孔子"性相近"之性。孟子所说的善性，也就是极本穷源之性应该是万物同一的，而孔子并没有说相同，只说"相近"，与孟子的说法有冲突。程颐的做法，实际上是将孔子之性与告子之性等同起来了，认为这都是所禀之性，还在性的层面，但是与孟子的善性有所不同。
[2]《粹言》当中有一段语录标记为"子曰"，有可能来自程颐语录。如果上述推断成立，《粹言》里面的这一段语录就是两种说法的杂烩。"子曰：告子言生之谓性，通人物而言之也。孟子道性善，极本原而语之也。生之谓性，其言是也。然人有人之性，物有物之性，牛有牛之性，马有马之性，而告子一之，则不可也。使孟子不申问，告子不嗣说，乌知告子之未知义，子为知言？"《粹言》
[3] [英]葛瑞汉：《二程兄弟的新儒学》，程德祥等译，大象出版社，2000年，第207页。
[4] 管道中：《二程研究》，中华书局，1937年，第157页。
[5] 因为管道中认为二程思想并无差异，无需分别，所以他对于这些材料的分析，皆以"程子"指称，并不特别区分这是程颐的看法或者程颢的看法，其所列举的材料，基本都是程颐的材料。管道中：《二程研究》，中华书局，1937年，第159页。

话，区分了天命之性与气质之性，前者无有不善，后者有善有恶。[1] 唐纪宇的研究在陈来先生的基础上做了进一步的细化，提出程颐的人性说有三个层次，纯粹的善性（孟子之性善），以及刚柔缓急之性（孔子之"性相近也"），智愚贤不肖之才。前两种在性的层面，最后一种才是在气的层面上，前两者无所谓善恶，"才"是有善有恶的。[2] 在程颐的叙述中，告子的"生之谓性"与孟子的性善之说都是在言说同一个性，只是二者的角度不同，孟子是从本源上说性，而告子是从秉受之处说性。[3] 彭耀光先生认为，程颢在讨论人性的时候倾向于用生生之理来统摄气质之性，不对二者作明确的区分；程颐则明确地区分生生之理与气质之性。[4]

综上所述，从文献证据出发，这段语录疑似为程颢语录。同时其在讨论"生生"而衍生的人性问题的时候，具有疑似程颢的观念，即在人性问题上不特别区分形上形下，否定告子的看法，不特别强调极本穷源之性的存在，以及对"生生"根本地位的重视。与理一分殊一样，对人性区分出了无所谓善恶的善性和有善有恶的气质的是程颐，程颢没有特别强调这一点，朱熹不仅继承和发扬了程颐的说法，而且对于一些力所能及的可能来自程颢的语录，朱熹也用经过自己发展了的程颐的看法统一起来。

结　语

在朱熹判断为程颐的这一组有关"生生"的语录，在朱熹的诠释下，完整地表达了朱熹的"生生"思想，以及其"生生"观念背后作为支撑的理气关系。

"动之端乃天地之心"是理解朱熹的"生生"观念的基础，这个观念由

---

[1] 陈来：《宋明理学》，生活·读书·新知三联书店，2011年，第113页。
[2] 唐纪宇：《程颐〈周易程氏传〉研究》，人民出版社，2016年，第188页。
[3] 同上，第181页。
[4] 彭耀光：《二程道学异同研究》，山东人民出版社，2016年，第64页。

程颐提出，以强调动对于万物流行的根本作用。朱熹继承了这个观点，并且进行了细化的解释，在自己的理气哲学结构当中，将其置于理在气当中展现的关键环节。对于二程材料当中出现的所有与"天地之心"有关的说法（虽然存在分歧），朱熹都用这个解释予以统一。

"天只是以生为道"的说法更有可能来自程颢。朱熹将包含这个说法的语录都判断为程颐语录，并且在"动之端乃天地之心"的基础上，将"以生为道"解释为生生流行的总体，同时否认了"生生"本身就是天理的意见。

根据来自文献的证据，语录②为程颢语录的可能性更大，但是朱熹认为这是程颐语录，并且通过诠释，说明了这段语录当中具有形上形下的区分和理一分殊的思想。"生生"过程当中的理一分殊的层次由此也完备了。

"生生"观念落实在人与物的性质上，就是"生之谓性"。程颐与程颢对"生之谓性"看法有差别，程颐注重区分人性与物性当中的极本穷源之性与气质之性的分别，也就是形上与形下的分别。这一点为朱熹所继承和发扬，对于疑似程颢的语录，朱熹也用这个说法来进行统一的解释。

庞万里先生评论朱熹对二程思想的作用，认为朱熹依据程颐理论主流部分的框架，去掉了程颐学术中受到程颢影响或与程颢一致由于程颐自己的理论倾向有矛盾的部分，进一步厘清了他的一些含糊不清楚和折衷之处，让程颐的理论更加明朗化系统化和一贯化。朱熹对二程的思想不加分别，但事实上是以程颐的观点来代替程颢的观点。[1]本文则认为，朱熹的思想实则是在厘清的明朗化二程思想的基础上，对二程思想进行了整合，并且把整理后的思想赋予了程颐。这些判断和诠释是对朱熹自己思想的说明，同时也是对二程的重新塑造。这一系列语录经过诠释之后都被朱熹赋予了程颐，可以看出朱熹对程颐的尊崇。朱熹的解释实际上消除了二程说法当中的不同可能性，使其含义定于一尊，同时二程之间可能存在的思想的差异，也在这些解释当中被抹去了。

---

[1] 由于庞万里先生将朱熹思想和程颐思想几乎等同，所以他认为朱熹是以程颐的思想统一了程颢的思想。庞万里：《二程哲学体系》，北京航空航天大学出版社，1992年，第86页。

西方文学文本的解析

《作为道德问题的黄祸》
——20世纪初的反调

张 芸[1]

[摘要] "黄祸"是研究中国形象时一个绕不开的形象。一般认为"黄祸"是西方抹黑污蔑中国的负面套话,是西方的一种话语建构,展现的是西方社会心理的投射。这一负面形象伴随的是西方殖民的扩张和中国近代史上的屈辱等,而希默尔斯耶纳的《作为道德问题的黄祸》对中国政体、君主、中国社会结构和道德体系进行了赞美性描述,提出对基督教的道德学说进行儒教化,因为中国最为强大的是它的道德体系,这些说法带着很强烈的启蒙时代的理想化痕迹,将启蒙理想化时代的中国积极正面形象融入到20世纪初的负面形象"黄祸"中去,让启蒙主义时代的政治浪漫主义及理想国中国在一个污名化的中国形象"黄祸"中回光返照。

[关键词] 黄祸 道德体系 萨姆森-希默尔斯耶纳 国家形象

一

在19世纪末、20世纪初,关于"黄祸"的讨论成为那个时代时政讨论的热点。一百年来的世界,政治、经济和军事局势发展出现了天翻地覆的变

---

[1] 张芸,宁波大学外国语学院教授。

化，关于"黄祸"的讨论却没有冷却，甚至还出现了扩大的趋势，相关论争横跨政论和学术两界，讨论甚至比一百多年前更为激烈。对于20世纪更迭时期各国有关"黄祸"的讨论，有学者在20世纪下半叶进行了总结，并且形成了两部总结性的重要著作，一部是德国历史学家海因茨·哥尔维策尔（Heinz Gollwitzer，1917—1999）于1962年发表的研究专著《黄祸——一个帝国主义的口号：帝国主义思想研究》，这部德文著作出版仅两年后，商务印书馆就组织相关学者对此书进行了翻译，以内部资料的形式出版发行。另一部非常重要的资料集是由吕浦与张振锟合编的《"黄祸论"历史资料选集》。该资料集梳理了世界各国19世纪末、20世纪初流行较广的"黄祸论"的相关材料，同时也对那个时代中国一些仁人志士的观点加以收集整理。这两部资料集成为现今大量学者进行"黄祸"研究最为重要的资料基础。

德国学者哥尔维策尔在其著作中，提到了一位"思想并不是特别深刻的著作家"[1]巴尔特·冯·萨姆森-希默尔斯耶纳（Hermann von Samson-Himmelsjerna）[2]。他仅用不到一页的篇幅，浮光掠影地提及了此人的两部著作《西方和东方的对比》及《作为道德问题的黄祸》（*Gelbe Gefahr als Moralproblem*）。哥尔维策尔认为，希默尔斯耶纳在《西方和东方的对比》中"把西方文化视作病态的，并将其同健康的东方文化进行对比"（同上）。他援引了萨姆森-希默尔斯耶纳在《作为道德问题的黄祸》一书的话："'黄祸虽然还是缓慢地，但却不可逃避地向西方迫近；而且由于可以用最明显的证据来证明，我们的后代只有当他们以中国特有的武器即以中国健康的生活观来对抗中国时，只有在这一种情况下才能够抵挡中国强大的扩张力'，由传教和资本主义召唤出来的黄祸已经不再能用暴力消除了。"而且"他在《作为道德问题的黄祸》中愤怒地攻击传教士的同时，继续发展了这一思想"

---

[1] [德]哥尔维策尔：《黄祸——一个帝国主义的口号：帝国主义思想研究》，商务印书馆，内部资料，1964年，第189页。
[2] 其他研究资料显示，这位作家应该是赫尔曼·冯·萨姆森-希默尔斯耶纳（Hermann von Samson-Himmelsjerna，1826—1908）。哥尔维策尔把名字搞错了，由此说明，他并没有把此人当回事儿。

（同上）。希默尔斯耶纳的《西方和东方的对比》，后来几乎无人再提及，而他的《作为道德问题的黄祸》则在东西方的"黄祸"讨论中起着相当重要的作用。日本现代文学之父森鸥外曾经写过一本小册子《黄祸论梗概》，对希默尔斯耶纳的《作为道德问题的黄祸》进行了讨论与批驳。吕浦与张振锟合编的《"黄祸论"历史资料选编》中却未收入此人的任何资料。中文其他文献中也几乎未提及这位德国学者有关"黄祸"的论述。一般认为，德国对"黄祸论"的最大贡献就是由德国皇帝威廉二世授意、由卡塞尔大学美术教授克纳克富斯（Knackfuss）最后润色完成的"黄祸图"。几乎所有的中文资料都忽略了希默尔斯耶纳发表于1902年研究"黄祸"的专著《作为道德问题的黄祸》。这位德国学者从一个与众不同的角度论述了"黄祸"，其基本观点与当时西方许多人的观点相左，颇有些特立独行之意味。因而本文拟介绍希默尔斯耶纳的《作为道德问题的黄祸》的主要内容，并从这位学者的历史意义以及比较文学形象学的视角对其进行抛砖引玉的分析。

二

在《西方和东方的对比》一书中，希默尔斯耶纳使用了标准的二元对立的论证模式，来证明西方人堕落颓废，而中国人健康向上这一基本观点。在《作为道德问题的黄祸》一书中，这一观点在各个层面上得到充分展开。《作为道德问题的黄祸》的基本要义是全面论证中国人在各个方面都要优于西方人，中国人的优秀源自中国优异的道德体系和强大的道德力量，并由此得出结论：西方人根本不是中国人的对手，所以中国人不可避免地将长久并持续地威胁到西方人的存在，黄种人将会给西方带来的"黄祸"实际上是个道德问题。而作者同时认为，中国当时的所有现实问题都归咎于清政府当局自清朝中晚期开始的卖官鬻爵（Ämterverkauf），也就是说归咎于技术层面的问题。作者在二元对立的基本框架中展开论证，虽然全书貌似在褒扬中国人,但从其结论来看,不能不说作者与其他"黄祸"论者殊途同归。若换句直白的话对全书进行一下概括总结,那就是:中国人很优秀,优秀到危及了西方人的生存,所以中国人是"黄祸"。因而这部书的目的在于提醒西方人,千万不要因为西方人在器物上(例如在武器技术层面)、在经济上暂时优于中国人,就忽略了中国人在制度层面、在伦理道德层面的绝对优越性,千万不能因为西方暂时在政治上所占的优势,就忘乎所以,完全忘却了中国人深厚宏大的精神力量。对西方人而论,"黄祸"的问题不是器物上,甚至不是制度上的问题,而是伦理道德的问题。

1

希默尔斯耶纳在讨论"黄祸"时,与当时很多讨论"黄祸"问题的西方人不同,他没有把中国人与日本人混为一谈,也没有将二者笼统地称之为东方人,更没有泛泛地称亚洲人为"黄祸",而是先将中国与日本进行了区分与比较。他在整个论证过程中贬低日本人,褒扬中国人,并且得出了中国在各个方面都优于日本的结论。首先从一个民族的远见与智慧来看,日本人缺乏智慧,日本本土的原生宗教中不存在道德学说[1](7)。而且日本人缺乏起码的道德感,也没有做人的基本良知,他们就算是学会了使用电报和火车,也不可能成为现代人。倘若日本人手中有了一把好剑,他们甚至会到街上随便找个乞丐试试剑锋(14)。

作者认为,中国文化与日本完全不同。中华文化是一个完全独立的文化,虽然它在发展过程中多少借鉴和吸收了一些异质文明与文化。中国人完全以自身的创造力发明了许多生活所必需的工具。正因为中国人有原创的能力,有独立进行思考的智力,所以对外来的一切都充满疑虑(8),也正因如此,中国人在以西方为榜样时,比日本人更为平静,更为审慎地进行了斟酌

---

[1] 参见:Hermann Samson-Himmelstjerna, *Die gelbe Gefahr als Moralproblem*, Berlin: Deutscher Kolonial-Verlag, 1902. 此处以及以下各处引用或转述自该书的内容均在正文括号内标注出引文所在页码。

取舍。中国对外来事物保持警惕，保持怀疑，是因为中国人冷静理性，思考犀利且深邃，这种怀疑源于自身文化的完整性。在作者看来，对中国人而言，进步与发展并不意味着原则性的断裂，也不意味着一个完整系统的继续存在或者坍塌，更不意味着放弃整个基本原则；与此相反，中国人拒绝与时俱进，实际上不过是一种暂时的人性弱点，只是一时间懒得在自身的原则上加上一种新的应用而已（140）。作者认为，如果有人觉得中国人处于停滞中，其实是一种夸张的说法或者说是误解。中国人可能暂时没有进步，但若是有必要，或在触及生死存亡之时，他们一定会奋起（141）。

中国自古以来就拥有深入到社会民众底层的私塾和书院教学体系，而日本的社会底层没有受教育的资格，因而日本的社会底层非常粗糙和无知。由此，日本人比较轻浮轻率，中国人则比较踏实坚实；日本人具有孟浪的骑士风，在宗教方面十分不宽容，中国人则具有千年的人文传统，中国其实是一个学者共和国，在宗教上兼容并包（11）。

在商业生活方面，中国人奉行的原则是：忠诚讲信用，以认真审慎的态度处理业务；日本人则表现得狡诈且不可靠。与熟悉的中国生意伙伴做生意，往往口头达成协议即可，诚实的中国商人可以做到一诺千金，将信誉看得比性命更重要，很少需要书面签名。中国商人非常自律，加之商业行会对商人行为进行一定的管理和约束，所以中国商人极为可靠。希默尔斯耶纳引用里希特霍芬（Richard von Richterhofen），专门将中华文明与那些历史上古老文化的载体相比。他认为，那些经历过精神上升的高度发达的民族，即便他们暂时失去了政治势力，但是民族精神中对数字、对金钱的概念尚存。他们在精神上还是比周围的民族要优越得多。里希特霍芬举的例子有犹太人、波斯人、亚美尼亚人和阿拉伯人。（19）

在军事方面，希默尔斯耶纳认为，中国文化中虽然存在着轻视武事的传统，中国人不愿动辄与其他民族兵戎相见，中国民间甚至有好男不当兵，好铁不打钉的说法（15），但这并不意味着中国人没有军事才能，通过清朝政府镇压太平天国的过程，人们完全可以看出中国人的军事组织能力和行动能力（16）。中国人根本不可能缺乏"军事精神"。在1894年的中日战争（甲午战争）中，在令人难以置信的极端困难条件下，中国南方军队能够做到秩序良好地撤退，以便于北方军队汇合，没有发生溃败的场面。1894年在朝鲜，正是这支撤退中的中国军队展现出令人震撼的行军能力，他们在朝鲜崎岖的山路上完成的日行军里程，就连最为精锐的普鲁士近卫燧发枪团[1]在平坦的欧洲街道上也不可能走得比他们更好——而且这一切还都是在指挥十分糟糕以及后勤给养匮乏的情况下实现的（16）。

中国人并不缺乏"军事精神"，而且中国军队的军事素质也很高，既然中国军队如此优秀，那么他们为什么不能战胜日本人，而失去了战争呢？希默尔斯耶纳认为，中国军队在这场战争中所有的失败都应完全归咎于中国将军们的昏庸无能和对士兵生命的漫不经心。他们让士兵去面对数量上远远大于他们的敌人，他们也从来没有意识到做好侦察工作的意义和重要性，从而对敌方的情况和阵地情况不甚了解，经常乱指挥，使士兵陷入险境、遭受敌方突袭。中国军队失败的原因完全在于指挥者的昏聩，而不是中国人缺乏"军事精神"，也并非中国军队无能。中国人有强大的道德伦理体系，所以"中国士兵在更好的一些条件下，在团结且稠密的指挥之下，他们的军事成就一定不可估量。中国人具有持续的道德力量，打开中国四千年的历史看看就知道了"（17）。

有人指责中国人对西方人凶残且不友好，希默尔斯耶纳则认为，真正了解和认识中国人的人，都不会认为中国人是野蛮人。况且中国人仇视欧洲人的历史并没有日本人那样长久。从19世纪30年代起，中国人才开始仇视欧洲人的，而日本人从16世纪起就开始仇视西方人了。中日甲午战争中，日本人在战胜了中国之后，因为俄国、德国、法国三国干预被迫归还了辽东半岛，而没法享用胜利果实。从长远看，这造成了一种局面，即总有一天中国人和日本人会凑到一起，把白种人赶出亚洲（27）。

---

[1] 普鲁士近卫燧发枪团（Garde-Füsilier-Regiment）是普鲁士军队中的一支步兵部队，在柏林有一个驻军，这支部队的特点是大部分军官都是贵族。

希默尔斯耶纳坚信，中国的道德系统的优势总有一天会体现在现实政治的层面上，中国人必然会取得令人吃惊的成就。日本人的智力条件并不那么有利，也没有辉煌的历史，日本尚且做到了在一代人的时间里，以令人惊讶的程度掌握了现代科学与技术，现在无论在经济上，还是军事上，都可与欧洲文明国家分庭抗礼，那么中国以其更强大的智力和更为深层的心灵教养又该做出比日本大多少的成绩来？[1] 一旦关乎中国的生死存亡，中国人上升势头的持续性和确定性就会比日本要大多么多，他们将会多么猛！这样看来，欧洲人的前景就不那么美妙了。中国人具有极高的才能，有商业精神。在不远的将来，西方的雅利安人能否争得过黄种的竞争者，还真是一个问题。希望欧洲能够早一些识别"黄祸"的规模和性质，认真思索抵御它的方法。"黄祸"的危险十分紧急严峻，中国人会严重影响西方人在亚洲的利益。白种人面对的威胁不仅仅是来自政治军事和器物层面的，中国人真正强大的是他们的道德体系。

2

希默尔斯耶纳认为，中国几千年以来就已经达到的状况而且持续到现在的状况，其实是欧洲发展的目标，是欧洲人的愿景。中国历史上长期的大统一模式是欧洲人不曾见识过的，即便是罗马帝国的疆域，也非大统一模式（40）。而能够维系中国大统一模式的，正是中国的道德系统（43），它是整个中国文化的基石。家庭关系、国家体制、教育体系、行政与司法、社会交往形式都建立在这个道德体系的基础上。简单说，这个道德体制是和平生存方式及生活基本观念的原则。中国的道德体系与家族宗族密切相关，而家庭又通过祭拜祖先等仪式将所有成员紧密组织起来。因而，敬祖先、祖先崇拜和祭拜祖先就其实际效用而言，也成为了国家机器的一部分。国与家密切相

---

[1] 理查德·冯·里希特霍芬曾说过类似的话："如果一个小小的日本，在不长的时间里，以自己的力量经过努力就得以快速发展，就成功地创建了令人瞩目的军事力量，并且在制造业方面从欧洲民族的手中夺走了一定的市场，那么又怎么能够预测那个庞大的、人口众多的中国如果实现了这两个方面的腾飞会是什么局面。"出自《山东及其大门胶州》，柏林：1898年版，第306页。

连，形成的国家体系坚韧且稳固，因而希默尔斯耶纳认为："中国人的国家体系是少有的理想的国家体系"（44）。

通过回顾中国历史，作者对中国人的祭祖习俗进行了勾勒，中国人虽然没有贵族传统，也没有贵族特权，但有大家族，绝大部分都能举出至少两三百年的家族史。祭祖时，会对家族中能够光宗耀祖的人物大力褒赞，陈述宣扬他们的事迹。中国的治理是以道德体系治理天下，而道德体系又与家族以及家族的荣耀密切相关（110）。中国家族的祭祖仪式有些宗教的感觉，但没有宗教的实质。希默尔斯耶纳在行文中发生了张冠李戴的情况，他认为康熙说过，人们很清楚，祖宗的精神并不存在于供祭拜的排位上，但是人们还是想象着，仿佛他们在场一样！[1]（236）。17世纪末18世纪初的礼仪之争，康熙的观点为耶稣会士所正视：中国人的祭祖仪式是完全世俗的行为，没有任何宗教的内涵；基督徒也可以进行这样的世俗行为，而不必将其视作异教徒或者是迷信者的行为（237）。康熙体现的是孔子精神。

希默尔斯耶纳用了不少篇幅，回顾了中国从商朝开始的历史（114-115），介绍了中国的本土信仰，儒教（117）、道教（118）和佛教（123）。他认为，几百年来那些号称中国通的人，都宣称中国人对宗教不感兴趣，甚至对宗教法反感并充满敌意（126）。希默尔斯耶纳指出，基督教的传教士们极力贬低中国宗教的做法，有其特别目的，他们想铲除中国的本土信仰，以方便推行基督教。中国人表达宗教信仰的方式虽然与西方迥异，但有根深蒂固的本土宗教信仰。

家族血缘关系对中国人而言是超越了其他一切关系的，所谓血浓于水。家庭的一切庆祝活动都加强了家族成员之间的联系，例如：成年、定亲、迎娶、葬礼、考取功名等（220）。同时期的卫礼贤[2]在青岛观察到社会底层的

---

[1] 此话应出自《论语·八佾》："祭如在，祭神如神在"。
[2] 卫礼贤（Richard Wilhelm, 1873—1930）：德国著名汉学家，1897年来华传教，1899年到青岛，主要精力用于举办教育和医疗事业，并热衷于中国文化的研究，将《伦语》《道德经》《列子》《庄子》《孟子》《易经》《吕氏春秋》《礼记》等译成德文，介绍到德国。

苦力们对家庭的态度,并为中国人的家庭观所感动,他认为中国人应当坚持自己的观念体系:"我发现,他们是父亲、兄长、儿子,心系亲人,他们挣钱、存钱,冒着巨大的自我牺牲赡养年迈的双亲。在亲人当中,他们心甘情愿、无怨无悔地做着这一切,而面对敌人,他们又显示出极大的耐心和长久的受难力。这个发现为我打开了通向中国人心灵的道路。所有民族都是友好的、忠实的、善良的,只要你以人道的方式对待他们,不要老想着从他那儿为自己获取什么,不管是金钱还是劳动,或者,更痛苦的,为了永久地奴役而企图改变他们,或诱使他们加入异己的制度。……欧洲人深信,一定要保护优越的欧洲文化不受'黄祸'的侵袭,但这些人并没有注意到,正是他们自己在采取攻势,在彻底败坏远东的伟大文化方面无所不用其极。一种文化也可能被致命的环境和建议所毒害。"[1]

希默尔斯耶纳判断,中国人的家庭关系极其健康,中国人在缔结婚姻之时,就已经考虑到要缔结能够面对整个人生的婚姻(8,85)。中国婚姻的缔结是由家庭议事会商议决定的,在协商婚姻的过程中,双方家族都十分注意各种礼仪是否到位,所以几乎没有人反对家庭所作出的决定,也几乎没有人背叛婚姻(88)。只有那些生活在沿海城市中,被家族赶出来的人才会这样做。希默尔斯耶纳对中国的家族制度赞赏有加,因此他不可避免地为中国的一夫多妻制度进行辩解。中国男人娶妻纳妾,是为了家族的传承,延续香火的需要,而不是出于私欲。作者对一夫多妻制度进行的辩解和论证,与中国的腐儒们没有什么区别。同时,作者还认为,一夫多妻并不会产生嫉妒等问题。因为妾室所生的庶出孩子在中国的家族体制中也有其地位。庶出的孩子,同样具有继承权,而西方情妇所生的孩子不具有同样的权利,那些孩子一出生就带着屈辱的印记。中国家庭中的孩子,无论是嫡出还是庶出,都享有大致相当的权力(61-63)。作者认为,在如此完美的中国的婚姻家族制度下,中国没有也不可能有妇女问题,中国的妇女最能够为中国种族承担起女

---

[1] [德]卫礼贤:《青岛的敌人们》,青岛出版社,2007年,第32页。

性应当承担的责任。因为据作者的观念,一个种族因女性而得以承继,女人的躯体和精神留存着一个民族最为珍贵的类型;今天的女性是为从前的罪过还债,同时在女性中反射着一个民族的未来(89)。

希默尔斯耶纳甚至认为,相对于西方社会,中国社会对女性更为尊重(99)。中国从来不嘲笑受过良好教育的女性。在这里,作者举出了中国历史上对女子而言最为残酷的事情,以此为例证实中国社会对妇女的认可。作者认为,欧洲历史上很少有对女人的赞扬,而中国在历史上立了很多牌坊来赞扬杰出的女性(102)。这些女性之所以被立了牌坊,是因为她们恪守了中国古代伦理道德对女性的要求。作者在观念上极为保守,从他举出的例子就可以看出。例如农妇的儿子要是中了状元,那么农妇也能享受到儿子给她带来的风光,所以生儿育女是中国妇女能得到最大回报的天职。作者认为,中国女性在法律上的地位远远要比西方女人高。中国精神在女性身上看到的是与男人同等的人(103)。

中国人喜爱孩子,不存在戮婴问题。作者对中国的孤儿院和由西方传教士办的圣婴堂对待弱小无助的婴幼儿的方式进行了比较,由此认为,中国人办的孤儿院更加善待婴儿,对于在那里死去的孩子,孤儿院会购置一口小棺材加以安葬,圣婴堂则只会将婴儿裹上稻草,扔进万童坑了事。经过比较,作者认为,传说中的中国人戮婴,简直就是圣婴堂放出来的谣言和污蔑。作者还列举了具体的数字进行比较(64),认为中国的戮婴现象甚至都没有法国严重(67)。为证明中国不存在戮婴现象,作者又介绍了中国清朝中后期的人口发展趋势,即人口总数从3.6亿增加到5.38亿(66)。希默尔斯耶纳甚至还专门强调,在中国"不存在杀戮女婴的情况,尽管男婴更加受到欢迎"(69)。作者引用了当年清朝驻法国外交官陈季同的话:戮婴是要受到法律惩罚的。陈季同[1]作为福建人,一定见过官方在福建当地很多池塘边上,立有禁止溺毙女婴的牌子,所以在他的书中专门说起了政府禁止民间溺毙女

---

[1] 陈季同(1851—1907):清末外交官,历任中国驻法、德、意公使馆参赞,代表作有《中国人的自画像》《中国故事》《中国戏剧》等。

婴的态度。官方的这种态度能说明的是,溺毙女婴的情况在他的家乡福建是一种十分严重而且流传很广的恶俗,以至于官方都要专门在经常出事的地点竖起告示牌。希默尔斯耶纳却对陈季同书中陈述的情况作出了最积极正面的解读,将陈季同所述的官方态度解释为:官方都禁止溺毙女婴,民间就更不可能溺毙女婴了。[1]（71）。

　　希默尔斯耶纳认为,西方人对中国人的道德观进行了大肆污蔑。这主要有两方面的原因:一方面,教会想要改变中国人的价值观,以便让中国人接受基督教,因而传教士对中国人的道德观念大肆污蔑,他们的这种做法,除了考虑传教之外,也有经济上的考量。污蔑中国是大宗贸易商和大工业的需要,他们要中国的市场,要诋毁中国,以便推销他们的商品。另一方面,西方人大多通过港口城市观察中国,不能深入到中国内地,深入到真正能够代表中国人的地方。他们接触的都是一些被中国家庭及社会抛弃的人。这些人没有勇气离开帝国,或者干脆去自杀,只得成为飘零在中国家庭及主流社会之外的人,这类人来到沿海城市跟外国人做生意。外国人误以为这些人就是中国人的杰出代表,认为他们在这些人身上看到的、经历的、了解的,可以代表全体中国人,于是他们开始污蔑中国人（51-52）。同时那些与被中国社会抛弃的中国人打交道的欧洲人,亦即那些来到中国的欧洲人,本身也不是什么道德上纯粹的伟人。他们逃避欧洲的生活,只了解沿海地区,对内地的中国人并不了解,所以也不可能了解中国的本质（同上）。在世界上所有的民族中,只有在中国,家庭有如此重要的地位,家族甚至控制了整个中国人的文化生活（104）。被逐出家庭,对中国人来说是最惨痛的事情。中国人的家庭观念非常强,因而对中国人最严重的惩罚就是被家庭赶出来。对于中国人来说,没有家庭的世界是荒凉空洞和毫无目的的（220）。在书中这一部分,希默尔斯耶纳将中国分为了中国沿海与中国内陆,在他眼中,最能体现中国特质的是中国内陆的农民。中国农民具有坚忍持久的力量,中国的道德

---

[1] 希默尔斯耶纳引用的是陈季同的《*La Chine et la Cochinchine*》一书。

尤其蕴藏在质朴健壮的农民中，以家族为基础的中国道德体系在农民身上保存得最为完好。

中国人偏好以简单有效的方式解决不称职的政府（56），而且有起义和造反的传统，由此推翻不称职的恶劣统治，这一传统是对中国官制最有力的补充。政府需要尽力证明其具有合法性。作者认为，世界上没有哪个帝国能够给予它的民众以如此之多的自由和幸福。世界上也没有哪个国家做到像中国这样，暴君和独裁在中国根本就毫无可能进行统治，也没有哪个帝国的民众能够像中国人那样享受到这样如慈父般的政府——这个观点据称来自于真正了解中国的人。例如弗里德里希·希尔特（Friedrich Hirth）和领事西蒙（Simon）这类真正的中国通认为，中国人民是天底下最有资格获得这样优秀政府的民族。儒教的学说在道德上并没有造成寸草不生的局面，与花之安[1]预测的情况不同（253）。

家庭成为中国社会的基石，成为管理中国社会最有效的手段。中国社会中虽不存在西方社会的警察系统，但因为家庭的健康与强大，仍被管理得井井有条。出现问题，在宗族中解决，中国民不告官的传统，受到作者的特别赞扬。作者认为，这是因为中国的家庭和家族起着决定性的组织社会的功能，所以中国家庭与中国国家是密切相关的，中国社会治理的关键在于中国的家庭（111）。作者在书中还讨论了中国的国法与家法的关系，甚至赞扬起中国古代的连坐机制，认为这种机制有效地避免了犯罪。而在据称不具备改革能力的中国偏偏就废除了连坐机制（161），作者为之感到十分惋惜。子代父受过、顶罪这种情况，是国法与家庭相互妥协形成的结果（162）。家族力量的介入，有效遏制了犯罪。而且按照中国的律法，在罪犯脸上刺字，也可以形成有效的威慑。

由于国法与家法的共同作用，中国的基层没有相应的司法机构，也照样繁荣昌盛，那里很少有需要国家官方出面解决的争端。当时的中国几乎没有

---

[1] 花之安（Ernst Faber, 1839—1899）：19世纪德国传教士、汉学家、植物学家，在中国待了35年，被誉为"19世纪最高深的汉学家"。

进行安全保障的警察，但世界上没有哪个国家能够给个人和财产的绝对安全提供比中国更好的保障（279）。中国的官制能够有效地防止官员为家族以权谋私。中国的司法与官员调配制度规定，最高司法人员不得在一个地方待三年以上（155）。在司法实践中，法官有较大的裁量空间和权力，无论是官员还是百姓，都不怎么关注相关的成文典律（162）。

3

希默尔斯耶纳并不忌讳讨论当时刚刚发生的事情，例如义和团运动以及八国联军对义和团的镇压。八国联军镇压义和团运动，借口是中国人对欧洲人实施了残暴行径，而据作者观察，这实际上是西方人的污蔑诽谤，如果欧洲任何国家的人，遭受过西方人强加给中国人那样的荼毒，那么西方人所做的事情一定会更加残暴。欧洲人在历史上因为教派等不同，相互杀戮的例子并不在少数。希默尔斯耶纳花了不少篇幅列举基督徒历史上的暴行，他认为，跟基督徒历史上对自己人的狠劲相比，中国的义和团做得并不算过分（22）。他还指出，基督教的传教士在中国并不遵守中国的相关法律和乡规民约，到处唆使教徒惹是生非，中国人忍无可忍，"为了保全自己的利益，中国人采取了行动"（28），这才在中国的土地上出现了中国人针对西方人的所谓残暴。况且欧洲国家大肆宣传的中国人残暴的情况，甚至可能是在欧洲许多报纸的编辑部里面通过舞文弄墨、添油加醋编写出来的（22）。中国人不接受1900年的和约，是因为他们认为，它不是真正的人民代表签订的。西方强国还要牺牲他们的儿子们以及成千上万人的生命，才能够弄清楚，与中国人签订和约必须建立在什么样的基础上才是真正有效的（145，注释1）。中国人捍卫自己利益的意愿，甚至要强于捍卫中国的政权。在希默尔斯耶纳眼中，中国当然也存在问题。

有意思的是，全书将中国的一切问题、一切弊端的原因都归结于一点，即作者认为的始于清朝道光年间的卖官鬻爵。卖官鬻爵一词在全书中出现了几十次。中国因为"卖官鬻爵"导致政府行政能力变弱和军事防御能力受挫，才开始仇视西方（27）。除了政府的卖官鬻爵之外，作者不认为中国还有其他任何问题。"中国在政治和社会方面没有什么特别需要向其他国家学习的地方，也没有对他们久经考验的国家及社会体系进行大幅更新。他们需要做的，只是废除卖官鬻爵。"（149）同时代的卫礼贤也谈到中国的卖官鬻爵对清政府的官制造成的损害，对政府决断力和整个体制的破坏，是清王朝崩溃的重要原因之一，但卫礼贤并没有说是这唯一的原因。[1] 希默尔斯耶纳甚至认为，卖官鬻爵逐渐使当时的中国政府失去了合法性（282）。

希默尔斯耶纳还为中国描绘出一张政治蓝图来，如果中国成功地建立起一个强有力的政府，发展出一个民族意义上的帝国，而且这个帝国能够赋予这个政府一种独立自主性，同时杜绝卖官鬻爵，再次建立完善可靠的交通体系，这样的政府便能够赋予帝国足够的抵御能力，可以有效地击退所有进攻，而同时能够采用先进的科学技术开采出这个国家尚未使用（沉睡）的自然资源。如果这一切不能发生，那么中国的光辉岁月就屈指可数了；它的文人集团或早或晚将成为一个进行剥削的富豪统治阶层，而一个与之斗争的阶级将形成对立面，帝国的统一性也会随之不复存在，取而代之的是各地的权势集团——而西方的各个国家将有能力在不同的"势力范围"之内安营扎寨，并且将其占据。总而言之：如果中国不治愈其内在的损伤，并且迎头赶上它所耽误的一切，那么它将或早或晚不得不屈从于日益逼迫的"白色祸害"，成为外国的猎物（282）。

中国人的精神是自由的，这种自由是中国生命赖以生存的空气，西方人虽然一直向往这样的自由，却无从真正知道它是何物，因为西方人的思想或多或少地受到了宗教的束缚，是不自由的。希默尔斯耶纳认为，在中国还没有任何一个人因为他的信仰而遭受迫害并且为此去死，这是与西方不同的。在中国，从来没有人在为了什么事情献出生命时，会喊出"上帝助我！"这样的句子，因为他不会为某个"主"，而是为"人"而献身。对中国人来说，

---

[1] 卫礼贤：《青岛的敌人们》，青岛出版社，2007年，第77页及注释。

他的生命并不是什么"最珍贵的宝贝";他可以淡然地将它交出去,以此换取独立与自主(274)。

希默尔斯耶纳认为,西方要想得到自由的精神,首先必须放弃信仰强迫。作者认为,无神论者并不会带来威胁。相反,宗教会带来不安全因素,因为宗教束缚的缘故,欧洲民众的思想不自由,这是强加给西方民族的精神不自由,从而造成精神不满,这才是真正的危险。欧洲所谓的"信仰自由"不过是一句空话,因为政府一向将"宗教信仰自由的人士"视为二等公民,将他们排除在所有公共职务之外,尤其不让他们担任教师(275)。作者进一步对欧洲整个宗教思想社会史进行抨击:将基督教作为统治者的信仰加以推行,造成了对异教徒的迫害和猎杀女巫等。希默尔斯耶纳认为欧洲的理性主义是一种歧路:"那些欧洲古典主义形而上的令人恐怖的自作聪明自以为是,他们以为可以通过解剖思想来突破认识的设置好的框架"(276)。通过基督教的认知将青年们的自由思想扼杀在萌芽状态,让他们积极认同基督教的道德学说(277)。作者认为,只有当西奈山上那些向神的选民所昭示的道德法则的神性来源学说受到谴责,新联盟的和平信息才会传布开来,要达到这个目标,只有唯一的一条路,即教会青年人独立的道德,中国在这条路上已经走了几千年,有很多经验,这一定是一条所有人都可以走通的路(278)。人们应当对基督教的道德学说进行儒教化!(279)中国人的行动力又是从哪里来的呢?按照作者的看法,自然是来源于理性且独立的儒家道德学说:"你们应当认识这些学说的果实。"(280)

伦理道德方面存在的问题是整个西方随处可见的问题。西方世界如何面对"黄祸",及时地应用抵御及自保的方法来面对这种危险,如果贻误了时机,那么将面对毁灭的威胁(281)。若要对付来自东方的威胁,若要长久地抵御东方的工业竞争,只有及时地考虑到以其人之道还治其人之身,并且治愈内在的道德伦理损伤,否则将会伤及西方文化自身的继续发展,同时会削弱竞争力。希默尔斯耶纳具有很强的道德决定论倾向,他觉得能让一个民族足以自保和继续发展的,是一个文化的内在价值及其道德能力,不是迅捷的交通基础设施,更不是享受品的可获取性和便捷性。现在西方的现代成就,完完全全是通过知识的道路获取的,它们造成的结果是完全不能够带来满足感的,而只会将生活舒适的要求提升到无以复加的程度,不会将工人往无诉求的方向引导,而只会造成永无厌足的享乐意愿——造成了越来越粗暴的感觉,一小部分乐于享受的人对此乐此不疲,而使大多数人处于匮乏中。这样会造成社会问题,进而日益剥夺西方人发展的可能性,致使西方竞争者不得不面对那些毫无诉求且又勤劳能干的东方工人。可以肯定的是,西方的这种极易受到威胁的状态完完全全是由于忽视了道德发展造成的。作者诘问道,除了智识上的成就之外,我们西方现在又有什么彻底的、稳定的道德上的发展成就呢?要解决问题,只能求助于道德优越的"黄祸":"我们要疗救我们时代的弊端:用黄祸的方式摆脱黄祸。"也就是意味着,建立起中国人所特有的伦理系统和道德体系,只有这样,欧洲人在面对中国人时才能获得一点机会(227)。

作者认为,东方与西方之间不可否认地存在着一种对立,而在这一对立中,西方并不具备优势。中国只需在知识领域进行追赶,而欧洲必须在道德教育方面加以追赶。中国要做的事情,是再次建立起秩序和抵御能力,相对西方而言较为容易。中国只要理顺国家关系,只要回归众所周知的、久经考验的古老传统就可以了。现代科学技术的成就,相对而言只要很短的时间就可以掌握,中国完成这个过程估计比日本还要快得多。相形而下,欧洲和西方的任务则困难得多,要保证它的竞争力和文化,必须先解决道德领域的问题。西方解决它的道德问题所需要的时间要比中国多得多。这些问题往往是无法直接着手解决的(283)。

三

综上,希默尔斯耶纳的《作为道德问题的黄祸》是一本进行中西文化比较的书。它将中国与日本和西方相比较,得出的结论是,中国无论是在伦理道德上、国家政治制度上、家庭观念和社会结构上、社会救济制度上都十分优越，中国的潜力巨大，因而中国对西方的潜在威胁很大。本文无意对希默尔斯耶纳的书中所陈述事物进行对错评判，因为作者进行的是对中国形象的塑造，而形象这类塑造与建构往往并非是单纯的事实陈述，而是带有极为强烈的主观和情感色彩，去究问其产生的原因和所起的作用或许更有意义和价值。作者对中国伦理道德体系的看法，在很大意义上秉承了由欧洲传教士营造的正面中国形象：孔夫子的道德哲学在中国培育了一种开明仁慈的君主政体，一个知书达理的民族，一种父慈子孝的家族文化。这本书对中国政体、君主和中国社会结构的赞美性描述中，还带着些启蒙时代的理想化痕迹，其最大特点是将启蒙理想化时代的中国积极正面形象融入到20世纪初的负面形象"黄祸"中去，让启蒙主义时代的政治浪漫主义及理想国中国在一个污名化的中国形象"黄祸"中回光返照。

西方人士怎么看中国，一直是形象学研究的一个核心课题。尤其是一些对中国负面形象的研究，始终是研究的重点和中心。例如西方许多势力将中国人称为"黄祸"，使"黄祸"这一形象深入社会生活的各个领域，使"黄祸"概念在研究西方的中国形象时，成为一个绕不开的形象。不少比较文学研究的著名学者，都就"黄祸论"发表了不少文章。一般认为"黄祸"是西方抹黑污蔑中国的负面套话，是西方的一种话语建构，展现的是西方社会心理的投射。许多学者梳理了"黄祸论"的生成过程，这一过程伴随着西方殖民的扩张和中国近代史上的屈辱等，但希默尔斯耶纳的这部以负面形象"黄祸"为载体，承载着对中国的正面判断的很拧巴的著作，迄今还没有引起足够的关注。

希默尔斯耶纳在这部书中展现的观点，与第一次世界大战之前流行的对中国的负面套话不同，却与当时在中国保守势力中流行的"中学为体，西学为用"的观点不谋而合。20世纪初留日学人中的部分人，也以"黄祸"这一口号自励，认为羸弱的中国能被西方视为一种潜在威胁，似乎十分提气。这些人的一些提法与希默尔斯耶纳的观点也十分契合。作者同代的许多"黄祸"论证都只看到经济军事的层面，这部书的作者则不同，早在20世纪初，中国还处于羸弱之际，他就极力宣扬中华文化内核、精神内核的优越性。在中国形象处于负面潮流之中时，他从各个方面论证中国强于西方、优于西方之处，重新唱响历史上启蒙主义时代对中国的赞歌，而且还是顶着负面的"黄祸"形象歌唱的，这一点十分罕见。

如果说"黄祸"最初是西方人加给中国人、东方人的形象。在形成的过程中，这一形象一再经历了相互建构、变异，这是一个相互交流和互动的过程。希默尔斯耶纳本人也注意到，中国形象在历史上发生过改变："如果阅读一下17和18世纪有关中国的各种消息，甚至是阅读一下19世纪最初一、二十年的有关中国的报道，简直就不会相信自己的眼睛，那个时候的人们对中国如此认可，而且如此高度赞扬。例如马戛尔尼[1]的使团不断地高度赞美中国政治统治的井井有条。"（270）希默尔斯耶纳的《作为道德问题的黄祸》似乎是一部欧洲人以中国的伦理道德体系为镜进行自省的书。分析欧洲人对中国的看法同时，也抨击了欧洲人在中国的种种行径。他提出的用中国的道德体系来替代基督教传统，以此来拯救西方世界，这个观点在当时对中国的一篇咒骂声中显得格外不合拍。西方知识界在第一次世界大战之后，才开始真正地反思西方文化的问题，才将目光投向东方、投向中国寻找精神寄托。中国形象已经变成一种发动欲望、激发幻想的解放力量。

从比较文学形象学的角度来看，书中在观点和事实的陈述常常表现出一种时代倒错（Anachronismus），对中国社会和伦理道德体系的积极评价被植入到流行的中国负面形象的大背景下。这一著作对东亚"黄祸"说产生了较大的影响，尤其是通过森鸥外的批评。而在20世纪初第一次世界大战之前，在西方殖民势力盛行的时候，此书中对中国的种种赞美，与西方人的论调基本相反，却在一些中国人中激起了遐想和幻觉，例如以黄种人作为"黄祸"必然统治世界云云，这与作者援引中国人的道德体系来拯救西方的初衷截然相反，从而客观上形成了对作者的一种嘲弄。

---

[1] 马戛尔尼勋爵（Lord Macartney）：全名乔治·马戛尔尼（George Macartney, 1737—1806），英国近代著名政治家，曾率使团以给乾隆皇帝祝寿为名，于1793年抵达中国，欲通过谈判打开中国市场，却无功而返，这是中西交往上的一件大事。

图像对于罗兰·巴尔特意味着什么？[1]

钱 翰[2]

[摘要] 对图像的批评在巴尔特的书写中占据非常重要的地位，在他的文学观念中，语言文字与图像之间始终存在一种复杂的对抗纠缠的关系。早期的巴尔特常常用文字来破除流行文化中的图像制造的神话形象，然后视觉形象又对他构成了一种可以跳脱语言表意系统的限制的契机。因为图像在表意之外，总有一些刺点（punctum）使它脱离文化表意系统。巴尔特对日本直观式的俳句充满兴趣，也是因为这些俳句在语言的极限之处使他摆脱意义，感受事物。

[关键词] 图像 巴尔特 符号 文化批评 表意系统

写作《神话学》的巴尔特才华横溢，令读者充分领略到其智慧和思想的敏锐，《神话学》是文化批评的代表作。除了我们熟悉的1957年的版本之外[3]，2010年，瑟伊出版社还发行了另外一个特殊的版本。原来的版本是一本小书，而这个版本幅面巨大，超过了16开，一共有252页的铜版纸彩印，定价不菲，换算成人民币需要300元。[4] 出版社在作家去世后多年发行

---

[1] 本文是北京市社会科学基金项目"巴尔特的思想转折及其文学风格学"（15WYB037）、教育部人文社会科学研究项目"论巴尔特的思想转折及其文论与风格之间的关系"（15YJA752009）的研究成果。
[2] 钱翰，北京师范大学文艺学研究中心教授。
[3] Roland Barthes, *Mythologies*, Paris: Seuil, 1957.
[4] Roland Barthes, *Mythologies*, Paris: Seuil, 2010.

的新版增加了大量精美的插图，其大部分是当年各种流行杂志上的照片和插图。本书的编撰者雅克琳娜·基塔尔（Jacqueline Guittard）在后记《为神话学插图》（"Illustrer le Mythologies"）中陈述新版本的意义："一般而言，这些图像都在语言的描述中得以保留，即使这些描写很简短，也足够清晰：人们能够通过这些描写辨认出它们本来的样子。但是，也不排除这些图像可能消失，被词语吞噬，现实与表象无法区分；在这种情况下，关键在于把本来的样子呈现出来。"[1]这个插图版本丰富了我们对于巴尔特文化批判的背景认识。《神话学》冲击的就是各种形形色色形象化的神话，作者另外有几本书也与图像的关系密切。除了这个《神话学》的新版本，《明室》（La Chambre claire）是他的摄影随笔，在《巴尔特自述》（Roland Barthes par Roland Barthes）中评说了自己的肖像，《服饰系统》（Système de la mode）也是在探讨服饰图像与文字之间的关系。《小说的准备》中虽然没有插图，但是其中的内容也与形象的问题息息相关。巴尔特几乎从不写诗，或者更准确地说不发表诗歌，也不像其他作家那样，曾经创作过什么文学形象，然而他的写作中，图像—形象（image）始终是一个关键问题，对图像的批评和思考贯穿了他的一生。

一、作为对形象—神话批判的语言

《神话学》新版让我们重新看到巴尔特犀利的语言风格与他所针对的那些形象之间的关系。巴尔特把它所批评的对象称为神话，在中文语境里是比较难懂的，因为他在书中并没有提到任何神奇的东西，一切不过是大众日常生活之所见所闻，如何理解这个概念？已经有不少学者做出过解释，但也许还不够清晰。法语中 Mythe 一词的词源可能来自古希腊语 μῦθος，μῦθος 的

---

[1] Jacqueline Guittard, Illustrer les Mythologies, Roland Barthes, *Mythologies*, Paris: Seuil, 2010, p. 249.

意义含混且复杂，兼有"讲话""演说"以及"故事"或"叙事"的意思。据《小罗伯尔字典》的解释，同时这个词还有"一种观念的表达，一种哲学学说或理论表现为形象的形式。例如柏拉图的洞穴神话"。[1] 神话就是一种形象化的叙事，诉诸视觉的或者说形象化的方式可以让这些观念看起来是"自然的"而不是人为的。表面上《神话学》与叙事学无关，并没有讨论故事的问题。然而，巴尔特所分析的种种形象其实都在给公众们"讲故事"。例如他提到卫生产品广告制造出来的形象：

漂白水：	清洁剂：
# 有暴力倾向，磨损修正 # 一种化学或足以使人伤残的形象 # "杀死"污垢 # 图像：洗衣女工拍打衣服的动作	# 维持公共秩序 # 将衣服从脏东西中解放 # "挤压"污垢 # 图像：家庭主妇在倾斜的洗衣板上揉搓衣服

这里的图像—形象不是静态的视觉展现，而是通过形象，建构起一个小叙事，"杀死"污垢，或者"将衣服从它脏东西中解放"，"在'奥妙'洗衣粉的图片当中，脏东西是个微小的敌人，肮脏而虚弱，'奥妙'只需要审判的威胁，就让它们拔腿逃离了精美洁净的衣服"。[2] 而这些小叙事的价值基础又是我们文化中的宏大叙事，或者说，在这些看似微小的叙事中不断重复底层的宏大叙事，就像神话的各种变体。这些视觉形象与电影或戏剧不同，它们本身并不是故事，只是通过"符号学"的表意方式，在与宏大叙事的联系中，产生了叙事的效果，并传递、重复和固化了主流的社会意识形态。

巴尔特谈到了一个很有趣的案例，可以看到在观念和形象之间的互动关系。1955年爱德华·思泰森（Edward Steinchen）在纽约现代美术馆组织了一个名为"人类大家庭"（The Family of Man）的展览，由来自68个国家的503幅摄影作品组成，后来在全球巡回展出，1956年来到巴黎的现代艺

---

[1] Art. Mythe, *le Nouveau petit Robert*, 2007.
[2] Roland Barthes, *Mythologies*, Paris: Seuil, 2010, p. 36.

馆，法国人把它翻译成"La grande Famille des Hommes"。其目标是为了展示日常生活中世界上所有的国家里人类精神的总体性。这些照片的内容非常广泛，展示的都是普通人的生活状态。出生、死亡、工作、认知和娱乐是无论在哪里都有类似的行为要求；这里有一个人类的家庭。巴尔特以尖利的讽刺解释了 family 这个词，在英语和法语中，它既指我们人的家庭，同时又是一个生物学上的概念"科"。它的原始意义可以被看作是动物学的分类，在我们这里这个词被极大地道德化和情感化。

这是对于人类共同体来说的双重神化，这个共同体的托辞充斥着我们的人文主义。这个神话是通过两个程序作用的：首先确定了人类形态的不同，着重划出了异域文化，强调种类的变体的无穷无极，不同的皮肤颜色，头颅造型和习俗，人们按照自己的意愿混合了这些来自世界各地的图像。然后人们魔力般地从多元化中得到一个统一：人的出生，工作，笑和死亡在任何地方都是以同一种方式进行，即使在这个形式里总有这样那样的一个人种的特殊性被插入其中，人们至少理解为，在他们的后面有一个相同的"自然本质"，并且多种多样性只是一个形式上的性格，它并不抵触总体实质（Matériel）的存在。这个展览不仅是一个观念，而且讲述了一个观念化的故事，这是把每个人的生活都纳入一个大家庭的故事，有开头，有结尾。在法语中，故事和历史是同一个词：histoire。而神话，就是没有历史的故事。所谓没有历史，就是说这些话语的接受者相信这种话语从古到今都是如此，是理所当然的，自然的。

他写道："人类'境遇'的这个神话的基础就是这种古老的神秘化，它把自然作为历史的基础。所有传统的人道主义从人类的历史上刮下来一点东西，就提出他们的体制的相对性或人的肤色表面上的多样性，人们总是过快地得到人类普遍的深层的自然—本质这个结论。为什么不就这个问题去问问那个被白人杀死的黑人男孩艾莫特·提尔（Emmett Till）的母亲呢？"[1]1955

---

[1] Roland Barthes, *Mythologies*, Paris: Seuil, 2010, p. 207.

年8月28日，这个14岁男孩因为向一位白人女性吹口哨，就被一群白人杀死、肢解，并扔进河里。这些杀人犯被白人组成的陪审团宣告无罪。他的照片也在这次展览中，戴着礼帽，睁着大大的眼睛，望向照片的斜前方，参与到这个大家庭中。在巴尔特看来，这些照片试图向我们展示自然的事实，普遍的事实。在法语中，自然和本质是同一个词nature，强化这个观念，就取消了历史。照片中的人物以一种强烈的形象固定在那里，不可动摇。然而，人的存在其实是历史性的，有生有死。"无论孩子的出生顺利或痛苦，无论他是否造成了母亲的痛苦，无论他是否面临死亡的威胁，他总是以这种或那种方式来临，这就是展览本应当向我们述说的，而不应该只是出生的永恒抒情曲。不仅应当歌唱生，还应该歌唱死……"[1]神话本身是历史的产物，但是神话取消了历史，历史消亡，永恒的自然登场。

理解这个关键问题不在于是不是把问题简单归于陈词滥调或者俗套（cliché, stéréotype），实际上巴尔特喜爱的日本文化中也有很多类似的固定化机制。对于日本人来说，其文化符号也可能是僵化的意识形态。但是对于巴尔特来说，日本的符号就不是神话性的，反而让他进入一个新奇的世界。因此，神话并没有一个普遍的一般的定义和解释，也不是一个固定的客观现象。关键看如何接触到这些文化现象，在接受者那里产生了什么影响。实际上，即便对于令巴尔特厌恶的法国神话，在中国人眼里，却可能充满了魅力，就像巴尔特眼中的东方。

在本书第二部分《今日神话》里，巴尔特以理论的方式分析了这种表意功能。在引入能指、所指、意指作用这组概念后，他说明了神话的二级符号体系。在索绪尔的普通语言学体系中，能指和所指的联结是任意的，巴尔特则给出了第二级意指的程序。

---

[1] Roland Barthes, *Mythologies*, Paris: Seuil, 2010, p. 209.

1.能指	2.所指	
3.符号 Ⅰ能指		Ⅱ能指
Ⅲ符号		

第二个层级的能指与所指的结合构成新的意指，而这个意义生产过程是文化性和历史性的。然而神话压制了历史，使意义显得像是一个自然而然的直接的意义生成机制，在时间和空间上凝固起来，它具有命令（impératif）和质询（interpellatoire）的特征，而"我"则被一种凝固的言说和命名捕获。

巴尔特常常以自己个人的体验来说明这种感受。在法国和西班牙边境的巴斯克地区的一大片红屋顶房子，有着相同的形制，"我"在那里漫步的时候，看着这些房子，它们与我无关，在我来之前就已经存在了很久，是属于当地人的历史的产物。它们并不对"我"发出召唤，也不邀请或者强迫我对它们命名，我只是看到和感受到它们的一致的特征。然而，"倘若在巴黎，在冈巴塔街或让—若雷斯街的尽头不经意地撞见一所骚气的白色木屋，红瓦、棕色护壁板、不对称的屋面，正面有宽阔的栅栏，我自己就仿佛觉得收到了一个不可推卸的邀请，要把它命名为巴斯克木屋，甚至更进一步从中看出巴斯克性（basquité）的本质。正是在这里，概念以其绝对的适应性向我呈现出来：它过来，找到我，就为了迫使我辨认出那些整体的意图，正是这些意图在这里构建了这个房子，房屋的主人确确实实向我发出了邀请：作为发给个人的信号，一个默契会心的言说。这个召唤在那儿引出概念，并安排和规定了概念。为了更具有强制性，这个邀请采用了一切贫瘠化、空洞化的手段。所有在技术层面上用以属于巴斯克房屋的各种要素：谷仓、室外楼梯、鸽棚、等等，统统都消散无形，而变成简洁而确凿的标志。其证据过于明确、清晰了，我竟觉得这木屋仿佛是此时此刻刚刚为我而建造的，就好

西方文学文本的解析　235

像是变戏法，在我面前突然冒出来，完全没有产生它的历史印迹"。[1] 这种召唤—应答机制在文化中深入骨髓，因为它是一个结构，而不仅仅是一个具体的概念或者意识形态内容。所以，即使是一个反神话的神话学者，也不得不在感受到这种机制在他身上发生的效果之后，才能通过分析来揭示。分析即揭示，揭示即破坏。这就是巴尔特给自己的任务："然而，在主要的敌人（资本主义的规范）之外，是两种紧密相连的活动：没有精细的分析，就无法揭示；没有揭示，就没有以符号破坏学（sémioclaistie）为目标的神话学。"[2]

现在关于巴尔特的神话批判比较重视其对意识形态（尤其是资本主义）的批判，这当然符合巴尔特的立场，但是我们更应该注意和体会的是他的切身感受，而不是政治观点，他反对资本主义的唯一原因可能只是因为他处于资本主义社会。无论是资本主义，还是巴斯克性，巴尔特的反感和厌恶是即时而直接的，这不仅是一种思考，更是一种感觉。巴尔特的大部分著作和文章都不是站在一个科学家的立场客观分析，给出普遍理论，他更是一个批评家。从他的字里行间，完全可以读到他在巴黎街头辨认出巴斯克这个符号之后油然而生的厌恶，对这种内化到我们内心深处的文化强迫性感到强烈的恶心。这里不得不让人想起萨特小说《恶心》中的主人公洛根丁，他之所以恶心，是因为觉得面对的世界是虚无的，没有意义。[3] 两者感受到的恶心正好截然相反，处于"意义"感受的两级，一边因为失去意义感而恶心，一种则恶心于意义的过分充盈。同样，我们也从字里行间读出当他在解读兰开斯特摔跤和洗衣粉广告的时候，用手术刀一般的精确细腻剖析那些画面和形象背后的符号运作机制，把它们的意义机制和效果揭示出来并加以摧毁的快感，这种讽刺背后的笑夹杂着智性的愉悦（就像在棋盘上识破了对手的阴谋）和逃脱召唤—应答机制的欣喜。

---

[1] Roland Barthes, *Mythologies*, Paris: Seuil, 2010, p. 232.
[2] Roland Barthes, *Mythologies*, Paris: Seuil, 2010, p. 7.
[3] 参见：Jean-Paul Sartre, *La Nausée*, Paris: Gallimard, 1948.

类似巴斯克性这一类的神话符号并没有很明确的政治意识形态色彩，也不属于特定的阶级和社会，而是一种普遍而深层的文化运行机制，并不是改变社会体制就可以摆脱的，所以巴尔特与萨特不同，对社会革命没有什么兴趣。1968年五月风暴中的大学生们抗议说"结构不上街！"的时候，针对的就是巴尔特这样的虽然反体制但是却不热心社会革命的学者[1]。巴尔特很清楚，无论哪种政治体制都不能解决他的问题，甚至他自己的符号破坏学同样也不能真正成功。他清醒地认识到，自己的这种符号破坏学也会变成一种符号，揭露神话本身也会成为一种神话，也会变成一种二级意指生产。今天，我们也看到他的悲观预言得以实现，最近几年，他的头像也频频出现在中国的流行文化刊物上，发散出一股充满强烈小资气味的巴尔特性。这是个悲剧吗？也许是，也许只是他早已预见的闹剧。

　　巴尔特的资本主义形象批判的另一部作品是《服饰系统》，这本来是他用来作为博士论文的研究，因此其写作方式最符合学术规范，虽然由于列维—斯特劳斯不同意他的这个研究题目，并没有接受指导他写博士论文。在这本书中，巴尔特沿用了《神话学》中的二级意指模式研究流行服饰杂志中的言说。我们看到，这个时期的巴尔特格外关注"图像"与语言之间的关系，或者说图像如何成为言说的附属品。他说："有没有一种比较大的物的系统，能够摆脱说出来的语言呢？［……］因此必须翻转索绪尔的命题，并确认符号学是语言学的一部分。"[2]索绪尔说语言学是符号学的一部分，[3]这是一个很符合一般常识和认知的理解，巴尔特的这个说法在符号学界是很罕见的，几乎没有其他人附和，他让作为一种特殊符号的语言研究囊括从定义上来说更广阔的符号研究，不符合逻辑。然而，巴尔特难道不知道这个逻辑吗？当然不会！早期的巴尔特如此要求的原因有二，一是他当时的科学主义狂热以为逻辑严密的语言学科学可以彻底解决一切意义生产问题；二是他只

---

[1] 参见：François Dosse, *Histoire du structuralisme*, t. II, Paris: la Découverte, 1991, p. 25.
[2] Roland Barthes, *Système de la mode*, in *Œuvres complètes*, t. II, Paris: Seuil, 1993, p. 133.
[3] 参见：Ferdinand de Saussure, *Cours de linguistique générale*, Paris: Payot, 1971, p. 31-35.

有这样定义语言之外的符号，才能合法地用语言来解读（也就是自己的写作）分析、消解和破坏。换句话说，他必须首先把一切形象转换成话语，然后才能足够合法地用自己的话语来揭示和消解对象话语的意义产生机制。但是巴尔特后来将发现一个非常严重的问题，他厌恶神话机制的一个重要原因是：神话把这个世界变得贫乏，神话在制造深层意义的同时，把所有的形象都转换成了这些深层意义——表面上看起来是意义的生产，最终却走向了贫乏。因此，他自己的分析本身也可能走向贫乏。在《S/Z》的开头，他就重新反思了其中可能蕴藏的风险，以及为什么一定要寻找新的出路：

> 据说，某些佛教徒依恃苦修，最终得以在一粒芥子之内见到须弥。这是早期的叙事分析家想达到的目标：把世间如恒河沙数的全部故事都放进同一个结构中；他们的盘算是，我们可以从每个故事中，抽离出它的模型，然后经由众模型，构造出一个包纳万有的大叙事结构，然后再反过来进行检验，把这个大结构施用于任意一个叙事。这是桩苦差事，需要殚精竭虑（真是"耐心的科学，实在的苦刑"），然而，最终的结果却并不令人欢喜，因为文本由此而失掉了它的差异性。……因而必须作出抉择：要么把一切文本置于相互说明的往复运动中，以无所偏好的科学目光，对它们一视同仁，把它们当做同一总摹本（Copie）的衍生物；要么把每篇文本都重新置于其运作过程中，这么做并不是为了复原它的个体性，甚至在谈论它之前，就把它置于永不休止的差异聚合体（paradigme de la différence）之中，一上来就把它放入某种根本性的类型中，纳入评估之内……[1]

我们看到，后来的巴尔特没有延续成功的神话学批判的道路，他一生都在不断寻找新的书写方式和空间，新的欲望和享乐。

---

[1] Roland Barthes, *S/Z*, in *Œuvres complètes*, t. II, Paris: Seuil, 1993, p. 557–558.

二、作为超越语言的像（image）

　　Image 翻译成汉语有困难，原因是法语中的 image 翻译成汉语的时候，可以是图像，也可以是形象。接下来讨论的问题既涉及狭义的视觉形象，也涉及广义的形象。中国现当代主流的文论中常常把文学写作的构思方式称为形象思维，在这种理解中，文字与形象之间是一种水乳交融、相互映衬、相互激发的关系，伟大作家的特征就是既有充分的想象力来制造形象，同时又能够用文字来驾驭形象，在读者的脑海里制造和唤起形象的效果。

　　然而，在巴尔特那里，视觉形象与文字之间则常常处于一种紧张关系。一方面，他批判和破坏形象—神话的意义生产机制，另一方面，视觉形象对于他来说又常常是一种获得解脱的契机，破除语言的魔力。巴尔特是语言大师，他可能是二战后法国最杰出的文体家，然而他一生又在与语言搏斗，总是幻想超越语言的限制：语言总是有意义的，但是意义常常过于充盈，满溢来自社会的强制性。巴尔特常常试图从语言和文本的规定性中找到突破的缝隙，呼吸一口与众不同的气息。1960 年代的巴尔特与他的伙伴们一样，处于他的科学时期，企图用科学的符号学来彻底解决语言和文学问题。他在《交流》(*communication*)上发表了一系列文章，探讨图像的信息、符号和交流问题。但是，即使在这个时期，他依然被某些图像的"不可言说"的特征所打动，并赋予特殊的关注。在他关于照片和图像的评论中，有一个非常重要的体验：创伤。有一类照片会使人的精神受到强烈的冲击，但是无话可说，语言在此时失效了。"创伤性的图像是与对于事物的意义或一些态度的不确定性（以及随之而产生的忧虑）相联系的。"[1] 语言是社会性的，总是与历史的意识形态相结合。它们赋予视觉形象以意义。但是某些形象还是可以逃脱语言的掌握，是纯粹的外延，而没有内涵。

---

[1] Roland Barthes, Rhétorique de l'image , *Communications*, novembre 1964, repris dans repris dans *Œuvres complètes*, t. I, Paris: Seuil, 1993, p. 1421.

不管怎样，我们看到，内涵能够走得很远。能否说，一种纯粹的外延即一种停留于此岸的言语活动（en deçà du langage）是可能的呢？如果这种外延是存在的，那么，它也许并不是在日常的言语活动称之为无意指活动性特征、中性、客观性的层次上，而是相反在真正创伤性的图像层次上：所谓创伤，恰恰是中止了言语活动、阻碍了意指的东西……真正创伤性的照片是很少的，因为在摄影中，创伤完全成为这个景象确实发生的证明：摄影师必须在那个地方……创伤性摄影（火灾、溺亡、灾难、被暴力杀死的人、猝死）让人无话可说。从结构上说，震惊—照片是没有意义的，没有价值、没有知识，极言之，在意指的常规过程中不能做出任何语言的断定。我们可以设想一条规则：创伤越直接，内涵意指越困难；或者说摄影的神话学效果与创伤效果是成反比的。[1]

这种无法言说的感觉后来逐渐扩展，越来越泛化，不再局限于创伤性的形象，成为巴尔特某种特殊的审美对象。那个无法用语言抓住和掌握的东西，抓住了巴尔特。在《明室》中，他说："我宣布，我热爱照片，反对电影，虽然我没法把它们区分开。"[2] 事实上，巴尔特并不一直反对电影，六十年代，他还写过不少关于电影的论文，例如：《电影的意指问题》("Le problème de la signification au cinéma")和《电影创伤单位》("Les unités traumatiques au cinéma")，都发表在《电影学国际杂志》(*Revue internationale de filmologie*)。他之所以说自己反对电影（当然这并不是说他不再欣赏电影），是因为电影把画面都纳入叙事之中，因此有更强的表意性。相反，照片并不叙事，总是有跳脱出语言的要求，是一种自在（in itself）的存在："面对摄影，我总是被一种'本体论'的欲望（désir ontologique）抓住：无论如何我都想要知道它'自在'（en soi）的样子是什么，通过什么形象它能

---

[1] Roland Barthes, le Message photographique, *Communications*, 4e trimestre, 1961, repris dans repris dans *Œuvres complètes*, t. I, Paris：Seuil, 1993, p. 948.
[2] Roland Barthes, *La Chambre claire*, Paris：Seuil, 1980, repris dans *Œuvres complètes*, t. III, Paris：Seuil, 1995, p. 1111.

不同于图像的总体。"[1]每一幅图像从本质上只属于它自己，而不属于任何表意系统。

巴尔特从来没有提到过维特根斯坦，也许他从未读过后者的哲学，但是他们其实都关注到了同样一个问题：是否可以在社会文化的惯例之外表达自身独特的感觉。维特根斯坦的问题是：是否可以有私人语言？他说："我们是否也能想像这种语言：一个人写下或说出他的内心经验——他的感觉，心情，以及其它——供他私人使用呢？——唔，我们难道不能用我们的普通语言这样做吗？——但我的意思不是这个。我的意思是这种语言的单词，用来指只有讲话人能知道的东西，指他直接的私有感觉。因此另外一个人无法理解这种语言。"[2]实际上每个人都会有这样的感觉：当我们面对某种事物，产生某种感觉和情绪的时候，在我们用理性的话语去抓住这种感觉之前，它是特殊的，是仅仅只有我才有并感受到的，而任何公共语言都不足以表述这种内部经验。那么我们是否有可能创建一种仅仅属于自己的私人语言来记录和表达这种独特的体验呢？维特根斯坦从逻辑上否定了这种可能性。

巴尔特没有设想私人语言，他通过各种方式暗示这种超越于语言之外的感觉，寻找各种有可能打破社会语言习惯性的可能性，抗拒语言的交流性。他在论及文本的时候说："当我在摩洛哥干涸的河谷中，突然维吉尔般美妙的立体声音迎面而来——鸟鸣、远处儿童的哭喊、抽水机的马达声，此时我身上产生了文本和文本性强烈的意识；乡村、文本，这就是了；田园诗般的地方穿越某种机器；一些色彩、一些寂静、一些微风，这些古老的浪漫的文化价值构成的锦缎，被摩托车的喧嚣割断。"[3]。这里所谓的文本，恰恰是逃离语言和交流或者说反文本，在语言中反语言，在文本中反文本。

---

[1] Roland Barthes, *La Chambre claire*, Paris: Seuil, 1980, repris dans *Œuvres complètes*, t. III, Paris: Seuil, 1995, p. 1111.

[2] [英]维特根斯坦：《哲学研究》，杨潮、范光棣译，生活·读书·新知三联书店，1992年，第120-121页。

[3] Roland Barthes, *Sollers écrivain*, Paris: Seuil, 1979, repris dans *Œuvres complètes*, t. III, Paris: Seuil, 1995, p. 962.

在评论安德烈·马松（André Masson）的艺术作品时，巴尔特把马松的线条画当成寻求解放的模范。马松是法国当代先锋艺术家，他在绘画中借用中国的书法（巴尔特称之为字母画，sémiographie）。中文书写与西语不同，具有形象性；而其他的表音文字的功能仅仅只是表音，借此表意。而马松的绘画利用中国的书法技巧绘制字母，他的画作类似中国的书法，但是却并不真的表意。在巴尔特看来，这种摆脱了交流目的书写是理想的甚至是乌托邦式的书写：

> 如果书写要显示出真实的自身（而不是作为工具），那么它就必须是不可读的，字母画家（马松）通过巧妙的设计，精心设计出不可读：他把书写的冲动从交流的形象（可读）中解放出来。这就是大写的文本所要求的。但是，一旦写下来的文本还是要不断与表面上有意思的内容（词语）做斗争，直接源自无意义实践的马松的字母画，就瞬间完成了文本（大写的）的乌托邦。[1]

无意义与文本这两个概念矛盾地组合在一起，因为一般来说，文本都是可读的，有意义的，巴尔特要让文本穿透习惯的意义的召唤—传唤，延续了他在《神话学》中的主题，拒绝普遍的意义生产和接收机制。他所说的乌托邦书写，就是不可读的文本。巴尔特在《S/Z》中以不可读（illisible）来反对固定化的经典文本："在可写之文本的反面，我们确立了相反的价值，这是消极然而对抗的价值。可读之文本（le lisible），它能够让人阅读，但无法引人写作。我们把一切能引人阅读之文本称为经典（classique）。"[2]但是，"不可读"这个概念对于文学文本来说无论如何都难以自圆其说，可重写与不可读也并不完全相同，《S/Z》这本书虽然有晦涩之处，但也并不是不能读懂，他自己也在后面逐渐放弃了这个概念。

---

[1] Roland Barthes, Sémiographie d'André Masson, in *Critique*, n° 408, mai, 1981, pp. 526-528.
[2] Roland Barthes, *S/Z*, Paris: Seuil, 1970, repris dans *Œuvres complètes*, t. II, Paris: Seuil, 1993, pp. 557–558.

真正的不可读藏在人的直接感受中，所以巴尔特非常珍视那些"不可说"的时刻。感性、图像，都是对符号世界和象征世界的逃离，他对图像的热爱，以及对被语言抓住的视觉形象的厌恶，是一体两面。20世纪以来的先锋艺术与语言和象征构成了极其复杂的关系，既对抗又纠缠。例如杜香的那个著名的小便器"泉"(fontaine)，马格里特的"这不是一只烟斗"[1]，悖论在于：杜香和马格里特的作品挑战了语言系统对绘画和现实的命名和解释权威，然而它们也引发了无穷无尽的语言的评论、反思和理论。

我们看到巴尔特同样也进入这样的漩涡。一方面，他反对再现（représentation），无论语言还是图像。"摄影永远重现的那个事件仅仅只发生过一次：它机械复制的那个东西，从现实上来说是不可能重复的。"[2]同样的，照片本身也是自在之物，不是为了语言和意义而存在。"它是绝对特殊的，是无上的偶然性，晦暗的，不透明的，愚钝的，就是这个（le Tel）（是这个照片，而不是可以统称的照片），简单说，纯客体（Tuché）、机缘、相遇、现实，可以这样无穷说下去。为了指出现实，佛教说是空（sunya）；或者更准确：如是（tathata），如其所是……"[3]然而，巴尔特又不断言说这个空，说这个"不可说"。可是，一旦进入言说，它就不能是"自在之物"，而变成为我之物。他非常清楚地知道这里的矛盾，照片在解读之中变成符号，但是无论我们以什么样的方式看照片，"一幅照片总是不可见的（invisible）：它并不是人们所见的样子。"[4]图像就如此总是在不可言说的言说之中，见与不见之间。而他自己在被拍摄的时候，也成为主体—客体之间，"形象地说，摄影（我自己愿意被拍的时候）表现了一个非常微妙的时刻，事实上我既非主体，亦非客体，而是一个感觉要变成客体的主体。我亲历死亡的小小经

---

[1] 参考：Michel Foucault, *Ceci n'est pas une pipe*, Paris: Fata Morgana, 2010.
[2] Roland Barthes, *La Chambre claire*, Paris: Seuil, 1980, repris dans *Œuvres complètes*, t. III, Paris: Seuil, 1995, p. 1112.
[3] Roland Barthes, *La Chambre claire*, Paris: Seuil, 1980, repris dans *Œuvres complètes*, t. III, Paris: Seuil, 1995, p. 1112.
[4] Roland Barthes, *La Chambre claire*, Paris: Seuil, 1980, repris dans *Œuvres complètes*, t. III, Paris: Seuil, 1995, p. 1113.

验（我被置入括号中），我确实变成一个幽灵。"[1]巴尔特借用了现象学的术语"打括号"来形容这种变成"自在之物"的感受，在胡塞尔那里，这是一种解除意义，如其所是观察对象的方法，巴尔特所谓死亡，意思是被解除了对意义的掌控。

他在《明室》中区分了一张照片的两个要素，一个是意趣（studium），另一个是刺点（punctum）。前者是照片的信息和表达的意思，吸引了观看者。这个意趣是拍摄者与观看者之间达成的共识或情绪的共鸣："对这些照片，我也会感到一些兴趣，有时甚至会感动，但是这种感动是通过道德和政治文化的理性中介产生的。"[2]而刺点则会破坏这个意趣，它就像一根刺，在规范的文化的交流信息上制造一个伤口，"刺点也是针眼、小孔、小斑点、小伤口，是偶然掷色子的结果。照片的刺点，就是刺到我的偶然（刺中了我，伤到了我）"。[3]而意趣只能让巴尔特感到喜欢，真正让他热爱的是这些刺点。刺点就像文本的"不可读"，就像反文本的文本。然而，刺点的存在必须以意趣的存在为前提，它们必须同时存在（co-présence），刺点是照片的局部，是破坏整体性的局部，用中文的习语来说，它就是那个煞风景的东西。例如，"1962年，凯尔泰什为戴着单片眼镜的年轻的查拉拍了一张肖像照，然而吸引我目光的却是那只放在门框上的手，一只指甲不太干净的大手，这多余的一瞥是刺点给我的礼物和恩惠"。[4]

从这里，我们也许就能理解日本和它的俳句对于巴尔特的意义。1967年12月18日到1968年1月10日，巴尔特第三次前往巴黎，"在日本的时间，他找到了莫里斯·彭盖（Maurice Pinguet）的团体，并开始为写一本书做笔

---

[1] Roland Barthes, *La Chambre claire*, Paris：Seuil, 1980, repris dans *Œuvres complètes*, t. III, Paris：Seuil, 1995, p. 1117.

[2] Roland Barthes, *La Chambre claire*, Paris：Seuil, 1980, repris dans *Œuvres complètes*, t. III, Paris：Seuil, 1995, pp. 1125–1126.

[3] Roland Barthes, *La Chambre claire*, Paris：Seuil, 1980, repris dans *Œuvres complètes*, t. III, Paris：Seuil, 1995, p. 1126.

[4] Roland Barthes, *Chambre claire*, Paris：Seuil, 1980, repris dans *Œuvres complètes*, t. III, Paris：Seuil, 1995, p. 1130.

记"。[1]这本书就是《符号帝国》,巴尔特说:"作者在任何意义上都没有拍摄日本。恰恰相反,日本像闪电一样多次击中了他,或者更准确地说,日本把他置入书写的状态。"[2]然而,这本书并不是没有插图,甚至还有很多。巴尔特为什么这么说?《巴尔特传》的作者吉尔评论说:"日本……打开了书写的主体,因为它使他震惊,并向他提供了一个面向自我的镜子:矩阵的空和二元对立,《符号帝国》充满对这个根本的空的指涉……话语的空[3],这个空构建了书写。"[4]但是,吉尔并没有说清楚这个日本的文本(Texte Japon)和日本的形象(Image Japon)之间的关系。在不为人注意的简短的对本书的说明中,巴尔特写道:"本书的文本并不'评论'图像。图像也不是文本的插图:每一个图像对于我来说仅仅是一个视觉的震颤的开端,也许这种意义的丧失就像禅对觉悟的召唤;文本与图像,在它们的相互交织之中,要实现这些能指的流转、交换、身体、面庞、书写,并从这里读出符号的退却。"[5]在这里我们看到了双重的悖论:第一,《符号帝国》的图像与文本虽然相互联系,但是巴尔特坚持从价值和意义上把它们拆开;第二,巴尔特说"符号的退却",又把日本称为"符号帝国"。如何理解他的这些矛盾呢?

一方面,巴尔特是作家,语言是他唯一的工具和职业,他对语言充满独特的热爱;另一方面,他又对语言的公共属性深表怀疑,拒绝"顺畅的交流",巴尔特后期写作的晦涩和自相矛盾,不仅仅是思想的复杂性和表述的困难造成的,也不仅仅是一种个人风格,而更加具有"本体论"的色彩,他不要在矛盾的双方中做一个选择,而是要把它们都纳入其中,置于一炉。目

---

[1] Marie Gil, *Roland Barthes*, Paris: Flammarion, 2012.
[2] Roland Barthes, *L'Empire des signes*, Paris: Seuil, 1970, repris dans *Œuvres complètes*, t. II, Paris: Seuil, 1994, p. 748.
[3] 在书中有一幅书法作品,写的是"無",法语翻译为"vide"(空)。在汉语的语境中,一般道家用"无",而佛教用"空",这两者在巴尔特那里基本是不区别的。Roland Barthes, *L'Empire des signes*, Paris: Seuil, 1970, repris repris dans *Œuvres complètes*, t. II, Paris: Seuil, 1994, p. 749.
[4] Marie Gil, *Roland Barthes*, Paris: Flammarion, 2012, p. 310.
[5] Roland Barthes, *L'Empire des signes*, Paris: Seuil, 1970, repris repris dans *Œuvres complètes*, t. II, Paris: Seuil, 1994, p. 745.

前，巴尔特的中文翻译并不令人满意，除了译者的水平问题，更在于巴尔特独特的言说方式，他尽可能地远离和排斥"说出某个东西"的方式，也不愿意清晰地解释自己。巴尔特的知音桑塔格以"反对阐释"来论说巴尔特，抓住了肯綮："当今时代，阐释行为大体上是反动的和僵化的。像汽车和重工业的废弃污染城市空气一样，艺术阐释的散发物也在毒害我们的感受力……阐释还是智力对世界的报复。"[1]阐释这个行为本身意味着对符号、意义和指涉的充分信心，背后是对交流的需求和热爱，巴尔特拒绝承认他关于图像的话语是图像的阐释，反之亦然。所以他拒绝承认符号的表意功能，否认自己的文字在解释图像。而日本之所以是《符号帝国》，其中最主要的原因是，日本对于巴尔特来说，是外国，是文化的他者，他们并不共享同一文化，因此日本的符号在他身上并不能起到规约性（conventional）的强制"召唤"，反而能够让他从中揭示西方文化符号性的意识形态。而意识形态一旦被人看见，就会退却。《符号帝国》的译者孙乃修在《前言》中含蓄地指出巴尔特对东方文化的研究流于表面，因此有些地方并不准确。"有时在对具体文化现象的分析和解释时，不免流露出主观性和逻辑推演的痕迹。"[2]实际上，巴尔特并不想当一位日本文化专家，这本书当然也不是研究日本的权威著作，它只是用来批判西方文化符号的他山之玉。彼之砒霜，我之蜜糖。日本文化的编码（code）成为巴尔特破除西方符码的工具。

　　日本文化的俳句也像刺点一样抓住了巴尔特。俳句是语言的产物，有一类俳句具有超凡的形象性，强调形象的直观。他在晚年最后的授课《小说的准备》中，提到了松尾芭蕉的一首俳句："冬风在吹 / 猫儿的眼睛 / 眨个不停。"[3]他说："不可思议，它何等绝妙地让我感受到了冬天。极言之，我们也许可以说：这首俳句在尝试用寥寥数语做到语言所无法做到的事情：唤起事

---

[1] [美] 苏珊·桑塔格：《反对阐释》，程巍译，上海译文出版社，2003年，第9页。
[2] [法] 罗兰·巴尔特：《符号帝国》，孙乃修译，商务印书馆，1994年，第8页。
[3] [法] 罗兰·巴尔特：《小说的准备》，李幼蒸译，中国人民大学出版社，2010年，第64页。

物本身→俳句是语言的力量和效果的极限；它补偿了语言的亏欠。"[1]这个感叹一方面体现出巴尔特希望以感受性超越意义性，另一方面把他置于悖论之中，俳句也是语言，"做到语言无法做到的事"，其实是做到了语言可以做到的事，虽然这是语言的某种极限，让本来有意义的语言通过丧失意义，变成直接的感受。卡里尔—拉弗勒尔（Thomas Carrier-Lafleur）评论巴尔特对俳句的热爱时说："俳句的开悟（真，本质）不在文本的任何地方，不能用文字来说明，而是体现为不在场的在场，是某种东西藏在虚空中的感觉。"[2]事实上，日本的俳句风格多样，并不只有这类凸显细微体验和直观的作品，也有直抒胸臆或表现意义的佳作，只不过巴尔特所喜爱的是前一种类型。因为这类俳句让他可以从缠绕着自己的意义中摆脱出来，他认为西方文化中总体上"有一种对个体的抗拒，和对普遍性的趋向：喜爱法则、普遍性、还原事物，喜欢把一切现象均等化而不是把它们区别化到极端……"[3]黄晞耘先生用"脱脂"[4]来形容巴尔特对这种过于充盈的意义感的排斥，可谓非常形象。

巴尔特有关图像—形象的思考始终在于试图以"感受"跳脱"意义"的包围，这也是二战后的文艺思想的主线之一。巴尔特一方面用语言文字来批判被意义涂色的形象；另一方面又把单纯的像（image）作为对抗语言的文化规约和意义的契机，虽然这种跳脱并不能真正彻底，如他预知神话破坏学终将变成另一种神话。这不是可以完成的工作，巴尔特就像西西弗斯一样，不断推动那个注定要滑落的石头，并充分感受这一切。

---

[1] Roland Barthes, *La Préparation du roman*, I et II, Paris: Seuil, 2003, p. 68.
[2] Thomas Carrier-Lafleur, « « Aveniro-manie » ou le temps des images de l'autre. Cinéma, photogrammes, images sonores dans l'œuvre du dernier Roland Barthes (Journal de deuil et La Préparation du roman) », *Revue Roland Barthes*, Numéro 4. http: //revue.rolandbarthes.org/2018/06/thomas-carrier-lafleur/51243/
[3] Roland Barthes, *La Préparation du roman*, I et II, Paris: Seuil, 2003, p. 87.
[4] 参考：黄晞耘：《论罗兰·巴尔特关于俳句的思考》，《文艺研究》2019 年第 12 期。

认知视野下"视点"理论的发生

——从亨利·詹姆斯到帕西·卢伯克[1]

黄 灿[2]

[摘要] 亨利·詹姆斯从小说理论和创作实践两个角度提出并推进了视点理论的研究。他的视点理论核心是"窗户"隐喻。"窗论"是一个完整的认知框架,它的形成源于作为世界公民的詹姆斯对于"精神欧洲"的不断认知,以及19世纪末20世纪初现代主义浪潮渐起时对于"精神自我"的发现和审视。在他的晚期创作中,则进一步明确了"新世界"的重要内涵——人类意识的广阔世界。帕西·卢伯克从詹姆斯晚期文学风格出发,将詹姆斯对于人类精神世界的认知视为一种"跨时代突破",并由此将视点理论高度结构化和形式化,完善了包括"视点转移""窗户嵌套"等逐渐深入内心世界的认知结构。这一早期视点理论以其丰沛的认知思想,在20世纪末后经典叙事学认知叙事理论中,得到了回应和继承。

[关键词] 亨利·詹姆斯 帕西·卢伯克 "窗户"隐喻 视点 认知

在19世纪末20世纪初,亨利·詹姆斯和帕西·卢伯克带来了叙事聚焦(当时被叫做视点,即 point of view)研究的第一个高峰。因为两人的亲密

---

[1] 本文系2020年度湖南省社会科学成果评审委员会课题"记忆叙事中的多模态问题研究"(XSP20YBZ169)成果;湖南省普通高等学校哲学社会科学重点研究基地课题"跨媒介视域下的叙事聚焦研究"(20SPWC-02)阶段性成果。
[2] 黄灿,博士,长沙学院影视艺术与文化传播学院讲师,研究方向为叙事理论。

关系和观点上的相似性，他们经常被放在一起讨论。但其实两人有很大的不同。詹姆斯是一位作家和评论家，他对于聚焦的看法散见于他的小说论、小说家论和小说自序中，也见于他的创作中。詹姆斯毕生关注小说的主体、人类的道德和智性的探索。从某种程度上讲，他追求艺术之美，但不是纯粹的唯美主义者；他苛求技巧，但从未唯形式是图；他对视点的看法大大推动了人们对聚焦的研究，但总以不厌其烦的小说家自居。对于他所欣赏的作家，他像是一位知根知底的伴游人，为你指点每个角落的繁复和精妙；对于他自己，他像一位洋洋自得的讲解员，与你分享幽深精神回路里的发现。他的评论风格是印象主义的，人们也常用"意识流"和"心理现实主义"来形容他。而卢伯克的研究则更接近学者而非小说家。他大量引用詹姆斯的观点，并对这些观点进行分析和解释，以至于毛姆说，"我读了帕西·卢伯克先生所著的《小说技巧》，我从中懂得，写小说的唯一方法是像亨利·詹姆斯那样写"。[1] 从某种程度上讲，他可以视为是詹姆斯的阐释者，他将詹姆斯以小说家的激情写出来的繁复文字转换成更学术的，更精准易懂的观念，尤其是对詹姆斯"画面"和"戏剧"的观点，进行了很好的阐释。

当然，我们决不能将卢伯克仅仅看做阐释者。他确实从詹姆斯的著作中得到灵感，但他将观点提炼成成熟的体系，并成熟地运用到对理查逊、托尔斯泰、萨克雷等作家的评论中。与之前所有"小说论"中的视点研究不同，他真正建立了早期的视点研究体系，是第一位成熟而有影响力的叙事聚焦研究学者，并大大推动了叙事聚焦研究的进程。

一、"印象"与"真实"：通往认知的桥梁

二人对于"视点"的认知，肇始于亨利·詹姆斯精神上的"地理大发

---

[1] [英]帕·卢伯克、爱·福斯特、爱·缪尔：《小说美学经典三种》，方土人、罗婉华译，上海文艺出版社，1990年，第1页。

现",这一过程既伴随着詹姆斯作为"欧洲旅人"的人生,及其漫游带来的对"美国/欧洲"两大精神板块碰撞的思考,又裹挟于19世纪末20世纪初现代主义浪潮渐起时对于"精神自我"的发现和审视。在詹姆斯的文学批评和创作中,明显出现了对于现代性语境下"新的世界"认知的冲动,为此他以"窗户"作为隐喻,概括这一对新世界的认识过程。而在他晚期创作中,则进一步明确了"新世界"的重要内涵——人类意识的广阔世界。"窗论"因而也以其鲜明的认知风格,成为詹姆斯最有代表性的观点,凝聚了他"认知世界"的批评、创作理路,并在百年后,启发了认知叙事学家们对于"聚焦之窗"(Windows of Focalization)等认知框架的研究与认识。

代显梅认为,詹姆斯是处在传统与现代之间的作家:

> 詹姆斯和其他维多利亚时代的现代主义作家们一样,他们与20世纪20年代的现代主义作家最大的区别是,他们在信仰和怀疑之间比较倾向于前者,或者说,他们虽然在思想上已经感受到了世纪末的那种怀疑情绪,然而,在行为上仍然恪守传统价值观和信仰,并且以他们优美的艺术形式努力维护一种业已失去的表面上统一的生活局面。他们的希望和失望也因为这个实践过程随着在现实面前的受挫程度而起伏。[1]

小说的主题、人物处境包括道德和智性上的选择,是詹姆斯一直关注的对象,"一部小说之所以存在,其唯一的理由就是它确实试图表现生活"。[2]通过隐喻的方式,詹姆斯的评论与创作达成了某种同构。在这种隐喻中,比较有代表性的是"剧场"和"戏剧"。詹姆斯认为,创造的现实也是一种现实(这与他主张的心理现实主义是一致的),因而好的小说就是一出出的戏剧,在搭建好的剧场上演出,而观众则是来观看这些戏剧。这固然与詹姆斯

---

[1] 代显梅:《传统与现代之间:亨利·詹姆斯的小说理论》,社会科学文献出版社,2006年,第240页。
[2] [美]亨利·詹姆斯:《小说的艺术》,朱雯、乔佖、朱乃长等译,上海译文出版社,2001年,第5页。

是一位不太成功的剧作家有关，但更重要的是，自从"作者引退"的争论以来，小说一直在追求某种体裁自洽。如果说理查逊为代表的创作路径，让小说从"讲述"走向了"摹仿"，那么詹姆斯更进一步，希望小说从"摹仿"走向"真实"。正是从这种典型的小说创作论出发，詹姆斯的"戏剧"说力图摧毁小说固有的中介性，或者说，让人忘掉中介，而直接呈现自身，其依据是想象力与真实并无本质的区别。他在为《鸽翼》撰写的序言中强调，小说可以用绘画式的手法来处理，也可以用戏剧式的手法来处理。然而，如果作品要体现其充分价值，"戏剧"比"图画"更好。[1] 此处"图画"意味着事件在某人意识中反映，而"戏剧"则意味着让事件直接呈现在读者面前。

而对于如何表现小说的这种真实性，詹姆斯认为作者应该凭借经验。这里的经验是由许多印象构成的，这一"印象"是由切实的感知和想象力共同完成的。在詹姆斯看来，经验中的切实感受和想象力一样具有艺术真实性，而推广到小说创作和评论，想象性的内容同样具有巨大真实性：

> 予人以真实之感是一部小说的至高无上的品质……如果有了这些优点，那么它们所产生的的效果就归功于作者在制造生活的幻觉方面所取得的成功。[2]

不难发现，"印象"为詹姆斯的创作和评论搭建了一条共通的桥梁。通往"真实的幻觉"的道路是由"印象"铺就的，对于作者来说，这一幻觉是足以"和生活展开竞争"的。此处的印象更接近一种准认知状态，因为它更强调被动的接受。但从这一基点开始，詹姆斯的真实观明白无误地向内转了。除了唯美主义对形式的强调和19世纪后半叶对精神世界的关注对詹姆斯的影响，他的观念中还带有明显的有机论色彩："一部小说是一个有生命的东西，像任何一个别的有机体一样，它是一个整体，并且连续不断，而且

---

[1] Henry James. Leon Edel (ed.), *Henry James*, *Literary Criticism*, Chicago: The University of Chicago Press, 1985, p. 447.
[2] *Ibid.*, p. 15.

我认为，它越富于生命的话，你就越会发现，在它的每一个部分里都包含着每一个别的部分里的某些东西。"[1] 从这三个思想源流我们不难看到詹姆斯晚期风格中那种连绵不绝的意识之流的端倪——"真实的幻觉"必然来自意识世界的内部呈现，而它是如此具有主体性和特殊性，以至于当詹姆斯强调它与生活竞争时，也必然会呈现它多样性的一面。当他开始潜入人类的意识世界追求这种多样性的时候，认知作为一种必然的要求便出现了。

二、认知之窗："窗论"的视域和机制

"窗论"是亨利·詹姆斯对于"小说的真实""真实的幻觉"进行慎重思考后的结晶，它直接决定了詹姆斯小说的形态，尤其是其独一无二的聚焦方式，即"把一个人的经验画面戏剧化"[2]的艺术技巧，值得我们深入探讨。

在詹姆斯看来，小说的聚焦就像透过一扇窗户去看世界：

> 总之，小说这幢大厦不是只有一扇窗户，它有千千万万的窗户——它们的数目多得不可计算；它正面那堵巨大的墙上，按照各人观察的需要，或者各人意志的要求，开着不少窗户，有的已经打通，有的还在开凿。这些不同形状和大小的窗洞，一起面对着人生的场景，因此我们可以指望它们提供的报道，比我们设想的有更多的相似之处。[3]

首先，从隐喻的表面形态看，窗隐喻与柏拉图的洞穴隐喻颇为相似。它们关注的都是人类"看"世界的过程，并且强调不能完全看明世界这一结果。所不同的是，柏拉图认为世界的本质由理念构成，人类只能看到理念的

---

[1] *Ibid.*, p. 17.
[2] [英]帕·卢伯克、爱·福斯特、爱·缪尔：《小说美学经典三种》，方土人、罗婉华译，上海文艺出版社，1990年，第1页。
[3] [美]亨利·詹姆斯：《小说的艺术》，朱雯、乔佖、朱乃长等译，上海译文出版社，2001年，第285页。

投影（洞穴内的影子），它揭开了西方哲学史上"真实的实在"（true reality）与"纯粹的表象"（mere appearance）数千年的对立，这个过程中人处于一种被给予、不自由的地位。而在詹姆斯的观念中，人作为观看者这一主体性存在本身是最重要的。正如他谈论《一位女士的画像》的创作缘起："我所有的只是一个人物，一个特定的、引人入胜的少女的性格和形象。一个'主题'通常所有的各个因素，当然还有背景等等，则都要建立在这个基础上。"[1]作为一名小说家，尽管在艺术手法上造诣颇深，但牢牢把握住"人物"这一现实之锚，是詹姆斯一以贯之的习惯。他所有叙事聚焦上的变化，都是围绕着人物的外部世界和内心世界的波澜展开的。这种俯身在人物身上精雕细刻的姿态，曾遭到唯美主义者王尔德的批评："亨利·詹姆斯先生写小说好像是履行一项痛苦的义务，在卑贱的主题和微妙的'观点'上浪费了他简练的文学风格。"[2]确实，詹姆斯虽然看重小说的艺术，但那更是"人的艺术"，与"艺术除了表现它自身外，不表现任何东西"[3]的艺术本体论是截然不同的。

其次，值得讨论的是，在"窗论"中，詹姆斯所言透过窗户看到的外面的世界是怎样的世界？他为何要通过窗户看这个世界？

亨利·詹姆斯生于美国纽约，但大半生在欧洲度过。他长居英国，从未停止过在欧洲的漫游，并在垂暮之年获得了英国公民的身份。客居他乡的人生不仅使他关注旅欧美国人这一主题，更给他打上了世界公民的烙印。与浮光掠影的美国游客不同，"美国"与"欧洲"成为他心中不断融合、撞击的"精神大陆板块"。可以说，他用自己的一生，不断去认识、发现这个"精神上的欧洲"。从某种程度上来说，他并未摆脱旅客这一身份，因为欧洲文化的深厚底蕴，是包含在欧洲的文化多样性之中的。他对欧洲的认识，伴随着漫游提供的一个又一个窗口而呈现出不断的新意，如他对意大利的发现：

---

[1] [美] 亨利·詹姆斯：《一位女士的画像》，项星耀译，人民文学出版社，1984年，第3页。
[2] 赵澧、徐京安编：《唯美主义》，中国人民大学出版社，1988年，第111页。
[3] 同上，第142页。

"这让我对佛罗伦萨的魅力——甚至整个意大利的魅力——有了极为深刻的认识——这是一种难以言表、无法界定的魅力。"[1] 又如他在伦敦和巴黎两座城市之间进行的比较,"我一定天生是个伦敦人,伦敦经受住了我最严苛的考验:离开巴黎,离开巴黎熟悉和美好的一切,一头扎进伦敦仲冬的阴暗、孤独和雨雪之中……而且越发喜欢这个被烟雾笼罩的巴比伦"。[2]

对于詹姆斯来说,"世界"是常读常新的,也是无法一眼窥尽的。流动性的增加,使人生的旅人们获得一个又一个看世界的窗口。"世界"不再是由理念构成的形而上存在,而是由一扇扇窗户照亮的拼图。

必须要说明的是,"窗论"所言及的世界,是一个深入到人类精神领域的主客观交融的世界。詹姆斯终身未婚,毕生投身于写作。除开与名流的交往,他的人生平淡无奇,他所有的风暴和冒险,都只发生在脑海中,如同他笔下的人物一样。显然,詹姆斯口中强调的"真实",与19世纪以来人类社会中自我个体的主体性(subjectivity of selfhood)[3]的发展密不可分,"欧洲人在19世纪制造的自我观察和自我描述的材料,其数量之巨远远超出了以往任何一个世纪"。[4]这是一种更切近于人的精神世界的"真实景观"。换言之,"窗论"中的世界,也包含了烛照精神、发现自我的内省视角。一个不断成长变化的"自我",这颇为符合詹姆斯世界公民的身份,也在《鸽翼》《使节》《金碗》等晚期作品得到充分展现。

最后,"窗户"本身变化运作的机制构成了詹姆斯聚焦理论中最核心的部分。对此,詹姆斯有一段很重要的评论:

> 开的窗洞或者大,或者建有阳台,或者像一条裂缝,或者洞口低矮,这些便是"文学形式",但它们不论个别或全体,如果没有驻在

---

[1] [美]亨利·詹姆斯:《亨利·詹姆斯书信选集》,师彦灵译,甘肃人民出版社,2016年,第58页。
[2] 同上,第117页。
[3] [德]卡尔·雅斯贝尔斯:《时代的精神状况》,王德峰译,上海译文出版社,1997年,第14页。
[4] [德]于尔根·奥斯特哈默:《世界的演变:19世纪史》(卷一),强朝晖、刘风译,社会科学文献出版社,2016年,第42页。

洞口的观察者，换句话说，如果没有艺术家的意识，便不能发挥任何作用。告诉我这个艺术家是何等样人，我就可以告诉你，他看到的是什么。从而我也能立即向你说明，他那无边的自由和他所提示的"道德"。[1]

詹姆斯这一段深邃的思考有丰富的意义层次。第一，他认为文学形式是观察的窗户，是不断变化的。联系到"窗论"隐喻中看世界这一行为，实际上詹姆斯所说的文学形式，是与"信息感知"和"信息披露"更为接近的那一部分文学形式，而在詹姆斯的创作和评论中，这一形式最有代表性的就是叙述视点（point of view）。在詹姆斯最成熟的作品中，叙述者会交出全知权限，而附身于某个人物身上，用他/她的眼睛去看。但这一附身构成的"眼睛"（也即窗户）是不一样的。在《使节》（*The Ambassadors*）开篇，主人公斯特瑞塞与戈斯特利女士初见面，有一个视角递换的过程。先是戈斯特利看斯特瑞塞，在一段外貌描写后，叙述者特意强调他并未进入戈斯特利的内心，"细心的观察者会注意到这一切给斯特瑞塞的女友留下了深刻的印象"。[2]而当视点转移到斯特瑞塞观看时，却毫不犹豫进入其内心，"斯特瑞塞有一种从未有过的奇怪感觉，他感到当前的我与过去的我完全脱节，而且他的真实的自我感觉只是产生于此时此地"。[3]接下来还有斯特瑞塞大段的内心活动。同样是叙述者附身于人物，一附于外，一进于内，詹姆斯刻意强调了视点也许会变化，但意识中心却稳定在一个人身上，他要呈现的是"这一个"精神世界。这种程度的鲜明对比，充分回应了詹姆斯所言形式之窗（作为形式的视点）的区别：大小、深浅、内外、浮光掠影或驻足凝眸。

第二，詹姆斯指出，"窗户"的作用是给艺术家看的，这里凸显了作为艺术家身份的观看者主体。对于这一点，同样有很大的讨论空间。《小说的

---

[1] [美]亨利·詹姆斯：《小说的艺术》，朱雯、乔忄必、朱乃长等译，上海译文出版社，2001年，第285页。
[2] [美]亨利·詹姆斯：《使节》，袁德成、敖凡、曾令富译，四川人民出版社，1998年，第4页。
[3] 同上，第4页。

艺术》成书于1884年，此时，以《鸽翼》《使节》《金碗》等20世纪初期作品为代表的晚期风格还未形成。恰恰是在这种晚期风格中，詹姆斯熟练掌握并大量使用了叙述者附身于人物，与人物高度融合的叙事方式。而在詹姆斯的时代，小说叙事理论远未成熟，除开作者概念外，隐含作者、叙述者、内聚焦、外聚焦[1]等一系列经典叙事概念还没有提出，这也为我们理解詹姆斯造成了困难。事实上，詹姆斯晚期风格在叙事上的创新性和复杂性远远超出了当时小说研究话语体系的限度，这也要求我们，在回顾其经典论断时，要结合其创作进行一些适当的"修正"。

后经典叙事学家曼弗雷德·雅恩（Manfred Jahn）受到詹姆斯"窗户"理论的影响提出"聚焦之窗"（Windows of Focalization）这一认知叙事概念。他认为，在詹姆斯"窗论"所描述的场景里面，"与其说是一个叙述者在高高在上的窗户里面俯瞰，不如说我们是从故事人物的内心之窗（human scene）眺望"。[2] 这一看法可谓准确把握住了詹姆斯文学批评和文学创作之间的"缝隙"。确实，当19世纪末的小说走向一种现代性内转的时候，指望一个置身事外的叙述者代为观看一切已经不太现实了。当我们从今天的角度审视詹姆斯"窗论"，重要的不是囿于彼时一词一句，而是能够看到，这一框架的提出，本身包含了超前的理论意识和强大的理论生命力。

第三，当我们意识到，在窗口观看的观察者有可能是叙述者也有可能是人物的时候，"看与被看"这一行为构成的联动效应，便会大大增加小说的叙述层级和意识层级。通过不同"窗户"的观看，甚至这些"窗户"构成嵌套关系，现代主义小说获得了逐层进入人物心灵的方式。在《使节》那篇颇有些冗长零碎的序言中[3]，詹姆斯向我们交待了两个小说的关键点：斯特瑞塞

---

[1] 内聚焦、外聚焦是热拉尔·热奈特提出的叙事聚焦划分方式，见［法］热拉尔·热奈特：《叙事话语　新叙事话语》，王文融译，中国社会科学出版社，1990年，第229页。
[2] Manfred Jahn, "Windows of Focalization: Deconstructing and Reconstructing a Narratological Concept", *Style*, Vol. 30, No. 2, Rhetoric and Poetics (Summer 1996), p. 252.
[3] ［美］亨利·詹姆斯：《使节》，袁德成、敖凡、曾令富译，四川人民出版社，1998年，"序言"第1—16页。

带着美国东北新英格兰地区的精神风貌来到"风情"的大都市巴黎，在认识巴黎的过程中他的精神底座和自我认知会发生巨大变化；詹姆斯不打算使用第一人称叙述这个故事，他希望用一种放弃全知权力，更有戏剧感、更真实的方式来呈现这一过程。

对于20世纪初的小说创作而言，进入人物内心，或者表现人物的戏剧性，任何一个条件都是可以满足的，但要同时满足这两个条件，却非常困难。不仅创作困难，评论也非常困难。如前文所述，卢伯克用"一个人的精神画面戏剧化"形容，已是精准的描述。但这同样只是现象的描述，不是内在机制的分析（詹姆斯自己也难以做到）。但如果我们用（修正后的）"窗论"提供的视点理论来分析，这一过程便会云开雾散：叙述者透过"窗户"看到斯特瑞塞，斯特瑞塞再透过属于他的"窗户"往外看：

> 此时他眼前似乎出现了身后的图画：一条长而曲折的路，他孤独的身影投在灰色的路上。这是社会中的人感到的一种可怕然而又令人欣慰的孤独，是一种在生活中自我选择的孤独。尽管他身边不乏交往的人，然而真正能进入他生活的却只有那么三、四个。韦马希就是其中的一位，他感到这是创纪录的。纽瑟姆夫人是另外一位，最近有迹象显示戈斯特利小姐有可能成为第三位。在这三者的后面则是青年时代的他的模糊的身影，那时他心中存在着两个比他更模糊的形象——他早年失去的年轻的妻子，以及他糊里糊涂失掉的年龄尚幼的儿子。[1]

通过一个回溯式的"窗户"，斯特瑞塞眺望自己过去的人生。此时，叙述者由观看斯特瑞塞变为附身于其身上，两者的视点融合。作为小说主要的意识中心，斯特瑞塞的视点好像被叙述者"点击"以后"展开"一样，我们由叙述者的"窗户"切换到斯特瑞塞的"窗户"。这一"窗户"提供的视点，是一种反观己心的内视视点。而精彩的是，在这一回溯中，前述"叙述

---

[1] [美] 亨利·詹姆斯：《使节》，袁德成、敖凡、曾令富译，四川人民出版社，1998年，第59页。

者——斯特瑞塞"的转换过程，在"斯特瑞塞——过去的斯特瑞塞"之间再次发生了，如同叙述者观照斯特瑞塞一样，斯特瑞塞也"看"到"青年时代的他"心中的模糊身影。这样，在"窗户"理论的构架下，我们发现"叙述者——斯特瑞塞——过去的斯特瑞塞"之间不断嵌套的窗户结构，这一结构把我们带向人物心灵世界的幽远深处。

于是我们发现，詹姆斯在创作上完成了"精神画面戏剧化"的两难问题。这一问题的解决，并不仅是因为通常所说叙述者放弃了自己的全知权力，更重要的在于，通过层层叠叠"窗户"的转换和衔接，詹姆斯呼应了人物"内心戏剧"剧烈冲突的那些关键时刻，并借由对精神世界的层层潜入，创造出独具一格的"真实的幻觉"。

总的来说，亨利·詹姆斯的"窗论"，其出发点立足于作者创作的姿态。退出作者全知立场，恰恰是意识到，我们对于世界的理解是不完备的，也是自带"认知框架"的。这一判断的合理性和超前性，使叙述者和被叙者获得了平等的权力，这也让詹姆斯的分析触角在小说"作者/叙述者"未分家的历史阶段，建构了从"作者/叙述者"走向人物，从小说外世界走向文本世界的路径。尽管詹姆斯未对"窗论"作更多追论，但他的后续创作无疑证实了这一路径的有效性，而当"窗户"这一认知框架由作者理论进入文本理论以后，因为文本世界较之现实世界远为精简，"窗户"也由一般的作者的认知框架"收窄"为文本中更具有指向性和抽象性的"视点"概念[1]。

三、卢伯克：从个体认知走向认知结构

提莫西·马丁（Timothy P. Martin）在比较詹姆斯与卢伯克时认为，两

---

[1] 尽管早期的"视点"概念同样也糅合了叙事可见性、叙事声音、叙事立场、叙事知识、叙事参与、叙事修辞等诸多要素而被叙事学家诟病，但文本内的认知框架较之现实世界中的认知框架，仍然具有高度概括性和抽象性的特征。

人截然不同,"尽管詹姆斯对小说的形式方面很感兴趣,但他终究是个模仿批评家。虽然形式主义者卢伯克以'幻觉的强烈程度'来构想小说的形式、主题和戏剧化,但他却以艺术作品的艺术完整性来讨论这些话题"。[1] 马丁这一论断是我们在辨析两人视点理论时不能回避的。面对这一稍显本质主义的判断,我们不妨将这一问题拆解成两个问题:詹姆斯"在多大程度上"是一个模仿批评家,他离一个纯粹的形式主义者有多远;卢伯克"在多大程度上"是一个形式主义者,他身上带有多少模仿批评的影子。

从研究的方法而言,詹姆斯更接近归纳推理而卢伯克接近演绎推理。但事无绝对,我们必须考虑到,作为一名评论家/作家双重身份兼任的写作者,詹姆斯的很多观点既是批评的"终点",也是写作的"起点",是以少总多的写作纲领。正是在此思想指导下,詹姆斯提出了极具概括性的"窗论"。除此以外,詹姆斯强调"印象"和"体验",这是马丁将其划分为模仿批评家的论据[2],但在认知叙事研究的视野中,"体验"恰恰是与"形式"密不可分的功能性要素,尤其是在"窗论"这一明显的认知框架中。对此韦恩·布斯有清楚的认识:

> 他一再告诉我们,幻觉的强烈性是最终的检验。仅仅现实的幻觉本身是不够的,现实是众多的失误,如此众多以至于并不值得用强烈性来传达。另一方面,强烈性本身也是不够的,[……]无论获得的强烈性是什么,它必须是表达了真实生活的幻觉强烈性。[3]

布斯抽出的这一组概念,"幻觉"与"幻觉的强烈性"并不是一组语义对立的概念。因为"幻觉"本身就包含了对"真实"进行变形和加工之意,而"幻觉的强烈性"则是强调这种变形加工的程度。它更像是在强调同一件

---

[1] Timothy P. Martin, "Henry James and Percy Lubbock: From Mimesis to Formalism", *NOVEL: A Forum on Fiction*, Vol. 14, No. 1 (Autumn, 1980), p. 22.
[2] *Ibid.*, p. 22.
[3] [美]W·C·布斯:《小说修辞学》,华明、胡苏晓、周宪译,北京大学出版社,1987年,第48页。

事情，即詹姆斯认为，幻觉本身便是对现实的加工，而加工的过程、程度，才是关注的重心。显然，布斯把握住了"真实生活的幻觉"这一观念的流变之处，在"现实——幻觉——幻觉的强烈性"中，莫泊桑这样的作者更偏向于前二者，而詹姆斯则偏向于后二者。[1]

由此，我们能够看到詹姆斯"窗论"在告别模仿论，提炼"形式"时候所起到的作用。即"窗户"本身提供了一个始于现实，止于幻觉的"中介物"。这一中介物存在的最大价值，不是导向幻觉，而是导向中介物自身——较之柏拉图的洞穴隐喻，"窗户"为主体的认知提供了容身之处。对强烈性的强调，就是对"窗户"这一中介物的强调。窗户既是作者的心灵感受器，也是他采取的具体形式手法，两者结合，构成对于"观看"的调整，正是在这一中介层面经过调整后，现实才有可能成为"现实的幻觉"。

由此而言，即便我们不能将詹姆斯视为一个纯粹的形式主义者，他也已经为通往文学形式主义打开了大门了。帕西·卢伯克之所以被认为是教育人们"像亨利·詹姆斯那样写作"，是因为他寻找到了詹姆斯打通的这条路径，即在通往现代主义小说的路上，"意识中心"与"视力中心"结合，构成制造强烈幻觉的"窗户"：

> 福楼拜要在什么地方寻找他的视力中心呢？在作品内，还是在作品外，从哪一点上，展开主题将会起到最有效的作用呢？[……] 作者的主题的一部分，是爱玛对她的世界的观感；我们一定要看到那观感怎样给她留下印象，她又怎样理解那种观感，[……] 故事也要求，她所处的地位和环境应该如实地让人看得出来，而且应该像熟悉她本人一样地熟悉它们。对这一点，爱玛却是无能为力的。[2]

对比詹姆斯对福楼拜的分析，不难发现詹姆斯对于同时代作家的评论，

---

[1] [美]W·C·布斯：《小说修辞学》，华明、胡苏晓、周宪译，北京大学出版社，1987年，第48页。
[2] [英]帕·卢伯克、爱·福斯特、爱·缪尔：《小说美学经典三种》，方土人、罗婉华译，上海文艺出版社，1990年，第62页。

总是"由外而内"的。或许应该从历史语境的角度考虑到,对于他的大部分人生而言,与名流和艺术家的交游是很重要的一部分,他的评论本身也是交游的一部分,更何况他在现实中对这些作者有更多的了解。而对于卢伯克而言,分析是纯乎文本内的,作者是一个结构性要素,或者说,正在逐渐结构化。这反而能够让他排除一些不必要的干扰,让视野"后拉"至更宏阔,也能够一针见血提出"视力中心"这样的概念。

从结构主义诗学的角度而言,将要素结构化,是探讨要素之间关系的必然准备。而这种关系的推演,意味着詹姆斯那种印象式感知的方式,转变成功能性感知。这种转换最重要的是抽离了作为"个体"的主体的存在,无论是作者、叙述者、人物还是评论者。

小说批评与形式理论的界限在哪里,这或许是个复杂而模糊的问题。但詹姆斯和卢伯克的视点理论为我们提供了一个很好的观照点。作为最早的读者理论的提出者之一,卢伯克对于形式的看重并非空穴来风,而是源于从阅读和批评的角度对于文本的新理解:

> 对一部作品的批评——不是对作品中的人物,不是对作者的性格,而是对作品的批评——是不可能的。我们不能够记住作品,即使能够记住了,也还是不能够用那些按字面本义的、毫不含糊的术语来加以描述。那是办不到的。唯一可以说的只有一点,即用这一种方法探讨作品,观察作品,比用另一种方法或许稍微比较接近一点罢了。[1]

这段话对于我们理解卢伯克非常重要。它至少说明两个问题,首先,作品的整体是不能传达的,能够传达的只是作品的一部分,而且不是人物、性格代表的那一部分,即传统文学批评关注的内容或主题。其次,我们的阅读和批评应该讲求"方法"。"方法"有很多种,应该选择正确的一种。

卢伯克的观点是正确的,作为读者不可能百分之一百地把握和传达作

---

[1] [英]帕·卢伯克、爱·福斯特、爱·缪尔:《小说美学经典三种》,方土人、罗婉华译,上海文艺出版社,1990年,第9-10页。

品，能够留存在脑海中的只有一部分。这一"节约智力"的观点与同一时代遥远的俄罗斯诞生的另一支形式主义流派不谋而合，俄国形式主义者什克洛夫斯基认为：

> 形象的任务则是把各种不同的事物和动作分门别类，并通过已知之物来解释未知之物。或者，用波捷勃尼亚的话说："形象与被解释之物的关系：1）形象是可变主语的固定谓语——是吸聚多变的统觉经验的固定手段……；2）形象是某种比被解释之物更简单明了得多的事物，也就是说，"既然形象性的目的是使我们更容易理解形象的意义，既然舍此则形象性失去意义，所以，形象应当比它所解释的事物更为我们所熟悉。"[1]

什克洛夫斯基虽然是用诗歌举例说明问题，但智力节约原则在所有的艺术种类中具有某种共通性。或许，我们可以认为，20世纪初的形式主义者们已经从不同的方向逼近所谓"形式"的内核：形式是一种对杂多的抽象，通过这样的方式，人们有机会建立一种系统的、而非针对具体篇章的批评方式。这正是卢伯克在詹姆斯基础上的进步。他不仅在面对文本的时候试图抽象出概念，在面对不同的批评方式的时候，也能够进行比较和选择。对比詹姆斯在《小说的艺术》一文中与贝赞特"寸土必争"的辩驳，卢伯克的学术视野无疑更开阔，更严谨。所以，由他而非詹姆斯将聚焦研究推向第一个高潮，就是水到渠成的事了。

按照结构主义的方式对个体主体进行结构化处理后，卢伯克对叙述聚焦方式的研究，很自然从单一视点进入到视点转换。如前所述，詹姆斯也会用"油灯"和"提线人物"来补充视角的不足，可在卢伯克这里，并不存在视角狭窄的问题，而只有视点转换的问题。他高度赞扬福楼拜为了全景呈现爱玛及其生活的环境时的灵活视角，在作者描写风景、乡村或者邻里乡亲的时

---

[1] [苏]维·什克洛夫斯基：《散文理论》，刘宗次译，百花洲文艺出版社，2010年，第4-5页。

候,用的是作者(叙述者)自身的语言和标准,好像在复制自己心灵中的什么事物。而另一些时候他会使用爱玛的眼睛、心灵和标准,这时,风景就有了爱玛眼里看来所呈现出的色彩,插曲就呈现出会唤起爱玛想象力的那种面貌。卢伯克认为,这时候作者便已经退场,与读者打交道的便换成爱玛了。卢伯克赞赏这种做法,并认为,这是由于作品的主题决定的——《包法利夫人》所要呈现的,本来就包括主人公爱玛和她生活的环境两个部分,这两个部分要完美呈现,必须使用灵活的视点切换:

> 困难在于——他的主题的一面只能从作品内部,通过那个女人的眼睛观看到,而另一面就不可避免地,一定要从作品外部看,除了作者本人的眼睛以外,谁的眼睛都不能观看到。[1]

在卢伯克看来,每一个人物或者叙述者的视点都是不一样的,缘其身份、教养、认知的不同。一部作品不是平面的、单一的叙述,而是一个立体的、多方位的、可供灵活调整的、可以从各个角度观察进入的立体结构。非如此,复杂的作品不能完成。譬如要描绘一个内心简单智力迟钝之人,就必须贴近他的心理和视点。而这样一位低智的人物是不能完成整个讲述任务的。所以当"戏剧"概念进入小说以后,转换视角就是必然的了,因为小说是对世界的展示,而世界本身是复杂多棱的。

当然,卢伯克并未忽视视角转换带来的负面效果。他认为,好的视角转换一定要小心翼翼、让人不知不觉。他批评萨克雷无视读者感受的随意转换视角,"公然用这一类粗暴的处理手法使自己的故事受到损害,反以为是一种赏心乐事"。[2]他再一次从读者角度出发,提醒作者要万分小心地处理视角转换过程:

> 当一个人已经生活到故事内某个人物的经验中间去,并且已经完全

---

[1] [苏]维·什克洛夫斯基:《散文理论》,刘宗次译,百花洲文艺出版社,2010年,第62页。
[2] 同上,第64页。

感同身受的时候,再把他从故事内部突然揪出来,让他站到远处去,那是一种突然袭击,需要以某种方式加以缓解。要不然就会削弱那种经验中的真实正确的东西;因为这儿是以一种新的眼光,从外部以超然态度来看那经验,是另一个人的头脑、作者的头脑在起作用——而本来已经和故事中人物一同生活的感觉似乎突然不真实了。[1]

这一段话让我们看到,卢伯克站在三个话语理论的交界处。其一是回归到19世纪末20世纪初小说理论的传统中,在模仿批评的框架中讨论真实性问题。其二是将具有独特性的个体主体结构化,试图提炼某种普遍性规律,这带有鲜明的结构主义叙事诗学的影子。其三是从视点接受的角度探讨认知问题。正是这种敏锐、前瞻的视野,和理论工具(如文本叙述者、隐含作者、叙述聚焦、认知图式等)还未产生的历史语境,让卢伯克的批评话语在走向结构主义诗学的整体趋势中,带有错杂的影子。但总体上说,他在理论上的视野和勇气,远远超出"詹姆斯的阐释者"这一刻板印象。当他将"视点"作为自身理论体核心时,意味着他既要处理"这一个"(人物),也要处理普遍性的、非个性化的(作者、读者)意识中心问题;既要处理人物视角,也要处理读者视角问题;既要处理"谁看",也要处理"谁说"问题;既要处理表征,也要处理认知问题。

这些错综复杂的问题,卢伯克力所能及地一一化解:他将詹姆斯语焉不详的"图画"和"戏剧"明确规定使之成为功能性概念:所谓的图画,就是"当时情景在某一个人敏感的意识明镜中的反映"。[2] 而戏剧,则是没有经过视点人物过滤的"原生"的场景,这样,区分了视点人物的意识重心和读者的意识重心;他将结构化的"图画"和"戏剧"概念作为工具,尺度宏阔地衡量《战争与和平》这样的鸿篇巨制;他也能针对詹姆斯晚期创作时的独特视角呈现深掘,提出"把个人的经验戏剧化"这一精彩的论断;他缜密处理

---

[1] [苏]维·什克洛夫斯基:《散文理论》,刘宗次译,百花洲文艺出版社,2010年,第64页。
[2] 同上,第51页。

视点转换问题,在人物、叙述者和读者的视点之间获得一种灵活的视野。

更难能可贵的是,卢伯克创造了一种文体,能够将视点与认知作为一种结构性要素讨论,而使之脱离模仿批评的窠臼:

> 如果斯特雷塞真的是叙述者,不管是用第一人称,还是用第三人称,他都不能用这种方式进行他自己的谈话;他就不得不亲自把他过去的情况告诉我们。但是他却从来没有把他的思想告诉我们,我们已经查看了他的思想,并且做出了我们的推断;所以他身上,依然有某种戏剧性的独特的神态,他的谈话就好像是我们只从外表上认识的一个人的谈话。[1]

在卢伯克撰写《小说技巧》(1921)的时代,结构主义还是一条通往先锋和进步的道路。在这一语境下,我们看到卢伯克将人物视点结构化所做出的的努力。即他可以在完全不考虑叙事语境的抽象结构中谈论视点问题。这是他从詹姆斯手中接过的交接棒,其意义不在于发现一个新的人物,而是发现"普遍性的人类一个新的方面"。换言之,斯特雷塞是一个隐喻和象征,象征着一种断裂式的进步,即我们可以在进入人的意识之后,仍然保留一种未知感,一种戏剧化的冒险性。

卢伯克从詹姆斯的写作冒险中发现了新的世界,"那是一个如此广阔,而又是到目前为止还没有怎么探索过的天地"[2]。简明地说,就是一个在文本中可以介入意识,但不能介入潜意识的世界。这就是为什么"我们已经查看了他的思想"却还能深深感到戏剧性的冲击的原因。这也是为什么詹姆斯晚期风格中,要使用"嵌套窗户"这一视点结构的原因,因为从叙述者的视角我们只能看到浅层意识,而只有借助人物的内观视角,才能接近(虽然永远无法达到)那个更深层的意识。从这一角度而言,我们毫不犹豫可以确认亨利·詹姆斯之于现代主义写作的奠基作用,但也要看到,是卢伯克将这一

---

[1] [苏]维·什克洛夫斯基:《散文理论》,刘宗次译,百花洲文艺出版社,2010年,第122页。
[2] 同上,第123页。

"断裂式的进步"抽象出来,使人们在更深刻的结构中进一步接近那个神秘的核心。

  对于早期"视点"理论的发生来说,"谁看""谁说"都是一种认知世界的方式。从 19 世纪后半叶到 20 世纪初,叙事聚焦的主体越来越成为一个无法忽视的问题。主体的认知,也从被动的反映论走向认知论。正是在这一背景下,詹姆斯以其作家的敏锐抓住了人类思想长河中的跨时代变化,他提出的"窗论"及后期创作探讨了"看什么""怎么看""谁来看""看多少""说多少"等一系列主体认知问题。而卢伯克则从形式论的角度再一次肯定了他的思想,通过将视点问题结构化,卢伯克强调了詹姆斯发现的跨时代性,并将其在深度广度上拓展,为经典叙事理论奠定的深厚的理论基础。

从《背德者》与《忒修斯》分析纪德的道德观

俞 楠 车 琳[1]

[摘要] 安德烈·纪德对道德问题的关注既联系着他个人的生活经历，也一直回应着不同的社会思潮。人们往往因对宗教和世俗道德的批判而将他视为道德规范的反抗者、个体和自由的维护者，却忽视了他对自由界限的反思以及对生命意义的探讨。《背德者》和《忒修斯》两部作品不仅反映了纪德道德观的辩证性，还表现了他对个体道德困境的深刻分析以及最终方案：《背德者》在表现个体生命挣脱传统道德规范层层束缚、重新认识自我的同时，暗示了绝对自由中所潜在的道德危机，揭示了造成个人道德困境的深层原因；《忒修斯》表现了个体在自我认知基础上追寻使命，以使命约束自由、超越自我，最终实现个体绝对价值及其社会、历史价值相统一的新道德。

[关键词] 安德烈·纪德　道德观　《背德者》《忒修斯》

道德问题是法国作家安德烈·纪德（André Gide，1869—1951）在文学作品中所探讨和表现的重要主题。他不仅在《安德烈·瓦尔特笔记》（Les Cahiers d'André Walter，1891）、《背德者》（L'Immoraliste，1902）、《窄门》（La Porte étroite，1909）等作品中呈现出不同形式的个体道德困境，还在《人间食粮》（Les Nourritures terrestres，1897）、《忒修斯》（Thésée，1946）等作品

---

[1] 俞楠，北京外国语大学法语语言文化学院博士研究生。车琳，北京外国语大学法语语言文化学院教授。

中构想了理想道德个体的存在，显示了建立理想道德的可能途径。纪德的道德观源自于对个人生活经历和时代道德语境的观察和分析，并在与时代思潮和现实的反复碰撞中不断调整方向，寻求道德实现的方式和场所。在上述作品中，《背德者》讲述了个体逐步挣脱道德束缚、获得自由却又陷入迷茫的故事，不仅表现出道德约束和自由的相对性，还揭示了导致个体道德困境的深层思维机制，比较完整地体现了纪德对道德困境的剖析；《忒修斯》则以雅典城邦缔造者忒修斯的故事为例呈现了个体在自由基础上寻找使命，以使命约束自由、超越自我的过程，明确了个体实现道德的最终方式和场所。

一、动荡时代中的道德追求

在19世纪末的法国，科学和民主自启蒙运动与大革命以后日渐激烈地冲击着由教会和王权共同建立的旧秩序，年轻一代不仅生活在普法战争失败和第二帝国崩塌的阴影之下，而且生活在价值观更迭的混乱时代。1871年，欧内斯特·勒南（Ernest Renan，1823—1892）发表《法兰西知识和道德改造》（*La réforme intellectuelle et morale de la France*），将法国比喻成"一束没有光焰的火，一颗不再温热的心，一个失去先知、无人替其发声的民族"，仿佛一副失去精神和道德的皮囊[1]。1883年，保罗·布尔热（Paul Bourget，1852—1935）发表《当代心理评论》（*Essais de psychologie contemporaine*），从文学作品出发分析社会精神面貌，指出"我们生活在宗教和形而上学崩塌的时代"，[2] 用"颓废"（décadence）、"趣味主义"（dilettantisme）和"虚无主义"（nihilisme）概括青年人的心理，并在1885年进一步指出"悲观"（pessimisme）是以上心理特征的共同基础，悲观的实质是"对活着的极度疲

---

[1] Ernest Renan, *La réforme intellectuelle et morale de la France*, Paris: Michel Lévy frères, 1971, p. 37.
[2] Paul Bourget, *Essais de psychologie contemporaine*, Paris: Plon, 1920, p. 215.

急，对所有努力感到徒劳的沉闷"[1]。勒南和布尔热都指出了法国社会中传统道德衰退的现象，呼吁新道德的建立，布尔热还重点强调了文学对道德的影响。值得注意的是，他们对时代道德危机的观察和应对都表现出对理性、自由的反思和对宗教、权威的留恋。

1891年，纪德发表《安德烈·瓦尔特笔记》和《那喀索斯解说》(Le Traité du Narcisse)，在表现和分析个体道德困境的同时，表现了以文学显示道德的目的，呼应着时代的道德危机。一方面，纪德从小接受严苛的基督教清教徒教育，深受禁欲主义的桎梏，认为基督教道德造成了灵魂和肉体不可调节的冲突。在具有自传色彩的处女作《安德烈·瓦尔特笔记》中，主人公瓦尔特将灵魂和肉体比作"天使与野兽""灵魂倾向上升，肉体则沉重"，[2]在肉体和灵魂互相排斥中疯癫直至死亡；瓦尔特认为"道德在于判定自己所必须寻找的东西以及如何实现它的工具"，[3]但宗教道德的羁绊消耗了他的生命，让他失去了实现道德的机会。纪德认为瓦尔特的悲剧"具有最普遍、最紧迫的意义"，回应着社会上对年轻人的恳切呼吁[4]。另一方面，纪德在《那喀索斯解说》中指出文学的目的在于显示"观念"，并通过阐释伊甸园的故事暗示了其道德观的源头。他将伊甸园作为"观念"的乐园，作为真理自我显现的场所："那里种种有节奏的、确实的形体，毫不费力地显示它们的韵律"。可是亚当打破了伊甸园的宁静，时间从此诞生，"流过的时间凌乱了一切"，观念被"玷污了、歪曲了，而且不自足"，记载真理的书也四处散落。艺术家的任务就是寻找圣书，剥去观念"玷污""扭曲"的外表，显示其本质。[5]由此可见，纪德对基督教道德的批判实际上构成了《圣经》的重新解读，预示着其道德观中个人与社会、自由与约束的相对性。

---

[1] Paul Bourget, "Avant-propos de 1885", in Paul Bourget, *Essais de psychologie contemporaine*, op. cit., p. XXII.
[2] André Gide, *Les Cahiers et les poésies d'André Walter*, Paris: Gallimard, 1952, p. 92.
[3] *Ibid.*, p. 120.
[4] [法]纪德：《如果种子不死》，罗国林译，上海译文出版社，2014年，第185-186页。
[5] [法]纪德：《纳蕤思解说》，卞之琳译，载于《浪子回家集》，上海译文出版社，2012年，第5-8，11页。

纪德在1893—1894年间第一次前往北非，[1]归来后写成《人间食粮》（*Les Nourritures terrestres*），于1897年出版，他鼓励青年以旅行、流浪等形式挣脱宗教、传统和家庭的道德束缚，解放欲望、认识自我，并勾勒出具备理想道德的个体形象，进一步说明个体"所必须寻找的东西"：

> 觅取你自己的。另一个人若能和你做得同样好，你就不必做。另一个人若能和你说得同样好，你就不必说；——写得同样好，你就不必写。只致力于你认为除了自身以外任何他处所没有的，急切地或耐心地从你自身创造，唉！人群中最不可替代的那一个。[2]

可见，生命个体不仅需要突破社会道德的宏大叙事、认识自己作为个体的绝对价值，还必须再次融入人群创造符合自身独特性的生存体验，实现个体价值和社会价值的统一。

青年纪德对理想道德的构想同样表现在他对德雷福斯事件（l'Affaire Dreyfus）的态度中。1894年，犹太裔法国陆军上尉德雷福斯（Alfred Dreyfus，1859—1935）被诬陷出卖情报、通敌叛国，军事法庭判定其罪名成立；但在德雷福斯被证实无罪后，军事法庭拒绝重审案件，引发抗议。德雷福斯事件引起了法国知识分子的高度关注，并将他们分裂成对立的两派。一方面，左拉（Émile Zola，1840—1902）在1898年1月13日发表《我控诉》（*J'accuse*），抨击给德雷福斯定罪的机构和个人，呼吁真理和正义；文艺界和学术界众多人士随即发起一份名为《知识分子宣言》（*Le manifeste des intellectuels*）的请愿书，支持左拉、要求重审德雷福斯案件。另一方面，以莫里斯·巴雷斯（Maurice Barrès，1862—1923）为代表的知识分子以社会秩序、民族保存和国家最高利益反驳真理和正义，形成反德雷福斯派。[3]在

---

[1] 1895年，纪德成婚，并在婚后多次前往非洲。
[2] André Gide, *Les Nourritures terrestres*, suivi de *Les nouvelles nourritures*, Paris: Gallimard, 1917-1936, p. 163. 译文参考了盛澄华的《地粮》译本。
[3] [法] 米歇尔·维诺克：《法国知识分子的世纪：巴雷斯时代》，孙桂荣、逸风译，凤凰出版传媒集团，2006年，第12-25、30页。

《我控诉》发表之后，纪德虽然在第一时间托人寄去自己的签名，成为《知识分子宣言》名单上的一员，但当左拉在一个月后被指控诽谤、知识分子们再次发起请愿时，纪德却拒绝签名[1]。实际上，德雷福斯事件违背了纪德对个人价值和社会价值相统一的道德追求，他既无法认同激进、狭隘、否定个体价值的民族主义思潮，也无法完全融入为追求正义而忽视国家利益的知识分子。

随着德雷福斯事件对法国社会的持续影响、第一次世界大战的爆发以及战后法西斯主义的抬头，法国知识界出现了天主教皈依潮流和国际共产主义思潮。以保罗·克洛岱尔（Paul Claudel，1868—1955）为代表的一批作家相继皈依天主教，包括纪德的好友夏尔·迪·博（Charles du bos，1882—1939）、弗朗斯瓦·雅姆（Francis Jammes，1868—1938），纪德本人也承受着克洛岱尔游说改宗的压力。此次天主教皈依潮流融合了民族主义和神秘主义，表现出对旧有秩序、权威的向往。[2] 在宗教道德复兴的文化语境中，纪德不仅通过《窄门》《梵蒂冈地窖》(*Les Caves du Vatican*，1914)《田园交响乐》(*La Symphonie pastorale*，1919)[3] 等作品表现在宗教道德束缚或庇护下个体对自我和现实的错误认知，更以谈论同性恋为主题的《科里东》(*Corydon*，1924)挑战宗教道德秩序，被视作"被魔鬼附身的人"[4]。可是，纪德对宗教道德的猛烈抨击往往使人们忽视了他对个体、自由的反思，他在《背德者》中不仅指出了自由界限的重要性，还揭示了造成个体道德困境的深层思维机制。

---

[1] Thomas Conner, "André Gide et l'Affaire Dreyfus", in *Bulletin des amis d'André Gide*, vol. 46, no. 177/178, 2013, pp. 63-66.
[2] Frédéric Gugelot, *La conversion des intellectuels au catholicisme en France：1885-1935*, Paris: C. N. R. S. éditions, 1998, pp. 99-100.
[3]《窄门》和《田园交响乐》针对新教，《梵蒂冈地窖》针对天主教。
[4] Henri Massis, "L'influence de monsieur André Gide", in Henri Massis, *Jugements*, Paris: Librairie Plon, 1924, pp. 21-22.

二、《背德者》：以自我为中心的道德困境

纪德以非洲旅行经历为基础创作了《背德者》，于 1902 年出版。《背德者》的故事以主人公米歇尔（Michel）的自述展开。米歇尔从小接受母亲的清教徒教育，在母亲早逝后接受父亲的欧洲古典文化教育，并在后者栽培下成为小有名气的历史学家。他按照父亲的意愿与门当户对的马塞利娜（Marceline）成婚，在非洲度蜜月期间不幸染上重疾。米歇尔从小身体羸弱，他的生命欲望在死亡威胁下苏醒，他拒绝宗教的慰藉，通过接触大自然来治愈自己，变得健康强壮、渴望生活。可他却从此渐渐沉湎于感官和物质享受，无心从事学术工作，妻子在忧虑中病入膏肓，最终绝望去世。

米歇尔的叙述表现了他摒弃文化、逐步构建起以自然为本质的世界观的过程。他的转变始于新婚不久后的那场疾病，他在逐渐康复的过程中感受到自己身上潜藏的生命力，开始了对自己的重新认识和塑造，并象征性地表现在一次外形的变化上：他觉得自己一直以来短发蓄胡的学究模样既可笑又讨厌，当他剪去胡子，仿佛感到"摘下面具一般"，变得漂亮起来[1]。可见，米歇尔不仅发现了新的自己，还将这个充满活力和欲望的生命体视为真正的自己。他在卢梭（Jean-Jacques Rousseau，1712—1778）"自然人"（l'homme naturel）概念的启示下，发现了"真实的生命"（l'être authentique）：它"是《福音书》弃绝的人，是我周围的一切，书籍、教师、家长、包括我自己曾首先竭力取消的人"[2]。米歇尔认为以宗教为主导的文明社会扼杀了自己真实的生命，从此秉持着重返自然、摒弃文化的价值观，构建起以自然为本质的世界观，希望在其中寻回真实的自我。

自然本质论引发米歇尔的一系列变化：只关注人性中最原始、最初级的一面，将人单一化；物质占有欲日益增长，将人物质化；以自己的感受替代

---

[1] André Gide, *L'Immoraliste*, Paris: Gallimard, 2012, p. 71. 译文参考了李玉民的《背德者》译本。
[2] *Ibid.*, p. 62.

别人的感受等。譬如在妻子马塞利娜病重时,米歇尔带着她长途跋涉,去到不适宜身体康复的地区。病重的妻子在他眼中成了"受损的物件"[1],他努力地想要保存这个物件,却无意给她一丝精神的安慰:

> 出于最后一点伪善,我在她身边一直待到晚上。突然,我觉得自己仿佛精疲力竭。哦,尘土的味道!哦,倦怠!超人性努力的悲伤!我几乎不敢看她;我深知自己的眼睛不会去寻觅她的眼神,只会死死盯住她鼻孔的黑洞;她脸上痛苦的表情令人难以忍受。[2]

在米歇尔对垂危妻子的描述中,已经不再有丝毫爱意:"尘土""黑洞"透露出他对妻子即将死去的预感,但他依旧专注于自己的感受,而无法通过"眼神"传递情感抚慰,只希望在冷漠机械地完成陪伴义务后尽快外出享乐。总之,他将对妻子的责任视为一种超人性、反自然的努力和一种虚伪的道德义务。

在米歇尔身上,对自然、天性的崇拜不仅演变成了以自我为中心的激进个人主义,也使他陷入享乐虚无主义的危机中:

> 人类的贫穷是奴役;为了不挨饿,人类能够从事毫无乐趣的工作;我觉得所有不使人愉悦的工作都是可悲的,就出钱让人休息。我对他们说:"别干了,这份工作让你厌烦。"我梦想每个人都能有闲暇;失去闲暇,任何新鲜事物、邪恶和艺术都无法勃兴。[3]

米歇尔指出了劳作对于生存而言的必要性和强制性,认为劳动束缚了人类的想象力和创造力,强调工作与乐趣结合的重要性,却忽视了一切工作都可能存在的枯燥乏味的一面,以及辛勤工作可以带来的成就感;而且,他将创新、艺术与邪恶并列在一起,这虽然让创新和艺术突破了道德限制,却暗

---

[1] *Ibid.*, p. 129.
[2] *Ibid.*, p. 176.
[3] *Ibid.*, p. 168.

示了其自发、堕落、不理性的一面，导致他渐渐放弃了表现理性、逻辑的历史学术研究。

对责任的推卸和对享乐的沉迷同样表现在米歇尔对家传产业的管理上。米歇尔的母亲在诺曼底最肥沃的地区拥有一个大庄园，他在父母去世后接手庄园，希望能改进农场的经营方式，却发现自己更乐意与农场工人接触、窥探他们的私生活，最后竟为了接近一个野蛮神秘的家庭而放纵自己参与庄园内的偷猎行为。当偷猎行为暴露、米歇尔受到指责后，他即刻草率地决定出售庄园，来逃避自己对庄园的责任。

总之，米歇尔的转变虽然为他带来了前所未有的自由和感官享受，却让他逐渐失去了家庭、工作和财产，最后，他独自居住在阿尔及利亚的一个小村庄中，与妓女和男孩来往。他在潦倒困顿中召集昔日的朋友，向他们讲述自己婚后三年的经历，并发出求救："我时常感到真正的生活还未开始。现在请带我离开这里，再给予我生存的理由，我自己再也找不到了。我可能解脱了，但又怎样？这种无目的的自由让我痛苦。"[1] 可见，米歇尔对所谓"真实的生命"的寻求虽然让他摆脱了原有的道德责任、解放了曾被压抑的天性和欲望，却也让他否认了自己身上的另一部分特性：对历史文化卓越的学习和研究能力。这造成了米歇尔对自我认知的偏差，使他在背离传统道德的同时也无法创造符合自身特征的生存体验，从而陷入存在和道德困境。

米歇尔从文化向自然的转变实际上表现了基督教道德主导下所形成的善恶对立二元论：转变发生之前，文化被视为善，自然被视为恶；在转变发生之后，两极发生了置换，但米歇尔始终没有摆脱二元论的运作机制。实际上，纪德通过米歇尔的例子修正了《人间食粮》中以流浪、旅行等外在形式摆脱原生社会道德束缚、构建个体理想道德的方式，揭示了阻碍个体正确认识自己的内因：傲慢（l'orgueil）。在罗兰·巴特（Roland Barthes，1915—1980）看来，"基督的教诲'想要自救者必失之'深藏于纪德的所有作品

---

[1] *Ibid.*, p. 180.

中。他的作品可以被看作是关于傲慢的神话。傲慢对他而言是首要的道德事件"[1]。

纪德所构建的傲慢神话反映了二元对立宏大叙事下救赎说的个人主义化。自16世纪的宗教改革后,天主教会的救赎功能被削弱,预定论,尤其是加尔文教的预定论在西欧产生广泛影响:人们的命运已经被预定,"那些无法获得上帝恩惠的人,永远都得不到上帝的恩惠","而那些获得了上帝恩惠的人,则能永远享受这类恩惠"[2]。预定论将一般人的道德行为"融入一个具备规划和秩序的一致性行为系统里","确保上帝可以发挥救赎的功效"[3]。人无法真正知道自己是否能得到上帝恩惠,他唯一能做的就是秉持成为上帝选民的信念、虔诚祈祷,将所有的希望都放在上帝身上。在《窄门》中,主人公爱丽莎(Alissa)排除她与上帝之间的一切障碍,牺牲现世幸福,孤独地将自己献身于上帝。而一旦被上帝选中,就一定能得到救赎。在《背德者》中,米歇尔在重病时拒绝妻子为他祈祷,在痊愈后忽视妻子对他的细心照料,认为康复都归功于自己的变化;他深信从文化到自然的变化是一种救赎或是救赎的信号,因此将此贯彻到一切行动和生活细节中。虽然米歇尔在表面上背弃了基督教信仰,却牢记着基督对彼得所说的话:"你年少的时候,自己束上带子,随意往来;但年老的时候,你要伸出手来……伸出手来。"[4]在《圣经》中,彼得作为基督的门徒,在基督被捕时三次否认基督,最后仍然得到救赎。米歇尔以此暗示自己如同彼得,是获得救赎之人。为确保或证明自己能获得救赎,爱丽莎和米歇尔都必须将自己的行为和道德纳入一个绝对真理的价值体系中,并对此深信不疑。可见,纪德作品所表现的傲慢是在绝对一元的逻各斯中心主义思维模式下,个体为实现自我救赎,将自我与绝对真理相统一的心理机制。

---

[1] Roland Barthes, "Notes sur André Gide et son journal", in *Bulletin des amis d'André Gide*, vol. 13, no. 67, 1985, p. 95.(该文章首次发表于1942年)
[2] [德] 马克斯·韦伯:《新教伦理与资本主义精神》,刘作宾译,作家出版社,2017年,第81页。
[3] 同上,第88—89页。
[4] André Gide, *L'Immoraliste, op. cit.*, p. 59.

与此同时，纪德也在作品中逆向暗示了破除傲慢的手段：欧洲文化中所蕴含的怀疑精神。在《背德者》中，米歇尔将文化等同于道德规范与逻辑理性，全盘摒弃了文化；在《窄门》中，爱丽莎更为直接地排斥了怀疑精神，且表现在对帕斯卡（Blaise Pascal, 1623—1662）的解读中："这么多令人震撼的词藻和努力却只为证明那么一点点。有时候我寻思他这种悲怆的语调来自于怀疑，而不是信仰。完美的信仰讲起话来，声音里不会有如此多的泪水和颤抖。"[1] 爱丽莎认为帕斯卡的"怀疑"破坏了信仰的完美，表现出对怀疑精神的排斥。怀疑精神的缺失使米歇尔和爱丽莎失去了破除傲慢、对自身进行批判性分析的可能。

怀疑论（scepticisme）源自古希腊，原则在于以每个命题的相对性来停止独断，从而在意见之争中获得内心的安宁[2]。在纪德看来，怀疑首先表现为一种精神的颤抖，一种固有价值观被动摇的不安状态[3]。他本人就曾在这样的不安中对自己所受的清教徒教育提出质疑[4]；他还将"造成不安"作为作家的任务，从而启发读者的怀疑精神[5]。同时，怀疑是一种活动的、不固定的思想状态。在纪德的作品中，真理都是相对的，甚至是脆弱的，它一旦被执意追求就会消失，甚至走向对立面[6]。在《背德者》中，米歇尔虽然挣脱了一般道德的束缚，但二元对立的固定思维模式让他构建起一套以自然为本质的完整世界观，对自然的绝对崇拜导致了生存意义的残缺。由此可见，纪德所赞赏的怀疑精神是摒弃固有价值观、进行多元思考的能力，而且它蕴藏在欧洲文化中得以传承：蒙田（Michel de Montaigne, 1533—1592）观察到了个体身上善恶共存的复杂性，奠定了中世纪后的智慧基石；歌德（Johann Wolfgang von Gœthe, 1749—1832）的"浮士德"则通过聆听恶的声音，在与之抗衡中

---

[1] André Gide, *La Porte étroite*, Paris: Gallimard, 1983, p. 139. 译文参考了卞之琳《窄门》译本。
[2] [古罗马] 赛克斯都·恩披里可：《悬搁判断与心灵宁静：希腊怀疑论原典》，包利民、龚奎洪、唐翰译，中国社会科学出版社，2017年，第5—9页。
[3] André Gide, *Journal 1889-1939*, Paris: Gallimard, 1951, p. 207.
[4] [法] 纪德：《如果种子不死》，罗国林译，上海译文出版社，2014年，第218页。
[5] André Gide, *Journal des faux-monnayeurs*, Paris: Gallimard, 1926, p. 96.
[6] *Ibid.*, p.179.

实现自身价值[1]。总之，怀疑精神不断突破善恶对立的划分、撼动基督教道德对人的控制和异化，成为人认识自我和实现自我的关键。

然而，怀疑精神往往容易导致个体陷入趣味主义的危机，迷失在多元价值体系中、造成"我"的破碎。保罗·布尔热就认为怀疑精神引导人们看到各种生活的可能性，却无法指明一条可行的道路，最终沦为享乐的借口，成为趣味主义[2]。可是，纪德所构想的道德并不停留在以怀疑破除傲慢、在多元价值体系中的自我体验与自我认识；使命的确立和实现可以规避怀疑精神沦为趣味主义的危险，避免自我在多元价值结构中的迷失和破碎，指引自我的整合和进步。

三、忒修斯的使命：教化和超越

《忒修斯》创作于1946年，是纪德的最后一部虚构作品。纪德借希腊城邦缔造者忒修斯之口重申了自己的道德观："首先要明白自己是谁，[……]然后才能认识并着手遗产"，[3]并通过书写忒修斯的生平，重点阐释了"认识并着手遗产"的内涵。

《忒修斯》的主要情节取材于古罗马历史学家普鲁塔克（Plutarque, 46—120）《希腊罗马英雄列传》中的《忒修斯传》[4]。忒修斯是雅典国王埃勾斯（Égée）秘密生下的儿子，他在成年后前往雅典寻父，沿途铲除了臭名昭著的强盗；在与父亲相认后前往克里特岛杀死迷宫中半人半牛的怪物弥诺陶洛斯（Minotaure），在回雅典的路上遗弃了帮助他走出迷宫的阿里亚娜

---

[1] André Gide, "Essai sur Montaigne", in André Gide, *Œuvres complètes d'André Gide*, Paris: Gallimard, 1939, p. 3, 27（tome XV）.
[2] Paul Bourget, *Essais de psychologie contemporaine*, Paris: Plon, 1920, pp. 55-56.
[3] André Gide, *Thésée*, Paris: Gallimard, 1946, p. 13.
[4] Patrick Pollard, "The sources of André Gide's *Thésée*", in *The Modern Language Review*, vol. 65, no. 2, 1970, p. 291.

（Ariane）；在成为雅典国王后统一雅典城邦并建立共和政体；与亚马逊部落的女王育有一子希波吕托斯（Hippolyte），却听信王后费德尔（Phèdre）的谗言误杀了儿子；在晚年劫持海伦（Hélène）导致雅典危机，又因企图劫持冥王妻子而被拘押在地府；虽在赫拉克勒斯（Hercule）的帮助下离开地府，他却失去了对雅典的统治，最后遭到背叛被推下悬崖去世。[1] 普鲁塔克认为，虽然忒修斯的个人生活不尽如人意，但建立了雅典城邦，对人类做出了贡献。[2] 纪德采纳了这一观点，并将它融入对忒修斯生平的重新书写中。

纪德的《忒修斯》以主人公忒修斯的回忆展开，将叙事时间截止在忒修斯扩大雅典城邦、推行共和政体的时期，省略了忒修斯晚年的经历。忒修斯通过回顾生平，展开了对自我成长过程的分析。首先，忒修斯的童年没有父亲的教导和管束，在无拘无束中长大，享有绝对自由。之后，忒修斯接受父亲的教导，"你的童年时光已结束。做个成年人。向人们展示人的可能性并试图成为他们中的一员"，[3] 渐渐明白了需要以理性克制自我、以努力换取有效长久的成就，[4] 从而踏上了寻求生存意义的旅程，"从活着到活过是不足够的。必须要留下遗产，才能让自己不因死亡而消失"。[5]

雅典每年都要向克里特进贡童男童女，供怪物弥诺陶洛斯食用。忒修斯自愿充当童男，希望借此机会杀死弥诺陶洛斯，免除雅典的进贡义务。忒修斯来到克里特后不仅得到了克里特公主阿里亚娜的青睐，还遇到了克里特迷宫的建造者代达罗斯（Dédale），后者点明了忒修斯一生的意义所在：

你还需建立雅典城邦，奠定精神的统治。

所以，在丑陋的战斗中获胜后，不要在迷宫滞留，也不要停留在阿里亚娜的臂弯里。超越前去。将懒惰视为背叛。只在命运达成后，在

---

[1] [古罗马] 普鲁塔克：《忒修斯传》，贺哈定译，载于《希腊罗马名人传》（上），商务印书馆，1999年，第5–38页。
[2] 同上，第6页。
[3] André Gide, *Thésée, op. cit.*, p. 16.
[4] *Ibid.*, p. 15.
[5] *Ibid.*, p. 22.

死亡中寻求安息。[……] 英勇的城邦统一者，超越前去，沿着你的路往前走。[1]

代达罗斯不仅指明了忒修斯统一希腊城邦、推行共和体制的使命，还强调这过程中"超越"（passer outre）的重要性：不管是个人的英勇战绩，还是儿女情长，或是惰性，都不应该成为忒修斯完成使命的阻碍。可见，"超越"是个体克服天性和情感阻碍，完成使命的重要手段。"超越"精神同样体现在忒修斯对生平的叙述上，他将铲除强盗、杀死弥诺陶洛斯的过程描绘得轻而易举，并淡化了遗弃阿里亚娜的负罪感和误杀希波吕托斯的悲剧氛围，凸显了自己"建立雅典城邦，奠定精神的统治"的使命："比起妻儿，我更珍爱它（雅典城邦，笔者注）。我建成了自己的城市。在我身后，我的思想将在此不朽。"[2]

更重要的是，纪德通过忒修斯的使命暗示了人类的共同使命：教化（élever）。首先，在普鲁塔克的《忒修斯传》中，忒修斯将市民分为三个等级：贵族、农民和手工业者，贵族拥有掌管宗教、行政、律法的特权[3]。纪德则将这个贵族解释为与金钱无关的精神贵族，而忒修斯所做的都是为了促成精神贵族的形成："我想要教化人，无法接受他满足于自己的命运、总是低着头。我始终相信，人类可以追求更多、值得更好。"[4] 可见，"教化"是忒修斯使命的实质，教化能让人突破自身和外界局限，达到更为自由幸福的境地。不仅如此，教化还能让个体在文化的传承和更新中实现自身的历史价值，使个体"不因死亡而消失"。纪德通过阐释伊卡洛斯（Icare）的死亡隐喻了文化在人类精神延续中的关键作用。伊卡洛斯是代达罗斯的儿子，他迷失在父亲修建的克里特迷宫中，希望凭借父亲发明的翅膀逃离迷宫，却因为

---

[1] *Ibid.*, p. 70.
[2] *Ibid.*, p. 144.
[3] [古罗马] 普鲁塔克：《忒修斯传》，贺哈定译，载于《希腊罗马名人传》（上），商务印书馆，1999年，第25页。
[4] André Gide, *Thésée, op. cit.*, p. 100.

飞得太高掉入海中死去。可是忒修斯在与代达罗斯相遇时看到了已死去的伊卡洛斯，暗示着后者精神的不灭：

> 我们中的每个人，只要他的灵魂在最后过磅时不被认为过于轻浮的，不仅仅是活过自己的生命。他的生命在时间长河中、在人类的层面上展开、完成它的命运、然后死去。[……]伊卡洛斯在短暂的一生中表现了人类焦虑、探寻、充满诗意的形象，在出生前便是如此，死后亦然。他如预定般完成了他的使命，但却不仅仅是他自己。英雄们便是如此。他们的功勋持久不衰，进入诗歌和艺术，成为一个永恒的象征。[1]

可见，伊卡洛斯表现并丰富了人类的精神形象，他的生命在这个形象中得以生存、延续。但是，个体创造的形象需要通过"诗歌和艺术"融入人类的整体形象，人类的整体形象通过文化这一载体得以在广袤的时间和空间中存在、延绵。因此，文化的传承和更新可以协调统一个体绝对价值及其社会历史价值，成为个体道德实现的场所。这也从侧面解答了《背德者》中米歇尔生命意义残缺的缘由：对文化的全盘摒弃消解了米歇尔作为历史学家的个体价值和社会价值，以及参与文化传承的历史价值。不过，值得注意的是，文化在道德建立过程中的重要作用在一定程度上限制了纪德作品中的道德主体，他们往往是生活在19世纪末20世纪初的有产者、具有资本主义精神的新教教徒，且享有文化教育的特权[2]。

纪德从小接受基督教新教教育，新教的核心教义之一认为人们应当接受来自上帝的生存意义、履行自身在现实生活中所承担的义务和责任[3]。不同于上帝对责任和使命的规定，纪德将人作为道德主体，不管是对自我的认识还是使命的完成都依赖于个体的意志和实践。以人为主体的道德观体现了法国启蒙运动、尤其是19世纪以后科学进步、神权衰落下形成的伦理学思潮。

---

[1] *Ibid.*, pp. 67–68.
[2] Jean-Paul Sartre, "Qu'est-ce que la littérature", in *Situations*, III, Paris: Gallimard, 2013, p. 70.
[3] [德] 马克斯·韦伯：《新教伦理与资本主义精神》，刘作宾译，作家出版社，2017年，第60页。

法国哲学家居约（Jean-Marie Guyau，1854—1888）认为道德义务并非来自于上帝，而是生命活动的自然表现和内在要求。柏格森（Henri Bergson，1859—1941）在居约生命伦理学的影响下提出道德的两个来源：外在自我和内在自我。外在自我的道德表现为义务，是封闭的；内在自我的道德表现为抱负，是开放的。[1] 可见，在现代思想家那里，人正在渐渐取代神，成为个体道德的建立者、约束者和执行者。纪德试图通过自我的认识和选择最大限度地协调道德的强制性和自发性，激发个体实现生存意义的生命动力。另一方面，在人取代神的过程中，纪德同样警惕着个人享乐主义和虚无主义的陷阱，提出了传承和更新文化的共同使命，即抛开道德的枷锁，将个人命运融入到人类的精神文明传承中，以此表现并重新阐释基督的教诲："在忘我中实现最完美的自我，达到最高的要求，寻得最无限的幸福应允。"[2]

结　语

康德（Immanuel Kant，1724—1804）认为伦理学或道德论是关于自由的规律的科学[3]。《背德者》和《忒修斯》不仅展现了纪德对自由规律的见解：《背德者》肯定了个体在摆脱传统道德枷锁后、认识自己的可能性，并预示了绝对自由中所潜在的危机，《忒修斯》则表现了个体以使命约束自由、利用自由的道德状态；而且米歇尔与忒修斯人物形象的叠加可以表现纪德所构想的理想道德个体：在怀疑精神指导下突破道德的宏大叙事，认识自己并寻找自己的使命，在使命指引下超越并塑造自我。可见，纪德的道德观通过表现个体与社会、自由与责任之间既对立又统一的复杂关系，反映了道德建立和实现过程中以"我"为主体、以"忘我"为主旨的两面性。

---

[1] 冯俊：《当代法国伦理思想》，同济大学出版社，2007年，第24-27页。
[2] André Gide, Préface de l'édition de 1927, in *Les Nourritures terrestres*, suivi de *Les nouvelles nourritures*, *op. cit.*, p. 12.
[3] [德]伊曼努尔·康德：《道德形而上学基础》，孙少伟译，中国社会科学出版社，2009年，第1页。

总而言之，纪德从古希腊以降欧洲文化中"认识你自己"的重要哲学命题出发，在基督教道德与启蒙运动价值观激烈冲突的道德背景下，通过吸收启蒙思想对宗教道德的批判、反思理性的局限和自由的界限，在消解逻各斯中心主义道德观的同时，重建了以个体自我认识、自主选择为前提，以使命为约束和导向的道德观。

书 评

勘误、索义与构建统一于"人学"的中国现代美学

——《朱光潜年谱长编》述评[1]

章亮亮[2]

[摘要] 朱光潜嫡孙、安徽大学哲学系宛小平教授的大作《朱光潜年谱长编》对著名美学家、中国现代美学学科的主要奠基人朱光潜先生"以出世的精神，做入世的事业"的理想信念和"鞠躬尽瘁，死而后已"的献身于美学研究、教育之精神进行了翔实的考察与细致的描摹。全书尤以原始资料与珍藏照片交相印证的方式更正了朱光潜研究若干错误；以学术担当与研究取向融为一体的勇气澄清了朱光潜研究若干问题；以整体透视与局部考察有机结合的视角肯定了朱光潜晚年学术活动，继而以朱光潜"人学"思想为范导，探索构建统一于"人学"的中国现代美学，是迄今为止第一部也是最完备的、具有重要学术价值与文献价值的朱光潜年谱。

[关键词] 朱光潜　美学　马克思主义美学　《新科学》"人学"

《朱光潜年谱长编》（以下简称《年谱》）与《朱光潜传》《朱光潜大传》等同类型专著相比具有诸多鲜明特点，其中最为显著之处在于首次公开了大量有关朱光潜研究的新史料，主要分为三类：一是朱光潜及其夫人奚今

---

[1] 本文系国家社科基金重大项目"朱光潜、宗白华、方东美美学思想形成与桐城文化关系研究"（17ZDA018）阶段性成果。
[2] 章亮亮，安徽大学哲学系博士研究生，《朱光潜年谱长编》责任编辑。

吾、大女儿朱世嘉、小女儿朱世乐未发表的日记（回忆录）；二是图片（共计300余张），内容涵盖朱光潜与夫人、子女、亲友、学界名流交往的信札，朱光潜故居、私人印章、聘书，朱光潜在海内外求学期间的学籍卡、成绩单、学业报告表、图书借阅证，朱光潜论著（初版）、日记、古籍批注的手稿，朱光潜晚年学习、生活、工作的场景；三是新发现的佚文、民国报刊、内刊。当然，对《年谱》中诸如个别条目记事"无月、日可稽者，或附于其同年、同月之后，或编排在较适宜位置；无年份可稽者，附于邻近年份或相关记事之后，并酌加注释"，这样无关宏旨的美中不足之处我们也无须求全责备，毕竟，作者借由对这些零散文献的爬梳剔抉，真实、完整、全面地展现了一代美学宗师朱光潜先生波澜壮阔的一生。下面从更正朱光潜研究若干错误、澄清朱光潜研究若干问题、肯定朱光潜晚年学术活动三个方面对《年谱》主要内容作一述评。

一、原始资料与珍藏照片交相印证：更正朱光潜研究若干错误

《年谱》中，作者大量引用了由其首次公开的原始资料，并辅之同样首次公开的由其个人珍藏涉及朱光潜生平活动的照片，以图文互证的方式对学界有关朱光潜研究的若干错误作了更正。囿于篇幅所限，仅拣选一处加以说明。

1929年11月，朱光潜在大英博物馆完成了法国作家柏地耶的著作《瑟绮和丹斯愁》（该书出版时因版本不同，译名不统一）的翻译工作，并在《〈瑟绮和丹斯愁〉译者序》里称："译这篇故事时常常得凌的怂恿和帮助，在此应该道谢。"[1] 此处的"凌"，朱光潜在1936年撰写的《慈慧殿三号——北平杂写之一》一文里再次提及："有一天晚上，我躺在沙发上看书，凌坐

---

[1] 朱光潜：《朱光潜全集》第11卷，安徽教育出版社，1989年，第10页。

在对面的沙发上共着一盏灯做针线……猛然间听见一位穿革履的女人滴滴搭搭地从外面走廊的砖地上一步一步地走进来……都猜着这是沉樱来了……"[1]有学者据此描述推断"凌"即为朱光潜夫人奚今吾[2],《年谱》明确指出这一推断是错误的。事实上,朱光潜在上述两篇文章中提到的"凌"均指凌叔华,究其原因,可以总结为四点:

其一,从朱光潜的文字表达习惯上看,他并不以小名指称奚今吾。《慈慧殿三号——北平杂写之一》一文中亦有"三年前宗岱和我合住的时节""这是沉樱"的确切表述,"宗岱""沉樱"都是实名,学界有关"凌"是奚今吾小名的看法是缺乏可靠依据的。此外,《〈瑟绮和丹斯愁〉译者序》中的"凌"显然是朱光潜所要答谢的对象,在同样作为答谢语、由上海开明书店于1932年11月出版的《谈美》一书所附的致谢语中,朱光潜亦写道:"这部稿子承朱自清、萧石君、奚今吾三位朋友替我仔细校改过。我每在印成的文章上发见自己不小心的地方就觉得头疼,所以对他们特别感谢。光潜。"由此可知,"凌"并非是奚今吾。

其二,从奚今吾本人的学科背景与晚年的回忆上看,"凌的怂恿和帮助"中的"凌"并非是奚今吾。朱光潜夫人奚今吾是理科专业出身,在巴黎求学期间主攻数学,回国后任人民教育出版社数学学科编辑。1927年6月,朱光潜把奚今吾送到"离巴黎约一小时火车路程的奥勒翁女子中学"(奚今吾未发表的回忆录)并希望她在此初步学习法语以便到巴黎大学攻读数学。在朱光潜着手翻译并顺利译完《瑟绮和丹斯愁》的前后,即1928年7月至1930年春天,这期间奚今吾一直都在巴黎进修法语,同时做好进入巴黎大学攻读数学的准备,朱光潜则在巴黎近郊枫丹纳玫瑰村一个裁缝家租住。因此奚今吾也并没有过多的时间、精力、主观意愿"怂恿和帮助"朱光潜完成《瑟绮和丹斯愁》的翻译工作。奚今吾晚年有关朱光潜的回忆亦可证明上述观点,

---

[1] 朱光潜:《朱光潜全集》第8卷,安徽教育出版社,1993年,第437页。
[2] 详见朱洪:《朱光潜大传》,人民日报出版社,2012年,第99页。朱洪在文中称:"冬天的一个晚上,朱光潜躺在沙发上看书,妻子奚今吾坐在对面的沙发上做针线。"

她在回忆录中写道:"说实在的,我以前(指"文化大革命"以前)对他的活动了解得很少,比如他所写的文章,我虽大半读过,但都是浮皮潦草地没有读懂"(奚今吾未发表的回忆录)。可见,当时奚今吾即使特意或在朱光潜的推动下关注过《瑟绮和丹斯愁》,也应当是像对待《谈美》那样进行相对简单的校对工作,而不足以在翻译这一问题上"怂恿和帮助"。

其三,从朱、凌二人关系上看,朱光潜与凌叔华是故交。1931 年 8 月 22 日,凌叔华于罗马给当时正在斯特拉斯堡大学求学的朱光潜[1]寄了一张明信片(参见《年谱》卷五图 5-11)。信的全文如下:

图 5-11　1931 年 8 月 22 日,凌叔华寄给朱光潜的明信片

---

[1] 关于朱光潜转入斯特拉斯堡大学的时间,学界普遍认为朱光潜于 1931 年 10 月或 11 月转入斯特拉斯堡大学。《年谱》明确指出有两份重要资料可以证实朱光潜于 1930 年夏季学期伊始即在斯特拉斯堡大学完成学籍注册。一份是朱光潜在民国十九年十一月填写的《安徽省费奖学金留学生每月学业报告表》,在报告表中朱光潜写道:"从这个夏季(学法语)的学期开始在斯特拉斯堡学习。月初从斯特拉斯堡返回,已修完斯特拉斯堡大学《法语与法国文学》的夏季课程。"另一份是朱光潜夫人奚今吾未发表的回忆录,奚今吾在回忆录中写道:"1930 年春天,算起来在奥勒翁女子中学只住了一年零几个月时间,在语言方面我们已基本没有障碍了。我们离开了这所学校,转到了法国与德国相邻的城市斯特拉斯堡,当地居民通用法语和德语,朱先生选择这里以便学习德语。"(奚今吾未发表的回忆录)由此可以明确,朱光潜最晚于 1930 年夏季即在斯特拉斯堡大学完成学籍注册。

  孟实,我终于归去了!八月二日和表弟王彦通离英伦,当晚到比京(比京指比利时首都布鲁塞尔)逛宝希灯景,次日游(遊今作游)滑铁卢战场,又次日看《里埃沿》展览会。五日到巴黎,住八天,名胜奇事看了不少。十三日至十八日在日内瓦登小游湖,把一切尘缘都洗涤干净。十九日来罗马,游教廷与上古时代的断瓦颓垣,随同美国游历团作一次"浮浅的不深入"的游览。今日去威尼斯,绕道过捷奥到柏林,九月初回国。原想到斯特拉司(司今作斯)堡看你,因不顺路作罢。真对不起。通信请寄北平西城灵境七号颂河。

八·廿二

  信中凌叔华向朱光潜详述了其和表弟王彦通离英回国的具体日程安排,并告知了回国后的通信地址,还特别写道:"原想到斯特拉司堡看你,因不顺路作罢。真对不起。"此信极其家常化的内容以及近乎亲人之间亲切温和的表达语气足以证明,朱光潜是凌叔华的挚友,"朱"能"得凌的怂恿和帮助"以完成译著《瑟绮和丹斯愁》亦是顺理成章的事。

  其四,从《慈慧殿三号——北平杂写之一》一文的撰写时间上看,凌叔华当时客居慈慧殿三号。《慈慧殿三号——北平杂写之一》发表时间为1936年8月,所述之事应当发生在1935至1936年之间,在此段时间内,凌叔华因其恩师克恩慈女士在京逝世,于1936年1月携朱利安·贝尔(当时凌叔华与朱利安·贝尔之间的婚外恋已处于半公开状态)赴京吊唁,后又带朱利安·贝尔游览名胜古迹并将其引荐给朱光潜、闻一多、朱自清、齐白石等京城名流。原住慈慧殿三号的梁宗岱因婚变案被北京大学解聘后已于1934年暑期携夫人沉樱旅居日本叶山,1935年后回国受聘于南开大学外文系。故而从1934年暑期开始算起,朱光潜成了慈慧殿三号唯一的主人,慈慧殿内的斋院也变得更加宽敞,工作室同时兼有会客厅的功能,这一点从奚今吾"朱先生把书桌放在客厅里"(奚今吾未发表的回忆录)的回忆中亦可得到印证。凌叔华与其夫陈西滢都是朱光潜的挚友,"凌"在京期间暂住慈慧殿三号朱家本就在情理之中,且提及"凌"亦可让老友陈西滢放心,毕竟"凌"住在友人家,反之,如若"凌"、朱、梁、沉不是至交,也不会有朱和"凌""都猜着这是沉樱来了"的记述。

二、学术担当与研究取向融为一体:
澄清朱光潜研究若干问题

毋庸置疑,朱光潜美学实际上是近百年中国美学发展的一个缩影,在这个缩影中遗存下诸多围绕美学产生的疑问,对涉及朱光潜研究的若干历史性错误进行必要的更正,其意义是不言而喻的。不仅如此,作者还将研究取向集中在了澄清朱光潜研究领域若干悬而未决的问题上,以开阔的视野、翔实的考据、缜密的思维对浩如烟海的原始文献之间错综复杂的关系搜剔杷梳,尽最大可能把长期困扰学界的种种争论朝着历史事实的真相推进了一步,展现出强烈的学术担当意识。同样囿于篇幅所限,仍拣选一处加以说明。

1933年,朱光潜从马赛回国后定居于北京地安门里的慈慧殿三号,不久后[1]在慈慧殿三号的寓所中创办了闻名遐迩、名流汇聚的读诗会。关于参加

---

[1] 关于读诗会正式举办和结束的时间,学界在后一个问题上已基本达成共识,有关读诗会的最后一次确切记录见于朱自清作于1935年11月10日的日记,在现有已公开文献中尚无可以证明读诗会延续至1936年的可靠证据。在前一个问题上,学界尚有争论,《年谱》认为读诗会正式举办的时间是1935年初,理由有二:其一,朱自清在1935年1月20日的日记中明确记了朱光潜当天在家举办读诗会的情况。其二,1935年2月7日刊发的《北洋画报》登载了一篇署名"无聊"、题为《朱光潜发起读书会》的文章(无聊:《朱光潜发起读书会》,《北洋画报》1935年第25卷第1202期),文中对1月20日读诗会的记载详至开会的具体时间(下午三时)、参加人员、朗诵剧目、剧本剧情介绍、朗诵人员介绍等诸多细节,并明确提及"其第一次会已于日前(即1月20日)举行""第二次已定在二月上旬举行"。当然,1935年1月20日并非现有已公开资料中有关读诗会举办时间的最早文字记录,朱自清在1934年5月23日的日记中首次提及了朱光潜家的读诗会,但参加这次读诗会的人并不多,其规模远不及1935年1月20日的那次。更早的时间是李醒尘在《朱光潜传略》中指出的1933年,但李醒尘并未给出此说法的依据。《年谱》并不赞同李醒尘的这一观点,指出朱光潜最早于1933年10月才在慈慧殿三号安顿下来,当时课务繁多,尚无精力主持此类聚会,即使如李醒尘所言,将举办的时间推至1933年年底,作为朱光潜挚友的朱自清也不会不在日记中提及,事实上朱自清提及读诗会的最早时间就是1934年5月20日。由此,《年谱》进一步指明,朱自清1934年5月20日提到的读诗会与李醒尘所记述的1933年的那次读诗会都应当是在朱光潜家举办的由京城文人参加的有关诗歌讨论的非正式聚会。

读诗会的人员这一问题目前学界尚未形成统一认识,《年谱》不做武断,罗列朱自清、沈从文、顾颉刚、周作人、李醒尘等诸家之说制成朱光潜"文学沙龙"——读诗会参加成员一览表附于正文相应位置。值得注意的是,现有已公开文献均未提及启功参加过读诗会,作者据朱光潜珍藏的一把启功赠予的折扇(参见《年谱》卷六图6-3)判定像启功这样与朱光潜情趣相投的文人理应是读诗会的重要成员。此把折扇一面是启功所绘山水画,另一面是启功亲笔所书组诗《论书绝句》前二十首中的十一首,诗后附题"孟实先生哂正"。遗憾的是,启功先生没有落款写明时间,但仍可从十一首诗中见出端倪。细读折扇上所书诗文不难发现,启功写给朱光潜的十一首《论书绝句》与其1949年后公开的十一首《论书绝句》相比,有七首在个别文字上稍有出入,七首之中又有两首尤为值得关注[1],具体内容参见下表(为便于分析,以折扇版指代启功写给朱光潜的十一首《论书绝句》,以1949年版指代1949年后公开的十一首《论书绝句》):

折扇版中诗句	1949年版中诗句
漆书太始接元康	漆书天汉接元康
大地恒沉万国鱼	大地将沉万国鱼

第一首诗1949年版中诗句为"漆书天汉接元康",此诗题为"汉晋简牍",据启功自注,此诗"作于一九三五年,其时居延简牍虽已出土,但为人垄断,世莫得见。此据《流沙坠简》及《汉晋西陲木简汇编》立论。二书所载,有年号者,上自天汉,下迄元康"[2]。对比折扇版有两处差异:一者,折扇版中此诗并无标题;二者,"天汉"折扇版中作"太始"。由此易见,诗

---

[1] 另五首中诗句及其对应的变动为:"十年校遍流沙简"句"遍"原作"编";"翰墨有缘吾自幸,居然妙迹见高昌"句"有"原作"回","吾自幸"原作"关福命","居然"原作"当时";"一自楼兰神物见"句"见"原作"现";"定武椎轮且不传"句"椎轮"原作"真形","且"原作"久";"千文真面海东回"句"真面"原作"八百","海东回"原作"渐东来"。
[2] 启功:《论书绝句(注释本)》,生活·读书·新知三联书店,2002年,第2页。

题"汉晋简牍"是后来所加的,将"太始"改为"天汉"亦是经过了一番严谨考证,这说明折扇版中此诗的写作时间最迟不会晚于 1935 年。

第二首诗主要表达由观王羲之《丧乱帖》所引发的对时世的感慨。据启功自注,此诗作时"当抗战之际,神州沦陷,故有此语"[1]。启功点明了此诗作于抗战之际,再结合 20 世纪 80 年代启功所著《论书绝句》一书引言中"此论书绝句一百首,前二十首为二十余岁时作"[2]这句话来看,此诗的写作时间范围应当是 1933-1938 年,即启功 21-26 岁之间。《年谱》特别指出"恒"字意表"永久、持久",在诗句中似流露出悲观情绪,"将"字则表明启功只是把日本的侵华、国土的沦陷看作一个不可避免的历史事件,对抗日战争必将取得胜利的信念犹存。显然,从历史发展的趋势、中华民族的解放、抗日战争的胜利、认识发展的规律上看,"恒"字所在的折扇版当作于"将"字所在的 1949 年版之前。这就进一步证明了,启功书于折扇上的十一首《论书绝句》的创作时间也就是朱光潜在慈慧殿三号寓所中举办读诗会的时间。不仅如此,当时启功经陈垣先生介绍在辅仁大学美术系任助教、讲师,朱光潜亦在辅仁大学兼授英文课,诚如朱光潜所回忆的那样:"我发起了一个文艺

图 6-3　启功赠予朱光潜的折扇(正面　启功手绘山水画)

---

[1] 启功:《论书绝句(注释本)》,生活·读书·新知三联书店,2002 年,第 6 页。
[2] 同上,第 3 页。

座谈会，按月在我家里集会，请人朗诵诗文或是讨论专题。当时北京文人很少没有参加过这种集会的。"故而作者才给出了"启功很有可能也是先生家读诗会的成员"这样的结论。

图6-3 启功赠予朱光潜的折扇（反面 启功手书《论书绝句》十一首）

三、整体透视与局部考察有机结合：肯定朱光潜晚年学术活动

针对朱光潜晚年呕心沥血地翻译研究维柯《新科学》、马克思《1844年经济学—哲学手稿》中《异化的劳动》和《私有制与共产主义》关键性两章（朱光潜称之为马克思主义美学思想的奠基石）以及其他马克思主义经典著作的学术价值，《年谱》通过从整体（朱光潜对自己宏大精深、吐故纳新的美学思想体系的构建）推衍至局部（朱光潜对马克思主义美学理论与维柯《新科学》的吸收、转化），再由局部回归于整体的双向透视，揭示出朱光潜晚年学术活动的原貌并对其加以肯定，予以"以维柯和马克思美学研究为突破口，重铸晚年学术风范"的总括性评价。全面深入地理解作者的这一评价对正确认识朱光潜晚年的学术活动乃至"美是主客观统一"美学思想的发展脉络有着决定性的影响。

学界已基本达成共识，"美是主客观统一"的命题在朱光潜美学思想体系中大致经历了三个时期的具有不同出发点的表述：第一个时期以克罗齐的"直觉说"为出发点，综合了利普斯的"移情作用"、布洛的"心理距离"、谷鲁斯的"内摹仿说"、闵斯特堡的"孤立说"、英国经验主义哲学的"联想主义"等诸家之说，认为美就是"直觉"与"形式"（或"情趣"与"意象"）的统一；第二个时期接受并以马克思主义意识形态理论为出发点，指出美是"主观方面的意识形态"与"客观方面的某些事物、性质和形状"（人的"社会性"与"自然性"）的统一，并且美是与人（作为社会性存在）、人的意识形态紧密关联的；第三个时期受马克思主义实践观启发并以此为出发点，强调美的本质应当是作为劳动的"自然的人化"以及"人的本质力量的对象化"，美即作为主体的人之主观和与人相对应的作为客体的自然之客观的统一。从三个时期出发点及与之相应的"主观""客观"具体所指的变化发展过程中不难发现：首先，朱光潜在探索构建这一命题的开始就自觉地保有自我反思、自我否定的谨慎研学态度，也正因为如此，"美是主客观统一"的命题不是死板僵化、枯燥艰深的冰冷理论，而是活生生的引领美学发展、自身具备逐步深化与不断完善机能的源头活水；其次，贯穿这一命题始终的思想主轴是"实践"，即美是主客观统一下的"直觉"隐于"意识形态"，"意识形态"亦孕于"实践"。"直觉"与"意识形态"不仅不与"实践"相背离，反而恰恰是达于实践所必经的逻辑环节；最后，在逻辑上为美学由基础心理学进阶到哲学－美学；由认识论进阶到存在论；由康德－克罗齐进阶到马克思的最终转向作出了合乎学理的阐释。

当然，我们不能将这一"变化发展过程"作为朱光潜倾力研究马克思主义的内在动因加以反证，那样一来，对马克思、维柯的研究就变成了一种预先设定好的"按钮"，只要"在将来"按下这个"按钮"，"变化"就自动生成了，故而，我们依然要从"美是主客观统一"命题形成的第一个时期中寻找答案。如上所述，朱光潜是一个具有不断自我反思、自我否定、自我批判精神的学者，这种精神在其于1948年出版的《克罗齐哲学述评》中体现为如下表述：

> 自己一向醉心于唯心派哲学，经过这一番检讨，发现唯心主义打破心物二元论的英雄的企图是一个惨败，而康德以来许多哲学家都在一个迷径里使力绕圈子，心里深深感觉到惋惜与怅惘，犹如发现一位多年的好友终于不可靠一样。[1]

对这段自我剖析式的"检讨"，《年谱》给出了平实可信的评价，敏锐地指出朱光潜"这一自我纠正错误的行为反映出其孜孜不倦、追求真理的学术良心"，"同时，也可以略窥其在中华人民共和国成立以后接受马克思主义辩证唯物论与实践观的思想线索"。事实上，朱光潜在阐明"美是心与物媾和的结果"，并将"直觉"概念置于心理学的视域下重新审视的时候，就隐约地感到了横亘在二者之间的不可逾越的鸿沟，但也仅仅是将问题的根源导向克罗齐的"机械观"，而当他将"直觉"还原至哲学的母体当中后，才猛然发现克罗齐的根本错误不在于将"人生"与"艺术"、"直觉"与"概念"相割离，而是直接地、根本地否定"物"的存在，如此，克罗齐的"直觉"概念本就没有任何可以被理解为"心与物媾和"的可能。正是在这样的一种学术自省下，朱光潜的视野转向了马克思，并借由对唯物主义反映论的研究开启了新的学术求索之路：赞同存在为第一性，意识为第二性的观点——承认将美是主客观统一建立在"直觉"之上是主观唯心主义——创立"物甲—物乙"说——提出"意识形态"论……最终在对有机整体的寻觅中与马克思《1844年经济学—哲学手稿》的启迪下于"实践"概念之上求得了扎实的理据。在这之后，自然还有关于对"物质生产与精神生产能否等同？""劳动与艺术能否等同？"等关键性问题的进一步求索，这里不再赘述。

从中华人民共和国成立后朱光潜对马克思主义的实际"接触"上看，美籍犹裔学者路易·哈拉普的《艺术的社会根源》是朱光潜在五六十年代

---

[1] 朱光潜：《朱光潜全集》（新编增订本）第7卷，中华书局，2012年，第4页。

美学大讨论展开之前就已经关注并开始翻译的"有关西方马克思主义理论比较新的成果"。这一"不可能受到重视"[1]的成果的中译本亦悄无声息地在1951年10月"抗美援朝那个特定时期"[2]出版，其实，诚如《年谱》明确指出的那样，后来成为朱光潜"对马克思主义实践美学进行阐释的""艺术作为一种生产劳动及其掌握世界的方式"这一核心"观点已在此书中孕育而生"。然而，一个不可忽略的事实是，《艺术的社会根源》毕竟是一个并不十分出名的"美籍犹太裔学者""有关"马克思主义理论"比较"新的研究成果，于朱光潜而言，在对这样一个"二手"资料进行了比较简单的"接触"后，势必要"亲尝""原始"资料以仔细"钻研"。遗憾的是，朱光潜在"亲尝"与"钻研"尚未展开之际即面临了美学大讨论的展开，并自觉或不自觉地陷入了讨论漩涡的中心，成了唇枪舌剑式批判的鹄的。可以想见，理论武装的缺乏也是朱光潜在这场讨论中始终处于"被动受敌"困境的一个重要原因，同时也预示着：在这场讨论的大幕拉开的伊始，朱光潜在潜意识里已经走上了向马克思主义者转变的通达之路。由此往回看，《年谱》所指出的"接受马克思主义辩证唯物论与实践观的思想线索"中本就隐藏着马克思主义的"零星碎片"，只不过在明确认识到这一点之前，朱光潜并不知道那"零星的碎片"就是源自马克思主义。美学大讨论期间，那许多"带着那个时候的特别印记和局限"[3]的照搬"苏联学者们的意见"而形成的机械粗糙的观点和语汇并不能让朱光潜从心底里真正信服。于是，在对"不隐瞒或回避我过去的美学观点，也不轻易地接纳我认为并不正确的批判"[4]的学术品格与学术底线的坚守下，他开始如饥似渴地"亲尝"马克思主义经典原著，才发现正在热烈讨论的马克思主义离其本来面貌还有很大一段距离，甚至可以毫不避讳地

---

[1] 郭因：《郭因美学选集》第2卷，黄山书社，2015年，第135页。
[2] 同上。
[3] 张隆溪：《探求美而完善的精神———怀念朱光潜先生》，载《朱光潜纪念集》，安徽教育出版社，1987年，第179页。
[4] 朱光潜：《朱光潜全集》（新编增订本）第10卷，中华书局，2012年，第8页。

说是"经过别人过滤了的马克思主义"[1]，由此欣喜而自信地为"美是主客观统一"命题打开了一番新境界。可以说，由康德到克罗齐，由克罗齐再到马克思，是"美是主客观统一"命题逻辑发展的必然，就好比是一道填空题，"美是主客观统一"是贯穿其中的提示语，空本来就有，应当填什么不仅是朱光潜所要关注的，也是后来人必须深思的。

此外，朱光潜之所以能够从一个主观唯心主义者转向坚定的马克思主义者还有赖于"美是主客观统一"这一命题所要回答的不单单是围绕美学、哲学、心理学等产生的一系列理论性问题，更是"人何以为人？""人何以存在？"的现实性问题。朱光潜深知美学的诞生源于欧洲的启蒙运动，与此不同的是，中国的启蒙与民族救亡有着天然的密不可分的联系，早在《给青年的十二封信》中，他就已经流露出强烈的启迪民智以救亡图存的意识。在回国后的近十年中，朱光潜亲历了中华民族所遭受的深重苦难，又陆续写了二十二篇文章，以"谈修养"为总题结集出版。这二十二篇文章的撰写说明朱光潜已经意识到早年《给青年的十二封信》中的一些话说得"很有些青年人的稚气"，于是在重新编著的《谈修养》中才有了高扬人要具备对"时代的认识"、对"个人对于国家民族的关系的认识"、对"国家民族现在地位的认识""朝抵抗力最大的路径走"[2]的意志的"补漏"。从这些"补漏"可以看

---

[1] 张隆溪：《探求美而完善的精神——怀念朱光潜先生》，载《朱光潜纪念集》，安徽教育出版社，1987年，第179页。

[2] 有关与"朝抵抗力最大的路径走"的相近表述在《年谱》中共有四处：第一处为1925年夏朱光潜从北京参加完安徽省教育厅组织的公费留学生出国考试后回上海途经南京看望奚今吾和张志渊时说的话："要迎着困难上，不要遇到一点困难就躲避，或者另找自认为较平坦的道路走。"（详见《年谱》第28页，原话引自奚今吾未发表的回忆录。）第二处，"我相信一个人如果有自信力和奋斗的决心，无论环境如何艰难，总可以打出一条生路来。"(此语出自朱光潜1936年7月撰写并于当年发表在第1卷第30期《申报周刊》上的文章《给〈申报周刊〉的青年读者》，详见《年谱》第111页，原文参见《朱光潜全集》第8卷，安徽教育出版社，1993年，第429页。）第三处为朱光潜于1941年撰写的文章《朝抵抗力最大的路径走》。(详见《年谱》第164页，原文参见《朱光潜全集》第4卷，安徽教育出版社，1988年，第19-26页）第四处，"青年人第一件大事是要有见识和勇气！走抵抗力最大的路。"(此语出自1985年1月朱光潜给《文艺日记》的题记，详见《年谱》第472页，原文参见《朱光潜全集》第10卷，安徽教育出版社，1993年，第725页。）

出,虽然朱光潜曾言"自己在解放后才开始学习马列主义"[1],但此时在事实上已然成为了一个准马克思主义者,或者说在心底里萌发了向马克思主义者转变的内在需求,《朝抵抗力最大的路径走》中的一段话更预示着其将要推翻过去的"不关道德政治实用等等那种颓废主义的美学思想体系"[2]的美学观的变化:"于今我们又临到严重的关头了。横亘在我们面前的只有两条路,一是……抵抗力最低的,屈伏;一是……抵抗力最大的,抗战……抗战胜利只解决困难的一部分,还有政治、经济、文化、教育各方面的建设工作还需要更大的努力。"[3]不可否认,此时朱光潜依然"主张维持一般人所认为过时的英雄崇拜"[4],在特别强调美感教育是通往民族复兴的必由之路的同时亦强调"教育重人格感化,必须是一个具体的人格才真正有感化力"[5]。但这并不能阻碍朱光潜快步走向马克思的步伐:随着中华民族解放进程的加快,对蒋介石政府的认识由"全民族在蒋委员长领导之下""抗战"[6]到"国民党都要负大部分责任……它现在遭遇各方的非难,当然也是罪有应得的"[7]再到"自己也亲身感到在国民党统治下这几十年,尤其是在抗战这八年当中,国民党为保存实力,不战而逃,使大半个中国遭受日本侵略军铁蹄的践踏,对国家的领土主权,人民的生命财产而不顾。老百姓对它已完全丧失信心"(奚今吾未发表的回忆录)的根本性、决定性转变,朱光潜"象离家的孤儿,回到了母亲的怀抱,恢复了青春",特别是在加入了全国政协、中国民主同盟、全国文联后有了多次参观访问全国各地的经历,深切地感受到新中国发生的翻天覆地的变化,这些经历、变化激励朱光潜不由自主地在心中打开了一个囊括自然—社会、个人—国家、个体—群体、过去—将来的"活"与"动"的无限广大的客观世界,而与这个客观世界相对的就是"人"——一个借由

---

[1] 文艺报编辑部编:《美学问题讨论集》第五集,作家出版社,1962年,第4页。
[2] 朱光潜:《朱光潜全集》第5卷,安徽教育出版社,1989年,第96页。
[3] 朱光潜:《朱光潜全集》第4卷,安徽教育出版社,1988年,第26页。
[4] 同上,第99页。
[5] 同上,第99页。
[6] 同上,第26页。
[7] 朱光潜:《朱光潜全集》第9卷,安徽教育出版社,1993年,第518页。

"反映"获得"存在",解读"存在"生成"某种意识形态",并最终在"实践"中实现、检验、确证自己的——人。至此,朱光潜终于完成了由"一个主观唯心主义者"到"一个温和的改良主义者"再到"我不是一个共产党员,但是一个马克思主义者"[1]的转变。

由以上分析就不难发现:从时间上讲,朱光潜是在转向马克思主义后才决定翻译维柯的《新科学》的,在这之前(包括在美学大讨论期间),无论从作为克罗齐的老师这一角度出发而言,还是从《维柯的美学思想》一文以及《西方美学史》中涉及维柯的论述上看,朱光潜自然都是非常"熟识"维柯的,不同之处在于,晚年对《新科学》的翻译是在"继续深化"马克思主义相关理论,尤其是"实践"观点研究的内生动力下不断推进的,诚如朱光潜自己所言:

> 马克思主义在欧洲哲学思想上的重大发展,就是树立了历史发展的观点……树立了社会科学中的历史发展观点,叫做历史学派。历史学派在欧洲是从意大利人维柯的《新科学》开始的,他是社会学的开山祖,历史学派的开山祖……我的用意,是在帮助我们了解马克思主义,了解辩证唯物主义、历史唯物主义,了解马克思主义的基本观点———实践的观点。[2]

在《年谱》中,作者更是明确指出:朱光潜"晚年则正是通过研究马克思,逆向经克罗齐、黑格尔、歌德、康德回到了维柯,并试图和中国传统知行合一观统合为一个有机的美学系统"。这样一部对维柯"回溯"式研究下诞生的中译本《新科学》,不可不谓是一项重大学术性文化工程的最终成果,所以早在正式出版之前就已经引起了学术界的普遍关注,诚如季羡林所由衷

---

[1] 1983年3月15日下午,朱光潜应邀在香港中文大学新亚书院作第五届"钱宾四先生学术文化讲座"首场学术报告,演讲一开始他就用他那桐城官话从容地说:"我不是一个共产党员,但是一个马克思主义者。"这也是朱光潜对自己后半生的庄严评价。
[2] 朱光潜:《朱光潜全集》第10卷,安徽教育出版社,1993年,第512页。

赞叹的那样:"孟实先生以他渊博的学识和湛深的外语水平,兢兢业业,勤勤恳恳,争分夺秒,锲而不舍,'焚膏油以继晷,恒兀兀以穷年',终于完成了这项艰巨的工作(指翻译《新科学》),给我们留下了宝贵的财富,得到了学术界普遍的赞扬。"[1] 于朱光潜而言,这项"得到了学术界普遍的赞扬"的"在世没有第二人"能承担的"艰巨工作"从艰难开启(1980年1月决定翻译)到持续推进(自1980年始译维柯《新科学》到1981年下半年译出《新科学》初稿),再到彻底竣工(初稿译出后又花了一年多的时间仔细校改,同时翻译《维柯自传》,甚至在1985年病重、《新科学》已经付排期间仍在对个别词的译法字斟句酌),最终到正式出版(1986年5月已去世2个月后)的艰辛历程,毋庸置疑、不可辩驳地昭显出其晚年在不断自我强化的内生动力下对"三此主义"[2]这一一以贯之的人生信条的坚决延续与砥砺实践,这也是《年谱》在评价朱光潜晚年学术活动时所持有的牢不可破的基本立场。当然,朱光潜晚年翻译《新科学》的深远影响远不止为学界留下了迄今为止唯一一部中译本《新科学》,这一宝贵财富还包括对马克思主义美学理论的进一步吸收、提炼、阐释、创化。中译本《新科学》,其得以诞生的出发点与推动力源自朱光潜对自己"美是主客观统一"命题的持续思考,标志着朱光潜美学集中西方美学思想之大成的"美是主客观统一"命题在理论上的又一次推进。纵观朱光潜的一生,从1921年正式发表第一篇学术论文《福鲁德的隐意识说与心理分析》起,笔耕不辍,即使在"文化大革命"的动荡年代里也没有放弃、中止,而《新科学》确是其现实结果与理想规划双重层面上的封笔之作。这一点足以从奚今吾于1983年7月6日给朱陈的信中得到充分的验证,奚今吾写道:"你父亲译的《维柯自传》,前几天由世嘉、秀琮帮

---

[1] 季羡林:《他实现了生命的价值——悼念朱光潜先生》,载《朱光潜纪念集》,安徽教育出版社,1987年,第29页。
[2] 朱光潜把自己的人生信条叫做"三此主义","三此"就是此身,此时,此地,他曾进一步解释道:"一、此身应该做而且能够做的事,就得由此身担当起,不推诿给旁人。二、此时应该做而且能够做的事,就得在此时做,不拖延到未来。三、此地(我的地位、我的环境)应该做而且能够做的事,就得在此地做,不推诿到想象中的另一地位去做。"(参见《朱光潜全集》第4卷,安徽教育出版社,1988年,第17页)

着整理一下，已送出去找人誊清。另一部维柯《新科学》，你父亲目前不打算动它（此时已译完初稿），等秋天气候凉爽了再来整理。这后一部稿子大约有四十万字。你父亲说这两部稿子脱手以后，他要休息休息了。他已向北大申请退休，向全国美学会申请辞去会长的职务，不挂那些不干活的空头衔了。"仅由此，维柯和《新科学》在朱光潜心目中的地位就可见一斑。

可以肯定，朱先生晚年几乎将后半生全部的心血灌注于马克思主义经典论著与《新科学》的翻译研究，这在浅层次上看是为了进一步向国内介绍传播"原汁原味"的马克思主义美学思想，而在更深的层面上看，其真正目的则是在内外双重作用力（自我的学术反思与"美学大讨论"）推动下对自己美学思想引他山之石，琢自己之玉式的"重铸"，是对20世纪五、六十年代"美学大讨论"的最终回应，其学术价值正如作者宛小平教授在《年谱》中强调的那样：

> 朱光潜通过研究马克思和维柯，已经意识到美学大讨论中所谓主观派和客观派都割裂了"知"与"行"（是马克思所谓的"抽象唯心"和"抽象唯物"），而贯穿维柯《新科学》的主线"人类历史是人类自己创造的"，强调的正是"知"与"行"的统一。[1]

综上足以肯定，朱光潜晚年以维柯和马克思美学研究为突破口对自己毕生美学思想上下求索式的深刻反思与系统总结，充分体现出其美学思想与人生理想的高度统一：美或者审美活动都不是主客体地非此即彼，而是呈现为相互交融、彼此碰撞的动态过程；人亦如此，也是在如陶渊明般"采菊东篱下，悠然见南山"与"刑天舞干戚，猛志固常在"的人生样态中自由自如地切换，天下无道，则退而守于道家（知大于行），天下有道，则进而攻于儒家（行大于知）。这样一来就并不只是简单机械地肯定或否定任何一种单一性命题与人生态度，而是意在并且成功地打消了所谓心与物、唯心与唯物、

---

[1] 宛小平：《美学是社会科学——朱光潜对美学学科的定位》，《清华大学学报》（哲学社会科学版）2015年第6期。

知与行、出世与入世之间的对立，为探索构建统一于"人学"的中国现代美学打开了一扇大门。

余论：探索构建统一于"人学"的中国现代美学

如前文所述，朱光潜为探索构建统一于"人学"的中国现代美学打开了一扇大门，这里至少有三个问题需要厘清：一、何为"人学"，或者说，在朱光潜的视阈中"人学"是什么样的？二、美学为何能够，或者进一步说，应当统一于"人学"？三、这扇大门后通往"人学"的道路是什么样的，或者说，构建的具体路径是什么？第一个问题，朱光潜本人已经作了比较充分的回答[1]，第二个问题涉及朱光潜将美学定位于社会科学的学科定位[2]，学界也已作出了回应[3]，而解决第三个问题实际上是回答前两个问题的落脚点，目

---

[1] 朱光潜在翻译《新科学》时发现，维柯认为法的根源来自共同的人性（Common nature）。《新科学》与较晚的达尔文的《物种起源》比较，它研究"人"这一物种的起源，它就是"人学"。有关"人学"的集中阐述详见《朱光潜美学文集》，上海文艺出版社，1982年，第559-561页。《年谱》明确提及"人学"的地方有两处：一是在1980年8月《谈美书简》出版时援引朱光潜的话："自然科学和社会科学终于要统一成为'人学'"（详见《年谱》第398页，朱光潜原话参见《朱光潜全集》第10卷，安徽教育出版社，1993年，第649页）；二是在1980年9月《美学拾穗集》出版时指出，朱光潜在其中引出了人与自然和自然科学、社会科学统一于"人学"这样一个美学的基本论点（详见《年谱》第400页）。与"人学"内涵相通的"有机的整全的人"《年谱》亦有多处提及，详见《年谱》第107、165、173、175、181、205、251、273、305、400页。

[2] 朱光潜对美学的学科定位经历了由人文科学向社会科学的转变，这一点《年谱》亦有提示，主要有三处：第一处，1942年9月，朱光潜在《中央周刊》5卷4期上发表了《人文方面几类应读的书》一文，其中写道："我所学的偏重人文方面，对于社会科学和自然科学都是外行。"（参见《朱光潜全集》第9卷，安徽教育出版社，1993年，第117页）作者据此指出这对于理解这一时期朱光潜先生是把自己研究的美学看作是"人文科学"而非"社会科学和自然科学"的学科定位十分重要（详见《年谱》第168页）。第二处，作者特别点出了朱光潜在其重要著作、由人民出版社于1963年7月出版的《西方美学史》（上卷）中已经注意到了苏格拉底"把注意的中心由自然界转到社会，美学也转变成为社会科学的一个组成部分"。（参见《朱光潜美学文集》第4卷，上海文艺出版社，1984年，第38页）这一重大变化（详见《年谱》第300页）。第三处，作者明确列出了朱光潜于1978年5月18日在《文汇报》上发表的一篇关于美学学科定位的文章《美学是一门重要的社会科学》（详见《年谱》第363页）。

[3] 详细内容参见宛小平：《美学是社会科学——朱光潜对美学学科的定位》，《清华大学学报》（哲学社会科学版）2015年第6期。

前未能引起学界足够的重视，相关的研究成果亦有所不足。因此，探求这一路径的任务就显得尤为艰巨与必要，我们不妨在此作一尝试。

细品《年谱》，不难发现，朱光潜早在到香港大学的第三年便发表了一篇全面研究心理学派别的文章——《行为派（Behaviourism）心理学之概略及其批评》，对此文的学术价值，作者敏锐地指出："此文对行为派心理学作了概略介绍和简要批评……对不同于内省心理学的行为心理学的重视，对他日后从心理学多层视角研究美学也起了作用，尤其表现为用来希列（Lashley）实验结果来说明思想和语言的运用是一致的这一观点，这也成了后来先生'思想和语言是一致的'这一美学命题的科学实验例证。"由此可以看出，朱光潜在学术生涯伊始就已经注意到了将自然科学的研究方法引入美学研究领域，在十余年后的1934年，朱光潜又接连发表了《近代实验美学（一）颜色美》《近代实验美学（二）形体美》《近代实验美学（三）声音美》三篇系统介绍近代实验美学的文章，并在首篇开篇开门见山地指出：

> 拿科学方法来作美学的实验从德国心理学家斐西洛（Fechne，1801—1887）起，所以实验美学的历史还不到一百年。这样短的时间中当然难有很大的收获，不过就已得的结果说，它对于理论方面有时也颇有帮助。理论上许多难题将来也许可以在实验方面寻得解决，所以实验美学特别值得注意。[1]

在当时来看，实验美学的的确确在理论上还存有诸多缺陷，亦有不少困难尚待解决，这一点已被包括正在欧洲游学的朱光潜在内的许多人所认识到[2]。诚如作者所言："在朱光潜看来，实验心理学影响下的实验美学之路并不通畅。但是，我们也不能据此结论说朱光潜注重人文精神而反对科学。朱光潜实际上是'五四'精神的产儿，他是新文化运动的积极参与和拥护者。从某种意义上说，他的美学思想更强调科学的精神（比之他同辈的美学

---

[1] 朱光潜：《朱光潜全集》第1卷，安徽教育出版社，1987年，第478页。
[2] [美]杜·舒尔茨：《现代心理学史》，叶浩生译，人民教育出版社，1981年，第94页。

家)……"[1]。结合以上两点至少可以说明，将人文科学（彼时朱光潜将美学定位于人文科学）与自然科学的研究方法相结合作为美学研究的路径之一是朱光潜关注、深思、探索并尝试过的，即使在作于近半个世纪后（1983年6月）的《读朱小丰同志〈论美学作为科学〉一文的欣喜和质疑》一文中也还对此抱有期待，朱光潜写道：

> 提到实验心理学，我自己在这方面的经验是很不愉快的……我曾写下当初我对实验心理学的怀疑。不过从那时到现在这六、七十年中，自然科学在实验方面都发展得很快，我们能赶上现代水平，也就不坏了，做些实验总比不做好。[2]

毋庸置疑，不仅是实验美学，从朱光潜的整个学术生涯上透视，他自始至终都是站在多学科融会贯通的立场上去看待、学习、研究美学的[3]。为此，我们可以举两处典型的例证：第一处，朱光潜在自己于欧洲游学期间撰写完成的第一部美学著作《文艺心理学》的自白中明确写道："因为欢喜文学，我被逼到研究批评的标准……因为欢喜心理学，我被逼到研究想象与情感的关系……因为欢喜哲学，我被逼到研究康德、黑格尔……这么一来，美学便成为我所欢喜的几种学问的联络线索了。"[4]第二处，朱光潜晚年在汇集了自己于八十岁以后所作的有关美学的论文、札记的《美学拾穗集》里对《文艺心理学》中的自白作了"补充"，其中特别强调"'自白'最后一句后面还应加上这么一句：'研究美学的人们如果忽略文学、艺术、心理学、哲

---

[1] 宛小平：《美学是社会科学——朱光潜对美学学科的定位》，《清华大学学报》（哲学社会科学版）2015年第6期。
[2] 朱光潜：《朱光潜全集》第10卷，安徽教育出版社，1993年，第675页。
[3] 关于这一点，朱光潜晚年在翻译研究《新科学》的过程中亦感触颇深。在朱光潜看来，《新科学》给予后人的又一重大启发在于其指明了研究美学必须要具有极其宽广的学术视野。历史上几乎所有的美学家大都将研究的视角集中投注于某一个较为狭窄的领域，《新科学》却不止一次地证明了艺术与其他一般文化之间具有天然密不可分的紧密联系，美学的研究如若脱离了其他学科的支撑，势必将落入管中窥豹的窘境。
[4] 朱光潜：《朱光潜全集》第1卷，安徽教育出版社，1987年，第200页。

学（和历史），那就会是一个更大的欠缺。'"[1] 从朱光潜对自己治学之方"回溯"式的深刻剖析中我们可以肯定，这样一个拥有"文学和心理学间的'跨党'分子"出身的美学巨擘在美学的研究上是绝对不会不重视"跨学科"的研究方法的，而统一于"人学"的中国现代美学也必定是朝着跨学科的方向迈进的。那么，"跨学科"应当如何实现？以 21 世纪的眼光与科技发展水平来重新审视朱光潜早已关注的实验美学，以"拿科学方法来作美学的实验"的学术构想为启迪，将"自然主义"作为可供中国现代美学选择的一条"跨学科"式的研究路径是值得尝试的一种新思路。毋庸置疑，强调哲学与科学的紧密结合是当代西方哲学的一个重要特征，保罗·撒加德（Paul Thagard）推崇"将哲学和科学紧密联系在一起，从而试图理解包括人类心灵在内的世界"的自然主义的哲学观念，这一观念旨在将自然科学的研究方法应用于人文学科，借以建立社会科学与自然科学两者间的某种连续性。沿此路径，将基础心理学、神经科学、脑认知科学等自然科学中的核心观念与研究方法提炼整合灌注美学研究于朱光潜而言理应不会感到陌生，因为"美是主客观统一"这一命题是置于宏大的历史视野和世界格局中审视进而得出的，其本身就是未完成的，它涉及美学自身的建构、美学对其所直面的时代症结的回应等问题的解决，特别是诸如审美主客体相互作用的心脑机制等全新课题的探索。当然，作为一门重要的社会科学的美学，其与自然科学之间究竟应当建立何种连续性是必须首先要解决的问题。学界有足够的理由相信，假如天以假年，假如遂小女儿朱世乐、夫人奚今吾所愿"当初有车"，朱光潜先生必定会在第一时刻注意到这样一条新路径，因为正如他所预想的那样，"自然科学在实验方面都发展得很快"，美学研究理论上的"许多难题将来也许可以在实验方面寻得解决"的期待也终会如"静待花开的种子"般破土而出、开花结果。那样一来，无论是"美是主客观统一"的命题，还是中国传统美学都必将焕发出新的生机、新的容颜，中国的美学研究也必定会走在世界的最前沿。

---

[1] 朱光潜：《朱光潜全集》第 5 卷，安徽教育出版社，1995 年，第 348 页。

可见之光

——评莫罗·卡波内《图像的肉身——在绘画与电影之间》[1]

张一珵[2]

[摘要] 本文以"可见之光"为题：一、"肉身的迫切性"概览现象学对西方哲学起源的承接，以及"肉身"概念对胡塞尔现象学的推进，并对当下纷呈的文化现象提供迫切的思考迷津。二、"肉身之光"，以"与感性亲缘""与观念同行"和"肉身的世界化——可逆性与存在的维度"这三个方面来勾描作者卡波内对"肉身"概念辨析与廓清。又以"野蛮存在""视觉协助""互为先导旋进的形象""光与影的互补""作为共鸣腔的空窍"五个层次来追踪作者卡波内关于"肉身—可见性"的深层共鸣；三、"译者之思"，依凭译者曲晓蕊的话语开启"肉身"对呈现之"交错旋进"的可能，从而回溯本文之题"可见之光"，令柏拉图洞喻中不可触及不可直视的"理性之光"降临为"可见的肉身"，而肉身以其晦暗不明的感性与诉诸视觉荧荧可见的允诺，向我们呈现感性、理性与知觉之寓大地的浑厚与蕴藉。

[关键词] 现象学　图像　肉身　梅洛—庞蒂　知觉　感性

《图像的肉身——在绘画与电影之间》是华东师范大学出版社近年出版的由姜丹丹、何乏笔主编的当代哲学丛书《轻与重》系列中的一部。作者莫

---

[1] [意] 莫罗·卡波内：《图像的肉身》，曲晓蕊译，华东师范大学出版社，2016年。
[2] 张一珵，中国美术学院，研究领域包括美术学、文艺学、艺术实践与理论。

罗·卡波内作为当代著名的梅洛—庞蒂研究学者，目前是法国里昂三大——让—穆兰大学哲学教授。他写这本书的视角独特性在于：他从"可见性"出发来阐释"肉身"这个概念，并将其作为理解梅洛—庞蒂哲学创新性的关键点，从而领会梅洛—庞蒂哲学"重建感性的本体论价值"之主旨，揭示知觉的整体性特质——感性、理性与知觉的不可分离，并以此弥合主客体二分思想带来的片面。作者一步一步引导我们从"肉身"概念的廓清到走入显现"肉身"的可见之光，它不同于柏拉图洞喻中光的形而上性质，而是附着于"肉身"——由"大地"所连接的存在与世界亲缘性的共同界域——的可见之"幕纱"。它隐隐作亮，伴随着理念与"空窍"的同时诞生，面向存在敞开自身，形成真理得以显现的场域。在此中，我们已不再被称为"主体"，而是对同一事件的两个方面的描述，一种相互的回响共鸣。

诚如新闻传播学者黄旦教授所言："我们是凭借着肉身，构成了存在的图像，或者说对世界与自身存在的感知；同时，世界的本体就是肉身的图像，或者说图像的肉身。"从而使图像终于跳脱"一次移印、一件复制品"的命运，而具有"存在之显现"的本源性内涵。由此庆幸，由"观看"造就的同时作为观看者与可见者的"我们"的命运亦如是。

一、"肉身"之迫切性

柏拉图在《蒂迈欧篇》中罗列了三种存在：作为理性原型的理念世界，是生成物所模仿的本源性存在；原型的摹本，是现实世界中生成的万事万物；而第三类则是一切生成过程的承载体，如同养育者。而图像居于何位？柏拉图主义认为："图像一词并没有多少可信度，一幅图画只不过是一次移印、一件复制品。"[1]

---

[1] [意] 莫罗·卡波内：《图像的肉身》，曲晓蕊译，华东师范大学出版社，2016 年，第 4 页。转引自 M. 梅洛—庞蒂：《眼与心》（*L'oeil et l'esprit*, 1961），巴黎：Gallimard, 1993 年，第 23 页（中文版杨大春译，商务印书馆，2007 年，第 40 页）。

以柏拉图为代表的希腊哲学所推崇的理性主义在近代哲学中演变为一种科学主义精神，认为通过理性的认识活动，对自然万物形成具有普遍必然性的知识才能通达事实的真相。因而"我们关于事物的认识究竟是如何产生的"成为近代哲学的主要问题之一。由此产生近代英国经验论与大陆唯理论两大阵营的对峙：前者从实验科学出发，主张一切知识都来源于感性经验并且以经验为基础；后者从理论科学出发，认为感觉经验归根结底是个别、相对和偶然的，不足以充当普遍必然的科学知识的坚实基础，而知识乃是由一些理性固有的天赋观念推演出来的。

康德调和两者，认为知识有两个条件：一切知识都必须来源于经验；科学知识的普遍必然性只能是先天的。面对"我们如何能够得到先天的经验对象？"，康德认为知识就其内容而言是经验的，但就其形式而言则是先天的。这不仅实现了哲学界的"哥白尼式革命"——将知识的普遍必然性的条件从人作为主体的外部转移到内部，而且使科学知识的普遍必然性得到了证明。[1]

这些悄然为世纪之交西方哲学面临"丧失自己研究对象"的危机埋下伏笔。19世纪末，自然科学"侵入"了哲学的传统领地："物质"成为物理学研究的对象，"精神"成为新兴的实验心理学研究的对象，人的起源与本性成为生物学研究的对象。实证主义代表，德国物理学家和哲学家马赫以"一般物理现象学"的概念，要把残存于自然科学中的不能被经验到的形而上学残余清除出去。不久，胡塞尔接过了"现象学"这一概念，提倡以"现象"为研究对象的哲学作为"最高的科学"，与传统哲学和实证科学同时划清界限。胡塞尔的"现象"对象即非形而上推论，也非科学设定的局部前提，它旨在以不偏不倚的明证性，使哲学真理达到科学的理想。

现象学中现象的"显现"不仅是对感官，而且也是对意识的显现，感官只能认识事物的表面，意识却能认识事物本身或本质。显现总是向意识的显现，也是意识的自我显现。现象学的现象既是显现场所，又是显现过程，还

---

[1] 张志伟:《西方古典哲学》，中国人民大学出版社，2010年，第389页。

是显现对象，它们都是在意识中发生的。但现象学不只是对意识的研究，而是通过意识的自我显现揭示事物本身。正如梅洛—庞蒂所说："现象学的最重要的收获，莫过于把极端的主观主义和极端的客观主义在关于世界和合理性的概念中结合起来。"[1]

承接胡塞尔开创的方向"在意识上展开人与世界的关系"，梅洛-庞蒂发现胡塞尔的思想如同影子伴随着光芒——在自身周围投下未思，即"意识"带来的"唯智主义"偏向，使得胡塞尔和海德格尔笔下谈及的"亲身在场（Leibhaftig）"——旨在表示与所反映事物之间非再现、非替代性的关系，而没有把意识和身体的关系交代清楚——亲身在场不仅仅是意识。梅洛—庞蒂推进胡塞尔的"意向性"，更进一步以"肉身"的概念阐释人和世界的连接："被知觉到的肉身反映出我自己的亲身在场，是它（世界）的对等物"。[2]

在当代，我们与图像的全新关系在众多文化现象中最具象征意义。首先，从艺术的图像角度看，图像经历了"艺术形式已经不再是心灵的最高需要了"与"灵光的消逝"[3]到达20世纪90年代学者提出的"图像学转向"，呼唤着一种对柏拉图主义的颠覆，寻求图像的本体论价值。其次，从传播的图像角度看，图像资源从曾经的稀有到当今的唾手可得、载体多样，在社会生活中上升到前所未有的中心地位。最后，从技术的图像角度看，随着视觉媒体技术的发展，全新的视觉呈现方式不断刷新着我们的视觉体验，当代的新媒体技术愈加显示出知觉整体性，强调对身体的返回——极大限度地体现身体连接人和世界的整体性。"对感性的本体论价值重建"迫在眉睫，而又与时俱进。

正如梅洛—庞蒂在哲学思考中非常强调文学、绘画、电影等艺术手段在

---

[1] 赵敦华：《现代西方哲学新编》，北京大学出版社，2001年，第91页。转引自 Merleau – Ponty, *The Phenomenology of Perception*, trans. C. Smith, London: Routledge, 1962, p. xix.
[2] [意] 莫罗·卡波内：《图像的肉身》，曲晓蕊译，华东师范大学出版社，2016年，第24页。
[3] "艺术终结论"见于[德]黑格尔：《黑格尔美学讲演录》，李兴福译，上海译文出版社，2020年。"灵光消逝论"见于[德]瓦尔特·本雅明《迎向灵光消逝的年代》，许绮玲、林志明译，广西师范大学出版社，2004年。

反映人与世界关系上的超前性。他认为，与它们相比，哲学是落后的——当哲学还停留在17世纪理性主义的局限中，以塞尚为代表的现代绘画已经开始了对人的全新存在方式的表达，或者说打开了一种新视野：对"始终迫近却从未真正实现"的世界和彼此共同存在的理解，以及一些开放性的、在动态关系中逐步显形的概念，赋予图像以存在的维度。"肉身"的概念呼之欲出。

二、肉身之光

本书的导言中，作者莫罗·卡波内开门见山定位"肉身"，并指出梅洛-庞蒂哲学中"肉身"的概念区别于日常用语中的含义：

> 时至今日，"肉身"概念是梅洛-庞蒂后期思想的核心问题已是众所公认的事实。
>
> 这个被称为"肉身"的元素其实还有另一个名词，就是"可见性"，后者是一个非常有意思的词，因为对这个词的选择使它避免了指向某一主体或客体，同时集主动性、被动性于一身。[1]

也许将"肉身"与"可见性"等同会给读者带来一定的跨度，但将"肉身—可见性"与柏拉图主义中的"理念—不可见/形而上"相联系会带来一定的角度，从而呈现出"肉身—可见性"的两个面向：一方面是对传统西方哲学基本范畴的挑战；另一方面宣告着一种全新本体论视角的展开。

对于第一面向，梅洛—庞蒂认为我们依然处于被一种简化的柏拉图主义思想所统治的时代。人们还是普遍认为图像的基本特征就在于"对不在场的当下化"，对"逝去"的体验相联系。但如果图像不是一种原型的复制，而

---

[1] [意] 莫罗·卡波内：《图像的肉身》，曲晓蕊译，华东师范大学出版社，2016年，第1页。

是一种创造,那么它联系的就是"创生"而非"逝去"。梅洛—庞蒂称之为"令不在场者面向我们在场"。它不是令不在场者当下化,而是一种此前从未有过的在场,是一种"创生"的、与我共生的在场。

对于第二面向,"肉身—可见性"宣告着一种全新本体论视角的展开,它把可见的存在视为界域性存在。"一种新的存在类型,是多孔性、蕴含性或普遍性的存在,界域在视线之前自行敞开、被捕捉的同时也将观看者包含在界域之中。"它所论及的是"肉身的世界化"与"空窍"的概念,罗伯托·埃斯波希托(Roberto Esposito)呼应梅洛—庞蒂的"肉身世界化"观点:

> 哲学研究的不是别的,只是关系,在关系之中研究,并且以关系为目的。它是世界的肉身的共鸣点。[1]

这个观点正体现了梅洛—庞蒂对主客二分思想的消解——这种非空虚也非充盈的存在模式,既非"主体充盈,赋予世界以意义",也非"主体空虚,从世界中获得意义",而呈现了把存在描述为"共鸣腔"的空窍。

基于上述对"肉身—可见性"脉络的梳理,我们进一步看作者如何从对胡塞尔、弗兰克、南希、德里达、亨利的哲学观点的辨析中揭示"肉身"的维度。

> "肉身"的概念在西方思想史上似乎既久已有之,又十分新进。20世纪,"肉身"多被用来指代我们的身体与自然之间交流的可能性,通过这一方式双方都摆脱被笛卡尔主义简化为客观性的命运。……(事实上)梅洛—庞蒂在20世纪思想史上第一个明确了"肉身"概念的哲学意义,描绘出这种"在任何哲学中都还尚且没有名称"的存在,它既非物质,也非精神,亦非实体,而是一切存在者所属的共同肌理组织,其中每个身体、每个事物都仅仅作为与其他身体、其他事物的差别而出现。[2]

---

[1] [意]莫罗·卡波内:《图像的肉身》,曲晓蕊译,华东师范大学出版社,2016年,第40页。转引自R.埃斯波希托:《让—吕克·南希,哲学的政治核心》,前揭。
[2] 同上,第15页。

"肉身"概念当前主要命名被胡塞尔称为"Leib",作为知觉和运动的经验统一体的身体与作为"一种神秘的对象,并非客体的对象"的自然之间交流沟通的可能性。这种交流沟通得以可能的关键在于"大地"——"自然并非就在我们眼前,它是我们脚下的大地,不是在前面与我们相对,而是在下方支撑着我们",以及胡塞尔式的立场——"自然描述为人的另一面(是肉身,而非物质)"。[1]

在对胡塞尔"Leib"的翻译中,法国哲学界众说纷纭。20世纪80年代,迪迪埃·弗兰克首次将德语"Leib"翻译为法语"chair"肉身。而适时的法国现象学界普遍接受的译法是"自我身体"(corps proper)。前者得到了让—吕克·南希的支持,认为"肉身"一词与形而上学联系比"自我身体"凸显的自主所有权意涵更贴近胡塞尔的初心。而德里达和米歇尔·亨利提出反对,认为只有"自身感触"作为对自身的完全感知才是身体性的证明。

作者莫罗·卡波内指明梅洛—庞蒂与南希的思考方向一致。他切近这一观点,从"与感性亲缘""与观念同行"和"肉身的世界化——可逆性与存在的维度"这三方面来塑形"肉身"的概念。首先,与感性亲缘的肉身是感知者和可感者的同一。它将我们的身体、他者的身体和世界中的物交织在一起,将我们整个包裹在一个还不存在主客体之分的"原生存在"界域之中。感性的肉身,与感性世界有着肉体上的亲缘联系,是我们共同的归属,并让我们在其中彼此互为归属,是它令我们得以交流和分享彼此的体验。它的提出是对感性的这一本体论地位给予应有的肯定。

其次,与观念同行的肉身由对"感性的肉身"扩展而来,比如历史的肉身、语言的肉身甚至观念的肉身。观念性本身也与它的肉身显现、与唤起观念性的世界图景的肉身不可分离,因为它是一种盈溢。由这些图像构成并超出了图像的整体——就像梅洛—庞蒂在《眼与心》中写到的:"当我透过水的厚度看游泳池底的瓷砖时,我并不是撇开水和那些倒影看到它,正是透过

---

[1] [意]莫罗·卡波内:《图像的肉身》,曲晓蕊译,华东师范大学出版社,2016年,第15页。

水和倒影，正是通过它们，我才看到了它。"[1]现象学的蓝图正是以这种方式重新展开，将关注焦点引向显现，从而强调生成，并最终在保持各自矛盾特征的前提下将它们纳入存在之中。

然后，"肉身的世界化——可逆性与存在的维度"带来这样的思考：从我的身体延伸至作为其他身体出现在我眼前的他人和作为我的身体的变形的动物，但能不能延伸到大地的躯体本身，比如石头？德里达与米歇尔·亨利从"互逆性的自身感触"的角度否定"石头的肉身化"以及"肉身的世界化"可能。作者卡波内指出梅洛－庞蒂从两个方面阐述"肉身"的本体论能力：一方面，"主体"在对事物身体的体验中寻找到一种存在的维度，从而作用到"主体"自身并经验到"互逆性"——这一维度对"主体"与存在关系持续不断的界定，在两者关系的发展过程中不断获得新的意义。用取消主客体二分的方式说，就是将某一个存在者作为"元素"，而不是作为单独个体，向存在的开启通过它显现出来。另一方面，将石头的身体包含在肉身界域中，并不会消除其躯体性，而是开创了在作为身体和作为肉身的存在之间"始终迫近却从未真正实现"的可逆性，我们称之为交织的关系。石头处于肉身的界域之内，肉身之内可能遇到石头。最终，"肉身"概念构成所有存在者隶属的共同界域，梅洛－庞蒂用它来描述一种"本源性的"存在，以此回应苏格拉底的"元素"概念，以及同样来自苏格拉底哲学的"一切都浑然一体"与亚里士多德"世间万般本为一"，从而肯定"肉身"的本体论能力。

以上作者从三个方面来廓清"肉身"的概念之后，从"野蛮存在""视觉协助""互为先导旋进的形象""光与影的互补""作为共鸣腔的空窍"五个层次实现关于"肉身—可见性"的递推思考。

首先，"野蛮存在"在梅洛—庞蒂《符号》一书中被提及，他特别指出自己所致力的现象学研究和现代绘画的发展中的众多一致性：

---

[1] [意] 莫罗·卡波内：《图像的肉身》，曲晓蕊译，华东师范大学出版社，2016年，第20页。转引自 M. 梅洛—庞蒂《眼与心》第70页（中文版第75页）。

胡塞尔唤醒了一个野蛮的世界和一个野蛮的精神。事物就在那里，不再像文艺复兴透视法中那样，仅仅遵循着外观的投射和景观全局的要求，而是与之相反地，就矗立在那里、坚定不移、用分明的棱角硌磨着我们的视线，每一个体都展示着与他人格格不入的绝对存在，但这一绝对存在又根据一种整体的构形的意义为它们所共有，我们仅从理论意义出发完全不得见其端倪。[1]

梅洛—庞蒂关注"野蛮存在"并将其与感知世界等同了起来，作者卡波内以高更为例辅以论述。高更在他的绘画中拒绝对自然亦步亦趋的模仿，他要以个人化的方式去观察，从中发现一门个人的科学。他绘画中的"野蛮存在"表达包含着对第一自然的创造性重现，将第一自然定义描述为最古老的元素，一个在我们身上，也在所有事物身上始终在场、形影不离的"过去的深渊"。正如梅洛-庞蒂说："现代绘画中的对象是血淋淋的，它们将自己的本质在我们眼前摊开，直接质问着我们的目光，考验着我们通过整个身体与世界缔结的共存公约。"在梅洛—庞蒂看来，现代绘画的本质特征在于肉身的绽露，包括作为生命体寓居世界之中的方式的肉身。

其次，梅洛—庞蒂用"观看的协助"取消海德格尔所称的"视觉表象（Vorstellung）"。他认为观看意味着协助——不去在主动性与被动性之间做出区分——是我们身处其中心的、被一种类比的力量所贯穿的感性宇宙的自行显示，而非"将世界的图画或图像置于精神面前思考"的"表象"，后者隐含着"征服"。保罗·克利有句名言："艺术使人看见。"如果说艺术真的能够使人们看见，这是因为不可见之物具有可见性，它在可见本身的生成中隐约展现。梅洛—庞蒂以"超视觉"对可感的和可知的两者关系根本彻底的反思。犹如保罗·克利所说：

艺术家用一种穿透式的目光，对大自然置于自己眼前的已然成形的

---

[1] [意] 莫罗·卡波内：《图像的肉身》，曲晓蕊译，华东师范大学出版社，2016年，第48页，注释2。

事物逐一进行查探。随着这目光越来越深入，他的视域就越发深入地由现在向过去延展。而他得到的就不再是一幅有限的、再现自然的画面，而是——这也是唯一重要的——展现创造本身，即展现生成的画面。[1]

梅洛—庞蒂的"超视觉"，就是视觉的超验性，不是一种服务于理解力的"处于第二位的视觉"，而是在可见之中看到不可见的视觉，它令我们在音乐旋律、文学语言或者在可见的幕纱上，看到从中透出的不可见的理念。简言之，超视觉能在存在者身上看到整个存在的展现，因此是一种与感性视觉不可分割的、身体化的本质直观。通过创造的作品，通过词语本身，从内部协助感性逻各斯的显现，并且自身也作为感性逻各斯的一部分显现出来。因而，理解并不意味着占有某物，而是从内部协助它的呈现。

再次，"互为先导旋进的形象"是梅洛—庞蒂思考视觉图像中"观看与可见""想象与现实"互为先导形成旋进从而发掘的时间深度。梅洛—庞蒂指出，知觉具有作为对整体的现象的感性理解的综合感觉特征，我们不应将知觉视为"零散的视觉、触觉和听觉信息的总和"。从而使电影图像中将内部观察与外部观察结合的知觉形式成为可能。在此意义上梅洛—庞蒂认为，电影为我们指明了一种摆脱西方思想固有的二元对立模式的可能。电影作为一个时间性的形式，它的最本质特征是节奏：对银幕上呈现的段落的选择，以及不同视角的选择，其中每一因素持续的时间、出现的次序、伴随的音响及对白……所有这一切不是构成元素的简单叠加，而是创造新的现实。视觉就在这一界域"中心"的涌现，仿佛我们的视觉就在它的心中自动形成。想象与视觉便是统一的，它通过与视觉本身的结合，从我们与世界之间保持的感性亲缘性之中萌发出来的。因此，梅洛-庞蒂提出，想象比对"真实"本身的复制更贴近于"真实"，因为想象表达了真实之物在我们与世界的感性、情感和象征关系组成的肉身中唤起的共鸣。

而视觉运动在"事物的存在"和"人们眼中所见及令人看见之物"之

---

[1] [意] 莫罗·卡波内：《图像的肉身》，曲晓蕊译，华东师范大学出版社，2016年，第65页。

间的相互依赖性，梅洛-庞蒂用"旋进"一词来描述。他说："在事物的真实存在和人们眼中所见及令人看见之物之间；在眼之所见和令人看见之物与事物的存在之间的这种旋进关系，就是视觉本身。"[1] 视线投射在事物之上的先导，以及事物对视线产生的先导形成的旋进；想象物在现实之上的先导——正是想象物在引导和供给着人们的视线，令我们看到现实——以及现实在想象物之上的先导之间的旋进。我们已经无法决定关系中两者之间的优先性，而发掘和确立的正是时间的深度。随着20世纪以来各类艺术逐步赋予图像的全新地位，图像不再被简单地视为反映某物的形象，而是作为"互为先导旋进的形象"，使我们"依据、凭借"图像来看世界成为可能。

然后，"光与影的互补"观念体现于梅洛—庞蒂在电影的思考中对"显现"的关注递增，一方面，显现面向知觉将我们的身体与世界统于一体；另一方面，引出对形而上学将真实反过来置于显现本身之外的思想的批判。梅洛—庞蒂后期思想转而构思真实的给予，不再遵循由柏拉图洞喻建立在事物显现出的迷惑人的幻影与散播真实的光线之间的对立原则，而将思想建立在一种光与影之间本质的互补性之上。他所寻找的正是"一种全新的光的理念"：真实本身就是暧昧不明的，而这种模棱两可并不是从真实之光中去除的阴影。

这一观点强调了从本体论的角度重新肯定存在所赖以显现的表面，不再将表面视为遮蔽真实存在的幕纱、一层将被拉开或穿破的障碍，而是作为揭示存在面貌的屏幕使人看见图像，看见其中真理的自行显现的决定性因素。

梅洛—庞蒂认为，这些理念同时包裹在可见的感性之光与非可见的理性阴影之中，因此并没有被明明白白的理性日光所照亮，但它们更接近于可见之光。这层感性的幕纱不再遮掩理念，而是使人看见它——光正是构成这一幕纱的重要元素之一，从而赋予理念散发光芒的可能。因此肉身之光具有双

---

[1] [意] 莫罗·卡波内：《图像的肉身》，曲晓蕊译，华东师范大学出版社，2016年，第129页。

重意义：既是肉身可见性投射出的光线，又是最终理念照亮了肉身的精神性的光线。这种光线，在德劳奈的引文中被赫耳墨斯·特里斯墨吉斯忒斯比喻为从黑暗的中心散发出来的呐喊。[1] 同时梅洛—庞蒂援引谢林《自然哲学》中光的概念：只有当光已经散布于（我们也身处其中的）肉身之中，只有通过我们，这种光亮才能汇聚于一个核心意义之上，而不需求助于外部的形而上或主观主义原则。

最后，梅洛—庞蒂通过"作为共鸣腔的空窍"改造柏拉图《蒂迈欧篇》中提出的作为生成过程承载体的"场域"。这个"场域"不再是柏拉图含义中的"理念的容器"等待着"理念的到来"，而成为梅洛—庞蒂的作为存在"共鸣腔"的空窍。不同于传统上观念化理论对主动性和被动性关系的区分划定了通常所说的"理念产生"的处所：我们称之为主体。理念的诞生和空窍的诞生不再被视为主体的行为，而是同一事件的两个方面，我们也可以将其描述为一种相互的回响共鸣。它自行发生在内与外的相遇中，被刹那的惊奇所照亮，穿越那将我们联系于世界之上的差异性结构，甚至是同一性作用在组织整体引起共鸣，同时激发了"一种折叠、内褶"——将肉身的一面折叠起来，在中央形成作为共鸣腔的空窍，使相遇中乍现的理念得以沉积下来。当我们作为空窍自行敞开的时候，一方面，形成了我们的主动和被动存在之间的无差别状态；另一方面，所获得表达之物并非由我们造就，而是在我们身上自行思考之物。这是本体论层面的事件。

通过视"显现"为内在于存在的一个决定性的方面，梅洛—庞蒂承接黑格尔、马克思、克尔恺郭尔、尼采、胡塞尔和海德格尔以各自的方式将哲学传统上排除于研究范围之外的经验领域纳入思考范围，从根本上改变了哲学的身份。因为，如果我们并非与世界对立的主体，而是空窍，是与世界相遇的共鸣空间，显然哲学并不是"在生命之上的、悬在上面的"对生活本质的攫取，或以智力将其占有。

---

[1] [意] 莫罗·卡波内：《图像的肉身》，曲晓蕊译，华东师范大学出版社，2016年，第156页。

三、译者之思

《图像的肉身——在绘画与电影之间》的翻译者曲晓蕊作为本书的作者莫罗·卡波内教授的学生,她通过对本书的翻译表达了卡波内理解梅洛—庞蒂的全新视角——创造性地以可见性的角度阐释"肉身"展示梅洛—庞蒂的肉身思想在今天的发展和延异,可以帮助我们跳出意向性的局限,通过对绘画、电影的思考,对知觉、视觉的研究,为哲学研究打开新的方向。

> 今天我们把美学之父鲍姆加登对美学的定义 Esthétique 翻译成了"美学",而遮蔽了它的本意"感性学"——研究感性认识的科学。那么归复它的初衷,在美学框架下对梅洛-庞蒂哲学的讨论不再追寻"美是什么"这个模式,而是从知觉出发,从我们怎样感受世界、怎样以这样的感受追寻在世界上生存的意义出发,借助艺术令哲学思想"感性化",在感性经验中讨论事物与我们的关系和意义,这是卡波内为哲学思考带来的新意所在。[1]

基于感性经验,图像依凭"视觉的可见/不可见的交织"向我们打开了一个世界。正如塞尚革新了西方传统绘画的透视窗口模式,延续到的"图像学转向",图像不再是一个面,而有了一种"面向"——图像不再是呈现具体的物,而是呈现一个世界、一种关系,一种特定视角、祈求,以及相关的所有想象和感受——呼唤着观者的回应。它带来了两方面转变:其一,看是与图像互相影响"交错旋进"的过程;其二,图像塑造着我们,使我们认识世界的方式和逻辑方式发生了改变。这意味着人与世界更深刻的纠结关系为我们带来全新的思考。

---

[1] 2018年3月复旦大学信息与传播研究中心主办的"切问近思半月谈·跨学科前沿"学术沙龙记录:曲晓蕊《图像的肉身——梅洛—庞蒂与当代媒介思考》。

结　语

　　《图像的肉身》一书十万余字，便于携带而意味隽永。它给爱好者带来启迪，为专业者提供迷津，尤其是译者前言对本书"肉身"概念的创造性解读、与胡塞尔思想的连结点，并在国内译本的解释、法国哲学家对两者之间理论连续性和肉身概念的几种不同阐释方法之间做了比较，严谨地为读者编织了经纬。而作者笔下精致的文本脉络，在"肉身"的概念定位与辨析之后，通过对绘画、电影的思考，对知觉、视觉的研究，在充盈着阅读中的感性觉知中，向我们显露"肉身"的深层维度。文字语言之幕通过思维结构的精心妙置和语汇的意象韵律，不复作为对存在的观照中不可逾越的障碍，而是向哲学提供自身，从而勾勒出"言语逻各斯"，正是意义的"呐喊"与呼唤。而这意义自身，在另一幅屏幕、另一片面纱上发散出自己的光亮：那就是感性之幕，而最终成为了使人看见的可能。

形象、品味与正向意义：

解读赫伯迪格《隐在亮光之中：流行文化中的形象与物》的三个关键词

席志武[1]

[摘要] 赫伯迪格的《隐在亮光之中：流行文化中的形象与物》一书初版于1988年，忠实地记录了赫伯迪格从青年亚文化向后现代主义文化研究转型的思想路径，它不仅反映出赫伯迪格文化思想的生动性和丰富性，更为我们今天开展文化研究和批评实践提供了鲜活的学术范本。形象、品味和正向意义，是解读《隐在亮光之中》的三个关键词，笔者拟从这三个关键词入手，对《隐在亮光之中》的文化内涵展开具体论述。

[关键词]《隐在亮光之中》 赫伯迪格 流行文化 形象 品味

迪克·赫伯迪格（Dick Hebdige，1951— ）是当代著名的文化理论家，也是英国伯明翰学派的重要代表人物。他早年在伯明翰大学当代文化研究中心（CCCS）攻读硕士学位，师从该学派的核心人物斯图亚特·霍尔，现为美国加州大学圣塔芭芭拉分校（UCSB）艺术与电影系的教授。

国内学术界对于迪克·赫伯迪格的研究和讨论，主要集中在《亚文化：

---

[1] 席志武，南昌大学新闻与传播学院副教授，复旦大学新闻学院博士后。

风格的意义》(*Subculture：The Meaning of Style*)[1]一书。就当前国内的研究状况来看，学界通常是将赫伯迪格置于伯明翰学派的思想脉络中进行读解，篇幅相对有限，研究角度也较为单一，缺乏系统而深入的讨论。

事实上，赫伯迪格的学术思想具有相当丰富的历史文化内涵，他始终与同时代的流行文化现象有着密切联系，具体而言：赫伯迪格早期的关注对象主要为青年亚文化，后来不断把视野扩大到青年亚文化相关的政治有效性议题，将亚文化同消费、时尚、设计、品味等问题关联起来，在1985年以后，赫伯迪格的研究重心主要聚焦于后现代主义文化的理论和实践，并提出了自己对于"后"学的具体审视。1992年，赫伯迪格往赴美国之后，开始关注美国当代的艺术与文化，并写下大量关于消费文化和通俗文化的著论。总体而言，赫伯迪格的著述多是围绕着青年亚文化与音乐、当代艺术与设计、消费与媒介文化等问题展开，其代表性论著包括：《亚文化：风格的意义》(1979)、《灌制与混录：文化、身份与加勒比音乐》(*Cut 'n' Mix：Culture, Identity and Caribbean Music*，1987)、《隐在亮光之中：流行文化中的形象与物》(*Hiding in the Light：On Images and Things*，1988)等。

《隐在亮光之中：流行文化中的形象与物》(下简称《隐在亮光之中》)一书初版于1988年，中译本由本人翻译，2020年9月已由重庆大学出版社出版。该书堪称是赫伯迪格的学术思想发生转变并进一步深化的忠实记录。如他自己所言："本书的写作经历了一场有关形象与物的旅行；一场从亚文化穿越后现代主义并走到它的'另一面'的旅行；一场开始于19世纪早期亨利·梅休笔下的伦敦贫民窟的小贩文化，结束于在美国中西部'正午时分'搭车前往无地之路的旅行。本书就是关于旅行的一种记录。"[2]这场关于赫伯迪格的学术"旅行"的记录，不仅充分反映出他的文化思想的生动性和

---

[1] 该著有三个中译本，分别为：《次文化：生活方式的意义》(张儒林译，骆驼出版社，1997年)、《次文化：风格的意义》(蔡宜刚译，巨流图书公司，2005年)、《亚文化：风格的意义》(陆道夫、胡疆锋译，北京大学出版社，2009年)。

[2] Dick Hebdige, *Hiding in the light：On Images and Things*, London：Routledge, 1988, p. 8. 以下各处引用或转述自该书的内容均在正文括号内标注出引文所在页码。

丰富性，更为我们今天开展文化研究和批评实践提供了鲜活的学术范本。

《隐在亮光之中》一书是赫伯迪格的一本学术论文集，该书的写作时间几乎贯通着整个 20 世纪 80 年代，如作者在"引言"部分中指出，《错误的身份》《走向一种品味的地图学：1935—1962》等文发表于 1981 年；《隐在亮光之中：青年监控及其形象呈现》是以作者 1983 年在威斯康辛大学米尔沃基分校 20 世纪研究中心的一篇报告为基础；《"星球一号"的底线》一文发表于 1985 年，《设法应付"然而"》是根据作者 1986 年 3 月在埃克塞特艺术与设计学院的演讲写成。该书最后一部分"后现代主义和'另一面'"写成于 1986 年，紧随其后的四个"附言"部分，都是专为本书所写。可以看出，《隐在亮光之中》一书的写作时间前后跨度较大，这在一定程度上也反映出作者对于流行文化现象研究的整体性格局。事实上，由于作者对于本书的写作"没有特定的起点，也没有一个主题的事先预示"，这也使得本书对于当代流行文化现象的关注与呈现，显示出一种"不一致的一致性"。

《隐在亮光之中》一书生动呈现了赫伯迪格的文化研究路径，代表着赫伯迪格从青年亚文化到后现代主义文化的一种纵深发展，为此，笔者拟从形象、品味和正向意义三个关键词入手，对《隐在亮光之中》的文化内涵展开具体论述。

一、形 象

按照形象学的观念来看，"形象"本身就是一种话语的建构之物（discursive constructs），它体现出明显的建构色彩。形象的生产和传播，几乎总是与特定时期的历史、文化、话语等相关联，形象不是对于社会现实的客观描述，它在一定程度上是一种"社会集体想象物"。[1]

---

[1] [法]达尼埃尔—亨利.巴柔：《从文化形象到集体想象物》，见孟华主编：《比较文学形象学》，北京大学出版社，2001 年，第 121 页。

"形象"堪称是《隐在亮光之中》一书的第一个核心关键词,正如该书的副标题所示:"On Images and Things",它所聚焦的正是流行文化中的形象与物的问题。

纵览《隐在亮光之中》全书,赫伯迪格给读者呈现出一系列丰富的流行文化现象:作为"亚文化"群体而存在的青年形象、时尚与纪实的照片,20世纪50年代的流线型汽车、意大利的踏板摩托车、20世纪80年代的"时尚指南"、比夫的漫画、乐队的公益演出活动、波普艺术和音乐的宣传视频,等等。作者游走于不同的知识领域,常常在一系列的文化实践过程中,表现出对于"形象"之物的密切关注,这不仅具体反映出赫伯迪格的研究视野,也生动地展示出文化研究本身的跨学科性和非学科性。

赫伯迪格对于"形象"的关注,常常是将其置入一种冲突性的关系之中,以《隐在亮光之中:青年监控及其形象呈现》一文为例,赫伯迪格具体探讨了青年所存在的两种具体"形象":一种是作为"麻烦的"青年,另一种是作为"娱乐的"青年。作者指出:"在青年'市场'与青年'问题'之间,在青年作为'娱乐'与青年作为'麻烦'之间,这种我希望呈现出的二元对立,已被整合到两种截然不同的摄影风格之中。"——所谓"麻烦的"青年,指的是青年们是"暴乱"之所以发生的主体力量,他们常常通过采取各种"逾越界限"的方式来对现存秩序表达不满、构成威胁,他们诉诸或象征性或实质性的暴力,来摆脱对于成年人的从属关系。而所谓"娱乐的"青年,指的则是青年常常与一些休闲消费、购物习惯、娱乐文化等内容发生内在性勾连,他们也常常通过消费,如精品店、唱片、歌舞厅、迪斯科、电视节目、时尚杂志、流行歌曲榜等,来实现某种"圈层化"的形象建构,以摆脱父辈文化的粗鄙和妥协的形象。

青年之所以被视为一种"麻烦",自然是以1981年7月发生在伦敦市中心的"暴乱"事件为契机。然而,知识文化界对于青年问题的关注,则要追溯至19世纪伦敦的贫民窟文化。那时,青少年作为一个社会问题就不断出现于当代小说、新闻媒体以及议会报告之中,在代表官方立场的知识文化界看来,这些"无人监护的、异教的少年劳工",在现代工业化的城市文明之中就是一种"怪异的""不自然的"存在,他们常常被认为潜藏着骚乱的可能性,对城市人群构成了某种潜在威胁,是一种"准犯罪"的存在。也因为此,随着媒介技术(主要为摄影)的发展,这群"沉默的人群"开始受到来自于警察、社会学家、慈善机构和新闻媒体等方面的普遍监视。"摄影通过再现更加接近于实际情况,似乎让整个监控的想法变得可靠。在摄影和摄影实践中,这些官方文件的用途,这种潜在的监视,在一开始就挟裹其中,它绝不是中立的,而是代表着一种特定的立场和特殊的利益。"在 20 世纪 70 年代,青年"暴乱"常常出现在一系列媒体报道之中,新闻报道开始连篇累牍地对青年问题给予关注,使得青年成为了被窥视、被监控、被中伤、被损害的对象,并成为了令人恐惧的形象,同时也使得"高压政治"成为可能。然而,基于一个社会对于另一个群体的"想象",因此构成了一种变异了的青年形象。对此,赫伯迪格指出,"媒体对暴乱的再现却暴露出一系列问题,即黑人青年作为一种边缘化存在,他们因此成为城市抢劫的替罪羊;媒体对'青年问题'形成的一种刻板印象,其来源和用途又是怎样的?这些问题可谓相当严重,以至于它们几乎要掩盖青年们其他的文化抵抗形式的意义。"(19)

与之相对应的,则是青年作为一种"娱乐"形象的出现。随着"二战"之后英国经济的复苏繁荣,青少年开始在消费、购物以及文化品味中主动树立起一种全新的文化形象。他们通过消费来妆点自身,在外表上、姿态上以及穿着打扮上,都显示出一种迥异于父辈文化的风格。青年们通过消费,构建了一个"纯粹的自由身份空间",与此同时,青年的"形象"呈现早已打破了过去被监视和被审查的规训性意义,他们甚至开始享受这种"被注视的快乐",开始主动表现出一种对于"关注度的寻求"。在他们看来,这种"娱乐"的形象正是一种对于威权文化的抵抗,是一种"独立的宣言、他者的宣言、异质文化的宣言,同时也是对匿名的拒绝、对从属地位的拒绝",尽管说,官方对于青年们的这种文化姿态,仍是将其视为是"有害的、不纯粹的、不健康的、'美国化的'"。

赫伯迪格通过上述对于青年的两种"形象"的分析，对青年形象的"被动建构"与"主动建构"之间的关系做出了具体呈现，事实上，"隐在亮光之中"这一标题，本就蕴涵着一种有关"亮"和"暗"的对立关系，无论是"亮"对于"暗"的遮蔽，还是"暗"本身的自动闪现，其内部都涉及十分丰富的历史语境、权力关系、价值立场以及政治话语的内涵。赫伯迪格也正是基于这一意义，要求挑战过去对于青年形象所做的严格区分，并提出了一个超越"娱乐"和"政治"界限的核心观念，即娱乐的政治。

二、品味

"品味"是《隐在亮光之中》一书的第二个关键词。"品味"在本书中又常常是和"品质""趣味""风格""格调"以及"审美标准"等词关联一起，共同构成了一种具建构性意义的文化身份象征。

"品味"抑或趣味、格调等，在布迪厄的《区隔：趣味判断的社会批判》一书中常常被视为是体现着阶层区分的功能和意义，在他看来，品味是与一定阶层的存在条件相联系的规定性产物，它聚集着相同趣味的人群，与此同时也将他们与其他人区隔开来。人们在对不同的消费习惯、时尚艺术以及文化实践的选择当中，就证验和突显了自己的社会地位与文化身份。品味也因此成为区分不同社会阶层的重要标志。

在《隐在亮光之中》一书，"品味"通常可以分为两种：一种是受外来文化（主要是美国的、意大利的）影响所形成的时尚品味，另一种则是代表着英国本土的传统的、"正宗的"（authentic）审美文化标准。二者常常存在着一种紧张的冲突关系。

如在该书第二部分"品味、国家和流行文化"中，赫伯迪格主要将关注点聚焦于进口美国货（尤其是流行音乐和流线型产品）和意大利的踏板摩托车。在《走向一种品味的地图学：1935—1962》中，作者呈现了美国流行文化对于英国的"入侵"，这具体体现为美国的流行音乐（如摇滚、爵士乐、电影、唱片、电视剧节目等）对于英国大众产生的商业诱惑，并引发出关于新的文化形式与消费模式的争议。与此同时，美国的"流线型"产品，如冰箱、汽车等，它们在英国的大规模扩张，不仅改变了大众品味，同时也严重侵害了过去传统的"正宗的""独特的"审美标准，这引发了欧洲主流精英对于美国流线型产品的抵制，在他们看来，这代表着两种不同的价值观和消费品味之间的剧烈冲突，也意味着传统工艺的生产风格和消费模式面临着一场不可遏制的"美国的入侵"。"自20世纪30年代起，美国（及其生产过程和消费规模）作为一种均质化的力量，就已经形成了一种工业时代野蛮发展的形象。一个没有历史的国家，当然也没有真正的文化，它被竞争、利润和进取主义所统治。它很快就要成为西方世界中威胁每一个先进的工业民主国家的发展模式。（53）

而在《作为形象的物：意大利的踏板摩托车》中，作者主要呈现了意大利的两种品牌的踏板摩托车：黄蜂牌和兰美达牌。黄蜂牌踏板摩托车有着轻巧的外形，可以轻松掌握和控制，操作简单，而且由于其"流线型"的外观，让人感到这是一种"时尚"之物而极力追捧。兰美达牌踏板摩托车在基本理念、规模和价格上也都与黄蜂牌类似，与此同时，它在发动机上还做了动力改装，甚至可以搭载乘客。它们共同地将消费群体锁定于那些年轻的、喜好社交的，且注重踏板车外表的消费群体——主要为青少年和女性。这两种来自意大利的踏板摩托车，"代表着年轻、时尚的设计，一切别致的、现代的以及'合意的'东西"，它们甚至被视为意大利"第二次的文艺复兴"，共同对英国的传统重型的、高性能的摩托车造成了极大冲击，使得英国制造商被迫转型，投入踏板车的生产。

《低级趣味：关于波普艺术的笔记》一文正如作者所言，将上述品味的主题延伸到了艺术与时尚领域。"波普艺术"（Pop Art）通常是被"独立小组"（Independent Group）的成员们用来描述媒体（如广告、电影、漫画、杂志、时装)的图像,他们"使用电影技术、电视广告、报纸杂志等手段,创造日常生活中的物体形象"[1],这种低成本的、一次性消耗的、商业的、肤浅的并带有某种机巧性和刻奇性质的通俗艺术,极力追求一种平面的、无深度的时尚表达,它与过去英国传统的纯粹的、严肃的和神圣的艺术大相径庭,它的广泛流行,不仅摧毁了传统的艺术秩序和品味等级,而且也意味着传统美学界限的崩塌。波普艺术的出现,招来了一些捍卫传统艺术品味的批评家的抵制,"所有的批评者似乎都认为,波普艺术偏离了负责任的艺术家应有的关注,偏离了严肃的表述。它是愚蠢的、脑子错乱的或空洞的,本质上是未谙世事的或不道德的"。(127)也正因为此,围绕着波普艺术而展开的批判或赞扬,就出现了两种不同路径的"品味之争",对此,作者明确指出:"波普艺术作为另一场'品味之战'(实际上是同一场战争在沿着不同战线进行)中的策略,体现于旧世界与新世界之间,体现于美国(如莱斯利·菲德勒指出的'必须被发明和发现')与欧洲(有着悠久的文学和美学传统,有着复杂的阶层和地位的符码)之间。"(120)

可以看出,赫伯迪格对于"品味"的论述,几乎总是将其置入一系列并置关系(juxtapositions)当中来进行呈现,这种"品味之争",暗含着两种对抗的社会文化力量,两种不同立场的阶层群体,两种不同的价值倾向,以及两种不同的品味形态。而新出现的流行品味(或曰低级趣味、代表着一种"水平下降"),却在试图抹消过去的关于品味之间的对立,弥合它们的差距,作者认为,波普艺术所代表的文化品味,其目的正在于一种"生生不息的传承与创新",它的直接影响和根本价值,在于"它对易接近的、直接的和'表面'之物(而非复杂的、隐匿的与'深刻'之物)的颂扬,这在艺术领域就形成了一套评价现代主义姿态的激进的标准"。(10)

---

[1] [英]罗斯玛丽·兰伯特:《20世纪艺术》,钱乘旦译,译林出版社,2017年,第76页。

三、正向意义

赫伯迪格在 1985 年后，开始转向于后现代主义的文化研究。这在他撰写的《设法应付"然而"：在比夫漫画的怪诞世界里》和《"星球一号"的底线：应对〈面孔〉》等文中已初见端倪。

关于后现代主义文化，学界通常认为它是现代主义的对立面，并认为其价值正在于一种对传统总体性、中心性、深度性和目的论等观念的"否定"。赫伯迪格指出："'否定'是后现代主义作为一种话语（或混合性话语）的关键，它就像索绪尔的语言范式一样，是一个没有正向意义的系统。[……] 是基于对正向实体本身可能性的明确否定。"（186）美国当代著名文化理论家詹姆逊（Fredric Jameson）将后现代主义文化概括为四种具体的表征："深度模式的削平""历史意识的消失""主体性的零散化"以及"距离感的丧失"。赫伯迪格也持类似的看法，如他在《对"后"学的审视》一文中，就立足于"三个方面的否定"（反对总体化、反对目的论、反对乌托邦）来"总结一些与'后现代主义'这一术语相关的主题、疑问和议题"。

尽管说，赫伯迪格对自己的这种"概要式"的总结保持着清醒的警惕，认为这违背了后现代主义精神，"因为后现代主义精神是要弃绝掌控的诉求和'支配性的反映'"。（183）然而，他之所以仍坚持这样做，则是要试图超越英国文化研究中的新葛兰西主义与后现代主义之间的争论，去对此进行综合，诉诸一种更具建设意义或更积极的表达，"去探索真正增益于人生和充满正能量的维度"。

赫伯迪格的这种对于"正向意义"的寻求，是建立在后现代主义的一系列"否定"和"死亡"的基础之上，如作者在《附言1：致命的策略》中指出，"后现代主义的话语是致命的和宿命论的：在每一个转折点上，'死亡'这个词开始全面吞没我们：'主体之死''作者之死''艺术之死''理性之死''历史终结'。"（210）那么，在此背景之下，我们除了走向绝望的边缘，还能被引向何处？为此，作者提出后现代的"另一面"的说法，认为在"另一面"的空间中，"一切可能性正在发生"，它们隐匿在后现代话语的背后，可以为制定一套更有效、更有活力的战略奠定基础。

从这个意义上说，赫伯迪格实际上就成为了一个价值论者。这基本上延续了他在《"星球一号"的底线：应对〈面孔〉》一文中的思路。在他的话语体系当中，"星球一号"/"星球二号"、"第一世界"/"第二世界"、圆的/扁平的、正统文化/流行文化……等等，分别代表的是两个不同的世界，其内部充满着对抗与战争。赫伯迪格之所以对两个不同的"世界"进行区分，正是要在批判"第二世界"的基础上提出一种正向的意义，他对代表着"第二世界"的《面孔》杂志作出这样的评价："《面孔》就是这样的杂志，它每个月都会不遗余力地模糊政治与戏仿、恶作剧之间的界限；模糊街道与舞台、屏幕之间的界限；模糊纯洁与危险之间的界限；模糊主流和'边缘'之间的界限，进而把整个世界彻底的扁平化。"然而，在赫伯迪格看来，"这个地球是圆的而不是扁平的，审判永远不会结束 [……] 秩序正是建立在混乱的基础之上。"（176）

赫伯迪格对于正向意义的肯定，还具体表现在他对于早期亚文化的反思当中，如谈到纽约饶舌歌手班巴塔（Afrika Bambaata）创立的"祖鲁国度"（Zulu Nation）时，作者就认为，这种由流行乐、霹雳舞、搓碟乐、涂鸦、舞蹈剧、足球口哨、祖鲁拉廷斯和放克等杂糅而成的"狂野风格"，超越了一种斗争和冲突，同时把绝望升华成了一种风格和自豪感，"舞蹈作为一种自我赋能的策略，不仅为舞者提供了自豪与自尊的合法性来源，而且在这种情况下，还将（舞者）个体与他/她自己的生命力量联系起来。"（216）赫伯迪格还谈到了"乐队援助"（Band Aid）现象，认为它"成功地恢复了合作、互助的传统，以及对人类能动性与集体行动的信念"。（220）这些也都建立在后现代主义的分析当中，它让我们结束过去的矛盾冲突，去想象"另一面"的生活，并建构起一种全新的道德准则和一种全新的生态政治。

可以看出，赫伯迪格的这种对于正向意义的建构，始终是立足于后现代主义的文化空间，它的前提之一，就是清楚地认识到现代化愿望的某种"极限"（limits）。旧的权威已经出现信任危机，老套的概述性与总体化愿望业已瓦解，在这片"废墟"之中，仍可以找到许多的美好事物。由此，"极限"并非意味着终点和停止，它还意味着一种敞开和开始。在《附言4：学会在通往无地之路上生活》一文，赫伯迪格以美国乐队"传声头像"（Talking Heads）的《无地之路》（The Road to Nowhere）作为寓言，揭示了他对于正向意义的某种价值探求："《无地之路》肯定的内容包括：肯定普通人，肯定笑声要超过恐惧，肯定物种存在要大于个体生存，肯定现场流动的生命要大于任何一种'命运的随波逐流'。"（240）因此，这个世界也不只是有所谓的主体之死，还有无数新生的事物和无限光明的生活。

由此来说，赫伯迪格试图提出一种充满政治性和价值论倾向的主张，他强调在后现代主义和新葛兰西主义进行综合的基础上，促进新的团结、新的运动，推动社会的正向发展。在这里，赫伯迪格放弃了"总体性""目的论"以及所谓的宏大叙述，他立足于一种有限的、甚至受特定视野、观念、阅历和知识所限制的个体性视角，提出了自己对于未来社会的希望，这是值得我们高度重视的。

编后记

经过半年多的组稿和编辑,终于这一辑《文化与诗学》已经成形,将要与读者们见面,看着学者们的研究成果汇集而成的果实,既由衷欣喜,也有放下了负担的轻松。

第一部分的主要内容是现当代文学,林分份研究了文论家黄药眠的文学创作,这一问题以前没有得到足够重视,此文填补了一个空白点。这个栏目中有几篇文章都着力从话语出发研究现当代文学的特点。沈喜阳和胡晓明总结了钱锺书的文学理论话语观念,格局宏大。而刘聪和高竞闻则是从细节出发探讨文学语言的生产机制,从小处见深意,令人耳目一新。于阿丽的文章同样也是从一个具体文本的分析入手,研究萧乾报告文学的写作特点。耿弘明的论文试图总结当代网络文学的语言特点,虽然我们还不清楚网络小说是否有可能获得文学价值上的承认,但是作为重要的大众文学现象,值得我们不断跟踪研究。

古代文学和思想研究这次共有四篇文章。有对先秦的文体学研究,也有对中国古代文学在日本的影响研究。另外两篇都是概念研究,其中毕梦曦的文章从朱熹对二程语录的归属出发,探究其对"生生"观念的阐释。朱子研究由来已久,汗牛充栋,如何在前人基础上,从细节和材料的重新解读入手,生发出新的阐释是今天学人的任务。

西方文学研究同样也是四篇。张芸教授剖析了德国19世纪末20世纪初的冯·萨姆森-希默尔斯耶纳与众不同的"黄祸"论,给我们提供了很特殊的资料和视角。黄灿的文章介绍了当代叙事学最新的进展,进一步深化了我们对于"视点"问题的认识。我的文章研究了巴尔特对图像的思考，看他如何通过图像反思语言问题。俞楠和车琳的文章重新审视了纪德的道德观的演变和内部的矛盾张力。

书评中有一篇比较重要的文章，作者章亮亮是《朱光潜年谱长编》的编辑，对史料非常熟悉，此书的出版将使朱光潜的研究者和爱好者获得重要的历史资料。

本期工作结束的时候，也是下一期工作开始的时候。我们一如既往地欢迎相关领域的学者投稿，字数以不超过一万五千字为宜，但特别欢迎有独到研究的高质量长文，字数长至三万亦可。

来稿请发至专用邮箱：wenhuayushixue@126.com。

编　者

著作权使用声明

本刊已许可中国知网以数字化方式复制、汇编、发行、信息网络传播本刊全文。本刊支付的稿酬已包含中国知网著作权使用费,所有署名作者向本刊提交文章发表之行为视为同意上述声明。如有异议,请在投稿时说明,本刊将按作者说明处理。